O fole roncou!

Carlos Marcelo e Rosualdo Rodrigues

O fole roncou!

Uma história do forró

1ª reimpressão

Copyright © 2012 by Carlos Marcelo e Rosualdo Rodrigues

Grafia atualizada segundo o Acordo Ortográfico da Língua Portuguesa de 1990, que entrou em vigor no Brasil em 2009.

Capa
Rafael Nobre/Babilonia Cultura Editorial

Ilustração da capa
"O forró sertanejo", de J. Borges (xilogravura, 2012)

Pesquisa de imagem e periódicos
Ficheiro Pesquisa (Patricia Pamplona e Isabela Mota)

Preparação
Angela Ramalho Vianna

Revisão
Eduardo Monteiro
Vania Santiago

Todos os esforços foram feitos para identificar possíveis detentores de direitos. Caso tenha havido alguma violação involuntária, eventuais omissões serão incluídas em futuras edições

CIP-Brasil. Catalogação na fonte
Sindicato Nacional dos Editores de Livros, RJ

Marcelo, Carlos, 1970-
M263f   O fole roncou!: uma história do forró / Carlos Marcelo e Rosualdo Rodrigues. – 1ª ed. – Rio de Janeiro: Zahar, 2012.

Inclui bibliografia
ISBN 978-85-378-0916-7

1. Forró (Música) – História. 2. Música popular – Brasil, Nordeste. I. Rodrigues, Rosualdo. II. Título.

12-5895
CDD: 782.421630981
CDU: 78.067.26(81)

Todos os direitos desta edição reservados à
EDITORA SCHWARCZ S.A.
Praça Floriano, 19, sala 3001 – Cinelândia
20031-050 – Rio de Janeiro – RJ
Telefone: (21) 3993-7510
www.companhiadasletras.com.br
www.blogdacompanhia.com.br
facebook.com/editorazahar
instagram.com/editorazahar
twitter.com/editorazahar

*A todos das famílias Espínola, Guedes, Teixeira, Carvalho e Silva.
E, sempre, ao chamego e aos três xodós da minha vida.*
(Carlos Marcelo)

À memória de meus pais, Rodolfo e Rita.
(Rosualdo)

Aos nordestinos de todo o Brasil.

Sumário

Introdução
Onde estão os mestres da cantoria? 11

1. Eu vou mostrar pra vocês 17

2. Quem é essa caboclinha? 34

3. Rumo ao tabuleiro de cuscuz 56

4. Tem de tudo na feira 79

5. Todo tempo é pouco 105

6. O jumento e a lambreta 127

7. Carne de sol com tagliatelle 143

8. O xodó do sanfoneiro 159

9. As caravanas e o coroné 179

10. De lascar o cano 199

11. Todos conhecem Severina 216

12. Ô lapa de tesoura! 233

13. Bicho, o Rei voltou 252

14. Pelo sertão, lá vai a fé 271

15. A Rainha machucada 285

16. Cabeludos do futuro   301

17. Pra corda não rebentar   321

18. Nem se despediu de mim   337

19. O dono do baralho   362

20. Tropa de resistência   380

21. O que se leva dessa vida   407

Epílogo
O sangue bombeia o destino (bis)   435

Entrevistas   463

Referências bibliográficas   464

Créditos das imagens   468

Agradecimentos   470

Se eu fosse editor, ia buscar coisas no Nordeste: as coisas mais geniais do mundo estão lá.

Tom Jobim, *O Pasquim*, 1969

Introdução
Onde estão os mestres da cantoria?

ERA MAIO DE 1934, e Luís estava bem contrariado. Acabara de percorrer 1.307 quilômetros de estrada de terra no interior do Rio Grande do Norte – "837 de automóvel, 40 de auto de linha, 38 de trem, 30 de canoa, dois de rebocador e 360 de hidroavião" – para constatar que o sertão se esvaía. Notou que a região mais árida do estado atravessava processo de irrefreável mudança porque "a vida transformou-se: as rodovias levam facilmente as charangas dum pra outro povoado. ... Encontrei jornais do Rio e de São Paulo por toda parte: o sertão descaracteriza-se. É natural que o cantador vá morrendo também."

Integrante da comitiva do interventor federal Mário Câmara, Luís da Câmara Cascudo tinha 41 anos quando foi incumbido de registrar o que viu, ouviu e sentiu nas andanças pelo interior do seu estado. Acompanhado por técnicos em educação, agrônomos e especialistas em construção de açudes, o bacharel Cascudo andou

> a pé, de cadeirinha, de macaquinho, dentro d'água, na lama, nos massapés, pulando cercas, saltando de pau em pau os roçados que a enchente circundara, correndo nos panascos, empurrando o auto, trabalhando de pá, carregando maletas, levando os companheiros no ombro, livrando os xique-xiques, galopando a cavalo, apostando velocidade nas retas areentas.

> Diz ter superado a fome, o frio das roupas molhadas, o cansaço das caminhadas e "a mania obsequiosa do sertanejo oferecer-nos galinha e macarrão, em vez de carne de sol e coalhada". O resultado da viagem resultou em dezoito crônicas publicadas originalmente no jornal potiguar *A República* e posteriormente editadas pela Imprensa Oficial no livro *Viajando o sertão*.

Macau, Açu, Caraúbas, Paraú, Apodi, Santa Cruz, Pau dos Ferros, Cerro Corá... Cidades, vilas e povoados receberam a visita da comitiva federal. Em boa parte dos lugares, Cascudo debateu o tema recorrente, o "cangaceirismo". Se ouviu e concordou com as palavras de admiração a respeito do cangaceiro Jesuíno Brilhante ("gentil-homem, admirado e senhorial como um Robin Hood"), não dispensou o mesmo tipo de tratamento ao mais famoso deles, Virgulino Ferreira: "É malvado, ladrão, estuprador, incendiário, espalhando uma onda de perversidade inútil e de malvadeza congênita onde passa." Mesmo assim, reconhece que Lampião reinava de forma incontestável na imaginação sertaneja, ainda mais depois de seu bando atacar Mossoró, em junho de 1927, e os moradores responderem a bala: "Deixaram que Lampião entrasse no âmbito da segunda cidade do estado e tiroteasse dentro das ruas iluminadas a luz elétrica e povoadas de residências modernas." Quando passou pela cidade, Cascudo recolheu relatos da luta encarniçada. Algumas testemunhas do combate mostraram ao visitante o local exato onde os cangaceiros foram avistados, cantando um tema popular:

Olê, mulher rendeira,
Olê, mulher rendá
Tu me ensina a fazer renda,
Eu te ensino a namorar.

Ao caracterizar os cangaceiros, o historiador lembra que as armas estão presentes com naturalidade no cotidiano do homem sertanejo por conta "da facilidade de ação pessoal, em vez de justiça". Acredita que tudo começou entre os séculos XVII e XVIII, quando o sertão foi povoado por "gente fisicamente forte e etnicamente superior", e os fazendeiros recorriam ao uso de armamentos, pela "necessidade da defesa imediata contra o índio implacável".

Em outra crônica, Câmara Cascudo discorre sobre as diferenças entre o pensamento do sertanejo e o do morador do agreste e do litoral: "O sertanejo é mais espontâneo que o agresteiro, viciado nas ironias da cidade por um contato maior. A população do interior guarda, em volume maior, as virtudes da palavra oportuna." O historiador vaticina:

> Uma literatura do sertão deverá refletir fielmente a sintaxe local e, acima de tudo, a mentalidade ambiente que não é inteiramente a nossa. Verdade é que a rodovia assimilou o sertão a tal ponto que o está tornando sem fisionomia. Mas ainda teremos uns anos antes que a terra perca seus atributos típicos.

As observações de Cascudo sobre o sertanejo atribuem a capacidade de manutenção de "sensibilidade própria, indumento típico, vocabulário teimoso" ao isolamento provocado pela distância do litoral. Ele destaca o gosto dos moradores da região pelas anedotas e "pela pilhéria oportuna e justa [com] que o matuto expressa sua inteligência". E também a verve de quem por lá vive, exemplificada na mistura de "imprevisto e comicidade" da resposta que guardou de um sertanejo, após este ouvir o motorista da comitiva dizer que tinha corpo fechado: "Pois seu doutor, nesta terra, de corpo fechado eu só conheço ovo..."

Atento às peculiaridades do falar, Cascudo tenta encontrar na influência do tupi uma explicação para o fato de o sertanejo não flexionar o plural: "Sabemos o número apenas pelo determinativo: o boi, os boi; a vaca, as vaca. E no nheengatu não havia o plural." Observa que, "como todo primitivo", o matuto não ama a natureza em estado intocado: "Árvore por si só nada quer dizer. Só deparamos um sertanejo extasiado ante a natureza quando esta significa para ele a roçaria virente, a vazante florida, o milharal pendoando, o algodoal cheio de capulhos. A noção da beleza para ele é a utilidade, o rendimento imediato, pronto e apto a transformar-se em função." E conclui: "Por isso, não há um só canto popular descrevendo paisagens."

Sem esconder o tom de lamento, Câmara Cascudo descreve o que notou sobre o cantar e o dançar na região:

> Onde estão as danças do sertão de outrora? A valsa varsoviana, a mazurca, a polca em que a gente pulava que era um gosto, o xotes, abrindo

e fechando, como um leque. ... Onde pairam estas danças que dancei? Agora é o fox, sincopado, arrítmico, disfônico, a marchinha pernambucana escrita nos nervos elétricos dos moços, o choro carioca, lento, dengoso, remorado e sensual.

Prossegue na constatação pesarosa:

Para dançar dançam o que se dança no litoral. Valsas, polcas, xotes, quadrilhas, tangos, agora maxixes, fogs, rags e até rancheiras que adaptaram às corridinhas da saudosa polca pulada. Para a sociedade rica, abastada ou mediana, não há mais desdouro do que falar em sambas. Sambas não são as danças mas o próprio baile, a reunião festiva. Samba é de gentinha, dizem. A impressão geral da música sertaneja só se pode ter ouvindo cantadores. A improvisação nos bailes é diminuta, e as vitrolas acabaram matando, numa porcentagem séria, a facilidade criadora do sertanejo em temas musicais.

Câmara Cascudo qualifica os temas dos cantadores como "deliciosamente simples", e observa predominância da influência portuguesa nas rodas infantis.

Mas o desenho simples não exclui a pureza, a sobriedade incrivelmente melódica, inesquecível e linda. Certas linhas são verdadeiras obras-primas de naturalidade, de doçura, ao mesmo tempo meiga e triste. Nenhum traço tipicamente sertanejo em assunto musical é alegre. Tem um abrandamento, um trabalho preliminar de melancolia, para ficar ao gosto de todos.

E aponta a exceção: "Vivas, arrebatadas, impulsivas, folionas, o sertão só conhece as rodas das crianças. Os brinquedos de roda, cirandas, são todos em tons maiores, estimuladores de movimento e de vida."
Na crônica que dedica à música regional, Câmara Cascudo emite uma certeza: "O sertão perdeu seus cantadores." Atribui o fato às transforma-

ções trazidas pelo progresso, preocupação que compartilhara com o colega Mário de Andrade durante visita do "erudito professor do Conservatório de São Paulo". Tais mudanças fazem Cascudo pedir a atenção dos folcloristas para o recolhimento, na literatura oral, "dessa riqueza que está se acabando". Critica a "pobre superioridade" dos letrados diante do frescor dos versos sertanejos e constata: "O cancioneiro satírico, o cancioneiro heroico, o cancioneiro lírico do sertão ainda esperam seu codificador."

Por fim, dispara uma saraivada de perguntas que refletem sua preocupação quase exasperada com o progressivo desaparecimento de um modo de sentir e de se expressar:

> E a música? O ritmo? A dança, com suas modificações, influências e metamorfoses? ... Onde anda a lembrança desses cantadores insolentes de inspiração e bêbados de alegria natural? Quais são os mestres da cantoria de agora? Nada mais resta dessa literatura oral, preciosa e milionária de curiosidade, senão os registros literatizados? Toda essa seiva borbulhante que perfumou dois séculos de vida livre e bárbara secou para sempre a nascente puríssima?

1. Eu vou mostrar pra vocês

– Olha, um cangaceiro!

Quando Luiz Gonzaga surgiu na sacada do auditório da Rádio Borborema, os meninos que passavam pelo calçadão da rua Cardoso Vieira, no centro de Campina Grande, não tiveram dúvida em reconhecê-lo como um dos integrantes do bando de Lampião. A figura imponente de Gonzaga, todo paramentado, couro na cabeça e nos pés, assustava e fascinava a criançada da cidade paraibana. Eles o conheciam não de vê-lo, mas de ouvi-lo no rádio e nos sistemas de alto-falantes que tocavam as músicas do sanfoneiro.

Mal sabia a garotada campinense que, apesar dos trajes, Gonzaga não era um cangaceiro – mas houve muitos momentos na infância e adolescência em que gostaria de sê-lo, embora preferisse os vaqueiros. Pernambucano de Exu, nascido em 13 de dezembro de 1912, Luiz Gonzaga admirava Lampião desde mocinho. Certa vez, ao ver a fotografia do cangaceiro no jornal, não escondeu a alegria e comentou com a mãe, Santana:

– Óia, mãe! Óia que hômi bonito! E diz que ele toca fole, mãe!

Quando surgiu o boato de que Lampião e seu bando passariam pelas redondezas, a população local correu para se esconder no mato. Só o menino Luiz não quis sair do seu lugar: a fazenda Caiçara, aos pés da serra do Araripe. Fugiu, mas sob protesto. Achava que o bando carecia de "um sanfoneiro, um menino de chapéu de couro fazendo bonito e tirando retrato". Ficaram escondidos até o dia seguinte, quando o garoto se ofereceu para verificar se Lampião já havia passado e os vizinhos tinham voltado. Para sua tristeza, o povo tinha retornado, mas nada do chefe dos cangaceiros, que pegou outro caminho e seguiu para ver o Padre Cícero em Juazeiro. Ao voltar para o esconderijo da família, Luiz resolveu pregar uma peça e gritou:

– Corre, gente, Lampião vem aí!

Provocou uma grande correria. Até que gritou de novo:

– É mentira...

Ninguém achou graça: o menino Luiz apanhou das irmãs, da mãe e do pai, o lavrador Januário. Exímio sanfoneiro de oito baixos, Januário era sempre requisitado para tocar nos sambas de pé de serra, os forrós, festas dançantes que começavam no início da noite e se prolongavam até a madrugada. Também mantinha na casa uma pequena oficina para consertar instrumentos dos tocadores da região. Para contrariedade de Santana, Luiz passou a acompanhar o pai nos sambas. Na primeira vez, já agradou tanto que um dos responsáveis pela festa bateu na porta da casa da família e pediu à matriarca:

– Dona Santana, deixe eu levar Luiz em casa pra tocar uma coisinha...

– Não, não vai, não. Luiz é gente? Luiz lá é tocador?

– Ô, dona Santana, ele tá tocando até bonzinho. A senhora empresta Luiz porque o tocador não chegou até agora. Quando o tocador chegar, a gente traz ele de volta.

Liberado pela mãe, Luiz tocou e agradou. Mas ficou tão cansado que dormiu em cima do fole. Foi enfiado numa rede e enviado de volta para casa. No outro dia, os responsáveis pelo convite passaram para devolver uma peça de roupa esquecida no local da festa: as calças do jovem sanfoneiro, que tirara para ficar mais à vontade na rede.

De 1920 a 1930, Luiz Gonzaga acompanhou o pai nos forrós. Foi ganhando experiência, observava com atenção a reação dos convidados aos números que fazia. Para não o desgastar demais, Januário mandava o filho dormir no início da festa, depois o acordava para tocar, diante do olhar admirado dos convidados, enquanto o pai descansava. Tocar nos forrós representava raro alento na vida de menino pobre, que não frequentara escola e aprendera o alfabeto graças à paciência das filhas do primeiro patrão, sinhô Ayres, para quem fazia pequenos serviços, como acompanhá-lo em viagens pelo interior, Ayres no cavalo, Gonzaga num burrinho. Foi Ayres quem o ajudou a comprar a primeira sanfona.

A surra que tomou da família não fez Luiz Gonzaga perder a admiração pelos cangaceiros. Gostava de Lampião, mas idolatrava mesmo era Antônio Silvino. Conhecido por diversas alcunhas – "Rei do Cangaço", "Rifle de Ouro", "Governador do Sertão" – e responsável por diversos saques e assassinatos no interior do Nordeste, o pernambucano Silvino foi o cangaceiro mais conhecido da região nordestina antes de Lampião. Era visto por muitos jovens como exemplo de homem valente, com acurado senso de justiça, capaz de atemorizar ricos e poderosos. Lampião, porém, tinha opinião diferente: considerava Silvino covarde, "porque se entregou às forças do governo em consequência de um pequeno ferimento; já recebi ferimentos gravíssimos e nem por isso me entreguei à prisão", como declarou em entrevista em 1926, na cidade de Juazeiro, no Ceará, referindo-se ao tiro no maxilar que levou Silvino a se entregar e ficar preso até 1937 (depois Silvino seria libertado por bom comportamento e morreria em 1944, aos 69 anos, em Campina Grande). Para Luiz Gonzaga do Nascimento, mais que Virgulino Ferreira, Manoel Baptista de Moraes – nome verdadeiro de Antônio Silvino – era o grande herói do sertão.

Serrote, um dos integrantes do bando de Silvino, tinha causado forte impacto entre os moradores de Campina Grande. Descrito por um cronista da cidade, Cristino Pimentel, como um "cabra mal-encarado e de trunfa", Serrote foi exibido no largo da Cadeia, provocando alvoroço entre os que correram para ver o homem que parecia "uma fera acuada: a sua fisionomia mostrava a raiva que o roía por dentro". Antes de ir para trás das grades, uma cena marcou quem a assistiu: a polícia cortou com um sabre cego a cabeleira que cobria a fronte do prisioneiro. "O sangue escorria pela testa do malvado, aumentando-lhe a raiva", escreveu Cristino em *Abrindo o livro do passado*.

Ao contrário de Serrote, Gonzaga não estava interessado em atrair olhares de temor e de medo. Dos cangaceiros, além da indumentária, tinha atenção para a dança própria dos bandos: o xaxado. Para comemorar um feito, eles faziam uma roda e dançavam, arrastando os pés no chão e batendo os rifles, como explicaria o sanfoneiro em 1971, em entrevista ao jornal *O Pasquim*: "Corta-jaca é esse passo do xaxado. Mas não tinha música, não tinha ritmo. Quando se falava em corta-jaca, tanto fazia no choro, no samba, era só um passo. O cangaceiro fazia isso no xaxado. Eles cantavam 'Mulher rendeira', música que saiu do bando de Lampião, fazendo esse passo. ... Era dança de cangaceiro."

Vestido de Lampião da cabeça aos pés, Luiz Gonzaga foi confundido com um cangaceiro pelos meninos da cidade onde morreu Antônio Silvino. Quem estava ali no início dos anos 1950, no auditório da Rádio Borborema, porém, não era o Rei do Cangaço, e sim o Rei do Baião, gênero musical que tinha sido apresentado ao Brasil, de forma tão envolvente quanto didática, por Gonzaga e seu parceiro Humberto Teixeira:

Eu vou mostrar pra vocês como se dança o baião,
E quem quiser aprender é favor prestar atenção.

Cearense de Iguatu, radicado no Rio de Janeiro desde os quinze anos, o advogado Humberto Teixeira conseguiu fazer Gonzaga perder a vergonha de "mostrar as coisas que tinha trazido do mato" e parar de pensar que "ninguém na cidade iria se interessar por aquelas musiquinhas". Na verdade, era a terceira tentativa do sanfoneiro de arranjar um letrista constante para as melodias que carregava na memória. Começara em 1941, com Miguel Lima, com quem escrevera, entre outras, "Penerô xerém", "Cortando pano", "Xamego" e "Dezessete e setecentos". Mas não era exatamente o que imaginava: sentia falta, nas letras, das "farinhadas, das vaquejadas, das feiras do Nordeste".

Quatro anos depois, foi diferente. Chegou a Humberto Teixeira por meio do cearense Lauro Maia, convidado a se tornar parceiro de Gonzaga a partir do seguinte desafio:

– Eu quero cantar as coisas da minha terra e preciso de alguém que me ajude a decantar a vida da minha gente.

Maia respondeu:

– Gonzaga, gosto muito de sua voz, só que não sou letrista para os motivos que você tem. Mas tenho um cunhado que vai resolver seu problema.

Colocou Gonzaga em contato com Humberto Teixeira, que tinha alguma experiência como letrista de sambas e outros ritmos. No primeiro encontro, o sanfoneiro pediu:

– Eu tenho um tema aqui pra você botar uma letrinha: "No meu pé de serra."

Na mesma hora Humberto Teixeira pôs uma folha de papel em cima do joelho e escreveu uma letra. Gonzaga leu e gostou. Teixeira advertiu:

– Mas essa não é a letra definitiva.

– Peraí, nessa você não vai bulir mais não! A letra é essa!

– Não, depois eu lhe dou a letra definitiva!

E assim fez, para contrariedade de Gonzaga, que queria de todo jeito a letra original. Na música, gravada em novembro de 1946 e lançada em março de 1947, Teixeira já desenvolve uma temática que se tornaria recorrente: a dor da ausência ("Lá no meu pé de serra /Deixei ficar meu coração, / Ai que saudades tenho. /Eu vou voltar pro meu sertão"), temperada pelas lembranças de um tempo difícil ("No meu roçado eu trabalhava todo dia, / Mas no meu rancho eu tinha tudo que queria") e momentos de pura alegria ("Sanfona não faltava. /E tome xote a noite inteira"), até o refrão marcado por palmas:

O xote é bom de se dançar.
A gente gruda na cabocla sem soltar.
Um passo lá, um outro cá,
Enquanto o fole tá tocando, tá gemendo, tá chorando, tá fungando, reclamando sem parar...

Como destacaria em 1971 no *Jornal do Brasil* o compositor e produtor carioca Sidney Miller, no artigo "Um baião que vence os anos", a parceria entre Luiz Gonzaga e Humberto Teixeira se iniciou com o mercado saturado de música estrangeira, especialmente o bolero, que eclipsava inclusive o samba:

O público andava carente de novidades, quer no que se refere ao ritmo, quer com relação a uma temática nacional, e ainda no tocante à interpretação, pois a sofisticação a que se entregavam os cantores da época não tinha condições de competir com a singeleza proposta por Luiz Gonzaga. Como compositor, Gonzaga está para o sertão assim como Noel Rosa está para o centro urbano e Caymmi para o litoral: descobriu e afirmou perante o público, da mesma forma como fizeram os outros dois, uma linguagem própria para se referir a uma realidade específica.

O crítico e pesquisador pernambucano José Teles lembra que o baião, como gênero e dança, já existia desde o século XIX. E chama atenção para dois aspectos importantes na gravação de "Baião" pelos Quatro Ases e Um Curinga, em 1946, com Gonzaga na sanfona:

"Baião" é o aproveitamento da espartana linha melódica do cantador de viola, em compasso mais ritmado, com traços do coco e do maracatu. Grosso modo, o baião foi a nossa primeira música de laboratório. Ou seja, idealizado com a finalidade de ser consumido como um produto. A letra ("Eu vou mostrar pra vocês /Como se dança um baião") explicita a motivação de inventar uma moda musical.

Assim como Teles, Gonzaga e Teixeira também sabiam que as "músicas do norte" não representavam em si uma novidade, pois tomavam como base o que já era cantado por violeiros, bandinhas e conjuntos do interior nordestino. Daí a escolha deliberada por estilo capaz de se espalhar pelos grandes centros urbanos, como explicaria Teixeira à *Folha de S.Paulo*: "O baião já era conhecido há séculos no Nordeste e ninguém do sul descobria. Eu e Luiz sabíamos dele e resolvemos divulgá-lo no Rio. Não fomos nós que o criamos, apenas lhe demos uma roupagem. Mostramos um ritmo secular aos brasileiros das grandes cidades. Nós urbanizamos o baião."

Gonzaga tinha opinião um pouco diferente sobre a origem do ritmo, como explicou a Macksen Luiz, do *Jornal do Brasil*, em 1971:

O baião como entendemos hoje não existia. Posso dizer que fui seu criador. Lá no norte os sambas, que quer dizer a mesma coisa que forró, baile, festa, são acompanhados pelo fole, a sanfona. O forró é mais popular que o baião, que é um negócio bem mais recente, tem o mesmo tempo da minha carreira. Baseado na batida do cantador de forró, marquei o ritmo do baião.

Divergências de opinião à parte, Luiz Gonzaga e Humberto Teixeira se mostraram afinadíssimos na criação. Por cinco anos, reinaram no filão que ambos tinham aberto com "No meu pé de serra". Vieram na sequência, em 1946, "Baião" e depois "Qui nem jiló", "Assum preto", "Baião de dois", "Mangaratiba". Quase sempre Gonzaga levava um tema e Teixeira escrevia a letra. Aí o músico avisava:
– Vou sanfonizar.
Depois da "sanfonização", mais uma música estava pronta. Reuniam-se no escritório de Teixeira, no centro do Rio; faziam duas, às vezes três canções por dia. E um sucesso atrás do outro: na RCA Victor, acumulavam-se pedidos de prensagem dos discos de Gonzaga, a ponto de um curioso, ao observar a lista de encomendas, perguntar: "Como é que a fábrica faz discos para um só homem?"
Entusiasmado com a eficácia da parceria, o sanfoneiro chegou a insistir com Teixeira:
– Tira esse colete! Fecha esse escritório e deixa essa história de advogado. Vamos para a luta!
"Respeita Januário", um dos maiores sucessos da dupla, surgiu depois que Gonzaga contou ao parceiro um episódio ocorrido no dia em que, após dezesseis anos, voltou a Exu. Estava tocando em um salão quando, logo depois da primeira música, escutou o grito de um anônimo, contrariado com o que considerava um desrespeito do "menino que foi pro sul" ao pai, considerado o maior tocador de oito baixos da região:
– Luiz, respeita Januário!
Já "Asa branca", o maior êxito, iniciava com a confluência de dois fraseados nascidos do acordeom de Gonzaga. O instrumental antecedia

o relato dramático do nordestino que, após perder o cavalo ("morreu de sede meu alazão") e ver o pássaro mais resistente dar adeus ao sertão, tinha de se despedir da amada ("Adeus, Rosinha, guarda contigo meu coração"), mas deixava promessa que associava a cor dos olhos da amada à da vegetação, ambas tingidas de esperança:

> Quando o verde dos teus olhos
> Se espalhar na plantação,
> Eu te asseguro, não chore não, viu,
> Que eu voltarei viu, meu coração.

No dia da gravação, o violonista Canhoto brincou:
– Mas, Luiz, depois de "No meu pé de serra", "Juazeiro" e outros baiões que você fez com Humberto, você vem com essa cantiga de cego pedindo esmola?

A "cantiga de cego", definida pelo seu intérprete como um "protestozinho cristão", impulsionou a parceria Gonzaga/Teixeira. Ambos, porém, diziam ter plena consciência de que não tinham começado a composição do zero, mas a partir das lembranças de infância de Gonzaga. Teixeira perguntava:
– Isso é seu mesmo, Luiz?

A resposta vinha acompanhada de uma risada marota:
– Acho que é...

Entre a dúvida e a certeza, Humberto Teixeira enfatizava em entrevistas que ele e o parceiro não inventaram músicas como "Asa branca", mas as resgataram de algum lugar das memórias sertanejas de Gonzaga. Este, por sua vez, assim definia o método de lembrar e compor:
– Lá no sertão a gente não dava muita importância à composição. Eu era um inventador danado, quando quis me lembrar das coisas que eu havia tocado quando era menino, tive alguma dificuldade. Lembrei da asa-branca, do pé de serra, do juazeiro... Só tinha conhecimento que isso tinha dono, e que quando fazia era nosso mesmo, foi aqui no Rio de Janeiro. Aí eu sabia que determinada melodia nascia com a gente. Nós éramos autores e tínhamos direito sobre ela.

Imenso sucesso, "Asa branca" logo virou peça obrigatória nas apresentações de Gonzaga. Muito tempo depois, em 1971, seu intérprete deu a Macksen Luiz, no *Jornal do Brasil*, a explicação para tamanha repercussão:

"Asa branca" é uma música muito simples. São apenas cinco notas, e isso deixa para os maestros e homens de cultura um espaço fabuloso para jogarem o que quiserem dentro dela. "Asa branca" tem a cadência do povo andando, marchando. E minhas toadas também são cadência de retirante. É como se obrigassem o povo a andar.

Inadvertidamente, a letra de "Asa branca" serviria para consolidar no Brasil a impressão do Nordeste como um lugar unidimensional, que o sociólogo pernambucano Gilberto Freyre classificaria de "o norte maciço e único de que se fala tanto no sul com exagero de simplificação". No livro-ensaio *Nordeste*, publicado em 1937, Freyre discorre sobre a "terra gorda e de ar oleoso, que é o Nordeste da cana-de-açúcar". Faz questão de ressaltar diferenças entre realidades da região, "às vezes profundas dentro da unidade essencial". O autor de *Casa-grande & Senzala* observa, em tom crítico:

A palavra "Nordeste" é hoje uma palavra desfigurada pela expressão "obras do Nordeste", que quer dizer: "obras contra as secas". E quase não sugere senão as secas. Os sertões de areia seca rangendo debaixo dos pés. Os sertões de paisagens duras doendo nos olhos. Os mandacarus. Os bois e os cavalos angulosos. As sombras leves como umas almas do outro mundo com medo do sol.

E era primordialmente o sertão das paisagens duras, capazes de ferir as retinas, que estava sendo apresentado ao Brasil por meio das composições cantadas por Luiz Gonzaga. As gravações de sucessivos compactos e as apresentações em programas de auditório das maiores estações de rádio da capital federal levaram o pernambucano a ser conhecido em todo o país – e idolatrado em sua região. Situação bem diferente de quando, munido de uma sanfona Hohner branca, tocava "musiquinhas de gringo" em inferninhos no bairro boêmio do Mangue, no Rio de Janeiro, onde havia chegado após servir por nove anos no Exército.

Gonzaga iniciou a vida militar em 1930, no Ceará. Foi incluído no contingente formado para desarmar todos os fazendeiros do Cariri acusados de transformar suas propriedades em abrigos para cangaceiros. "Pernambuco", como foi apelidado pelos oficiais, passou também pelo Piauí e ficou mais algum tempo no Nordeste, até que pediu aos seus superiores:

– Eu quero ir pro sul.

Foi parar em Belo Horizonte, com a missão de ajudar a reorganizar o regimento de infantaria da capital mineira, então esfacelado, por ter sido legalista na Revolução. Integrou batalhões também em Juiz de Fora e São João del Rei. Nas missões de apaziguamento, foi parar até em Mato Grosso, sempre acompanhado da requisição:

– Chama o Pernambuco que ele gosta dessas coisas.

Em meio a tantas situações de tensão e conflito, passou incólume: não deu nem recebeu um tiro. Voltou para Juiz de Fora, onde conheceu o soldado Domingos Ambrósio, que lhe repassou alguns ensinos sobre o instrumento. Depois serviu na cidade de Ouro Fino, próxima à divisa com São Paulo, onde conheceu outros músicos e participou de serenatas. Era natural que tentasse desenvolver a carreira na banda de jazz do seu regimento, mas o desejo se desmanchou quando o examinador ordenou:

– Dá um mi bemol.

– E eu sei lá que é mi bemol?!

Dos tempos de Minas Gerais, a maior aprendizagem não veio da prática, mas da audição. Encantou-se com o som do acordeom do mineiro Antenógenes Silva, autor e intérprete de valsas e maxixes como "Saudades de Iguape" e "Uma grande dor não se esquece":

– Ah, que coisa linda!

Depois travou contato com as histórias e os ensinamentos de Zé do Norte, pseudônimo do paraibano Alfredo Ricardo do Nascimento. Nascido em Cajazeiras e crescido em Fortaleza, autodenominado "filho da fronteira do Ceará com a Paraíba", ele cantava e declamava temas da sua região de origem em programas de rádio como *A hora sertaneja*. Sanfona, Nordeste, forró... o coração de Luiz Gonzaga foi se abrindo.

Se antes dizia que "assassinava" tangos argentinos, valsas vienenses, boleros latinos e outros importados, agora Gonzaga se mostrava suscetível ao que estava próximo, bem ao seu redor. A percepção foi ainda mais aguçada depois que descobriu o cantor alagoano Augusto Calheiros, que começou a carreira com o conjunto pernambucano Turunas da Mauriceia, do compositor e bandolinista Luperce Miranda. Calheiros, dono de uma voz tão melodiosa quanto potente, fez sucesso no Rio de Janeiro, no fim dos anos 1920, cantando músicas divertidas ("Pinião", "Os três matutos") e temas plangentes sobre sua origem, que o tornaram conhecido como "Patativa do Norte", a exemplo de "Belezas do sertão":

Tem muita gente cantando
Belezas do meu sertão.
Mas, por certo, tem faltado
O amor à alma e à expressão

Gonzaga encantou-se com Calheiros, por um tempo chegou mesmo a imitá-lo. Mas, sem perceber, estava se preparando para desmentir os versos ("Pois só canta com verdade /As belezas do sertão /Filhos que choram a saudade /Nas cordas do violão") que encerram "Belezas do sertão". Não, o seu futuro não viria pelas cordas do violão, como queria Augusto Calheiros, mas pelas teclas do acordeom, conforme os preceitos de Antenógenes Silva – e, a exemplo de Zé do Norte, teria de falar das coisas de sua terra. E foi assim, ao identificar o que mais gostava nos três, que Luiz Gonzaga percebeu:
– Meu caminho é esse.

★ ★ ★

A JORNADA MUSICAL DE GONZAGA rumo ao próprio passado, para alcançar o futuro, começou quando decidiu transportar para o acordeom um tema que aprendeu, ainda menino, na sanfona de oito baixos. Para tocar o "Vira e mexe", porém, era preciso comprar uma sanfona. Em 1939 fechou a compra com um vendedor: deu a entrada e acertou o valor das prestações mensais. Quando foi buscar a sanfona em São Paulo, a maior das decepções: o endereço dado simplesmente não existia. O golpe só não o deixou mais desolado porque a sorte o ajudou. Estava hospedado no Hotel das Bandeiras, próximo à Estação da Luz, pertencente a uma família italiana que tocava diversos instrumentos; ao ver o desalento do rapaz, o dono do estabelecimento pediu ao filho para vender sua sanfona ao hóspede pela quantia que o visitante tinha no bolso. Pronto: Gonzaga voltou para Minas Gerais com a sanfona.

Estava a aguardá-lo uma voz de prisão por abandono do quartel. Antes de ser preso, Luiz se mandou. Só teve tempo de pegar a sanfona e fazer um show de despedida para os soldados. Decidiu voltar para Pernambuco; queria conhecer o Recife, já que a saída do estado tinha sido pelo Ceará. Contudo, teria que aguardar no Rio de Janeiro o navio que o levaria à capital pernambucana. Enquanto esperava, ia aprimorando o domínio do instrumento. Foi quando um colega o viu com a sanfona e perguntou:

— Escuta, gente boa, tu sabes tocar?

— Puxo uma coisinha…

— Por que tu não sai com ela?

— Tenho medo, não conheço o Rio.

— Eu vou com você, levo no lugar que você vai ganhar dinheiro. Mas quero uma comissão.

— Eu aceito.

O colega o levou ao Mangue, zona portuária da cidade. Nas ruas mais movimentadas, graças ao incessante desfile de marinheiros estrangeiros e moças brasileiras, os policiais não deixavam ninguém ficar parado: "Vamos andar, vamos andar!" Os que entravam em um dos dancings, o Café Duas Pátrias, se encantavam com a sanfona de Luiz Gonzaga. A fama logo se espalhou:

— Tem um mulato ali mandando brasa!

No repertório, peças de Ernesto Nazareth e outros chorinhos, boleros e foxtrotes. Como pagamento, notas e moedas de países que ele nem sonhava existir; até cigarros importados recebia.

— Não é que o negócio vai bonzinho? Vou ficar por aqui, não quero mais a passagem para o Recife...

No Mangue, passara por uma situação inicialmente constrangedora, mas que se tornaria decisiva. Um grupo de universitários cearenses pediu que ele parasse de executar valsas, tangos e foxtrotes, que agradavam aos marinheiros, e passasse a tocar "músicas do sertão". Envergonhado, percebeu: esquecera quase tudo que tinha aprendido com o pai. Tentou disfarçar:

— Sanfona de oito baixos não é instrumento de gente...

Mas os universitários foram duros:

— Se não aprender de novo até a gente voltar aqui, não vamos mais colocar dinheiro no seu pires.

Gonzaga ficou furioso. Sentiu-se espicaçado e decidiu ir à forra. Foi se acostumando a tocar as músicas da infância, até o dia em que os universitários apareceram novamente no Mangue. O sanfoneiro não perdeu tempo e, como definiria posteriormente, "sapecou o pé de serra pra cima deles". Recebeu de volta não uma bronca, mas incentivo:

— Olha aí, seu cabra! E você ainda diz que não sabe tocar música sertaneja. Vá em frente que o seu caminho é esse. Pare de agradar o gringo, tocando mal a música dele, e faça com que ele dance a nossa música!

Com o estímulo, Luiz Gonzaga ganhou coragem para enfrentar, pela terceira vez, o júri de *Calouros em desfile*, programa de Ary Barroso na Rádio Cruzeiro do Sul. Nas duas primeiras vezes, só decepção. Tocou uma valsa, tirou nota três. Dois meses depois, arriscou o foxtrote; ganhou nota dois e meio. Voltou ao *Calouros em desfile*. Foi recebido com desdém. O apresentador apontou para a sanfona de Gonzaga e desdenhou:

— Isso é instrumento de tango! Não venha dizer que no Nordeste se faz música com isso!

Gonzaga ignorou a provocação. Barroso continuou a fustigar:

— Outra vez por aqui? Primeiro você tirou três, depois tirou dois e meio, hoje deve tirar nota um... Que é que você vai tocar?

– Hoje vou tocar um negocinho diferente do norte...
– O que é que vai tocar?
– É "Vira e mexe".
– Então vira e arremexe...

Luiz Gonzaga virou, mexeu, arremexeu, caprichou. Mandou brasa no solo de acordeom que compusera em 1939, uma das poucas músicas que tinham caído nas graças tanto dos marinheiros quanto do grupo de cearenses no Mangue. O tema rápido e contagiante recebeu a nota máxima. Ele ganhou um contrato para se apresentar no programa semanal de Almirante, na Rádio Tupi, e logo depois foi trabalhar com Zé do Norte no programa *A hora sertaneja*. Na sequência, em março de 1941, gravou pela RCA quatro músicas instrumentais, lançadas em dois LPs em 78 rotações, e passou a considerar aquela gravação o início efetivo de sua carreira profissional. Na primeira reportagem que fizeram sobre ele, na revista carioca *Vitrine*, veio a aclamação: "O virtuoso do acordeom."

Escutar a própria voz em um disco, contudo, foi bem mais difícil. Vittorio Lattari, diretor da Victor, selo da RCA, não queria que Gonzaga cantasse – após vê-lo nos inferninhos do Mangue, avaliou que ele cantava mal. Para piorar, o sanfoneiro se desentendeu com um de seus ídolos, Manezinho Araújo, na hora em que foi repassar para o embolador "Cortando o pano (Alfaiate de primeiro ano)", parceria com Miguel Lima:

– Olhe aqui, eu tenho uma rancheira pra você.

Mostrou a música, e Manezinho retrucou:

– Essa só vai em ritmo de embolada.

– Espere aí, Manezinho. Não pode. Embolada, não. Por que você não canta? Eu não canto assim?

O conterrâneo, já conhecido como "Rei da Embolada", ficou furioso:

– Ah, é? Então você é melhor cantor do que eu? Pois grave suas porcarias, porque eu não gravo! Já vi você cantar, não agrada mesmo. Aprendeu a cantar no meu estilo e agora quer colocar banca pra cima de mim? Agora é que eu não gravo!

E Gonzaga, também enraivecido, devolveu:

– Danou-se... Agora perdi o pão!

Ânimos serenados, Manezinho gravou a música que se tornaria mais um sucesso do embolador, conhecido por "Como tem Zé na Paraíba", "Cuma é o nome dele" e "Pra onde vai valente". As restrições ao cantor Gonzaga chegaram também ao seu trabalho. Contratado da Rádio Tamoio, Luiz tinha aproveitado um dos números que fez para cantar. No dia seguinte, ao chegar para trabalhar, deparou-se com uma ordem colada na parede, assinada pelo diretor da emissora, Fernando Lobo:

– Ao sanfoneiro Luiz Gonzaga, é proibido cantar.

Gonzaga saiu bufando de raiva. Encontrou um colega, o niteroiense Átila Nunes, e este falou:

– Luiz, você vai cantar no meu programa.

– Não vou cantar, só posso tocar. O diretor proibiu.

– Mas no meu programa você pode. O Fernando manda na rádio, mas no meu programa mando eu.

Gonzaga cantou, solou e até dançou xaxado com o apresentador. Os ouvintes gostaram. Cheio de moral, foi ao diretor da Victor e avisou:

– Estou cantando no programa de Átila Nunes. Já tem até duas cartas lá.

– É? Então traz essas cartas aqui.

Ao recolher os envelopes, Gonzaga viu que não eram apenas duas, havia pelo menos dez ouvintes que escreveram pedindo para o sanfoneiro cantar "Cortando o pano" e "Dezessete e setecentos". Mostrou-as ao diretor da gravadora, e este insistiu:

– Não me venha falar em cantar por aqui! A fábrica está muito satisfeita com você como solista.

Lattari referia-se ao fato de as gravações do sanfoneiro Gonzaga, em média um disco por mês, renderem lucro: o músico recebia 300 mil-réis no fim do mês. Foi contestado:

– Então você vai me dar uma permissão por escrito pra eu gravar na Odeon.

– Você não pode gravar na Odeon. Você é nosso!

– Eu sou sanfoneiro de vocês. Como cantor, posso gravar com outro nome.

Vittorio cedeu:

— Tá, você grava aqui, mas não vai fazer o disco inteiro cantando: só uma face.

Gonzaga aceitou. Gravou a rancheira "Dança Mariquinha".

Dança, dança, Mariquinha para o povo apreciar
Essa boa mazurquinha que pra você vou cantar.

No fim do mês, ao verificar o recebimento de direitos autorais, percebeu que, em vez de 300 mil-réis, havia 320 mil. Ficou exultante:

— O povo apreciou! Melhorei uma coisinha... Melhorei uma coisinha! Agora acho que vou!

Enquanto a carreira como cantor se iniciava, ele continuava a fazer sucesso no rádio. Ganhou 600 mil-réis para imitar Augusto Calheiros no programa *Papel carbono*, de Renato Murce. Além de "Cortando o pano", conseguiu outro grande êxito com "Moda da mula preta". Já podia comemorar: Luiz Gonzaga tinha músicas conhecidas, gravadora no Rio de Janeiro, presença assídua no rádio, atenção da imprensa carioca e até apelido – "Lua", criado por Dino Sete Cordas e divulgado por Paulo Gracindo na Rádio Nacional. Faltava, porém, definir a vestimenta adequada ao repertório. Queria símbolos que pudessem ser imediatamente associados ao Nordeste, como eram a camisa aberta do carioca e o sombrero do mexicano. A indecisão não durou muito. Ao ver o sanfoneiro catarinense Pedro Raimundo todo faceiro, cantando e encantando a plateia quando aparecia de bombacha no auditório da Rádio Nacional, teve uma ideia:

— Esse cabra canta, declama, improvisa, faz tudo entrosado com a sanfona. É um espetáculo. Ele canta muito bem o sul, eu vou cantar o norte. Ele é gaúcho, vou ser um cangaceiro.

Pediu para a mãe enviar um chapéu de couro pelo primeiro portador que aparecesse em Pernambuco. Ela obedeceu, e Luiz Gonzaga ficou pronto para se mostrar ao Brasil: chapéu de cangaceiro, lenço colorido no pescoço, gibão encourado no corpo, sandália rústica nos pés. A escolha provocou reações imediatas. Algumas delas, não exatamente as que o sanfoneiro planejara. Na Rádio Nacional, o que mais ouviu foram comentários do tipo:

– Como você, um mulato formidável, um artista fabuloso, faz um negócio desses e homenageia homens que foram facínoras, ladrões e saqueadores?

O ator e locutor paulista Floriano Faissal, que apresentava o programa *Coisas do arco da velha* na Rádio Nacional, também reagiu com indignação ao ver o traje de Gonzaga:

– Que é isso? Tá querendo incentivar o cangaço aqui?

Imperturbável, Luiz Gonzaga explicou a transformação:

– Não se trata disso. É outra coisa. Eu agora sou um cangaceiro musical.

2. Quem é essa caboclinha?

QUANDO LUIZ GONZAGA APARECEU na sacada da Rádio Borborema, não sabia que retomava tradição iniciada na virada para o século XX e que fez de Campina Grande o ponto de encontro dos maiores violeiros e cantadores da região. Só que o crescimento da cidade, na antiga capitania da Paraíba, não se dera de forma progressiva. Aglomerado de trezentas casas, dispostas em quatro ruas, três largos e oito becos; assim era Campina Grande em 1864, oficializada como cidade no dia 11 de outubro daquele ano, bem depois que outras vilas paraibanas, como Parahyba (atual João Pessoa), Areia, Sousa, Mamanguape e Pombal, conquistaram o mesmo status. Mas havia algo que a diferenciava das demais: a localização privilegiada, entre as regiões do Brejo e do Cariri, entre o litoral e o sertão.

O nome tinha surgido de uma grande campina onde havia uma concentração de índios escravizados, da tribo dos ariús – o aldeamento foi registrado em 1697 como indicador de povoação. Quase dois séculos depois, havia apenas cem casas em volta da igreja matriz da vila, e a população não ultrapassava seiscentos habitantes. O único prédio público servia como tribunal, cadeia e sede do legislativo local. No fim do século XIX, a cidade deu um salto após se tornar ponto de convergência de três estradas. A mais longa, chamada "a estrada das boiadas", cortava a província da Paraíba de leste a oeste e avançava até o Ceará pelo vale do Jaguaribe, com ligação também com o Piauí; a segunda estabelecia ligação com a região do Seridó, no Rio Grande do Norte; a última delas seguia para Pernambuco, até as margens do rio São Francisco. Parada obrigatória para os tropeiros alimentarem seus animais, funcionava como entreposto comercial: quem vinha do sertão trazia queijo, couro, algodão e se abastecia de gêneros alimentícios não perecíveis, como rapadura e farinha de mandioca.

Paradoxalmente, a seca de 1877 influiu no desenvolvimento de Campina Grande. Ao longo dos três anos de estiagem, a cidade situada no planalto da Borborema se tornou ponto de aglomeração dos flagelados. Como argumenta o historiador Elpídio de Almeida no livro *História de Campina Grande*, a cidade "lucrou com a desgraça", por ganhar prédios públicos e investimentos emergenciais. Para comprovar sua opinião, cita trecho do jornal *Gazeta do Sertão*, publicado em 1890:

> A cidade de Campina Grande foi, nessa calamitosa época, a terra da promissão para onde afluíam aos milhares os habitantes do alto sertão; nela fizemos um centro de salvação e de vida, de onde, depois da crise, regressaram a seus lares inúmeras famílias que não precisaram ir mais adiante buscar a segurança à sua existência nem a garantia à sua honra.

O século XX chegou e Campina Grande deslanchou. Nas barracas da feira livre, montada embaixo das gameleiras da rua Grande, até as árvores serem derrubadas em 1920, por conta de reformas urbanas, era possível encontrar leite, queijo, manteiga de nata e mel de uruçu.

> A feira servia de centro abastecedor do sertão, que para aqui mandava as suas tropas de burros carregados com algodão em pluma, enfardados e amarrados com corda de caroá; algodão bom, descaroçado em bolandeiras e sem os vícios modernos, que fazem com que as companhias compradoras do produto tenham os seus classificadores especializados, para evitar que os espertalhões passem gato por lebre.

Assim a descreve Cristino Pimentel, na crônica "A feira do bicho careta", na qual conta o crescimento do jogo do bicho na cidade, algo que se tornou febre até o presidente do estado, João Pessoa, determinar sua proibição em todo o território paraibano. Porco, burro, urso, pavão, cavalo, cobra... A jogatina diária com os animais do bicho fez surgir quadrinhas relembrando histórias dos primeiros "banqueiros" campinenses, como um que quebrou a banca depois que deu o bicho cotado e ele, sem dinheiro para pagar aos apostadores, desapareceu para não ser cobrado:

> O elefante fez Janja
> fugir, não pagar vintém;
> Ah! Seu Janja sem-vergonha.
> E se não houvesse o trem!...

Outras cidades paraibanas, porém, padeceram com mais uma longa estiagem: um ano e dois meses sem uma gota de água. Pior: em Cajazeiras, a seca teve como parceira de infortúnio uma epidemia de varíola. Quem estava na cidade no agourento ano de 1915 não esquece: não havia médico nem hospital para dar conta de tantos doentes. Cada residência virou uma enfermaria. No livro-almanaque *Brasil sertanejo* (1948), voltado para "gente das cidades", o radialista e pesquisador Zé do Norte conta que tinha sete anos e, como morava na rua do cemitério, viu passar infindáveis cortejos de mortos pela "bexiga", como era conhecida a varíola na região. No compêndio de narrativas, poemas, histórias, piadas, termos típicos e cantigas nordestinas, Zé do Norte assistiu, "por conta da seca terrível e medonha", ao êxodo dos caboclos que rumavam para Juazeiro do Norte em busca do conforto do Padre Cícero Romão e da ajuda do governo do Ceará: "Lá se vai o sertanejo, de alpercata e maca às costas, à procura de uma vida melhor, até poder voltar para seu rancho velho, abandonado." Com água somente nos olhos, lembra Zé do Norte, o retirante entoava um canto de despedida:

> Adeus, adeus, meu sertão.
> Vou partir, vou te deixar.
> Sem chuva e água te deixo
> Na esperança de voltar.
> Mas eu juro a Deus do céu,
> A Maria, a são José,

Si chuvê nu meu sertão
Largo tudo e venho embora
Teja lá onde tivé.

As dificuldades econômicas dessa vez não livraram Campina Grande, que enfrentou sérios problemas de infraestrutura nos anos 1920. Calçamento, só a partir de 1926, quando os primeiros paralelepípedos foram fincados na rua Maciel Pinheiro, nova denominação da rua Grande. Já o abastecimento de água potável, insuficiente desde a inauguração da estrada de ferro, em 1907, deixou de ser crítico anos depois, com a inauguração do açude do Bodocongó. Distração? Muito esparsa. O convívio com a música gravada começara duas décadas antes, quando o primeiro gramofone chegou à cidade e, acompanhado de discos levados da Casa Edison, no Rio de Janeiro, passou a fazer a festa dos que iam até um bazar industrial. "Para ouvir o interessante engenho, pagavam-se dois tostões", lembra Cristino Pimentel, no livro *Um mergulho na história campinense*. "A feira toda acorreu para ver e ouvir o 'bicho falante': os meninos nada pagavam."

Nenhuma chance, contudo, do "interessante engenho" ter sido impulsionado por eletricidade. Lampiões iluminaram as ruas até 1918, quando a Prefeitura lançou edital para a compra de 220 lâmpadas de querosene para iluminação pública e quatrocentas para áreas particulares. A luz elétrica chegou em 1920 – mas somente depois de alcançar outras cidades paraibanas: Bananeiras, Areia, Itabaiana, Guarabira. Enfim, Campina Grande se iluminou. E havia pessoas especializadas em não a deixar novamente cair na escuridão.

Descendente de índios cariris, cabelos lisos e pele cor de jambo, o torneiro mecânico Manoel Caetano entendia como ninguém o funcionamento das engrenagens dos geradores que iluminavam as cidades do interior. Ganhava dinheiro também com a fabricação de armamentos – garruchas, espingardas, pistolas –, que testava no quintal da própria casa: mirava um ponto no muro e disparava. Depois mandava a mulher, Josefa Maria (conhecida como Donzinha), fazer o mesmo – e ai dela se não acertasse a mira. Vendia seu arsenal para coronéis e também para cangaceiros.

Pela atividade, foi perseguido pela polícia e teve que se esconder por longos períodos. Em uma das fugas, recebeu no esconderijo a visita da esposa. Nove meses depois do amor no meio do mato, em 15 de novembro de 1935, nasceu a primeira filha: Inês Caetano de Oliveira.

Quando Inês veio ao mundo, sua família estava morando na cidade pernambucana de São Vicente (posteriormente São Vicente Ferrer), a 85 quilômetros do Recife, conhecida como a terra da banana, próximo à divisa com a Paraíba. Quatro anos depois mudaram-se para Campina Grande. A família não parou de crescer. Ao todo, Inês teve 22 irmãos; com o mais velho, Ademar, repartia o prato de lata em que comiam numa das extremidades da mesa de jantar. Descalça, cabelo revolto como o da mãe e temperamento forte como o do pai, a garota aprendeu logo cedo a conciliar as brincadeiras de infância no bairro próximo à fábrica da Sociedade Algodoeira do Nordeste Brasileiro S.A. (Sanbra) com as necessidades da sobrevivência: fazia serviços domésticos em casa de conhecidos, vendia cachorro-quente em quermesses, participava da linha caseira de montagem instalada pelo pai para fabricar munição – vez em quando tomava um susto quando uma bala explodia a seus pés.

O conhecimento musical da menina Inês seria mais escasso não fossem as transmissões dos alto-falantes, megafones fincados nas ruas do bairro da Liberdade. Ela adorava escutar as retretas, "um cartão sonoro de alguém para alguém", como anunciava o locutor Jovelino Farias, nascido em Pelotas e conhecido na região pelo apelido relacionado ao seu estado de origem. Gaúcho foi responsável pela instalação do primeiro serviço de difusão da cidade. Estruturas simples de postes com quatro cornetas, os alto-falantes de Gaúcho inicialmente se destinavam a incentivar matrículas de interessados em aprender tango numa escola de dança na rua Marquês do Herval. Com o tempo, passaram a irradiar também anúncios publicitários das lojas vizinhas e a prestar serviços comunitários. Mais: para alegria de Inês e outras moças, veiculavam músicas como "Rosa", "Carinhoso" e "Lábios que beijei", na voz de Orlando Silva, precedidas pelos nomes do rapaz e da homenageada. E elas ficavam ali, embaixo das cornetas, sonhando acordadas.

O serviço de alto-falantes iniciou nova fase na década de 1940, com a difusora A Voz de Campina Grande, apoiada pela Prefeitura. Do segundo andar do edifício Esial, em frente à praça da Bandeira, as cornetas instaladas pelo cearense José Jataí divulgavam música e notícias para moços e velhos que circulavam nas ruas João Pessoa e Maciel Pinheiro até o mercado central. Em dias de grandes atrações, as pessoas se aglomeravam na sacada do prédio para ouvir os artistas que despontavam no sul (tudo que estava abaixo da Bahia era considerado genericamente integrante do sul do país): Silvio Caldas, Jararaca e Ratinho, Venâncio e Corumba, Hebe Camargo. E, claro, o grande sucesso do momento, um dos ídolos de Inês: Luiz Gonzaga, cujo repertório era conhecido também pelos carros de som que passavam e espalhavam pelas ruas a música do Rei do Baião.

Como observou a pesquisadora Goretti Maria Sampaio de Freitas, no livro *História da mídia regional: o rádio em Campina Grande*, as difusoras funcionavam como porta-vozes da população, veiculando informações, propagandas, avisos "e, acima de tudo, os valores culturais". Para isso, os donos dos serviços logo perceberam que havia um poderoso atrativo: os concursos de calouros. A Voz de Campina Grande, por exemplo, realizava sua competição nas noites de domingo, provocando superlotação na praça da Bandeira. Já nos bairros, lembra Goretti, "os calouros eram apresentados ao público diretamente dos estúdios, que ficavam instalados na sala da frente, e a plateia ocupava o segmento da rua localizado diante da difusora". Para criar mais emoção e fortalecer a torcida, algumas das difusoras instalaram grandes janelas em seus estúdios.

Foi o que fez Milton Ramalho, proprietário de A Voz da Democracia, rede de alto-falantes do bairro da Liberdade. Mandou colocar um janelão envidraçado. Assim, todos que passavam pela rua Rio de Janeiro podiam observar o êxito ou o insucesso dos concorrentes. Um dia, a garota que só assistia aos calouros da Liberdade tomou coragem e inscreveu-se em um dos concursos. Inês entrou no estúdio. Errou o tom. Perdeu. Tinhosa, decidiu experimentar de novo. Cantou "Fascinação". Venceu. Prêmio: um sabonete Eucalol.

Inês percebeu que poderia ganhar alguma coisa com o que gostava de fazer. Ainda mais agora, que Campina Grande tinha recebido a primeira emissora oficial, a Rádio Cariri, inaugurada em maio de 1948 (depois viriam as estações Borborema e Caturité), com transmissores e antena mais potentes que o serviço de alto-falantes. Em 1951, a Cariri lançou um concurso que garantia ao primeiro colocado a bagatela de 100 mil-réis e carteira assinada no elenco da emissora. Inês inscreveu-se, mas sabia que difícil seria convencer o pai a autorizar sua participação. Criou um estratagema: aproveitaria o momento do escalda-pés, quando o pai chegava em casa e relaxava com ajuda de bacia com água quente e sal grosso, para convencê-lo a liberar sua ida. Enquanto massageava os pés de Manoel, Inês começou a enredá-lo:

– Pai...

– Sim, Inezinha, peça o que você quer.

– Ganhei um dinheirinho... Queria ir para o cinema, lá no centro.

– Não quero você frequentando esse negócio de cinema.

– É filme só de passarinho, pai, de bicho. Queria muito ver.

– Ademar vai?

– Vai... Vamo com a gente, pai!

– E eu vou sair de casa pra ver passarinho, menina? Isso tem no quintal aqui de casa!

– Pois deixe a gente ir...

– Vá então, minha filha.

Em vez de ir ao cinema, contudo, os dois irmãos foram até a sede da Rádio Cariri. Fizeram a inscrição e aguardaram a hora do concurso. Mas havia um problema. Sabiam que o pai acompanharia o programa; como evitar que ele, ao escutar a apresentação dos candidatos, descobrisse que a filha tinha escapulido? Inês precisava de outro nome. Lembrou-se das irmãs, todas com "Maria" como segundo nome, e criou outra identidade: Inês Caetano virou Maria Inês. Só que, na hora de subir ao palco, houve um imprevisto: ao anunciar a concorrente, o apresentador juntou os dois nomes escritos na ficha. E assim surgiu o nome artístico da menina que sonhava em ser cantora:

– Agora vamos ouvir mais uma candidata: Marinês!

Inês Caetano, ou melhor, "Maria Inês", ou melhor, Marinês, cantou pela primeira vez diante de um auditório. Escolheu um bolero do repertório de Emilinha Borba: "E assim se passaram dez anos sem eu ver seu rosto...". Agradou. Um dos concorrentes, tão jovem quanto a moça, se resignou:

– Que voz da moléstia é essa? Eu já perdi. E ela ainda é bonita, vistosa...

Veio o resultado. Tirara o primeiro lugar, mas empatada com o moço que, ao interpretar um samba de Jorge Veiga, se sentira derrotado: Genival Lacerda. A solução era contratar os dois e dividir o cheque – 100 mil-réis, fortuna para a época. Sabedor da fama de boêmio daquele candidato, o produtor passou a orientação:

– Você, Maria Inês, vai pegar o cheque da premiação na tesouraria, tirar o dinheiro do banco e dar metade para o rapaz.

Feito. Marinês retirou o dinheiro. Ela contou que seguiu até a casa de Genival e lá entregou metade da quantia à mãe do outro vencedor. Mas o cantor jura que nada recebeu: ficou esperando horas na porta da emissora, até que se cansou e foi dar uma voltinha nos cabarés da cidade. Esse fato renderia, ao longo de décadas, bem-humoradas cobranças públicas a cada encontro da dupla em programas de rádio e TV. A carteira assinada no dia seguinte pelo diretor musical da Rádio Cariri, Arnaldo Leão, garantiu não só o emprego, mas a oportunidade de cantar os boleros aprendidos via alto-falantes. Logo, porém, a história de Marinês estaria ligada à de outra emissora: a Rádio Borborema.

Inaugurada por Assis Chateaubriand em 8 de dezembro de 1949, dia de Nossa Senhora da Conceição (padroeira de Campina Grande), a Borborema fazia parte da chamada Cadeia Associada, que congregava vinte emissoras pelo país. De uma delas, a carioca Tupi, chegaram parte dos técnicos e quinhentas poltronas para o luxuoso auditório. Era um time e tanto: quase cem profissionais, entre radioatores, redatores, operadores de som, locutores e os músicos da orquestra e dos dois conjuntos regionais. Tudo para fazer valer o slogan "A Rádio Borborema está com você, não importa onde você esteja".

Na programação, diversas fontes de atração para o público local. De segunda a sábado, no horário nobre das oito da noite, novelas como *Aos pés do tirano* e *Virgulino Ferreira, o Rei do Cangaço* provocavam reações intensas, medidas pelas cartas de ouvintes (até do Amazonas) dispostos a palpitar sobre o destino dos personagens. Já o auditório do edifício São Luiz ficava apinhado de gente para acompanhar programas como *Aquarela nordestina*, o humorístico *Uma pulga na camisola*, o infantil *Clube do Papai Noel* e o regionalíssimo *Retalhos do sertão*. Sem contar as atrações nacionais e internacionais que passavam pelo auditório: a norte-americana Josephine Baker, o trio argentino Las Palomitas, os brasileiros Cauby Peixoto, Angela Maria, Nelson Gonçalves, Dircinha e Linda Batista... A Borborema, enfim, pretendia ser a equivalente paraibana da Rádio Nacional em termos de relevância e audiência. E ao menos por uma década conseguiu. Como resume o pesquisador Antônio Clarindo Barbosa de Souza, no ensaio "O mundo que se ouve e o mundo que se vê: o rádio e os auditórios em Campina Grande":

> O rádio se tornou na cidade, como de resto em todo o Brasil, um ícone de adoração, um santuário diante do qual todos se postavam solenes para reverenciar os locutores ou outros artistas. As pessoas se entregavam embevecidas à força de convencimento daquela "capelinha" sem padre, mas com artistas dotados de um talento sedutor para vender produtos e sonhos. Com o rádio não havia mais ninguém solitário.

* * *

Sertanejo do norte, vamos plantar algodão
Ouro branco que faz o nosso povo feliz
E que tanto enriquece o país
Produto do nosso sertão.

Na voz de Luiz Gonzaga, músicas como "Algodão" serviam não apenas de distração, mas de chamamento. Tudo porque a cultura do algodão fizera de Campina Grande o motor da economia paraibana – o investimento na inauguração de emissoras de rádio representava a face mais visível desse progresso, que se espalhava pelo comércio e pela indústria. A cidade recebia boa parte da produção paraibana e dos estados vizinhos, trocada por ferragens, tecidos, material de construção, peças para veículos, tudo que se possa imaginar.

Não demorou para a "Rainha da Borborema" se tornar o maior centro comercial do interior do Norte e do Nordeste. Chamado de "ouro branco", o algodão era tão importante que respondia por mais da metade da receita estadual; quando o governo tinha dificuldades de caixa para fazer o pagamento do funcionalismo, recolhia antecipadamente os impostos do setor. A comercialização das safras de algodão atraiu empresas como a argentina Bunge y Born, que se instalou em 1935 e, depois que comprou a companhia pernambucana Cavalcanti & Cia, formou a Sanbra. Fabricante de óleos, adubos e sisal, a Sanbra e outras multinacionais, como Anderson Clayton e Columbia Hope, criaram centenas de empregos e mudaram a cara da cidade, levando Campina Grande a ser conhecida como a "Liverpool Brasileira" e a liderar a arrecadação estadual, com quase o dobro do montante arrecadado pela capital, João Pessoa.

Mas o progresso não chegou apenas por conta dos exportadores e beneficiadores de algodão. As linhas de trem também eram utilizadas para transporte de minério e exportação de couros e peles. Tantos negócios estimularam os grandes estabelecimentos bancários a abrir filiais, de olho na movimentação financeira dos representantes de firmas de importação dos Estados Unidos, Europa e Japão. A construção da sede da Prefeitura, reformas urbanísticas no centro, a inauguração do Grande Hotel, os sinais de prosperidade estavam diante dos olhos de todos. Basta dizer que 29% da frota de 2.165 veículos automotores do estado circulavam na cidade. E, claro, atraíam mais e mais pessoas: o Censo Demográfico de 1940 registrou a presença de 126.139 habitantes no município campinense – 79 mil analfabetos.

A seca prolongada, a imposição de barreiras fiscais para a circulação do algodão e a proliferação de pragas como a do bicudo abreviaram a era de ouro campinense. Como lembra o professor Alcides de Albuquerque do Ó, que escreveu sobre os indicativos de paralisação econômica em sua cidade, então a 13ª mais populosa do Brasil: "Se não se tomassem algumas medidas renovadoras de grande alcance, logo a estagnação econômica se apresentaria, porque o eldorado proporcionado pelo algodão e pelos minérios estava no fim."

No livro *Campina Grande: história & política (1945-1955)*, Alcides lembra que as medidas não vieram. Pior: com a construção e melhoria das estradas, os fornecedores de outros estados começaram a negociar diretamente com o Sudeste. E o vizinho Rio Grande do Norte se impôs no mercado como o melhor produtor do algodão seridó de fibra longa, semelhante ao do Egito e da Arábia Saudita, o mais cotado para exportação. Em visita a Campina, o padre francês Louis-Joseph Lebret, economista e filósofo que tinha se projetado com os estudos formulados no centro de pesquisas Economia e Humanismo, se impressionou ao saber que a cidade não dispunha de recursos naturais nem havia processo de industrialização em andamento. Antecipou que, se não ocorresse uma mudança brusca de rumos, priorizando a implantação de um polo universitário capaz de rivalizar com as capitais e investimentos em infraestrutura (sobretudo em estradas), o destino de Campina Grande seria a decadência.

Se a incitação expressa na letra de "Algodão" não conseguiu tirar a cidade paraibana do rumo do ocaso econômico, serviu para representar uma das bem-sucedidas parcerias de Luiz Gonzaga com seu novo companheiro musical: Zé Dantas. Estudante de medicina, nascido em Carnaíba, no alto sertão pernambucano, José de Souza Dantas Filho gostava de escrever crônicas e contar histórias de sua região quando participava de rodas de violão com os colegas. Não tocava nenhum instrumento: só caixa de fósforos. Quando soube que Gonzaga passaria pelo Recife, deu um jeito de encontrá-lo e lhe entregou um punhado de letras. Só que, segundo Luiz Gonzaga, Dantas não pensava em parceria: queria uma gravação do Rei do Baião cantando o que ele havia escrito, nada além disso; dizia que o pai tinha aversão à ideia de ver o filho compositor. Gonzaga gostou do "linguajar gostoso" das músicas, fingiu ter aceitado a condição, mas enganou

Dantas, dizendo que a assinatura dele seria necessária para colocar voz nas letras. Sacramentou a parceria e, em 1949, lançou a contagiante "Vem morena", além de "Forró de Mané Vito", esta última uma historieta ágil, cheia de personagens, baseada nas lembranças de Dantas sobre a região pernambucana do Alto Pajeú:

> No forró de Mané Vito,
> Tive que fazer bonito,
> A razão vou lhe explicar.
> ...
> Num sou homem pra brigar.
> Mas nessa festa,
> Seu dotô, perdi a carma.
> Tive que pegá nas arma
> Pois num gosto de apanhar...

"Forró de Mané Vito" fez o Brasil travar contato com uma forma arisca de diversão, na qual os desentendimentos eram resolvidos na base da faca; "sertão de cabra macho", no entendimento de Gonzaga. Também não deixava de representar exemplo das duas acepções para a palavra "forró" incluídas no livro *Brasil sertanejo*, de Zé do Norte: "Baile na roça. Significa também barulho, conflito."

Em seu almanaque, Zé do Norte também resgata a primeira definição para baião ("dança ao som da viola"), explica ao pessoal das cidades a diferença entre caatinga e catinga, inclui aipim como sinônimo de macaxeira, entre outros verbetes do dialeto sertanejo. Na parte de "Cantigas do sertão", garante que, na região, "quase toda pessoa sabe fazer versos e improvisar com a maior facilidade". E, na apresentação da compilação de mentiras e anedotas, conta que, sem elas, "a vida do sertanejo seria incompleta"; Zé Dantas, assim como fariam depois Zé Marcolino e João Silva, trazia essa faceta fantasiosa e bem-humorada em suas letras.

Luiz Gonzaga logo percebeu que ganhara um parceiro e tanto: enxergava em Humberto Teixeira, entre outras virtudes, o dom da versatilidade;

mas Zé Dantas captava o que havia de mais arraigado nas tradições do homem sertanejo. E se mostrava capaz de, como o autor de "Asa branca", fazer músicas de imediato apelo popular. Tanto que o médico recém-formado, quando foi pela primeira vez ao Rio de Janeiro e viu a quantia que receberia de direitos autorais, comentou com Gonzaga:

– Acho que vou mandar um dinheirinho para meu pai comprar uma boiada...

"Cintura fina", "São-joão na roça", "Imbalança", "Sabiá", todas assinadas pela nova dupla, viraram sucesso. Se Zé Dantas demonstrava extrema sensibilidade ao comparar mudanças na vegetação com o amadurecimento feminino ("Mandacaru, quando fulora na seca, /É o sinal que a chuva chega no sertão. / Toda menina que enjoa da boneca /É sinal que o amor já chegou no coração", canta "O xote das meninas"), também sabia exercer a contundência. Foi o que fez em 1953, ao utilizar, em "Vozes da seca", a estrutura do cordel para reproduzir o sentimento de mágoa dos nordestinos com o descaso do governo federal em relação aos efeitos de mais uma estiagem prolongada:

Seu dotô, os nordestino
Têm muita gratidão
Pelo auxílio dos sulista
Nessa seca do sertão.
Mas, dotô, uma esmola
A um hômi qui é são
Ou lhe mata de vergonha
Ou vicia o cidadão.

É por isso que pidimo
Proteção a vosmicê,
Hômi pur nóis escuído
Para as rédia do poder.
Pois dotô, dos vinte estado,
Temos oito sem chover.

Veja bem, quase a metade
Do Brasil tá sem comer.

Dê serviço a nosso povo,
Encha os rio e barrages,
Dê comida a preço bom,
Não esqueça a açudage.
Livre assim nóis da esmola,
Que no fim dessa estiage
Lhe pagamo inté os juros
Sem gastar nossa corage.

Se o dotô fizer assim,
Salva o povo do sertão.
Se um dia a chuva vim,
Que riqueza pra nação.
Nunca mais nós pensa em seca.
Vai dar tudo nesse chão.
Cumu vê, nosso destino
Mecê tem na vossa mão.

Em outra música, "A dança da moda", o novo parceiro retratou a fase esplendorosa do gênero musical divulgado pelo sanfoneiro, cada vez mais presente na imprensa e nos palcos cariocas:

No Rio tá tudo mudado
Nas noites de são-joão.
Em vez de polca e rancheira,
O povo só pede e só dança o baião...

Não era só no Rio que estava tudo mudado. Os serviços de alto-falantes e os transmissores potentes das rádios se encarregavam de espalhar a voz de Luiz Gonzaga pelo interior nordestino. Chegou, por exemplo, a Taperoá, cidade paraibana na região do Cariri. Assinado por Humberto Teixeira, Miguel Lima e Zé Dantas, aquele conjunto de músicas bateu forte nos moradores da região. Caso do menino José Abdias de Farias, que morava em sítio próximo à cidade e, contagiado, começou a se engraçar para o fole de oito baixos do pai. Só que o dono do instrumento, também chamado Abdias, não queria nem saber da possibilidade de ter um filho tocador.

– Se eu te pegar tocando os meus oito baixos, vou te dar uma coça, rapaz.

Mas não tinha jeito: o menino adorava música. Sabia de cor o repertório de Gonzaga e também de Augusto Calheiros. Queria mais. Com a cumplicidade da mãe, arriscava-se a tocar com o instrumento do pai quando este não estava em casa. Até que um dia a combinação não deu certo, e o velho Abdias surpreendeu o filho esmerilhando no fole. Surpresa: surra? Não. Sorriso. Mais que a bênção do pai para continuar tocando, o garoto passou a acompanhá-lo nos forrós pelo sertão paraibano. O menino "sambudo, buchudo, cabeça meio chata", como lembram os amigos, tocava triângulo enquanto o pai debulhava o fole Koch, executando músicas de domínio popular e composições próprias, como "O forró do pé rapado".

Com a adolescência, chegou o desejo de Abdias de sair de Taperoá. Contou à madrinha, dona Silu:

– Vivo muito triste vendo que minha mãe não tem condição de ter uma toalha boa, uma bacia de rosto. Vou viajar pra ela poder ter dinheiro e comprar tudo que ela precisa.

Não sabia bem para onde ir, mas sabia bem o que não queria: continuar sofrendo com a seca; sua terra não via chuva havia quatro anos. Queria morar em um lugar com muita água, muito verde. Ouviu falar que encontraria tudo isso em Maceió. No caminho, a menos de 150 quilômetros da capital alagoana, parou em Palmeira dos Índios. Participou de audição para sanfoneiros no serviço de alto-falantes da cidade. Tocou e agradou até o prefeito. Foi ficando. E a sorte o ajudando: um dia, o radialista e compositor Aldemar Paiva, autor de frevos em parceria com Nelson Ferreira, foi se apresentar em Palmeira dos Índios. Os músicos que o acompanhariam perderam a condução. Aldemar, desesperado atrás de um solista, recebeu a indicação de que tinha um "garoto muito bom, um sanfoneiro bom danado": era Abdias. Tocou e agradou.

A segunda parte da jornada alagoana ocorreu na capital. Chegou a Maceió e, aos doze anos, só conseguiu um lugar para dormir: a soleira da porta de uma feirante. Em troca de ajuda na feira, ela o deixou ficar. Abdias topou e ainda auxiliava a mulher a atrair a clientela, tocando a sanfona em frente à barraca de peixes. Foi contratado para tocar acordeom no regional da Rádio Difusora de Maceió, onde acabara de brilhar Hermeto Pascoal. Tocava cada vez melhor; dava aulas de acordeom para as madames da sociedade, ganhava dinheiro nos cabarés. Um tempo depois, já era chefe do regional, o grupo de músicos responsáveis pelo acompanhamento das atrações principais da emissora. Comprou bicicleta, sanfona. Ganhou concurso interno que tinha como prêmio uma passagem de avião para qualquer lugar do Brasil. Surpreendeu todo mundo ao escolher seu destino: Campina Grande. A volta para o estado natal foi em grande estilo. Apresentou-se na Rádio Borborema, participou dos programas de Gil Gonçalves e Nilton Motta. Acolhida ótima, tão boa que ganhou o apelido de "O Mago da Sanfona". Recebeu convite para ficar em Campina, agora como artista contratado. E, mais importante que a acolhida, teve um encontro que mudaria sua vida. Um encontro, não; um esbarrão.

Marinês subia as escadas do primeiro andar do edifício São Luiz, na esquina das ruas Cardoso Vieira com Venâncio Neiva, quando tropeçou com Abdias, que visitava o diretor da emissora. De cara, a moça chamou atenção do sanfoneiro, que perguntou aos colegas:

– Quem é essa caboclinha tão ajeitadinha?

– É cantora, nova contratada da rádio.

– Eu quero ela.

Depois de alguma insistência, Abdias conseguiu o que queria. Começou a sair com Marinês e prometeu:

– Vou voltar pra te buscar. E lá de Maceió nós vamos ganhar o mundo.

Não demorou muito, e os dois estavam juntos na capital alagoana. Abdias percebeu o potencial da moça, mas havia um problema. Como as cantoras que admirava, Marinês interpretava repertório romântico. Só que o gênero tinha perdido espaço – especialmente entre os jovens – para o baião, graças à consagração nacional de Luiz Gonzaga. Abdias intuiu que Marinês teria mais chances se enveredasse pela trilha recém-criada pelo cantor. Mudou o figurino da companheira. Comprou um chapéu de couro para a mulher. O vestido branco de que ela mais gostava ganhou adereços com elementos típicos nordestinos. Nos pés, em vez de sapatos de bico fechado, sandálias rústicas. Quando acabou de promover a mudança, Abdias avisou à mulher:

– Se Luiz Gonzaga é o Lampião, você vai ser a Maria Bonita.

Convidou um colega da rádio, conhecido pelo apelido de Cacau, para se juntar a eles, e começaram a ensaiar: Marinês no triângulo e na voz, Abdias na sanfona, Cacau no zabumba. A formação precisava de um nome de impacto, capaz de ser imediatamente associado a Gonzaga. Nascia então a Patrulha de Choque do Rei do Baião. Tocavam em circos e cinemas – pegavam emprestados filmes que já estavam fora de cartaz, reprisavam e, por um preço mais baixo, apresentavam o show depois da projeção. O dinheiro não dava para muita coisa; várias vezes trocavam o cachê por lugar para dormir. E era um quarto para os três; Marinês dormia na cama, Abdias e Cacau no chão. Refeição, só com sorte. O que o dinheiro dava era para comprar dois pães (um para a cantora, outro dividido ao meio para os dois homens) e um punhado de açúcar para fazer garapa com água da pia. Para não expor o miserê, Marinês tinha uma desculpa pronta para os donos das pensões:

– Não precisa me chamar pra descer pra comer porque eu tô indisposta...

Foi em um desses momentos de bolsos vazios que chegaram ao Recife. Sem saber para onde ir, Abdias lembrou-se de Antonio "Caroço", irmão de Mauro Barros, pandeirista da Rádio Borborema, que tinha saído de Campina Grande para tentar a vida na metrópole pernambucana e foi generoso na oferta ao conterrâneo:

– Se você quiser, pode ir pra minha casa.

Marinês e Abdias seguiram então para a casa de Antonio, no topo do Alto José do Pinho, região norte do Recife. Só havia um lugar para dormir:

o chão, onde o anfitrião separou um colchonete para os visitantes. Foi apresentado à moça que acompanhava o conterrâneo:

— Antonio, essa menina é Marinês, minha mulher. Ela canta.

Abdias sentou no tamborete, pegou a sanfona e puxou uma música para Marinês cantar. O resultado, longe de agradar, causou estranheza. Acostumado às vozes das grandes cantoras do rádio, Antonio achou "uma coisa esquisita" no canto ainda imaturo da jovem acompanhante de Abdias. Mas ficou quieto, afinal também estava começando. Os dois dormiram antes de seguir para Maceió, onde iriam tentar a sorte em uma rádio local. Antonio perdeu o contato com os dois.

Aos poucos, a repercussão da Patrulha de Choque se espalhou pelo Nordeste. Até que, em 1955, a fama chegou ao homenageado. Por onde passava, Gonzaga ouvia relatos:

— Seu Luiz, passou por aqui um trio tocando o seu repertório. Tem um negão (Cacau) no zabumba que dança que é uma beleza, e tem uma cangaceirinha de perna fina que canta e toca triângulo, o senhor precisa ver...

Intrigado, Gonzaga pediu um favor a Pedro Chaves, prefeito de Propriá, cidade sergipana onde seria homenageado com a inauguração de praça e busto com seu nome:

— Quando passarem de novo, dê um jeito de segurar eles na sua cidade.

— Pode deixar, seu Luiz.

Deu certo. Às margens do rio São Francisco, Luiz Gonzaga finalmente iria conhecer a "sua" Patrulha de Choque. O prefeito, Pedro Chaves, reservou o único hotel na cidade; Marinês ficou em quarto no primeiro andar, bem ao lado do de Gonzaga. Ao saber da presença da Patrulha, ele os convidou para almoçar. Meio-dia em ponto, Marinês chegou e sentou-se à mesa do Rei do Baião. Não comeu nada, por conta da emoção:

— Estava de barriga cheia só de ver o homem.

Como previsto, Marinês fez a abertura. Caprichou ao cantar todas as músicas de Gonzaga que aprendera em Campina Grande. Ao se despedir, o locutor chamou a principal atração da noite. E Gonzaga falou:

— É, minha gente, tá tudo bom... Mas acontece que eu não sei o que eu vou cantar pra vocês. A caboclinha já cantou tudo!

Ficara impressionado com o apuro do trio. Convidou a Patrulha para se juntar a ele depois que terminasse a série de shows patrocinada pelo colírio Moura Brasil. Antes de ir embora, chamou Abdias para ir até o seu carro. Lá, pegou uma sacola cheia de dinheiro e ordenou:

– Enfia a mão nesse saco, hômi! Mas abra a mão com vontade antes de fechar!

Abdias fez o que Gonzaga mandou.

– Agora tire a mão!

Abdias olhou e quase não acreditou: as mãos estavam cheias de cédulas, era a maior quantia que já tinha visto na vida. Enquanto guardava a pequena fortuna, Gonzaga determinou o próximo passo:

– Esse dinheiro é para vocês irem para o Rio de Janeiro. Lá vocês vão trabalhar pra mim.

Lá se foi a Patrulha de Choque atrás dele. Foram morar nos fundos da casa de Gonzaga, em Santa Cruz da Serra (bairro de Duque de Caxias, a 35 quilômetros do centro do Rio), onde mantinha alojamentos para quem trabalhava com ele. Ensaiavam o que tocariam em programas como *Caleidoscópio*, da Rádio Tupi, e nas apresentações pelo interior. A cada ensaio, ficava claro o objetivo de Gonzaga: ter um conjunto de apoio versátil, dinâmico e, com a presença de uma mulher, mais vistoso. Ele providenciou roupas novas para todos e os orientou sobre como se comportar em cima do palco. Ensinou Marinês a aprimorar o toque do triângulo e também mostrou a ela os passos de xaxado. Acompanhado de Zito Borborema (pandeiro), Marinês (triângulo), Miudinho (zabumba) e Abdias (agogô), Gonzaga já entrava em cena tocando sanfona. Tocava três, quatro músicas. Depois passava o acordeom para Abdias e ficava livre para cantar e contar histórias. Até que chegava o momento de evocar Lampião e Maria Bonita, e de xaxar com Marinês: xaxado cruzado, xaxado por trás, xaxado dançado ao contrário… Danada, a menina aprendeu rápido. Seguia direitinho os passos dele. Satisfeito, Gonzaga comunicou a Abdias:

– Marinês vai para o estúdio. Vai gravar comigo.

Em 1956, os dois dividiram os microfones. Gonzaga começava, em tom de amorosa provocação:

Ô Zabé, Ô Zabé, Zabé, Zabé,
Zabé, Zabé, dez vezes Zabé.
Ô Zabé, Zabé meu bem,
Eu chamo tanto e Zabé não vem.
Ô Zabé, não quero me humilhar,
Mas o amor depois da briga
É gostoso pra danar.
É o mel que cai na boca
De quem comeu saburá,
E chuva depois da seca
Nas terras do Ceará.
Por isso, minha Zabezinha,
Não canso de te chamá.

E Marinês devolvia, em tom enlevado, sutilmente malicioso:

Ô Mané, Mané, Mané,
Mané, Mané, dez vezes Mané.
Oi Mané, Mané meu bem.
Eu chamo tanto, e Mané não vem.
Oi Mané, não quero me humilhar,
Mas amor depois da briga
É gostoso pra danar.
É o mel que cai na boca
De quem comeu saburá,
E chuva depois da seca
Nas terras do Ceará.
Por isso, meu Manezinho,
Não canso de te chamar...

O dueto era o que faltava para Gonzaga conferir um título à sua parceira. Mas havia um problema: se já tinha coroado como "Rainha do Baião" a carioca Carmélia Alves, filha de nordestinos nascida em Bangu e criada em Petrópolis, como faria com Marinês? A conterrânea teria de ganhar outro título de nobreza. Então ele nomeou sua parceira de palco: "Rainha do Xaxado".

"Mané e Zabé" tocou no Nordeste inteiro. No Recife, aquela voz feminina chamou atenção do conterrâneo Caroço, que, por sinal, não gostava do apelido. Preferia ser conhecido pelo nome e sobrenome: Antonio Barros. Ele ficou encafifado:

– Mas que coisa bonitinha. Quem é essa cantorinha?

Qual não foi o susto, depois, ao descobrir que a voz era da moça que recebera em sua casa, no Alto José do Pinho, acompanhada de Abdias. E olha que Antonio Barros tinha ouvidos atentos. Trazia música no sangue desde pequeno: nascido em Queimadas, distrito de Campina Grande, aproveitava o quintal da casa onde cresceu para pegar uma lata de 20 litros de querosene e enfiar na cabeça. A mãe estranhava a brincadeira, e ele respondia:

– Tô cantando, mãe. Tô cantando uns negocinhos...

Na verdade, Antonio gostava mesmo era de ouvir sua voz reverberando dentro da lata. O eco o fascinava. Aos treze anos, deixou o sítio e se mudou para Campina Grande. O irmão mais velho, Mauro, tocava pandeiro em cabarés, e logo Antonio estava lá dentro, vendo os cantores enquanto as moças circulavam entre os clientes. Acompanhou Mauro no Cassino Eldorado ("muito chique") e no Baile Azul, mais popular, onde as meninas também eram tratadas com respeito:

– Se passassem a mão na rapariga, tinha briga, até facada.

Depois seguiu para outra cidade paraibana, Patos, onde valia a lei do cabaré: os músicos não podiam namorar as meninas que rodavam pelo salão. Só que Antonio desrespeitou a regra não escrita e teve um caso com uma das moças da casa, de 34 anos – ele tinha dezessete. Acabou o romance e voltou para Campina Grande, onde trabalhou como retocador de retratos enquanto tentava prosseguir carreira. Um dia ficou desnorteado quando ouviu alguém comentar que havia cantores que faziam as próprias músicas:

– Como assim? Ele fez?

– Sim, a música foi ele quem fez. E tem chorinho também.

– Tem?

– É uma música só tocada, não tem canto.

Em um breve diálogo, duas revelações: os cantores também eram compositores, e uma música podia prescindir de voz. Guardou aquelas informações e, um dia, quando tangia jumento em direção ao sítio, lembrou de ter lido no letreiro do Cine Capitólio o título do filme *Acordes do coração*, drama com John Garfield e Joan Crawford. Aí começou a cantarolar:

Ela porém zombava de mim, e não é natural,
E também sofre acordes do meu coração...

Correu para casa e perguntou aos irmãos:
– Vocês já ouviram isso alguma vez?
– Não.
– Então eu fiz essa música!
Começou a fazer sambas para os frequentadores do cabaré. Logo a fama se espalhou:
– Foi Tonho quem fez...
Mas não ganhava dinheiro. Para sobreviver, trabalhava como pandeirista da Rádio Caturité. Na inauguração da emissora, no Cine Capitólio, acompanhou Silvio Caldas, Waldir Azevedo, Blecaute, Angela Maria ("uma mulata que lançava o primeiro disco"), além de seu ídolo, o mesmo de Gonzaga e Abdias, Augusto Calheiros. Foi convocado para acompanhar um sanfoneiro prodigioso, o albino Sivuca, nascido na cidade paraibana de Itabaiana e conhecido na região como "O Diabo Louro". Mesmo nervoso, conseguiu seguir o ritmo veloz do ás da sanfona em "Brasileirinho". Ganhou aplausos, saiu aliviado. Foi ganhando confiança até chegar o dia em que foi convidado a se mudar para o Recife e trabalhar na Rádio Tamandaré. O convite partiu de um conterrâneo que tinha conquistado Pernambuco com uma mistura explosiva de ritmo, verve, carisma e gogó. Nome de batismo: José Gomes Filho. Nome artístico: Jackson do Pandeiro.

3. Rumo ao tabuleiro de cuscuz

– Vem, Luiza!

>Convidei a comadre Sebastiana
>para cantar e xaxar na Paraíba...

>Luiza foi.

>Ela veio com uma dança diferente
>e pulava que só uma guariba...

O baixote pegou a parceira e a puxou para a cintura. Também dobrou as pernas para que a diferença de estatura parecesse ainda maior e provocasse mais rebuliço na plateia.

>Já cansada no meio da brincadeira
>e dançando fora do compasso,
>Segurei Sebastiana pelo braço
>e gritei: Não faça sujeira!
>O xaxado esquentou na gafieira
>e Sebastiana não deu mais fracasso.

As mungangas de Jackson do Pandeiro já tinham o poder de contagiar o público da Rádio Jornal do Commercio, no Recife. Mas agora, ao encontrar uma parceira de palco tão espevitada quanto ele, era risada garantida. Ainda mais no dia em que Luiza surpreendeu o público (e o próprio Jackson) ao aplicar uma umbigada no *partner* bem no meio do número musical. O auditório foi abaixo.

> E gritava A, E, I, O, U, ipsilone...
> Mas gritava...

Nas primeiras apresentações da revista carnavalesca *A pisada é nossa*, Jackson cantava "Sebastiana" sozinho. Quando teve ideia de encontrar uma parceira, lembrou da veterana atriz Luiza de Oliveira, integrante do elenco do radioteatro da Rádio Jornal do Commercio. Versátil e expansiva, especialista em comédias, ela adorava brincadeiras. Por isso, não hesitou quando Jackson deu a senha:
— Vem, Luiza!

Paraibano de Alagoa Grande, José Gomes Filho cresceu ouvindo os cocos que a mãe, conhecida como Flora Mourão, cantava em festas. Passou a acompanhá-la, para desgosto de Zé Gomes, que trabalhava como oleiro. Com a morte do pai, rumou para Campina Grande, onde arranjou emprego numa padaria. Começou entregando pão, depois virou ajudante. A vontade de trabalhar prevaleceu até a madrugada em que, enquanto padecia com o calor do forno, ouviu um grupo de boêmios cantando a marchinha "Jardineira" no Clube Ipiranga, vizinho à padaria. Aos dezessete anos, suado e com sono, fez um juramento:
— Tá doido! Vou nada ficar nessa bexiga! Não vou mais fazer pão pra homem nenhum. Vou sair daqui de qualquer maneira. Vou entrar é na roda da batucada, do samba. Eu quero fazer ritmo!

Começou a se aventurar pelo circuito musical da cidade. Apareceu chance de substituir um baterista que tocava foxtrote em bailes. Mas, como não gostava do estilo, resolveu trocar de instrumento. Em entrevista a *O Globo*, em 1972, explicou a condição que se impôs para escolher o pandeiro: "Não me dava bem tocando fox. Sou meio bairrista, gosto de dar valor ao que é meu. Mas também só queria tocar pandeiro se tocasse melhor do que os outros ou igual ao primeirão. Se tocasse como um pandeirista de quinta classe, não teria continuado."

Passou a se apresentar com regularidade em cabarés e dancings. Os frequentadores adicionaram ao apelido Jack (decorrente de Jack Perrin, nome do ator de faroestes a que assistia quando criança, tão magro quanto ele) o nome do instrumento que tocava. Por isso, para identificá-lo, passaram a chamá-lo de Jack do Pandeiro. A mãe não gostou nada:

– Mas é isso mesmo... Eu batizo um filho com nome de José, e vem os diabo trocar o nome para um tal de Jack que eu não sei de onde saiu nem por onde entrou!

Jack ficou em Campina Grande até 1946, quando foi para João Pessoa, contratado pela Rádio Tabajara para tocar pandeiro na orquestra da emissora. Dois anos depois mudou-se para o Recife. A capital pernambucana, por conta do crescimento incessante, tinha condições de oferecer vantajosas condições de trabalho. Com menos de 350 mil habitantes em 1940, a "Veneza Brasileira" ultrapassara os 500 mil em menos de dez anos. O crescimento decorreu mais pelo êxodo da zona rural do que pelo aumento vegetativo, como explica o sociólogo Souza Barros no livro *Êxodo e fixação*, publicado pelo Ministério da Agricultura em 1953. O autor relaciona os diversos fatores de atração para o litoral:

> O processo de absorção de imigrantes, no Recife, tem sido elastecido pelo desnível de condições entre a vida da cidade, os seus meios de assistência, as garantias do trabalho industrial e a ausência de todas essas vantagens no meio rural. Movimentos como o da casa própria (Campanha Social contra o Mocambo), distribuição de máquinas, assistência hospitalar centralizada, contribuem, como sedução, para o êxodo em direção ao Recife.

Os mocambos, tipos de moradia de construção precária, proliferavam no Recife desde o final da década de 1920. Em 1939 chegavam a 45.581, segundo o Censo daquele ano, o que equivalia a 63,7% dos imóveis da cidade. A situação levou o interventor Agamenon Magalhães a uma ação radical. Descreve-a a historiadora Virgínia Pontual no artigo "Tempos do Recife: representações culturais e configurações urbanas":

Num primeiro momento, a atuação do governo de Agamenon Magalhães caracterizou-se apenas pela destruição dos mocambos; porém, após as negociações com as carteiras prediais dos Institutos de Aposentadorias e Pensões (IAPs), assistiu-se a um surto construtivo de vilas habitacionais destinadas às entidades profissionais e corporativas e aos segmentos profissionais não organizados.

A despeito de tudo isso, a classe média recifense usufruía de todos os meios de entretenimento típicos de uma grande cidade. A começar pela diversidade de salas de cinema, cujas telas exibiam badalados lançamentos de Hollywood e recentes produções nacionais. Nos cines Popular, Trianon, Ipojucan, Caxangá, Torre, Roial, Popular, Parque ou São Luís, era possível escolher entre ver Gary Cooper em *Matar ou morrer* ou Oscarito e Grande Otelo em *Carnaval de paixões*; conferir a performance de Marlon Brando em *Viva Zapata* ou se divertir com Katharine Hepburn e Spencer Tracy se digladiando romanticamente em *A mulher absoluta*; ou ainda constatar as qualidades que renderam a *O cangaceiro*, de Lima Barreto, a Palma de Ouro em Cannes.

No teatro, causavam frisson temporadas como a que Maria Della Costa fez, em meados de 1953, no Santa Isabel. Saudada como a principal figura feminina do Teatro Popular de Arte, a atriz se apresentava com a peça *Manequim*, do mineiro Henrique Pongetti, sob direção de Eugênio Kusnet. Enquanto isso, as colunas "Página feminina", do *Jornal do Commercio*, e "Para a mulher no lar", do *Diario de Pernambuco*, disputavam a atenção do público feminino com poemas, crônicas, dicas de culinária e sobre criação dos filhos, moda e reportagens que explicavam questões do tipo "Por que os homens mentem mais", "Por que mulheres nervosas não são amadas" e "Como deve ser a esposa perfeita".

As famílias podiam saciar os sonhos de consumo na Mesbla, na rua da Palma, e lá adquirir alguma das novidades alardeadas pela indústria de eletrodomésticos e eletrônicos. Caso da geladeira a querosene Gelomatic, da enceradeira elétrica Arrow ou dos mais novos modelos de rádio da RCA Victor – "o máximo de perfeição em um lindo rádio de mesa" – ou da Mullard – que prometia sintonizar emissoras italianas "com a mesma perfeição de uma rádio local".

No entanto, o melhor da programação radiofônica não era captado de tão longe. O recifense era beneficiado pela disputa entre as rádios Tamandaré, Clube e Jornal do Commercio, que tinham como carros-chefes as radionovelas – títulos como *Renúncia*, de Oduvaldo Viana, levada ao ar pela Rádio Clube, com o oferecimento dos sabonetes Eucalol – e os musicais, muitos deles transmitidos ao vivo, direto dos auditórios das emissoras.

Nesses programas, talentos regionais como Sivuca, Claudionor Germano, Zé do Norte e José Otoni ("a mais bela voz da Paraíba, notável intérprete de músicas internacionais") dividiam espaço com estrelas importadas do "sul". Doris Monteiro, Lana Bittencourt, Adelaide Chiozzo, Nora Ney e Pedro Raimundo estavam entre os artistas convidados para se apresentar na cidade ao longo de 1953, ano em que a temporada junina pegou fogo nas ondas do rádio.

A Tamandaré prometia o lançamento de um novo ritmo do sertão, "uma dança inteiramente nova, maior que o xaxado, muito mais sensacional que o baião, muito mais revolucionária que todos os ritmos oferecidos". Promessa não cumprida, já que pouca repercussão teve a novidade quando revelada: a peça musicada *Tonico chegou*, estrelada pelo conjunto Matuto de Burletas, que trazia "melodias originais, partituras próprias e performance incomparável", com produção de Luiz Mário Filho e direção musical do maestro Nelson Ferreira.

Sensação maior causou o artista convidado da "arrancada junina" da rádio Jornal do Commercio. "Luiz Gonzaga é o maior cartaz da rádio nacional, possuidor de uma legião incomensurável de fãs em todo o continente", ressaltava a emissora em 19 de junho, um dia antes do início da temporada do Rei do Baião, que se apresentaria acompanhado de Catamilho e Zequinha, no auditório da emissora, com ingressos a dez cruzeiros e cadeira numerada. "Indispensável será dizer a ansiedade do público em relação ao acontecimento", acrescentava a reportagem. O patrocinador da temporada de Gonzaga, Casas Nordeste, até lançou uma oferta especial para a ocasião: o tecido xadrez pigalle e a mescla xaxado. As Casas José

Araújo contra-atacaram, oferecendo calça filotex, camisas de jérsei e vestidos em fustão a "preços que servem de bandeira a uma grande campanha de economia".

Enquanto isso, sem chamar atenção da imprensa escrita, Jackson do Pandeiro acompanhava alguns dos grandes cantores que passavam pelo Recife: Emilinha Borba, Marlene, Cauby Peixoto. Cantava sambas e tocava pandeiro no programa *Está na hora*, dedicado a iniciantes. Quem trabalhou com ele nessa fase percebeu que se tratava de um homem com talento inversamente proporcional ao dinheiro no bolso; um dia, o alfaiate que vestia os principais artistas pernambucanos perguntou a um colega de Jackson, o radialista Mário Filho, se poderia vender fiado ao pandeirista:

– Pode vender porque Jackson é um rapaz de boa moral. Só tem a falha de ser pobre, mas pobreza não é defeito.

Nessa época, o chefe da locução da emissora, Ernani Seve, havia decidido tornar o nome do paraibano ainda mais sonoro: adicionou uma sílaba ao apelido estrangeiro que tinha se tornado o primeiro nome artístico do pandeirista. O locutor caprichava na modulação para anunciar:

– Com vocês, Jackson do Pandeiro.

A fila para assistir aos concorridos programas de auditório na Rádio Jornal do Commercio começava na calçada da sede, na rua Marquês do Recife, e se estendia até a rua do Imperador. Com o sucesso do número musical de Jackson e Luiza não foi diferente. Foram 29 dias de revista, 29 dias de "Sebastiana", 29 dias de umbigadas. Quem conseguia um assento no auditório, no quarto andar, saía impressionado com o carisma e o talento do pandeirista, mesmo quando ele interpretava repertório alheio: "Jackson parecia mesmo reviver Jorge Veiga cantando com mis-en-scène, fazendo gestos, caricaturando os movimentos de todo o corpo, a cada palavra do samba que estava interpretando. Tinha ritmo para dar e vender. Cantar samba pra ele era café-pequeno", descreveu Mário Filho.

"Sebastiana" representava também a expansão geográfica da tabelinha iniciada na Paraíba com um homem de múltiplas atividades e talentos: Rosil Cavalcanti. Pernambucano de Macaparana, Rosil fez de tudo um pouco. Trabalhou para o governo como fiscal do Ministério da Agricultura, fundou o Clube dos Caçadores, jogou futebol (e foi tricampeão) em um time sergipano. Mas se destacou mesmo como radialista e compositor. Na Rádio Tabajara, de João Pessoa, formou com Jackson a dupla humorística Café com Leite. Mesmo sem saber tocar um instrumento, ele não se apertava: escrevia músicas de temática rural e urbana, xaxados e baiões, o que viesse à cabeça. Versatilidade a toda prova. Certa vez, compôs um tema para o carnaval, "Assunto novo". Como não deu tempo de gravar, adaptou-o para as festas juninas com o nome de "São-joão na minha terra". Antes de se fixar em Campina Grande, Rosil morou em Pombal, outra cidade paraibana que viveu a euforia econômica representada pelo algodão. Lá montou o serviço de alto-falantes Tupã, onde ele próprio apresentava e comentava notícias. "A audiência era espetacular. Rosil tornou-se querido e admirado por todas as classes sociais. Os políticos ficaram de orelhas acesas", narra o economista pombalense Ignácio Tavares, no artigo "No tempo da Rádio Difusora Tupã".

As críticas do radialista miravam políticos locais, até que um dia, provavelmente pela sua opinião incisiva, foi atacado com brutalidade por desconhecidos quando saía da difusora. Decidiu então se mudar para Campina Grande, onde viveu fase de esplendor. Depois que o parceiro da Rádio Tabajara se bandeou para o Recife, Rosil comandou sozinho o programa musical *O forró de Zé Lagoa*, transmitido ao vivo do auditório da Rádio Borborema, cujo slogan ficou tão famoso que virou música, a partir do refrão: "Se você não viu vai ver que coisa boa/ Em Campina Grande *O forró de Zé Lagoa*." Como resume o embolador Biliu de Campina, uma das crianças que cresceram escutando *Zé Lagoa*:

— Na música e no rádio, Rosil sabia contar as nossas agruras.

Com Rosil no repertório e Luiza no palco, a repercussão das diabruras de Jackson no Recife não demorou. Atravessou regiões. Genival Macedo, chefe do escritório pernambucano da gravadora carioca Copacabana, recebeu ordens da matriz para contratar o baixinho que mexia como ninguém com a plateia. Logo o convite foi oficializado. Só havia um problema: o artista teria que pegar um avião e gravar no Rio de Janeiro.

— De avião? Vou nada!

O medo de voar o fez bater pé e exigir que a gravação fosse realizada na capital pernambucana. Condição aceita, Jackson entrou em estúdio e gravou "Sebastiana" e "Forró em Limoeiro", este último, um rojão do pernambucano Edgar Ferreira, que, assim como o "Forró de Mané Vito", de Zé Dantas, descrevia o local da festa como cenário de arrasta-pé e também de confusão:

> Eu fui pra Limoeiro
> E gostei do forró de lá.
> Eu vi um caboclo brejeiro
> Tocando a sanfona, entrei no fuá.

As duas viraram sucesso nacional. Não havia mais como seu intérprete ficar no Recife. E lá se foi Jackson para o Rio. De navio. A gravadora bancou passagem de primeira classe, mas ele estranhou tudo a bordo, como relataria a Ruy Fabiano, do *Diário de Notícias*, em 1975:

> Todo mundo era esquisito. Aquelas pessoas sérias me olhando de banda e aquele luxo todo do navio me apavoraram. Um dia, percorrendo o salão, me deparei com uma porta de vidro. Me aproximei e a porta se abriu sozinha. Levei um susto e quase caí. Daí em diante não tive mais sossego, pois todos os passageiros que me viam me apontavam e riam.

Ao chegar ao Rio, Jackson teve um sobressalto. Para ele, a cidade, por causa dos morros e montanhas, parecia "um tabuleiro de cuscuz": "Fiquei atordoado, tanta casa alta, tanta gente nas ruas, tanto automóvel! Quando abria o sinal, era aquela imundície de gente! Tive vontade de voltar na mesma hora." Mas a vontade de regressar, contou ao *Jornal do Brasil* em 1974, passou rapidinho quando conheceu Copacabana: "Aí eu endoidei, era muito maiô metido a besta!" Suas primeiras impressões da praia mais famosa do Brasil foram devidamente registradas em "Xote de Copacabana":

Eu vou voltar, que não me aguento.
O Rio de Janeiro não me sai do pensamento.
Ainda me lembro
Que fui em Copacabana,
Passei mais de uma semana
Sem poder me controlar.
Com ar de doido,
Parecia estar vendo
Aquelas moças correndo
De maiô na beira-mar.

Jackson estreou no *Programa César de Alencar*, na Rádio Nacional. Agradou em cheio. Participou de outros programas de rádio e fez também números em teatro de revista. Êxito idêntico. Acontece que Jackson queria voltar para o Recife, e assim o fez. Satisfeito, constatou na capital pernambucana que suas músicas continuavam a tocar nos rádios e nos dancings. Quando chegou de volta, a surpresa: bateu uma saudade danada daquele imenso tabuleiro de cuscuz. Decidiu então pedir licença de cinco meses da Rádio Jornal do Commercio e voltar para a capital carioca. Não ficaria sozinho no Rio de Janeiro. Ia levar Almira Castilho, cantora e dançarina da Rádio Jornal do Commercio, sua nova parceira de palco em "Sebastiana". Segundo Jackson, no início ela era apenas uma amiga, "meu braço direito, espécie de secretária". Mas depois, contou a *O Globo*, as coisas mudaram: no escurinho do cinema, "começou a fuzarca", e eles iniciaram "uma espécie de namoro". Aí a dupla, agora casal, tomou uma decisão: "Resolvemos casar mesmo e vir de vez para o Rio. Foi bom porque no Recife não tinha mais campo pra mim."

O sucesso de Jackson do Pandeiro estimulou seus conterrâneos. Além dos dois primeiros êxitos, ele tinha na bagagem músicas não tão conhecidas, como "Velho sapeca", marchinha carnavalesca gravada no primeiro LP em 78 rotações e escrita pelo paraibano que levara para o Recife: Antonio Barros. Com duas músicas já gravadas por Genival Lacerda no segundo disco do cantor pelo selo pernambucano Mocambo (da Fábrica de Discos Rozenblit, com sede na estrada dos Remédios, no bairro de Afogados), Barros também queria ir ao Rio para deslanchar na carreira musical. Mas seria preciso cumprir etapas e ganhar projeção no Recife. Com o irmão Mauro teve a ideia de montar um trio, o Mata Sete e seu Conjunto. Percebeu que precisaria de um sanfoneiro experiente e versátil. Chamou então um antigo conhecido das noites campinenses: José Calixto da Silva. Ou simplesmente Zé Calixto.

Nascido em 1933, o filho mais velho de Maria Tavares e João de Deus Calixto aprendeu a tocar vendo o pai, depois de cuidar do roçado, esmerilhar a "sanfoninha" de oito baixos. Não demorou muito e, aos oito anos, o menino Zé já estava solfejando:

– Ô, minha mãe, eu tô tocando!

Zé cresceu numa área rural, a 5 quilômetros de Campina Grande, até os dez anos, quando a família se mudou para a cidade. "Iludido na música", logo largou os estudos: só queria tocar e namorar. Acompanhou o pai nas festas, depois passou a se apresentar sozinho. No repertório, sambas, marchas, boleros ("para os jovens folgados") e alguns xotes de Luiz Gonzaga. O convite de Antonio Barros para tocar no Recife chegou justamente quando o som do fole de oito baixos, por conta do sucesso do Rei do Baião, começava a ser criticado:

– Todo mundo só queria saber de acordeom.

Zé Calixto fez sacrifício e conseguiu comprar uma sanfona. Com dificuldade se adaptou ao instrumento. Teve apenas quinze dias para ensaiar antes do primeiro compromisso no Recife, no programa de Aldemar Paiva, na Rádio Tamandaré. O trio agradou. Veio o convite para tocar em João Pessoa, no salão do sofisticado clube Cabo Branco. Um sucesso, como lembra Calixto:

– Antonio tava em forma, e eu bonzinho também...

Desentendimentos entre os irmãos Barros, porém, interromperam o progresso do trio. Calixto e Mauro voltaram para Campina Grande, Antonio seguiu para o Recife. Quando ouviu Marinês cantando em dueto com Luiz Gonzaga, o compositor ficou ainda mais animado. "Mané e Zabé" funcionara como estímulo para Barros continuar perseguindo o sonho de ser cantor – apesar de nem sequer ter um violão. Invejava os compositores que escreviam para Gonzaga. Em especial, admirava as composições melodiosas e românticas de Zé Dantas. Olhava as capas dos LPs. Bastava botar os olhos no nome de Dantas para cravar, antes mesmo de ouvir as faixas:

– Olha, essa música é boa.

Um dia Antonio Barros soube que Gonzaga faria uma visita à Rádio Jornal do Commercio. Enfim poderia conhecer pessoalmente seu maior ídolo. Não cabia de ansiedade. Preparou duas músicas para mostrar e, quem sabe, cair nas graças de Gonzaga. Uma delas, "Estrela de ouro", agradou de imediato ao sanfoneiro:

– Essa eu vou gravar. É muito boa para mim.

E não podia deixar de gostar. A letra elegíaca foi feita para ser entoada pelo sanfoneiro:

Reinado, coroa, tudo isso o baião me deu.
Estrelas de ouro no meu chapéu,
Roupa de couro e gibão,
Como um milagre caído do céu,
Fizeram-me o Rei do Baião.

Como "A dança da moda" de Zé Dantas, já refletia a mudança de comportamento provocada pelo sanfoneiro em todo o Brasil:

Ainda me lembro do tempo
Que a gente valsava no meio do salão.
Mas hoje tá tudo mudado
Devido ao reinado do meu baião.

A outra composição que Barros tinha a ofertar merecia explicação detalhada. Zito Borborema, paraibano de Taperoá, despontou com "Mata Sete" (Venâncio e Corumba), história de temido criminoso que de perto não era tão malvado assim. Muito pelo contrário:

Era de jogar confete e de fritar bolinho.
Falava mansinho, não era de nada.
Corria da parada até com um sozinho.

Lançada originalmente em compacto duplo, em 1956, a música fez tanto sucesso que foi incluída um ano depois no LP *O Nordeste canta*, da RGE Discos. Na contracapa, Zito Borborema, "o próprio Nordeste vivo", era apresentado também como "o gigante da música sertaneja que hoje todo o Nordeste conhece e admira". Gonzaga não gostou nada daquele oba-oba em torno de Borborema. Foi quando Antonio Barros resolveu escrever a "Resposta de Mata Sete". E em primeira pessoa.

Cabra da peste, você tenha mais cuidado
Quando abrir a boca pra falar demais.
Sou o Mata Sete, na peixeira sou ligeiro,
Vim pro Rio de Janeiro pra tirar o seu cartaz.

O Rei do Baião gostou. Achou que aquela composição de Barros ajudaria a dar um chega pra lá na ascensão de Zito Borborema.
– Essa eu também vou gravar.
Deixou acertado:
– Quando voltar, pego essas músicas com você.
Mas Genival Lacerda também queria "Resposta de Mata Sete". O paraibano adiantou-se, prometendo a Barros fazer o registro no disco que estava prestes a lançar. Como sempre, Genival não economizava no entusiasmo:
– Eu gravo, eu gravo!
Barros topou. Não conseguia mais esperar para ouvir suas músicas, mesmo na voz de outra pessoa. Ficava escutando os discos em que tocava pandeiro só pela satisfação de ouvir sua performance. Genival cumpriu o que prometeu. Passou o tempo, e Luiz Gonzaga voltou a encontrar Barros no Recife. De imediato, lembrou das composições apalavradas:
– Quero aquela, "Estrela de ouro". E a outra, a do Mata Sete.
– Seu Gonzaga, eu dei essa música para Genival Lacerda…

– O quê? Não vou gravar mais música sua não, viu? Nenhuma! E não fale mais de música comigo!

Antonio Barros ficou arrasado. Nunca pensou que seu ídolo ficaria tão furioso. Olhos cheios d'água, desceu as escadas da rádio e foi embora. Continuou compondo – ainda sem violão, só restava batucar na cabeceira da cama e anotar as letras num pedaço de papel –, mas o baque tinha sido forte.

Quando Gonzaga voltou ao Recife, passou mais uma vez pela Rádio Jornal do Commercio. Barros resolveu procurá-lo novamente. Tinha outro objetivo: pedir uma passagem para o Rio de Janeiro. "Ele ajuda todo mundo, vai me ajudar também", pensou. Ao vê-lo, Gonzaga já o enquadrou:

– Se é para falar de Mata Sete, nem fale porque eu não vou gravar sua música.

– Não, seu Gonzaga. Eu vim pedir ao senhor a passagem para o Rio de Janeiro, para me dar uma ajuda para batalhar minha vida.

– Não! Não ajudo ninguém mais. Tô cansado de ajudar e só receber patada dos meus conterrâneos.

De novo Barros desceu as escadas contendo o choro. Não desistiu, contudo, de ir para o Rio: vendeu o pouco que tinha e comprou uma passagem de navio. Paletó de linho amarelo, calça e sapato novos, mala na mão, embarcou. Bem diferente de Jackson, Antonio viajou onde o dinheiro permitiu: no porão. Dava um jeito de subir até a primeira classe, perambulava por lá antes de voltar para o seu lugar. A sorte mudou quando viu no convés um grupo de jovens tocando violão. Aproximou-se e perguntou se poderia tocar um pouco:

– Faz de conta que eu sou o artista e vocês são a plateia.

Cantou a música que escrevera sobre o bambolê, mania entre os jovens das cidades:

Mas inventaram um tal de bambolê.
Mas que negócio da moléstia foram inventar!
A gente fica num cantinho só,
Remexendo, remexendo, remexendo sem parar...

O grupo se impressionou com o que ouviu:

– E de quem é essa música?

E o paraibano, todo orgulhoso:

– É minha!

A notícia de que havia um compositor a bordo correu o navio. Chegou um enfermeiro que se interessou por Barros, porque dizia ser parceiro de um cantor em São Paulo:

– Você está em qual camarote?

– Tem camarote pra mim, não. Tô no porão, junto com os ratos. Não tô me alimentando direito, não tô comendo nada, a comida lá é muito ruim.

– Vai fazer o seguinte. Vai dormir na enfermaria e comer na mesa dos oficiais com a gente.

O resto da viagem foi uma alegria só. "Chegou o cantor", gritava alguém no convés; era a senha para Barros pegar o violão e entreter passageiros e tripulantes. Até que aportou no Rio de Janeiro e deixou de ser o cantor do navio para se tornar um número a mais no crescente e irrefreável êxodo nordestino. Apesar dos dissabores em trechos da viagem, Barros teve a sorte de chegar ao Rio pelo mar; boa parte de seus conterrâneos que migraram naquela época tiveram de encarar poeira em vez de água. Chegavam de caminhão. Em modelo bem específico de caminhão.

A série de reportagens "Os paus de arara", publicada em outubro de 1955 na revista *O Cruzeiro*, a maior em circulação no país, foi anunciada com estardalhaço: "Dois repórteres desta revista experimentaram, ao vivo, o drama dos retirantes nordestinos que fogem do sertão, na esperança de vida melhor nas grandes capitais do sul, viagem redonda de 5 mil quilômetros e a história dos flagelados." Na abertura do texto, os repórteres Ubiratan de Lemos e Mário de Moraes reproduzem a ordem "de uma voz sonora como um aboio, arrastada ao sabor do sotaque nordestino":

– Quem comprou passagem pro Rio e São Paulo pula logo no caminhão, que nóis vamo virá mundo!

"Virar mundo", explica a reportagem, significava sair de Salgueiro, no sertão de Pernambuco ("a 2.300 quilômetros do Pão de Açúcar"), embarcar num caminhão Fargo de oito toneladas para doze dias de viagem ao lado de 104 retirantes, "gente que herdara dos pais apenas o dia e a noite, dona de uma vontade danada de juntar dinheirinho no sul e voltar depois ao pé da serra".

A revista *O Cruzeiro* cita os números dos "araras". Conta que, em 1953, a liderança entre os migrantes era dos baianos – 190 mil apenas no estado de São Paulo, 45 mil no Rio, mais 47 mil em Goiás e 19 mil no Paraná. Denuncia casos de "venda" de retirantes a fazendeiros goianos e do Triângulo Mineiro ("Um retirante solteiro é vendido por 1.500 cruzeiros") e de pagamento de suborno a policiais para fechar os olhos diante de um festival de irregularidades. Descreve o aperto na carroceria do caminhão, com sete pessoas em cada banco, "o de trás com os joelhos obrigatoriamente nas costas do da frente, imprensado pelos dois lados e sentindo a tortura da quina das tábuas no osso da canela, basta uma hora de 'aperta-cunha' no lombo de um desses transportes para se ficar dormente da cintura para baixo". E cita a alimentação precária (farinha, carne de bode) e a falta de higiene ao longo da viagem.

Em meio a tanta dificuldade, o alívio só vinha quando, no fundo da carroçaria, "cantadores sem viola tapeavam o tempo" com a seguinte cantoria:

> No sertão tem de tudo.
> Tem caju, tem cajuí.
> Tem muita moça bunita.
> Tem cabra bom no fuzi.
> E em roda de sete léguas
> Tem cabra fio duma égua,
> Que nega inté um piqui...

Os jornalistas relatam que, ao encontrar outro grupo de retirantes fazendo o caminho de volta, os que seguiam para o Sudeste perguntavam: "Como é que tá a coisa lá em São Paulo?" "Ruim! Tô voltando porque não encontrei trabaio. Mas a gente metendo a cara consegue serviço. Quem tiver 'arte' se arranja logo."

Os repórteres esclarecem: "arte" significa uma profissão que não dependa do cabo da enxada ou da foice. "Mas como a maioria dos retirantes só conhece serviço de roça, no Rio ou em São Paulo procuram trabalho em obras de construção, onde não há mais vagas, devido à retração do mercado imobiliário." Eles seguem no caminhão, um dos 189 que cruzaram, em um único dia de novembro, o posto sanitário de Feira de Santana. Conclusão: "O sertão esvaziava."

Na hora de dormir, para aliviar o período consecutivo de sol e poeira sem esticar as pernas, amarravam as redes por baixo do caminhão e descansavam. Os mais resistentes iam até os vilarejos para deixar a música invadir aquele mar de dificuldade:

> – Algumas vezes estacionamos, madrugadinha, em vilarejos onde roncavam forrós. A música das sanfonas atiçava os nossos "araras". Alguns saltavam do caminhão para tomar cachaça ou caçar briga no forró.
>
> Para os que dormiam e para os que dançavam, o fim do alívio era ditado por um grito do motorista:
> – Sobe todo mundo. Quem ficar ficou!

E assim a viagem prosseguia. Perto do fim da jornada, a constatação da dupla de repórteres: "A verdade era que estávamos virando 'araras': achávamos saborosa a 'paçoca' sertaneja e até aprendemos a sotaquear à moda de Catulo (da Paixão Cearense)." Depois, uma enxurrada de estatísticas. Eles contam que o Censo de 1950 revelava a presença de 173 mil nordestinos em São Paulo. "Propriamente nordestinos, existem mais, em São Paulo, pernambucanos, seguidos de alagoanos: as duas colônias representam 70% do total de pessoas nascidas no Nordeste." Entre os paraibanos, verifica-se maior abandono da terra: 246.780 pessoas imigraram no estado – o que equivale a 13,3% da população ali nascida. Citam ainda curiosas estatísticas: de cada dois baianos que migravam, um viajava para São Paulo. Registram queda na produção de batata-doce, feijão, algodão em pluma e mandioca. Por isso, observa a reportagem, o êxodo rural norte-sul provocava, entre outras consequências, queda da produção agrícola e saturação de mercado de trabalho dos grandes centros urbanos.

Em maio de 1953, o presidente Getulio Vargas fez o anúncio de atividades de emergência para auxílio às áreas assoladas pelas secas, registrado no *Diario de Pernambuco* com título otimista ("Nova era para o Nordeste"). O gesto do governo federal significava também a tentativa de frear ou ao menos reduzir os números do êxodo. Em 1940, a população brasileira se dividia da seguinte forma: 68,76% estavam na zona rural, 31,24% se concentravam em cidades e vilas do país. Já em 1950, quando um bando de cantores e músicos nordestinos começava a chegar ao Rio pelas mãos de Luiz Gonzaga e de Jackson do Pandeiro, o número de habitantes na zona rural da região tinha encolhido 5%.

O crescimento da concentração urbana chamou atenção dos estudiosos em migração. Com ajuda de gráficos e mapas, o tenente-coronel Geraldo de Menezes Cortes, em 1958, adverte no livro *Migração e colonização no Brasil* que "o governo precisa dispensar atenção especial a esse problema, quase sem importância no passado". Especialista em migração, Cortes lembra que, até 1920, o contingente de brasileiros migrados era insignificante. Mas, com a melhoria das condições de deslocamento a partir da inauguração de rodovias como a Rio-Bahia, em 1949, houve ascensão "absurda" nos números do movimento migratório. Cita outro fator de elevação das taxas de migração: "O melhor conhecimento das oportunidades de trabalho, de obtenção de conforto e de êxito, que a divulgação da imprensa e principalmente a radiodifusão têm proporcionado aos habitantes dos diferentes pontos do país." E prossegue: "Assim, são os melhores e mais acessíveis meios de transporte e as mais completas e atualizadas informações sobre oportunidades de sucesso em outras regiões os dois principais fatores responsáveis pelo incremento das migrações internas nos últimos tempos."

O militar faz questão de destacar a integração nacional como aspecto positivo no movimento migratório. "As migrações internas têm significado para o Brasil uma melhor distribuição de sua população, uma melhor ocupação do solo pátrio." Mas lança um alerta para o iminente agravamento do desequilíbrio econômico entre o norte e o sul do país. Inclui Alagoas, Sergipe, Paraíba, Rio Grande do Norte entre os estados que enfrentam situação de "franca perda populacional". Por fim, Geraldo de Menezes Cortes adverte para a delicada situação social dos nordestinos então recém-chegados nas grandes cidades do Sudeste:

> É preciso assistir os migrantes durante seus deslocamentos e na fase de adaptação, para evitar marginais, mesmo nos centros urbanos. Só através de uma adequada assistência preservaremos nossos migrantes contra os terríveis efeitos dos desajustamentos a que já nos referíamos, em que a instabilidade e a incerteza da vida conduzem à prática do golpe ou do imediatismo sob diversas formas, quando não mesmo ao crime.

Tudo o que faltou a Antonio Barros ao chegar ao Rio de Janeiro foi a assistência receitada por Geraldo Cortes. Se não teve no deslocamento, por que teria na adaptação? A felicidade que experimentou no navio logo se dissipou. Ao desembarcar e deparar com os edifícios no centro da então capital fluminense, Barros percebeu que estava completamente perdido:

– Meu Deus, eu vou ficar na rua...

A única pessoa que conhecia na capital federal era Jackson do Pandeiro. Problema: não sabia onde ele morava, só o local de trabalho, a sede da Rádio Nacional. Pegou um bonde e saltou em frente à praça Mauá. Subiu ao vigésimo andar do edifício A Noite. Jackson acabara de se apresentar no auditório. Barros então falou com um funcionário da emissora:

– Eu queria falar com Jackson do Pandeiro.

– E o que você é dele?

– Sou primo dele.

Nem precisou esperar para ver se a mentira tinha colado. Almira Castilho, então casada com Jackson, o reconheceu e gritou seu nome. Logo depois veio o próprio pandeirista:

– Nego véio!! O que você está fazendo aqui?

– Pois é, rapaz, eu tô aqui. Mas não tenho onde comer, dormir nem ficar. O que é que você faz da minha vida?

– Tu é doido?! Vai para a minha casa e só vai sair de lá quando souber andar no Rio de Janeiro.

Pronto: Antonio Barros agora tinha um teto. Aboletou-se na cobertura de Jackson, no bairro da Glória. O ex-colega de rádio no Recife, por sua vez, experimentava momento mágico de popularidade. Em dezembro de 1956, na revista *O Cruzeiro*, o jornalista Ary Vasconcelos destaca o fenômeno. Primeiro, conta que "a ficha de Jackson do Pandeiro é fácil de ser tirada". Repassa alguns dos fatos mais marcantes da carreira do paraibano – a dupla Café com Leite, a passagem pelo Recife, a mudança para o Rio de Janeiro – e avisa: "Jackson é compositor também, e de primeira água, sendo autor de vários sucessos, inclusive 'Vou gargalhar' e 'Micróbio do frevo'." Para situar o leitor, cita as atividades profissionais de Jackson: "Apresenta-se em diversos programas, na rádio e TV Tupi, dos quais participam um irmão, uma prima, uma sobrinha e um concunhado, tocando triângulo, agogô, ganzá e zabumba, num forró de alucinar olhos e ouvidos." As fotos de Elias Nasser mostram uma sequência de imagens de Jackson, cara zombeteira, todo folgazão, exibindo diferentes maneiras de tocar o instrumento que carrega no nome artístico.

O reconhecimento da revista *O Cruzeiro* tinha explicação. A partir da segunda metade dos anos 1950, Jackson do Pandeiro deslanchou de vez no Rio de Janeiro. Com os irmãos Cícero (zabumba) e Tinda (triângulo), mais o cunhado Loza (maracas), formava uma usina rítmica afiadíssima, utilizada em profusão no acompanhamento das gravações dos artistas nordestinos ao longo das décadas. "Moxotó", "Dezessete na corrente", "Coco do norte", "Cabo Tenório", "Xote de Copacabana", "O canto da ema"... Boa parte de suas gravações em 78 rotações foi reunida, com idêntico sucesso, em LPs como *Os donos do ritmo* (Copacabana). Em outro disco, a gravadora oficializava o título que o paraibano já fazia por merecer desde os tempos dos cabarés campinenses: *Sua Majestade: o Rei do Ritmo*. Jackson também participou de diversos filmes (*Tira a mão daí*, *Minha sogra é da polícia*, *Cala a boca Etelvina*, *Aí vem alegria*, *Viúvo alegre*, *Bom mesmo é carnaval*), explorando na tela o carisma e a desenvoltura cênica com Almira Castilho. No LP *Ritmo, melodia e a personalidade de Jackson do Pandeiro*, a gaiatice atinge o estágio máximo em músicas como "A mulher que virou homem", sobre a moça que foi para Hollywood e voltou com "voz grossa que nem um trovão", e, quando inquirida sobre o porquê da mudança, respondeu:

Eu era Joana antes da operação.
Mas de hoje em diante o meu nome é João.

Ele também saúda a construção da nova capital do país em "Rojão de Brasília", em parceria com João do Vale, mas aponta um dos problemas que enfrentavam os trabalhadores recém-chegados ao Brasil Central, os chamados candangos:

Quem tiver de malas prontas
Pode ir que se dá bem.
Leve todos os cacarecos,
Leve seu xodó também.
Dou esse conselho aos homens,
Porque mulher lá não tem.

Jackson também foi um dos primeiros a gravar composições de seu mais novo hóspede, justo a música cantada pelo recém-chegado no navio: "O baião do bambolê". Barros fez questão de avisar ao antigo companheiro, Zé Calixto, que tinha ficado em Campina Grande:
– Olhe, Zé, em qualquer época, se eu tiver oportunidade de gravar, eu mando buscar você para gravar também.
 Mas o primeiro registro ainda estava muito distante. Para sobreviver, Barros vendia parcerias e até músicas inteiras para comerciantes e outros que tinham dinheiro (mas não talento). Até que surgiu, por acaso, o reencontro com Luiz Gonzaga. Foi na rua Visconde de Inhaúma, em frente à União Brasileira dos Compositores, ponto de encontro dos músicos. O Rei do Baião o avistou na UBC e foi logo dizendo:
– Chegou, nego véio?
– Cheguei, seu Gonzaga, não tá vendo que tô aqui...

– E tá ficando aonde?
– Na casa de Jackson do Pandeiro.
– Aonde???
– Na casa de Jackson do Pandeiro!
– Cuidado com aquele nego véio, viu?!
– Tá certo, seu Gonzaga.
– E tá fazendo alguma coisa?
– Não, seu Gonzaga... Tô procurando.
– Quer trabalhar comigo? Pode viajar?
– Posso, sim, senhor.
– E cadê a música?

"A música" era "Estrela de ouro", que Antonio Barros, desesperançado em relação às possibilidades com Gonzaga, tinha passado para Marinês, inclusive com as necessárias alterações na letra.

– Seu Gonzaga, aquela música eu mudei a letra porque o senhor não queria gravar. Aí eu passei para Marinês.

– Não, Toím! Eu quero gravar aquela música. Eu é que vou gravar!

E lá foi Antonio Barros pedir a compreensão de Marinês. De imediato, ela aquiesceu:

– Dê a música para Gonzaga, hômi. Ele é o Rei do Baião!

Assim ele fez. Feliz, preparou a bagagem para a excursão. Ao avisar para Jackson que iria viajar com Luiz Gonzaga, recebeu a advertência do pandeirista:

– Vá, mas qualquer coisa volte para cá. E cuidado com aquele nego véio!

Barros tocou triângulo em turnê pelo interior de São Paulo. No palco, não cansava de admirar o talento do chefe para entremear músicas, piadas e casos da própria vida, entretendo o público do primeiro ao último minuto. A proximidade com Gonzaga abriu portas. Acompanhou também o sanfoneiro Zé Gonzaga, irmão mais novo de Luiz, já dono de trajetória estabelecida em discos, inicialmente com choros, depois com xotes, baiões e toadas. Antonio Barros começou a compor com mais frequência para Marinês. Mostrou uma música para a Rainha do Xaxado:

Marieta tá
Tá entalada com cajá...
Marieta tá
Tá entalada com cajá...

Marinês gravou. Bocadinho maliciosa, a música pegou no Nordeste. Até as crianças gostavam de repetir os versos. Barros ficou feliz da vida até se encontrar com Helena, esposa de Gonzaga:
– Antonio, muito obrigada pela homenagem que você fez pra minha mãe...
– Que história é essa, dona Helena?
– A música que você gravou...
– Como é o nome da sua mãe, dona Helena?
– Marieta!

Barros quase caiu para trás. Todo encabulado, só conseguiu lamentar:
– Dona Helena, eu lhe juro por tudo que é mais sagrado no mundo que eu não tinha nem ideia de que o nome da sua mãe era Marieta. Agora, tem uma coisa: Marinês sabia e gravou de safadeza. Podia ter mudado pra Julieta, Antonieta...

Vizinha de bairro, Marinês já tinha saído dos alojamentos de Gonzaga e morava em apartamento próprio na rua Buarque de Macedo, no bairro do Flamengo. No primeiro programa que fez na TV Tupi, apresentado por Chacrinha, veio a necessidade de batizar os músicos que acompanhavam a cantora. Marinês e seu Grupo? O Conjunto de Marinês? O Velho Guerreiro teve outra ideia:
– Não, é Marinês e sua Gente.

E assim ficou. Chegou a chance do primeiro disco. O compositor Luís Bittencourt, diretor da gravadora Sociedade Interamericana de Representações (Sinter), responsável por lançar o primeiro LP fabricado no Brasil, conhecia Marinês da Rádio Nacional, onde eles se apresentavam no programa de José Messias. Ele era violonista da orquestra.
– Menina, você já gravou?
– Não...

– Você quer gravar?
– Quero.
– Então você vai lá na gravadora...
– Não vou pra canto nenhum. Fale com meu marido primeiro.

Marinês estava desconfiada: Gonzaga tinha avisado a moça que no Rio os homens eram muito enxeridos e gostavam de tomar a mulher dos outros. Ela ficou com medo. Marcou e foram, ela e Abdias, até a sede da Sinter. Acertaram que o disco *Vamos xaxar com Marinês e sua Gente* teria oito músicas e já alardearia o galardão concedido a ela por Gonzaga: Rainha do Xaxado. Chegou a hora de formalizar o acerto. Bittencourt recomendou:

– Assine esse contrato com a minha caneta, que ela dá sorte. Agora com uma condição: você só vai gravar o seu disco se gravar algumas músicas de um amigo meu que quero lançar como compositor, João do Vale, o Sabará.

Desconfiada, Marinês olhou para Abdias, e ele assentiu. Aí ela perguntou:

– E quais são essas músicas?
– "Pisa na fulô" e "Peba na pimenta".

4. Tem de tudo na feira

"A VERDADE É QUE, após cinquenta anos de lutas contra as secas, continuamos sem saber qual o tipo de economia pode subsistir na caatinga."

O economista Celso Furtado não escondeu o tom de pesar durante conferência realizada em junho de 1959 para oficiais das Forças Armadas no Instituto Superior de Estudos Brasileiros (Iseb), no bairro de Botafogo, no Rio de Janeiro. A elevação da disparidade regional, com a redução da participação do Nordeste no Produto Interno Bruto (PIB) brasileiro, consistia no principal motivo de sua preocupação. Lembrou que, antes da Segunda Guerra Mundial, a contribuição nordestina ao PIB chegava a 30%; menos de duas décadas depois, tinha sido reduzida a 11%. Assinalou uma de suas maiores apreensões: "A desigualdade econômica, quando alcança certo ponto, se institucionaliza."

Paraibano de Pombal, Celso Monteiro Furtado era exemplo de nordestino que ganhara o mundo. Nascido em 1920 e morador do Rio de Janeiro desde os dezenove anos, cogitara inicialmente ser escritor de ficção, até perceber o que realmente queria: ajudar a decifrar a origem das desigualdades do seu país – e combatê-las. Doutor em economia pela Universidade de Paris, escreveu na Europa, durante temporada na universidade inglesa de Cambridge, a obra *Formação econômica do Brasil*. Lançado em janeiro de 1959, o livro teve ótima receptividade: foi o terceiro mais vendido no Brasil no mês seguinte – só perdeu para dois romances, *A imaginária*, de Adalgisa Nery, e *Gabriela, cravo e canela*, de Jorge Amado. O estudo também foi saudado pelos acadêmicos, por aliar, de forma arrojada e inovadora, contextualização histórica e análise econômica. "É um dos grandes livros de história econômica do mundo", festejou o historiador francês Fernand Braudel.

No momento daquela conferência no Rio, porém, Celso Furtado já era muito mais que um teórico. Tinha sido encarregado pelo presidente da República, Juscelino Kubitschek, de comandar a chamada Operação Nordeste, conjunto de ações com o objetivo de unificar a política de desenvolvimento da região e a criação de órgão para gerenciá-la: a Superintendência de Desenvolvimento do Nordeste (Sudene). Em encontro com Juscelino, quando ainda ocupava uma das diretorias do Banco Nacional de Desenvolvimento Econômico, Furtado precisara de apenas trinta minutos para convencer o presidente da República a mudar o foco das ações do governo federal para a região. Contou a JK que, em viagem pelo semiárido nordestino, observou que as ações federais eram desvirtuadas pelos políticos do local e só serviam para agravar as desigualdades sociais: trabalhadores continuavam com fome, latifundiários passavam ao largo das dificuldades. De acordo com o economista, seria necessário abandonar a estratégia de despejar dinheiro em obras inócuas e considerar a estiagem como parte do sistema ecológico nordestino.

– Não se trata de combater as secas, e sim de conviver com elas.

Juscelino ouviu com atenção e assentiu:

– Olhe aqui: nós vamos sair para uma nova política no Nordeste, como o senhor está sugerindo. Essa política vai ser prioritária. E eu só lamento que ela não tenha se iniciado no começo do meu governo, porque seria para mim tão importante quanto Brasília. Perdemos tempo.

Em março de 1959, treze meses antes da inauguração da nova capital do Brasil, foi lançada a política federal de desenvolvimento para o Nordeste. Celso Furtado fez peregrinação pelo país para divulgá-la e garantir o apoio da sociedade. Visitou universidades, associações de classe, templos religiosos. Para todas as plateias, repetia o cerne de seu pensamento: dotado de população "dedicada e industriosa", o Nordeste tinha potencial de desenvolvimento; precisava apenas de oportunidade concreta para seguir adiante. Furtado tornara-se tão obsessivo na defesa dos argumentos que, após palestra na Escola de Engenharia do Recife, o jornalista Assis Chateaubriand fez comentário jocoso:

– Esse é um novo Antônio Conselheiro, de fraque.

Na conferência aos militares no auditório do Iseb, Furtado voltava a abordar alguns dos pontos da Operação Nordeste. Resumiu o principal problema da formação da economia nordestina: quando as exportações do açúcar perderam o impulso de crescimento, esgotou-se toda a força dinâmica do sistema, que se revelou incapaz de propiciar a transição automática para a industrialização. "O Nordeste deixou de contar, há muito tempo, com um autêntico fator dinâmico, capaz de substituir o açúcar", concluiu.

Na conferência, posteriormente publicada em livro da coleção Textos Brasileiros de Economia, o economista detalha os problemas da parte mais extensa da região: "O sistema econômico que existe na região semiárida do Nordeste constitui um dos casos mais flagrantes de divórcio entre o homem e o meio, entre o sistema de vida da população e as características mesológicas e ecológicas da região." Lembra que, durante a seca, a produção do algodão não chega a ser afetada como a dos alimentos. "Não tendo o que comer, não adianta sequer ao homem ficar à espera da renda proporcionada pelo algodão. É esse o homem que sai para a estrada, que se 'retira', em busca de alguma fonte de emprego que lhe permita sobreviver." Celso Furtado reconhece que a estiagem periódica, como a que acabara de ocorrer em 1958 e deixara 500 mil flagelados, "deu celebridade" à região. E constata, não sem pesar: "O Nordeste é uma das regiões do mundo onde é mais baixo o grau de utilização da água acumulada pelo homem. Isso diz tudo."

> Depois que a asa branca arribou do meu sertão,
> Nunca mais que teve chuva, nunca mais se ouviu o ronco do trovão.
> ...
> Os açude da água doce, com os tempos, se secou.
> Como os óio que chora muito com saudade de quem lhe deixou.

Nos versos de "Depois da asa branca", Antonio Barros condensava dois dos dramas nordestinos diagnosticados e combatidos pelo conterrâneo Celso Furtado: a seca prolongada e a migração forçada, esta última simbolizada no êxodo da ave nacionalmente conhecida pela composição assinada por Luiz Gonzaga e Humberto Teixeira. A música aparece em *Marinês e sua*

Gente, primeiro disco de Marinês pela RCA Victor, lançado em fevereiro de 1960. Na apresentação, o produtor Elmo Barros narra a trajetória da cantora, inclusive o encontro decisivo com Luiz Gonzaga em Propriá e a mudança no figurino, "despertando a admiração geral com a sua nova e espetacular indumentária". Mudança, não; transformação: "Virara Maria Bonita, porém, uma Maria mais bonita, mais elegante, mais moderna."

As referências ao cangaço apareciam na faixa de abertura, "História de Lampião", que tomava partido ao condenar a atitude do mais temido dos cangaceiros ("Cabra macho, sim, senhor, /perverso e matador, /era o terror do sertão") e de seus companheiros ("Tinha tantos cangaceiros, / todos eles desordeiros, /a fazer criminação"). No fim, o veredito:

Morreu Lampião, há paz no sertão.

A música era assinada pelo compositor pernambucano Onildo Almeida. Na sequência, mais duas de Onildo: a toada "Povo bravo", parceria com o professor de português Waldir Wilson Rocha, versava sobre a dificuldade do nordestino em sobreviver na sua terra:

O sol ardente queima a roça toda.
Se chove muito, afoga a plantação.

A constante adversidade é motivo de resignação e fé:

O sertanejo, que é bicho forte,
Sofre tudo isso sem reclamá.
Só pede a Deus que mande tempo bom,
Pega na enxada e toca a trabaiá.

Depois, vinha "Carestia", protesto contra a escalada de preços que "impedia o pobre de viver". Em determinado momento da música, Marinês interrompe o canto para dar voz ao desabafo típico de dona de casa:

A vida tá muito difícil, seu moço. Imagine que a carne é 120 mil, o feijão tá pelos olhos da cara, uma banana-prata por 10 toneladas e uma laranja comum por 2 mil-réis. Tá danado! A farinha, mais ou menos. Agora, galinha? Como é que pobre come galinha, hômi? Só se for dormida, adquirida de madrugada por aí. Reparando direito, pobre vive de teimoso que é!

A transição do Nordeste para o Sudeste se dá por meio de um rojão: "Trem da Central", de Gordurinha e Mary Monteiro, narra as dificuldades para pegar trem no Rio de Janeiro. Na jornada acidentada, uma agressão ("tapa-olho") ao entrar no vagão, e depois a dificuldade de pegar um "danado que vinha atrasado de Japeri" para chegar à festa em Padre Miguel. Daí a conclusão, no exagero do refrão, que cita duas façanhas então recentes do programa espacial soviético:

Ai, meu bem,
Prefiro viajar de Lunik,
Vou até de Sputnik,
Mas não vou de trem.

Certa noite, Marinês levantou sobressaltada. Batidas fortes na porta, de madrugada? Coisa boa não podia ser. Acordou Abdias e foram os dois até a entrada da casa. Ao abrir a porta, a tensão se dissipou. Era o amigo Sabará que, todo sorridente, os esperava do lado de fora. Antes mesmo de dar "boa-noite" ao casal, avisou o que tinha ido fazer ali:
– Vim buscar uísque!
Andou até o carrinho no bar na sala, pegou o que queria e da mesma forma que tinha chegado foi embora: sorrindo. Marinês nem pensou em se aborrecer com Sabará, como ela e outros nordestinos chamavam o compositor João do Vale, por conta da semelhança física com um atacante do Vasco. Para ela, João era uma pessoa de casa, gente finíssima. Tinha sido por intermédio dele que participara pela primeira vez de um longa-metragem, *Rico ri à toa*, de Roberto Farias, o mesmo que posteriormente, entre outros trabalhos, iria dirigir Roberto Carlos, no auge da Jovem Guarda, em filmes

como *Roberto Carlos em ritmo de aventura*. No filme de Farias, em que João do Vale foi assistente de direção, Marinês dá um show. Toda paramentada, com direito a araras estampadas no vestido, revira os olhos e franze as sobrancelhas para interpretar, de forma brejeiramente maliciosa, "Peba na pimenta":

> Seu Malaquias preparou cinco pebas na pimenta.
> Só do povo de Campina, seu Malaquias convidou mais de quarenta.
> Entre todos convidados pra comer peba foi também Maria Benta.
> Benta foi logo dizendo: "Se arder não quero não."
> Seu Malaquias então lhe disse:
> "Pode comer sem susto, pimentão não arde não."
> Benta começou a comer,
> A pimenta era da braba e danou-se pra arder.
> Ela chorava, se maldizia: "Se eu soubesse, desse peba eu não comia."
> Ai ai ai, seu Malaquias,
> Você disse que não ardia.
> Ai ai ai, que tá bom eu sei que tá,
> Mas tá me dando uma agonia.

Autor de "Peba na pimenta", "Pisa na fulô" e outras músicas que faziam parte do que chamava despretensiosamente de "uma série de baiõezinhos", o maranhense João Batista Vale tinha chegado ao Rio de Janeiro depois de verdadeira peregrinação pelo Brasil. Nascido em Pedreiras, trabalhou desde cedo em busca de uns trocados. Na cidade natal, muitos nem sabiam seu nome; conheciam mesmo era Neguinho do Pirulito, que saía cantando pelas ruas, vendendo sua mercadoria:

> Pirulito enrolado.
> Papel enfiado no palito.
> Papai eu choro.
> Mamãe eu grito.
> Me dê um tostão
> Pra comprar um pirulito.

Aos dez anos, João mudou-se para São Luís, onde vendeu frutas até os catorze anos. Depois passou por Teresina, Fortaleza, Crato, Petrolina, Salvador. Ao deixar o Nordeste, a primeira cidade em que parou foi Teófilo Otoni, em Minas: tentou o garimpo numa "mina de pedra azul", lembrou que o avô tinha lido sua mão e dito que ele seria um homem rico. Saiu de bolsos vazios, e o sonho de riqueza teve de ser adiado. Prosseguiu viagem até chegar ao Rio, em dezembro de 1950, em busca do reconhecimento como compositor.

Trabalhava como ajudante de pedreiro em Ipanema, enquanto tentava emplacar uma música entre os artistas que circulavam pela capital fluminense. A sorte lhe sorriu quando fez "Cesário Pinto", e a composição chegou aos ouvidos de Zé Gonzaga. Na hora em que o irmão de Luiz Gonzaga escutou os versos que citavam o pai ("Cadê Cesário Pinto? /Tá no jacarandá. /Cadê seu Januário /Pra tocar pra nós dançar?"), decidiu gravar o xote. Em seguida, João emplacou parceria com Luiz Vieira, "Estrela miúda", na voz de Marlene. A rivalidade da cantora com Emilinha Borba ajudou a impulsionar a canção, que fez grande sucesso; até a vizinha da obra onde João trabalhava ouvia "Estrela miúda" o tempo inteiro. Orgulhoso, o compositor resolveu se exibir para o pedreiro com quem dividia o serviço:

– Tá ouvindo essa música?

– Tô. Gosto muito!

– Sabe quem é o autor?

– Não...

– Então disfarça e olha aqui.

– Conversa, neguinho! Tá delirando, rapaz! Bota mais massa, sô!

Foi o suficiente para João do Vale pôr o balde no chão e decidir não trabalhar mais como pedreiro. Emplacou outra parceria com Luiz Vieira, "Na asa do vento", na voz de Dolores Duran, e decolou de vez quando o mineiro Ivon Curi, muito conhecido também pelos trabalhos como ator de cinema, gravou "Pisa na fulô". Com a primeira bolada que ganhou de direitos autorais, João do Vale percebeu que a música lhe renderia muito mais dinheiro que a construção civil. Comprou roupa nova e ainda mandou uma parte para a família. Quando recebeu o dinheiro no Maranhão,

a mãe estranhou. Perguntou o que ele estava fazendo no Rio. Em nova carta, João respondeu:
– Sou compositor.

Nem seria necessário muito esforço para perceber que João do Vale tinha razão. Bastava acompanhar a letra de "Minha história", na qual, de forma pungente, ele resumia as dificuldades da infância:

Seu moço, quer saber, eu vou cantar num baião
Minha história pra o senhor, seu moço, preste atenção.

Eu vendia pirulito, arroz-doce, mungunzá.
Enquanto eu ia vender doce, meus colegas iam estudar.
A minha mãe, tão pobrezinha, não podia me educar.
A minha mãe, tão pobrezinha, não podia me educar.

E quando era de noitinha, a meninada ia brincar.
Vixe, como eu tinha inveja de ver o Zezinho contar:
– O professor raiou comigo, porque eu não quis estudar.
– O professor raiou comigo, porque eu não quis estudar.

Hoje todos são doutô, eu continuo joão-ninguém.
Mas quem nasce pra pataca nunca pode ser vintém.
Ver meus amigos doutô, basta pra me sentir bem.
Ver meus amigos doutô, basta pra me sentir bem.

Mas todos eles, quando ouvem um baiãozinho que eu fiz,
Ficam tudo satisfeito, batem palmas e pedem bis.
E dizem: – João foi meu colega, como eu me sinto feliz.
E dizem: – João foi meu colega, como eu me sinto feliz.

Mas o negócio não é bem eu, é Mané, Pedro e Romão,
Que também foram meus colegas e continuam no sertão.
Não puderam estudar e nem sabem fazer baião.

"Minha história" está na primeira compilação das principais músicas de João do Vale, *O poeta do povo*, lançada em 1965 pela primeira vez, na voz do autor. Décadas depois, ao participar do programa *Ensaio*, na TV Cultura, o maranhense sintetizaria para o entrevistador Fernando Faro a principal característica de suas composições: "Minha música é muito misturada comigo, com minha região, com meu povo."

★ ★ ★

NÃO ERA SOMENTE João do Vale que buscava na vivência a matéria-prima para suas músicas. O êxodo nordestino, já narrado do ponto de vista dos que chegaram ao Rio, voltou a servir para inspiração de Antonio Barros, dessa vez no baião "Meu sacrifício", parceria com Silveira Júnior.

Depois de tanto trabaio, a família quer voltar pra trás.
Já imaginou que situação quando eu voltar para o meu sertão?
Todo mundo adonde eu morar vai fazer uma mangação.
Vai dizer que eu sou carioca, que eu não sei mais plantar feijão.
Mas eu digo que, quando eu fui para o Rio, levei o norte no meu coração.

A dramaticidade da letra ganhava mais intensidade na interpretação de Marinês, no segundo LP pela RCA Victor, *O Nordeste e seu ritmo*. No encarte, a cantora é apresentada como "artista bonita e simpática, cuja bem-timbrada voz é complementada pelo talento, graça e vivacidade de sua pessoa". O texto destaca feito inédito: "É a única mulher que conseguiu atingir o estrelato na qualidade de intérprete da música popular nordestina." Quando se escuta o LP, compreende-se o motivo de tanto entusiasmo. O estilo de interpretação está consolidado: palavras bem-pronunciadas, divisão silábica impecável. O mesmo Antonio Barros garante momento de leveza, o malicioso rojão "Vamos faxiar", que já começa com convite:

Vamos pegar rolinhas, vamos faxiar.

E as histórias que Marinês ouvia na infância estão em "Vontade de xaxá", da dupla José Batista e Flora Matos, mas que poderia levar também a assinatura da cantora, dado o teor autobiográfico:

Olé mulher rendeira, cantiga de Lampião.
Assim entrei no xaxado,
Aprendi a dançar e cantar baião.

Já no coco "Gírias do norte", ela tira de letra os neologismos e os trava-línguas dificílimos:

Alavantu, changê dama anarriê.
Cantei coco pra valê,
Todo mundo cum seu pariá.

Me perguntam por que é que eu canto assim,
Eu então lhes respondi
Que a minha língua não daria
Esse negócio de dizer
Alavantu, changê dama anarriê.
Posso me atrapalhariá.

"Gírias do norte" era fruto da junção de dois talentos, Onildo Almeida e Jacinto Silva, reunidos em uma cidade: Caruaru. A cidade pernambucana, a 120 quilômetros do Recife, tinha terminado a primeira metade do século XX como um lugar dividido entre as raízes rurais e a modernização que viera a reboque da instalação de algumas indústrias. A principal delas era a Fábrica Caroá, responsável por transformar o caroá, vegetação típica do sertão, em produtos como sacos, estopa e cordões. Inaugurada em 1935 pelo empresário José Vasconcelos e Silva, a Caroá revolucionou uma economia até então dominada pelo comércio e pelo beneficiamento de algodão – atividade liderada, na virada do século, pela inglesa Boxwell & Cia., compradora da maior parte da produção do agreste pernambucano e adjacências.

"Caruaru, nos meados do século passado, era uma cidade que estava profundamente ligada às suas raízes rurais. A feira, o mercado de gado, a presença de moradores dos sítios, de matutos davam-lhe um ar bucólico", descreve o historiador Humberto França no livro *A cidade e a feira*. Ao mesmo tempo, França reconhece que, na época, "os habitantes das vizinhanças da Fábrica Caroá, a Companhia Industrial de Caruaru, sem que o percebessem de todo, abandonavam os seculares hábitos, crenças, modos de ser e viver de uma sociedade enraizada no patriarcalismo e entravam definitivamente num modelo de vida de sociedade semi-industrial".

A Caroá iniciava um novo capítulo na história que começara em 1817, quando o coronel José Rodrigues de Jesus, tomando posse de terras concedidas à família dele em 1681 pelo então governador da província de Pernambuco, construiu uma casa-grande e uma capelinha, dedicada a Nossa Senhora da Conceição, às margens do rio Ipojuca. A fazenda Caruaru – nome vindo da mistura de "caruru", planta aquática e rasteira, comum na região, e "caruara", doença que atacava o gado – ficava bem no cruzamento da estrada pela qual era transportado o gado que ia do interior para a capital, hoje a BR 232, e a via que permitia o trânsito entre os estados vizinhos de Alagoas e Paraíba.

O ponto estratégico da fazenda fazia com que muita gente fosse ali para negociar gado e produtos agrícolas. Em torno da sede e da capelinha começaram a ser construídas casas de moradores e de comerciantes. Esse movimento, por sua vez, atraiu a atenção de mascates que traziam novos produtos, muitos deles novidade para a população local. Enquanto tomava forma de vila, a localidade pertenceu à freguesia de Santo Antão; depois, sucessivamente, aos municípios de Bonito, Bezerros e São Caetano. Em 1848 foi considerada oficialmente Vila de Caruaru; nove anos depois virou cidade. A rua principal, não por acaso, se chamava rua do Comércio, depois batizada de rua da Frente, antes de se tornar rua Quinze de Novembro.

Além de gerar empregos e provocar celeuma por conta das inovações tecnológicas que representava, a Fábrica Caroá mudou completamente o cenário urbano de Caruaru ao levar energia elétrica para a cidade. Produtora da própria força, a fábrica fez acordo com a Prefeitura e beneficiou toda a população, com direito inclusive a energia durante o dia. O semanário local *Vanguarda*, em 9 de abril de 1939, noticiava: "Caruaru amanheceu segunda-feira fora do seu ritmo. Numa febre intensa de vida e de trabalho. A rua do Comércio apresentava um aspecto de cidade grande. Rádios levavam aos ouvidos dos transeuntes músicas sacudidas e a fala geométrica dos speakers. As casas comerciais estavam quase todas enfeitadas. Foi a energia diurna que chegou."

A Caroá revolucionou também o lazer na cidade, promovendo entre os funcionários atividades recreativas como time de futebol, bloco carnavalesco e reuniões dançantes. "Eu vi várias vezes as músicas de Luiz Gonzaga e Jacks [Jackson] do Pandeiro lá no clube dançante que existia para os operários", contou o ex-funcionário Sebastião José de Oliveira, em depoimento aos historiadores George Pereira e Geyse Anne Teixeira.

A sedimentação de hábitos urbanos chegou para valer nos anos 1960, quando começava a cair de moda o costume de os jovens namorados serem vigiados pelo "caneco acuvitêro", e moças e rapazes já podiam ir ao cinema – havia três, Santa Rosa, Caruaru e Irmãos Maciel. Ou às festas nos clubes sociais do Comércio e Intermunicipal, que começavam invariavelmente com músicas dos ídolos da Jovem Guarda e terminavam com canções da era do rádio, dando a deixa para os maduros tomarem a pista.

A vocação comercial que se manifestara desde os primórdios da cidade tinha transformado Caruaru em importante centro de negócios da região e acabou dando origem à sua principal atração turística, a feira da cidade. Mais que um ponto de comercialização de variada gama de produtos regionais, a feira se transformou em centro de difusão cultural do agreste pernambucano. "Em meio ao mercadejar, na feira, ouviam-se os cantadores de embolada, os mestres do cordel, repentistas, amoladores de tesouras e facas, os semimágicos, os curandeiros, 'o homem da cobra'", conta Humberto França. O aglomerado comercial serviu de inspiração para Onildo Almeida em música gravada em 1957 por Luiz Gonzaga, "A feira de Caruaru".

> A feira de Caruaru
> Faz gosto a gente vê.
> De tudo que há no mundo
> Nela tem pra vendê.
> Na feira de Caruaru.

Filho de um bem-sucedido comerciante e fazendeiro, que tocava violão, violino e bandolim nas horas vagas, o autor de "A feira de Caruaru" cresceu em família musical e compunha desde os treze anos. Ainda no colégio, formou um conjunto vocal, o Oásis, que depois mudaria o nome para Vocalistas Tropicais. Por isso, quando a empresa Jornal do Commercio inaugurou a primeira estação de rádio de Caruaru, a Difusora, e o contratou como operador de mesa, Onildo não se conformou em exercer somente a atividade que constava na carteira de trabalho – aliás, a primeira assinada pela empresa na cidade.

As oportunidades iam surgindo, e ele ia dando conta do recado. Faltava um locutor? "Entra, vai fazer." Dava prefixo, lia publicidade, fazia as funções de repórter esportivo, cronista, apresentador de programa de auditório, maestro de regional, cantor... E, além de tudo, compunha, principalmente música para conjunto vocal. Numa dessas, inspirado por uma namorada com quem brincara o carnaval, ela vestida de espanhola, compôs:

> Foi em Madri que eu conheci uma linda espanhola.
> O meu coração pulsava tanto com o bater das castanholas.
> Seu lindo cantar encheu meu peito de alegria e de dor.
> Minha linda espanhola, dá-me por esmola um pouco de amor.

Gilberto Fernandes, cantor da Rádio Jornal do Commercio do Recife, ouviu e disse: "Eu quero gravar isso." Foi então que, no carnaval de 1955, o compositor teve a primeira música registrada em disco. No entanto, Onildo foi obrigado a dividir a autoria de "Linda espanhola" com o paraibano Genival Macedo, representante da gravadora Copacabana no Recife. Foi Gilberto, o intérprete, quem disse:

— Olha, você tem que abrir mão aí de uma parceria pro Genival, porque ele é quem vai trabalhar a música.

Onildo cedeu. E valeu a pena: Macedo fez a marchinha acontecer, e ela levou o título de melhor música do carnaval de Pernambuco naquele ano, dando aos autores um prêmio de 40 mil cruzeiros. Macedo também tomou parte na história de "A feira de Caruaru", que o radialista compôs no ano seguinte, a partir das lembranças de infância, quando ia quase toda semana comprar cavalinhos de barro esculpidos por Mestre Vitalino e observava a oferta imensa de mercadorias na feira livre. Na letra, Onildo conta que as barracas oferecem "de tudo que há no mundo": rede, maxixe, caldo de cana, fumo, balaio, galinha, bode, carneiro, porco... "Se duvidá, inté cururu." No infindável rol, dois itens chamam atenção pela peculiaridade: "Carça de arvorada" (tipo de brim semelhante à lona, extremamente resistente, que o trabalhador usava na roça a semana inteira, depois lavava e usava para ir à cidade) e o misterioso "caneco acuvitêro", decifrado pelo autor:

— Em Caruaru, não tinha luz elétrica, só em algumas casas. Na maioria, a luz era de candeeiro, que ficava aceso em cima da mesa. E aí o namorado ficava de um lado da mesa e a namorada do outro, com o pai e mãe na sala. Quando eles precisavam sair pra alguma coisa, fazer um cafezinho, diziam "Não saiam daí". Aí ficava o namorado, a namorada e o candeeiro, que o povo chamava de "caneco acuvitêro" (alcoviteiro) porque ficava entre os dois.

Onildo pensara que Jackson do Pandeiro poderia gravar "A feira de Caruaru". Mas Jackson não estava mais no Recife, tinha se mudado naquele mesmo ano para o Rio de Janeiro, e o autor não se sentia motivado a ceder a composição para nenhum cantor conhecido. A não ser que fosse Luiz Gonzaga, mas com esse não tinha contato. Gravou ele mesmo a música, em despretensioso disco de demonstração que acabou chegando aos ouvidos de Genival Macedo.

— É você quem vai gravar — sentenciou o representante da Copacabana.

— Não, eu só canto música romântica. Baião não é comigo.

— Mas rapaz, tá bom. Do jeito que você gravou aí tá bom.

Onildo gravou. Não tinha música para incluir do outro lado do disco. Aí chegou Alcides, cavaquinista do regional, e ofereceu um chorinho de autoria dele, prontamente aceito. Resultado: o disco vendeu 11 mil exemplares em todo o Nordeste. Foi quando Luiz Gonzaga, em turnê pela região, se apresentou em Caruaru e fez visita à Rádio Difusora. O irmão de Onildo, que também trabalhava na estação, pôs para tocar "A feira de Caruaru", e seu Lua ouviu.

– De quem é isso?

– É de um rapaz que trabalha aqui. Está na técnica, vai operar seu programa.

– Posso falar com ele?

– Pode.

Levaram Onildo à presença dele.

– Isso é seu, caboclo?

– É.

– Como é que você tem um negócio desse e não me mostra?

– Tá na sua mão.

– Eu vou fazer o programa e depois a gente conversa.

Conversaram. Gonzaga pediu que ele fizesse uma música sobre o centenário de Caruaru. Onildo fez. O Rei do Baião gravou o 78 rotações, com "A feira de Caruaru" de um lado e "Capital do agreste" do outro. Em 1957, de fevereiro a dezembro, o disco vendeu 100 mil unidades, maior vendagem de Gonzaga em um ano; nem "Asa branca" tinha vendido tanto. Empolgado, Onildo pegou uma fita com seis músicas e entregou a Gonzaga quando este voltou à cidade no fim de 1957. No ano seguinte, em outra visita, o compositor se dirigiu euforicamente a ele.

– Gonzaga, e as músicas?

A resposta lacônica desnorteou o compositor:

– Que músicas?

– Esquece – desconversou o radialista, enquanto repetia para si mesmo: "Nunca mais eu dou música para ele gravar."

Ficou três anos "intrigado" com o Rei. Gonzaga ligava, Onildo não queria saber. Por isso, passou para Marinês as músicas que Gonzaga nem sequer ouvira: "Povo bravo", "Carestia" e "História de Lampião", as três que a cantora gravou em *Marinês e sua Gente*. Em 1961, ela voltaria a fazer sucesso com mais uma de Onildo desdenhada por Luiz Gonzaga, "Marinheiro, marinheiro", "que Caetano Veloso gravou como se fosse dele (em 1969). E veio aqui: 'Tô nas suas mãos, eu não sabia que isso tinha dono', e a gente se entendeu, dividimos os direitos, porque era motivo popular, eu não tinha por que exigir tanto." No ano seguinte Onildo voltaria a se destacar, na voz da Rainha do Xaxado, com "Siriri-Sirirá" e "Meu beija-flor", "duas marchinhas de roda que eu queria que Gonzaga lançasse e ele não lançou".

Aparentemente sem ter consciência do que tinha feito, Gonzaga apareceu em pessoa na rádio, na companhia de um compadre, o sanfoneiro Zé Tatu, a quem visitava sempre que ia a Caruaru. Nessa época, os irmãos Almeida já tinham deixado a Rádio Difusora e adquirido a Rádio Cultura, passando de empregados a proprietários. Gonzaga chegou todo alegre ao balcão.

– Onildo! O que é que tem pra mim?

O outro se levantou do birô onde estava, foi até o balcão, olhou seu Lua bem na cara e enfatizou:

– N-a-d-a!

– Mas o que é isso? Tá se fazendo de difícil? Zé Tatu me disse que você fez uma música excelente, uma música bonita pra ele...

– Pra ele. Não foi pra você.

– A gente pode ouvir essa música?

– Pode – disse Onildo, sem desfazer a carranca.

Foram para o estúdio e ouviram a música numa gravação em que o próprio Onildo cantava.

Anima, minha gente, que chegou o sanfoneiro.
É bom, é verdadeiro, veio de Caruaru.
O cabra mais famoso por esse sertão inteiro
Já tocou em São Caetano, Arcoverde e no Exu.
Toca em aniversário, batizado e casamento.
Toca de verdade, pra tocar não falta tempo.

Lá no sertão, o pagode só é bom
Quando é Zé Tatu que puxa no acordeom.
Oi Zé, puxa o fole sanfoneiro.
Oi Zé, puxe o fole Zé Tatu.
Oi Zé, por esse sertão inteiro, oi Zé, ninguém toca como tu.

Gonzaga ouviu e opinou:
— Tem seu talho.
— O que é isso?
— O estilo seu se identifica muito com minha música. Esses acordes nessa música tem em "Capital do agreste", tem em "A feira de Caruaru", é um estilo que me agrada muito, é o meu estilo. Posso gravar a música?

Já não tão magoado, o compositor assentiu.
— Pode.

Mas não deixou de pensar: "Só porque dessa vez pediu..."

"Sanfoneiro Zé Tatu" fez relativo sucesso, em nada comparado ao estouro de "A feira de Caruaru". Mas teve o mérito de restabelecer a paz entre autor e intérprete, que trabalharam juntos em mais de vinte composições, às vezes desenvolvidas por Onildo a partir de temas propostos por Gonzaga, o que bastava para render uma parceria. Certa vez, já perto do fim da carreira, o Rei pediu:

— Faça uma música sobre futebol, um jogo de futebol. Só que a bola é a pitomba. Eu quero homenagear Jaboatão, que tem a festa da pitomba, coisa e tal.

Mesmo diante de pedido tão inusitado, Onildo atendeu:

De pé em pé, a bola no gramado vai de lado a lado, e lá vai pitomba...
Do meio do campo vai para o ataque, que não é de araque, e lá vai pitomba...

Pronto: surgiu "Lá vai pitomba", mais uma música para o vasto repertório de Gonzaga.

* * *

No AUGE DA POPULARIDADE, Luiz Gonzaga atraía compositores não só do Nordeste. Carioca de Lins de Vasconcelos, Klecius Caldas era especialista em sambas-canções e marchinhas carnavalescas gravados por cantores como Dick Farney e Francisco Alves. Após ouvir o Rei do Baião cantando "Moda da mula preta", porém, Klecius convocou o parceiro Armando Cavalcanti para escrever algo no mesmo gênero, orientado para o repertório de Gonzaga. Chegaram a "Sertão de Jequié", definida pelo carioca como "melodia simples sobre uma letra mais simples ainda":

> Deixei meu ranchinho pobre
> No sertão de Jequié.
> Vim pro Rio de Janeiro
> Só pra ver como é que é.

Dalva de Oliveira, que estava à procura de repertório depois de se desentender com o marido, Herivelto Martins, gostou do que ouviu. A cantora disse que procuraria Gonzaga para ficar com a música:

– Ele tem um repertório muito grande, eu estou começando.

Gonzaga cedeu a música para Dalva, mas impôs uma condição aos compositores: eles teriam de entregar outra tão boa quanto aquela para ele gravar. Preocupada, a dupla se trancou em casa até que surgiram os seguintes versos:

> De manhãzinha, quando eu sigo pela estrada,
> Minha boiada pra invernada vou levar.
> São dez cabeça, é muito pouco, é quase nada,
> Mas não tem outras mais bonitas no lugar.
> Vai boiadeiro que o dia já vem.
> Leva o teu gado e vai pensando no teu bem...

A música reproduzia o cotidiano do vaqueiro que, depois de um dia de trabalho pensando na amada, tem direito ao conforto da mulher após o término da jornada:

Vai boiadeiro que a noite já vem.
Guarda o teu gado e vai pra junto do teu bem.

Entoada na abertura dos shows, "O boiadeiro" se tornaria um dos marcos na carreira de Luiz Gonzaga. No livro de memórias *Pelas esquinas do Rio*, Klecius Caldas comentou a repercussão da música:

> Essa toada, evidentemente urbana, feita por dois cariocas do asfalto, sem ter compromisso com qualquer região, seja na melodia, seja na fala, acabou se integrando a todos os lugares e pertencendo a todos os lugares. Parece mineira, parece gaúcha, nordestina, paulista do interior, e no fim não é nada disso. É apenas um lance de sorte de dois estranhos ao assunto, que conseguiram introduzir no repertório do maior compositor e intérprete de música nordestina o seu prefixo, a sua marca de apresentação. Nasceu para ele, a pedido dele, e só existiu porque seu genial repertório, especialmente a "Moda da mula preta", entusiasmou dois calouros atrevidos.

Gonzaga não funcionava como plataforma de lançamento apenas para compositores. Também aconselhava os cantores que conhecia e de quem gostava a tentar a vida no Rio de Janeiro. Foi o caso de um paraense que viu no teatro Arthur Azevedo, em São Luís:

– Vá para o Rio, você vai deslanchar lá.

Ary Lobo, o recebedor do conselho, não pôde atender de imediato à recomendação de Gonzaga. Tinha muitos afazeres em Belém do Pará. Nascido na capital paraense em 1930, Gabriel Eusébio dos Santos Lobo começou a ganhar a vida trabalhando como mecânico e pintor. Estava fazendo serviços de pintura quando o chefe, José Lessa, o ouviu cantar e disse para ele se inscrever no concurso de calouros da PRA-5, a Rádio Clube de sua cidade. Participou três vezes; na quarta, foi convidado a integrar os quadros da emissora. Começava então sua carreira como cantor, já com o nome devidamente encurtado e alterado para Ary Lobo. Foi quando Gonzaga o viu pela primeira vez. Compromissos na capital paraense, porém, fizeram Ary ficar no Norte. Até que um compositor local,

Francisco Pires Cavalcante, o convenceu a rumar para o Sudeste. Mas as coisas não foram tão fáceis como pareciam. Cansou de ouvir negativas:

– Cantor nortista? Não interessa.

A série de "nãos" durou até ser aprovado na segunda audição na Rádio Mauá. Meses depois, assinou com a RCA Victor e gravou duas canções: o rojão "Atchim" e o coco "Ronda dá". Em texto na contracapa do disco *Forró com Ary Lobo*, o produtor Elmo Barros conta que aquelas duas músicas chamaram atenção de uma pessoa em especial: "Francisco Anysio, o famoso produtor humorístico, que usou sua influência para o ingresso do novo cantor na Rádio Mayrink Veiga, onde ele está até hoje." No disco, Elmo não economiza elogios ao apresentar o cantor: "Senhor absoluto do rojão, do coco e do batuque – gêneros musicais afins –, e dono de uma arte cem por cento genuína, Ary Lobo é a personificação do intérprete ideal das canções regionais do nosso Norte (da Bahia pra cima), traduzindo em sua bem-timbrada voz as magníficas melodias e ritmos do caboclo sertanejo daquelas bandas."

Um dos primeiros sucessos cantados por Ary Lobo, "Eu vou pra Lua", enumera as vantagens de se mudar para fora da Terra, viajando no satélite artificial soviético Sputnik, que sairia de local construído no Recife, na década de 1930, para pousos do dirigível alemão Zeppelin, o Campo do Jiquiá.

Na música de Ary Lobo e Luiz de França, a viagem era oportunidade única de se livrar dos problemas terrenos:

Já estou enjoado aqui da Terra,
Onde o povo a pulso faz regime,
A indústria, o roubo, a fome, o crime.
Onde os preços aumentam todo dia.
O progresso daqui, a carestia,
Não adianta mais se fazer crítica.
Ninguém acredita na política
Onde o povo só vive em agonia.

Na Lua, segundo Ary Lobo, há uma série de vantagens em relação à Terra. Lá não há

contrabando de mercadoria,
não falta água, energia nem hospital.

Nada de turbulência social, tampouco:

É fuzilado lá
Quem come bola
E morre na rua.
Quem faz anarquia.
Lá não tem juventude transviada.
Os rapazes de lá não têm malícia.
Quando há casamento, é na polícia.

E ai das esposas que cometerem adultério em solo lunar:

Porventura, se a mulher for casada
E enganar o marido, a coisa é feia.
Ela pega dez anos de cadeia.
E o conquistador não sofre nada.

Em 1960, a viagem de Ary Lobo é concretizada. À maneira dele, claro. Na capa do LP *Cheguei na Lua*, o cantor aparece de terno e gravata borboleta, mala na mão. Rosto empalidecido por maquiagem, olhos arregalados, o mulato Ary encara um extraterrestre que lhe aponta uma pistola, num desenho de traços simples, como se traçado em craiom. Na contracapa, o texto de apresentação conta que o intérprete, em plena "era vertiginosa de teleguiados e satélites artificiais", foi mais vivo que "os cabras da astronáutica", pegou "o pau de arara estratosférico" e rumou "com armas e bagagens para o famigerado satélite". Resultado: chegou à Lua antes das duas maiores superpotências mundiais, Estados Unidos e União Soviética. O autor da fantástica apresentação, infelizmente não identificado, conta que Ary mandou "postais sonoros" com relato da chegada, para depois dirigir o pensamento ao seu planeta. O texto siderado ainda faz previsão final:

Quando o leitor ouvir esse disco, é bem capaz de Ary estar de volta à cidade maravilhosa. E dizendo que essa viagem à Lua foi tão fantástica que só pode ter sido fruto da imaginação dele em parceria com outros amigos igualmente sonhadores. Mas como a realidade e a fantasia encontram-se tão próximas neste incrível mundo moderno, vamos supor que tal tenha acontecido.

Na música de abertura, "Cheguei na Lua" (Luiz de França e José Pereira), Ary Lobo usa tom deliciosamente sincopado, puxando os erres, para contar a chegada e os dissabores do terráqueo flagrado em mentiras após recepção festiva em território lunar:

Quando eu cheguei na Lua,
Foi grande a recepção.
Fui entrevistado,
Falei na televisão.
...
Eles queriam saber
Da nossa alimentação.
Eu disse: Na Terra, todos comem.
O passadio na terra é muito nobre,
A comida do rico é a do pobre.
Sobre isso ninguém lá se consome.

No disco, Ary Lobo canta rojões, cocos e baiões. Mas vai além dos ritmos nordestinos. Ele também interpreta dois sambas, "O enterro da leitoa" e "Pimpolho moderno", este último parceria de Gerson Filho e Nelson Cavaquinho, e que seria regravado na década de 1980 por João Nogueira. Na letra, o autor de "Juízo final" e "A flor e o espinho" conta a história de um menino precoce que, aos sete anos, pede: "Papai, me arranje uma mulher." O pai, mais orgulhoso que apreensivo, revela os feitos do "caçulinha":

Já estou preocupado com os atos do pimpolho.
Ao passar por uma jovem ele logo pisca o olho.
Se entro num barbeiro, ele também quer se barbear.
Diz que é Vasco, e até um charuto ele quer fumar...

Há outro pai entre as faixas de *Cheguei na Lua*. Só que este tem preocupação maior que demonstrar embevecimento com a precocidade dos rebentos. Em "Sentimento de pai", de Antonio Barros, Ary Lobo dá voz à lamúria de um sertanejo desempregado ("o trabalho da minha vida é sofrer") e desesperado por não dar comida aos filhos ("dois barrigudinhos"), que recorrem à mendicância para sobreviver:

Quem é pai sente.
Quem é pai tem compaixão.
Ter um filho inocente pedindo pão.

Diante do quadro sombrio, o homem cogita sumir ("Pensei em fazer besteira, /Sair doido na carreira /Sem ninguém me ver") e até se matar ("Já tentei suicídio em desespero /Mas primeiro a consciência me doeu"). No fim, porém, ele acaba resistindo ("Se não sou forte, /Isso já tinha acabado") e, conformado, segue em frente ("Vou cumprir a minha sina").

Ary Lobo também gravou o coco "O vendedor de caranguejo", do baiano Waldeck Artur de Macedo, mais conhecido pelo apelido de Gordurinha. A história do homem que se sacrificou em nome da família ("Eu perdi a mocidade com os pé sujos de lama. / Eu fiquei analfabeto, mas meus *fio* criou fama") fica ainda mais pungente na interpretação sutilmente melancólica de Ary Lobo, que só eleva o tom ao imitar a cantilena dos vendedores de crustáceos:

Caranguejo uçá, apanho ele na lama e trago no meu caçuá. Cada corda de dez, eu dou mais um. Quem quiser comprar de mim, eu dou mais um!

Ary Lobo fez muito sucesso, mas nada que chegasse aos pés daquele momento iluminado de Luiz Gonzaga. A revista *O Cruzeiro* registrava o fenômeno de popularidade e atestava: "O baião, esse gênero de música repinicado e gostoso, está suplantando o samba na preferência do público, além de projetar o nome de Luiz Gonzaga, elevando-o à categoria de astro mais bem-pago do rádio brasileiro." Maior estrela do time de repórteres da revista e também compositor de sucessos como "Canta Brasil", David Nasser não só estreitou amizade com Luiz Gonzaga, como acabou se tornando um de seus parceiros: dele, Gonzaga gravou "Madame Baião". A proximidade levou o jornalista a escrever seguidas reportagens sobre momentos cruciais da vida do Rei do Baião, como fez quando transcreveu as lembranças dele sobre o acidente que sofreu em 1951 e quase o matou.

O relato, publicado em 19 de maio daquele ano, é dramático já a partir do título: "O baião da morte". A reportagem impressiona também pela riqueza de detalhes e crueza das imagens. Nas fotos de José Medeiros, Gonzaga aparece deitado em cama de hospital, atadura na testa, olhar distante. Bem ao lado, foto de arquivo do sanfoneiro usando o chapéu de cangaceiro, sorridente, olhos brilhando de felicidade; o contraste não poderia ser mais brutal. Também há fotos de Helena, "a dedicada esposa de Luiz Gonzaga, para quem ele há pouco compôs um baião" (com o próprio Nasser), e das outras vítimas do acidente: os músicos José Bezerra dos Santos (Zequinha) e João Gomes (Catamilho, "cabra bom da peste, que é quase filho meu", ressalta Gonzaga). Também há o registro das avarias no instrumento de trabalho de Lua: "A sanfona que o Brasil inteiro ouve foi encontrada entre os destroços do automóvel", ressalta Nasser, antes de assegurar, triunfante: "Será consertada e voltará a tocar com a mesma maestria."

Ele transcreveu o relato que Gonzaga fez do acidente, ocorrido na rodovia Presidente Dutra, em dia de intensa neblina. O próprio Gonzaga dirigia sua caminhonete Dodge quando perdeu o controle numa ponte interditada, e o veículo derrubou a mureta esquerda da estrutura: "Senti que estávamos no espaço, dependurados. Qualquer coisa do Dodge se prendera ao concreto da ponte. Esses foram os segundos mais horríveis de minha vida. Logo o carro se desprendeu e fomos nos espatifar a 15 metros."

Depois da queda do carro, Gonzaga narra a retomada da consciência. E como, em meio ao infortúnio, acabou reconhecido por um fã:

O primeiro que voltou a si fui eu. Durante vinte segundos pensei que estivesse morto. Mexi com a mão direita. Passei a perna. Gritei, e a voz saiu. Chamei os companheiros e eles não responderam. Um suor frio começou a misturar com o sangue que caía de minha testa. Não queria imaginar, sequer, que eles estivessem mortos. Olhei para dentro do carro. O pobre do Zequinha tinha o rosto coberto pelo sangue que jorrava em bica. O outro estava sem sentidos na parte traseira. Tudo revolto na camioneta, reduzida a simples esqueleto. Chamei, botei a boca no mundo, e ninguém me respondeu na vizinhança. Pus-me a apertar a buzina, e um mulato apareceu. "Ajude-me pelo amor de Deus!" O homem não se mexia, espiando-me assustado. Por fim, disse: "O senhor não é o Rei do Baião? Já o vi uma vez no [Programa] César de Alencar." Oh, desgraçado! – e gritei como um louco que fosse arranjar um carro. Minutos depois apareceu com um fordeco. Foi a nossa salvação.

Ainda sem noção dos ferimentos ("estava quente do desastre, perdia sangue, mas continuava de pé"), Gonzaga e os outros acidentados receberam atendimento no Hospital Getulio Vargas, na Penha. Ele fraturara cinco costelas, e a clavícula também tinha sido atingida. Guardou o comentário de um médico para o diretor do hospital:
– Salvou-se por milagre.
Por fim, Luiz Gonzaga analisa o acidente:

Não lamento a minha sorte. Minha estrela me ajudou. Salvei-me desta, embora pesaroso pelo que aconteceu aos meus meninos. Minha sanfona está quebrada, mas ainda tem conserto. Seguirei cantando meus baiões por esse mundo afora. No sul, no norte, no Rio, em São Paulo, onde quer que haja alguém que me escute, lá estará o Luiz com a sua sanfona. Porque, se Deus quiser, o programa continua.

No mesmo número de *O Cruzeiro*, é publicado o desdobramento da reportagem sobre o acidente. David Nasser relata o dia em que Gonzaga e companheiros foram até a igreja de Nossa Senhora da Penha, tradicional ponto de peregrinação católica, e subiram os 382 degraus para pagar a promessa de terem sobrevivido ao acidente.

Nos rostos dos três peregrinos, encontrareis iguais marcas de algo que constituiu o motivo dessa promessa que aqui vieram pagar. E é de repente que a voz, grave, com cheiro de sertão, rústica e expressiva voz de caboclo, principia a oração musical: "Demonstrando a minha fé, vou subir a Penha a pé pra fazer minha oração. Vou pedir à padroeira, numa prece verdadeira, que proteja o meu baião."

Depois Nasser abre espaço para Gonzaga revelar como, em questão de segundos, fez promessa para Nossa Senhora:

Neste momento horrível da minha vida, fiz quase em pensamento uma oração. Todos hão de dizer que uma prece leva tempo. Conversa. A gente reza muito em frações de segundo. Eu já havia encerrado minha oração, e o carro ainda estava balançando, nos dois segundos que lá ficou, cai não cai. Foi quando me lembrei e voltei à presença de Nossa Senhora.

Aí pediu: "Virgem da Penha, arranje uma forma de eu cair o melhor possível e quebrar menos pernas que puder. E peço o mesmo para o Catamilho e Zequinha."

A parte final do relato de Gonzaga serve como demonstração da inigualável presença de espírito do sanfoneiro. Ele conta que iria rezar para Nossa Senhora de Nazaré, mas mudou de ideia ao raciocinar: "Nossa Senhora de Nazaré está muito longe, lá em Belém do Pará. Até que chegue aqui, com esse tempo, acabo caindo e morrendo. Vou rezar mesmo pra Virgem da Penha, que fica aqui perto e pode nos acudir num instante. Em questão de fé, meu padre, não importa os nomes dos santos."

5. Todo tempo é pouco

Marinês não podia reclamar da vida. O sucesso de músicas como "Peba na pimenta" e "Pisa na fulô" fez multiplicar a procura pelas apresentações da Rainha do Xaxado. Nem sempre as condições eram as ideais, mas ela não se apertava: se não tivesse palco, improvisava. Cantou em cima de laje na inauguração de lojas, subiu em mesas de armazéns... Soltava a voz e dançava o xaxado onde recebesse convite e houvesse garantia de pagamento. Muitas vezes, ao chegar cedo para se apresentar em cinemas do interior, percebia que o local estava uma imundície só. Não esperava um minuto: amarrava lenço na cabeça, comprava vassoura e detergente, arrumava duas auxiliares na cidade e caprichava na faxina. Enquanto não chegava a hora do show, os outros integrantes também se desdobravam: seu irmão, o zabumbeiro Sussuanil, ficava encarregado de fazer pequenos reparos, como trocar lâmpadas ou verificar a fiação. Já Abdias fazia a divulgação: pegava o carro, equipado com alto-falantes, e circulava para anunciar a chegada de Marinês e sua Gente. Quando havia público para duas sessões, as tarefas extrapalco da cantora incluíam a bilheteria: para não dissipar a magia do espetáculo, porém, jamais permitia que o público visse a estrela da noite recolhendo o dinheiro dos ingressos; usava capuz para se disfarçar.

O dinheiro dos shows foi aumentando. Mesmo quando Abdias assumiu uma das diretorias da CBS, o que Marinês ganhava nas apresentações se equiparava, quando não ultrapassava, o salário mensal do marido. Por isso, ele se mantinha reticente em relação aos desejos da esposa de ter muitos filhos:

— Você é fábrica de fazer dinheiro, não pode se dar ao luxo de parar.

Em 14 de setembro de 1961, Marinês teve que parar. Deu à luz Marcos Farias, o primeiro e único filho do casal. Nascido no Rio e registrado na Paraíba, o carioca-paraibano Marquinhos cresceu na quitinete do casal, no Flamengo, até eles comprarem uma casa no bairro do Cocotá, na Ilha do Governador. Aos poucos iam ampliando a residência, sem nunca concluí-la, o que afligia Marinês:

– Isso tá parecendo reforma de igreja, não acaba nunca...

O nascimento de Marquinhos só não poderia interferir na rotina de shows. Eles levavam o primogênito nas turnês sempre que possível. Certa vez, contudo, sabiam que a viagem seria muito demorada. O menino ficou então com o padrinho, Luiz Gonzaga, na fazenda dele em Miguel Pereira, região serrana do Rio. Só havia um problema: com a precariedade dos serviços telefônicos, como a mãe poderia ter notícias do filho? A solução veio nas ondas curtas da Rádio Nacional. Gonzaga dava um jeito de encaixar recados para Marinês toda vez que participava de algum programa:

– Olha, comadre, o afilhado tá bem, tá gordo que tá uma beleza. Esteve meio gripadinho alguns dias, mas já melhorou...

Na ausência dos pais, Marquinhos passava o dia brincando na fazenda de Gonzaga. Certa vez, aproveitou que o padrinho tinha esquecido alguns instrumentos no chão e pegou o zabumba. Começou a tocar. Quando Gonzaga viu o menino de três anos tocando, ficou feliz da vida. Mandou fazer um pequeno chapéu de couro e um zabumba adequado ao tamanho do garoto. No rádio, passou o recado:

– Comadre Marinês: quando chegar aqui no Rio, vai ter novidade. E novidade boa!

Manteve o suspense até que levou a cantora, já de volta, até os estúdios da Rádio Nacional, sob pretexto de conhecer uma nova atração. Pôs Marquinhos em cima da mesa do estúdio e começou a cantar:

Eu vou mostrar pra vocês, como se dança o baião...

De imediato o garoto passou a acompanhar o Rei, marcando o ritmo do baião no zabumba. Marinês não sabia o que mais sentia: surpresa ou orgulho. O talento precoce de Marquinhos virou atração à parte. Abdias, ao ser contatado para acertar um show, já perguntava:

– É pra levar o menininho zabumbeiro? Se for com ele, é mais caro, porque tem que levar babá também...

Os shows de Marinês e sua Gente se concentravam no interior nordestino. Era para lá também que se voltava, mesmo a contragosto, Luiz Gonzaga. O surgimento da bossa nova fizera o baião sair de moda; em vez de sanfona, moças e rapazes queriam agora aprender a tocar violão, como narra Ruy Castro em *Chega de saudade: a história e as histórias da bossa nova*, ao descrever o impacto causado pela gravação de João Gilberto da música que batiza o livro, lançado em 1990:

"Chega de saudade" oferecia, pela primeira vez, um espelho aos jovens narcisos. Os garotos podiam se ver naquela música, tão bem quanto nas águas de Ipanema, muito mais claras que as de Copacabana. Na época não se tinha consciência disso, mas depois se saberia que nenhum outro disco brasileiro iria despertar em tantos jovens a vontade de cantar, compor ou tocar um instrumento. Mais exatamente, violão. E, de passagem, acabou também com aquela infernal mania nacional pelo acordeom. Hoje parece difícil de acreditar, mas vivia-se sob o império daquele instrumento. E não era o acordeom de Chiquinho, Sivuca, muito menos o de Donato – mas as sanfonas de Luiz Gonzaga, Zé Gonzaga, Velho Januário, Mário Zan, Dilu Melo, Adelaide Chiozzo, Lurdinha Maia, Mário Gennari Filho e Pedro Raimundo, num festival de rancheiras e xaxados que parecia transformar o Brasil numa permanente festa junina.

A mudança no interesse dos jovens não ficou restrita ao Rio de Janeiro. Ultrapassou os limites do estado e chegou à Bahia, como registra Caetano Veloso no livro de memórias *Verdade tropical*, publicado em 1997:

Veio a moda nacional do acordeom. Em casa, todos, de meu pai a Bethânia – mas eu, mais que todos –, achávamos esse instrumento de extremo mau gosto (exceto em sua utilização por Luiz Gonzaga na estilização da música regional nordestina). ... Quando a bossa nova chegou, senti minhas exigências satisfeitas – e intensificadas.

A ascensão da bossa nova começara quando João Gilberto, baiano de Juazeiro, praticamente reinventara o violão a partir da gravação, em 1958, de duas faixas para o LP *Canção do amor demais*, de Elizeth Cardoso, dedicado à união da música de Antonio Carlos Jobim com a poesia de Vinicius de Moraes. Um disco que, como garantia Vinicius no encarte, não queria ser tão revolucionário assim: "Nem com este LP queremos provar nada, senão mostrar uma etapa de nosso caminho de amigos e parceiros no divertidíssimo labor de fazer sambas e canções que são brasileiros, mas sem nacionalismos exaltados, e dar alimento aos que gostam de cantar, que é coisa que ajuda a viver."

A batida diferente do violão de João Gilberto e as melodias de Tom Jobim fizeram a música brasileira alcançar posição de destaque nos Estados Unidos, ainda mais depois do impacto da apresentação dos bossanovistas no Carnegie Hall, em novembro de 1962. O contra-ataque dos norte-americanos, logo seguidos pelos ingleses, veio com a energia do rock'n'roll; alguns jovens brasileiros, como um rapaz de Salvador que morava ao lado do consulado dos Estados Unidos, gostaram tanto do som daquelas guitarras que passaram a usar topete e a imitar Little Richard, Chuck Berry, Elvis Presley. O mesmo rapaz soteropolitano promoveria, uma década depois, na música "Let me sing, let me sing", a fusão do rock com o baião. Aí ele já era conhecido por nome e sobrenome: Raul Seixas.

Música brasileira deslumbrando o mundo; música estrangeira invadindo o Brasil. Como sobreviver nesse fogo cruzado? Gonzaga desconfiou que as coisas não iam bem quando pediu a um radialista que conhecia dos tempos de Mayrink Veiga, Isaac Zaltman, para tocar uma música sua. A resposta foi dura e sincera:

– Gonzaga, você tem que me compreender que agora é a juventude, você já era, isso já passou. Me desculpe a franqueza.

O Rei do Baião já tinha percebido que as vendagens de seus discos estavam caindo. Seu último grande sucesso tinha sido "O xote das meninas", de Zé Dantas. Quem havia incluído baiões no repertório, como Os

Cariocas e Claudette Soares, resolveu retirá-los e pular para outros gêneros. Até a Rainha do Baião se curvou e gravou o LP *Bossa nova com Carmélia Alves*, com músicas de Tom Jobim, Newton Mendonça, Vinicius de Moraes, Roberto Menescal e Carlos Lyra. E agora? Cada um dos nordestinos no Rio de Janeiro teve de correr atrás de uma resposta. Luiz Gonzaga resumiu a dele em uma frase:

— Danei-me a viajar.

A estratégia estava bem-definida. Nada de insistir em percorrer as metrópoles, como detalharia em depoimento ao Museu da Imagem do Som (MIS) em 1968: "Me afastei dos grandes centros. Fui percorrer os sertões, lugares onde eu nunca havia ido. Tinha certeza de que ali o povo me receberia com calor. Ainda tinha muito do Brasil para conhecer."

Nos shows pelo interior do país, Gonzaga foi ao encontro do público cativo, aquele que jamais trocaria o assum-preto pela garota de Ipanema. Com ajuda de patrocinadores, quase nunca cobrava ingresso para essas apresentações, como lembraria em entrevista ao *Pasquim* em 1971: "Dificilmente dava espetáculo no cinema, no teatro, pra cobrar. Eu cantava de graça, na praça, para o povo."

Em uma dessas andanças pelo interior, Gonzaga estava na Paraíba quando foi abordado por um cabra forte que foi encontrá-lo num hotel em Sumé, a 260 quilômetros de João Pessoa. Primeiro, o desconhecido perguntou a ele:

— Seu Luiz, o senhor recebeu umas cartas que eu enviei para o senhor?

— Mas o que é que diziam essas cartas?

— Bom, se o senhor não sabe é porque não recebeu. Tudo bem, deixe para a próxima.

Decepcionado, o homem foi embora sem estender a conversa. Queria mostrar algumas músicas que tinha separado para o cantor, mas desanimou. Um amigo, contudo, o fez voltar ao hotel. E intermediou o contato:

— Seu Luiz, esse cabra só faz música boa. As músicas dele têm a cara da sua sanfona.

Gonzaga virou-se para o compositor e perguntou, na lata:

— Essas suas músicas prestam?

A resposta também veio de bate-pronto:

– Vamos fazer o seguinte: eu canto e o senhor diz se presta.

Cantou "Pássaro carão". Gonzaga gostou. E mostrou que gostou com a seguinte pergunta:

– Vai me dar quantas músicas?

– Umas seis.

Pronto. Assim terminou o segundo e mais proveitoso encontro de Luiz Gonzaga com seu novo parceiro: Zé Marcolino. Nascido em 1930, José Marcolino Alves morava em sítio na localidade de Prata, perto da cidade de Sumé. Começou a compor música aos dezesseis anos. Para sobreviver, porém, teve de fazer de tudo um pouco: trabalhou de carpinteiro, vendeu joias, colchões, relógios, bois. A vida era dura, o dinheiro mal dava para a feira. Não foram poucas as vezes em que a esposa, Maria do Carmo, anunciou para os seis filhos:

– Hoje tem açúcar, mas não tem café.

O próprio Marcolino brincava com a constante dificuldade financeira ao falar com Fátima, a filha mais velha:

– Fatinha, hoje eu tô liso de pegar verniz...

De tardinha, enquanto a noite caía, Marcolino gostava de botar um tamborete do lado de fora da casa. Ficava apreciando o sereno, escutando os pássaros e as corujas; nesses momentos, aparecia a inspiração. Passou a mostrar as músicas que fazia aos amigos. E alguns começaram a comentar:

– Essas músicas são a cara de Luiz Gonzaga!

Marcolino nem ligava. Dizia que não tinha chance de ele, um desconhecido, ser gravado pelo Rei do Baião. Mas, convencido por um amigo, mandou uma carta para o Rio oferecendo suas músicas e dizendo a Gonzaga que, se houvesse interesse, daria um jeito de enviar uma fita com as gravações. Não recebeu resposta. Mandou outra carta. Nada. Mais uma. E nenhuma resposta veio. Decidiu esquecer o assunto. Até o dia em que ficou sabendo da passagem de Gonzaga por Sumé, e, após o mal-estar inicial, acertou a parceria.

Além de encomendar as músicas, Gonzaga convidou Marcolino para fazer com ele uma temporada no Rio de Janeiro. O compositor passou nove meses nos alojamentos em Miguel Pereira. Além de compor, acompanhou Gonzaga em shows e fez participação em discos; tocava pandeiro e triângulo. Mas a saudade apertava o coração. Quando podia, mandava encomendas para os filhos. Certa vez, Fátima recebeu um vestido de Rosinha Gonzaga. E, orgulhosa, mostrou a todo mundo em Sumé:

— Foi a filha de Luiz Gonzaga que mandou para mim!

A família Marcolino não tinha rádio em casa, muito menos toca-discos. Então, para escutar as composições da parceria do pai com Gonzaga, Fátima tinha que deixar a vergonha de lado e pedir aos vizinhos mais abastados:

— Deixe eu entrar pra escutar essa música, dona Maria. É seu Luiz cantando música de papai...

Quando Zé Marcolino voltou do Rio de Janeiro, foi uma festa. A casa do sítio se encheu de gente para ouvir as histórias cariocas. Entre as novidades que trouxe na bagagem, um gravador. Os filhos ficavam intrigados toda vez que a fita girava:

— Como é que a voz de meu pai e a de Luiz Gonzaga foram parar ali dentro?

Marcolino passou a encontrar Gonzaga ocasionalmente. Mas a viagem ao Rio tinha sido bem proveitosa. Nada menos que seis das doze faixas de *Ô véio macho*, LP que Gonzaga lançou em 1962, têm a assinatura de Marcolino: "Sertão de aço", "Serrote agudo", "Pássaro carão", "Matuto aperriado", "A dança de Nicodemos" e "No Piancó". Composições de João do Vale, Onildo Almeida, Zé Dantas e Rosil Cavalcanti (a faixa-título) fechavam o disco. Em 1964, no LP *A triste partida*, aparecem mais três frutos do encontro com Gonzaga: a toada "Cacimba nova", o baião "Cantiga do vem-vem" e o maior sucesso, "Numa sala de reboco". Esta última tinha história que o autor fazia questão de manter na ponta da língua.

Zé Marcolino lembrava que, nas construções nordestinas, havia dois tipos de reboco, a argamassa utilizada nas paredes antes da aplicação de cal ou tinta: "o de barro sacudido, o do sujeito que joga o barro na parede e nada mais faz; e o do sertanejo mais caprichoso, que passa a colher de pedreiro para a parede ficar bem lisinha." Segundo Marcolino, os pais zelosos só levavam as filhas para se divertir em lugares que tivessem o segundo tipo de reboco. Quando conheceu uma menina e a tirou para dançar, o compositor se animou todo, mas o pai da moça a levou embora. Para revê-la, seria preciso esperar oito dias até o próximo forró. O paraibano conta que foi para casa "com o tom da sanfona no ouvido". Na lembrança, ficaram a cor do vestido da moça e a vontade de fazer uma música.

> Todo tempo quanto houver pra mim é pouco
> Pra dançar com meu benzinho numa sala de reboco.
>
> Enquanto o fole tá fungando, tá gemendo,
> Vou dançando e vou dizendo meu sofrer pra ela só.
> E ninguém nota que eu estou lhe conversando,
> E nosso amor vai aumentando.
> Pra que coisa mais mió?
>
> Todo tempo quanto houver pra mim é pouco
> Pra dançar com meu benzinho numa sala de reboco.
>
> Só fico triste quando o dia amanhece.
> Ai, meu Deus, se eu pudesse acabar a separação
> Pra nós viver igualado a sanguessuga.
> E nosso amor pede mais fuga do que essa que nos dão.

O êxito de "Numa sala de reboco" foi o suficiente para a *Revista do Rádio*, em 1964, reconhecer o talento de Zé Marcolino com a seguinte manchete: "Em pleno sertão, Luiz Gonzaga descobriu um astro." Mesmo com tantas músicas no repertório do Rei do Baião, contudo, o paraibano não quis ficar no Rio de Janeiro. Dizia ter percebido que não valia a pena morar na capital carioca.

– Cidade grande tira inspiração das pessoas. Muita gente, muito barulho: poeta lá sofre demais.

A perplexidade com a metrópole e a vontade de regressar à terra natal ficaram registradas em "Matuto aperriado":

> Fico doido com tanta fala de gente
> E a zoada de automóvel a me assustar.
> Se na rua vou fazer um cruzamento
> Tenho medo, eu num posso atravessar.
> Desse jeito, eu sou franco em dizer,
> Mais um dia eu aqui não posso mais ficar.

Não tinha sido apenas Zé Marcolino a ficar aperreado com a cidade grande. Em "Meu enxoval", gravada por Jackson do Pandeiro em 1959, no LP *Forró do Jackson*, Gordurinha e Jackson contam a história do migrante que foi procurar trabalho em São Paulo, não conseguiu nada, voltou para o Rio de Janeiro e dormia ao relento, à porta do Theatro Municipal, utilizando dois jornais como cobertor:

> Valei-me, Nossa Senhora,
> O meu travesseiro é o *Diário da Noite*.
> E o resto do corpo fica na *Última Hora*.

Em outra composição, "Carta a Maceió", Gordurinha novamente explicitava as dificuldades de adaptação dos nordestinos na Cidade Maravilhosa:

> Mãe! Tô aqui no Rio de Janeiro.
> Mãe! Tô na Guanabara.
> Não sou mais pau de arara!
> Mãe! Diz pro mano Juca,
> O Rio é uma coisa maluca...
> ...
> Eu entrei numa fila quinta-feira,
> No domingo de tarde ainda tava lá.

Eu queria voltar pra Maceió,
Mas eu fico no Rio que é melhor...

O soteropolitano Waldeck Macedo, o Gordurinha, foi um dos compositores que mais explicitaram a estranheza, com o aumento do interesse dos jovens por ritmos estrangeiros ou brasileiros influenciados pela música internacional. Em "Larga o coco", gravada pelo potiguar Paulo Tito em 1960, no LP *Baiano da Guanabara*, ironizou a aproximação do samba com o jazz e outras miscigenações musicais:

Ê Babulina,
Pode levar teu rock.
Faz miséria com o bolero.
Tá louco, larga o coco
Que esse coco é meu.

Em outras palavras, com mais leveza, mas sem perder a contundência, Gordurinha mandaria o mesmo recado no maior sucesso de Jackson do Pandeiro, "Chiclete com banana", que seria regravado com êxito por Gilberto Gil em 1972 no disco *Expresso 2222*:

Eu só boto bebop no meu samba
Quando Tio Sam tocar um tamborim...

Em "Bossa quase nova", faixa do disco *Mamãe... Estou agradando!* (1961), Gordurinha continuaria a fustigar o estilo notabilizado pelo conterrâneo João Gilberto:

Eu vou entrar também na bossa nova
Nem que eu leve uma sova
De um nortista valentão.
Vou provar que sou baiano escolado... adiantado.
Já estou por dentro da situação.

Com "Baião bem", música registrada no LP *Gordurinha... Um espetáculo!* (1963), prosseguem as críticas, dessa vez mais diretas:

> O samba precisou de injeção, achou doutor.
> E o meu baião achou também.
> Muito bom, muito bem.
> Americanalharam meu sambinha, que gracinha.
> Vou americanalhar também o meu baião.
> Jerico com ideia de elefante,
> Vou meter um dissonante no meu baião...

Nascido em 1922, Gordurinha fez carreira como radialista e humorista. Circulou por diversas cidades brasileiras – Aracaju, Maceió, Recife, São Paulo, Belo Horizonte – até se fixar no Rio de Janeiro, onde trabalhou na Rádio Nacional e na rádio e TV Tupi. Criava personagens com a mesma facilidade com que escrevia músicas. Foi gravado por Jorge Veiga, Ary Lobo, Marinês, Jackson do Pandeiro. Antes de "Chiclete com banana", conheceu o sucesso com a mordaz "Baiano bom nasce morto" ("Eu sou da Bahia. /Comigo não tem horário. /Não sou otário /E você pode zombar."), gravada por ele e pelo cantor alagoano Luiz Wanderley, e com "O vendedor de caranguejo", que estourou com Ary Lobo. No rádio, Gordurinha cumpriu outra importante missão: ajudou a divulgar e popularizar cantores nordestinos recém-chegados ao Rio, como no dia em que caprichou para anunciar aos seus ouvintes:

– Esse é Genival Lacerda, o Cobra do Norte!

A chegada de Genival Lacerda ao Rio vinha sendo adiada pelo próprio cantor paraibano, já conhecido no Recife pelas participações no rádio e nos discos lançados pela gravadora local, a Mocambo. A primeira chance de se mudar veio ainda em 1958, quando se encontrou com Luiz Gonzaga e pediu:

– Seu Luiz, dá um show pra mim, pra eu comprar roupa e ir ao Rio de Janeiro.

– Vou dar o show. Você vai mesmo?

– Vou!

– Então arrume um circo.

– Quanto é que o senhor quer?

– Não quero nada. O dinheiro é para você ir ao Rio de Janeiro e eu lhe apresentar lá.

– Tá certo.

Genival adorava circo, especialmente os palhaços. Quando gostava de um, voltava no dia seguinte só para vê-lo. Mas dessa vez o desafio era encontrar uma lona para abrigar o numeroso público de Luiz Gonzaga. Acertou a apresentação do sanfoneiro no Circo Edson, no bairro da Mangueira, e o hospedou no luxuoso Grande Hotel Recife. No dia da apresentação, combinou:

– Venho lhe buscar às oito e meia.

– Pode vir!

Começou a chegar gente, atraída pelo carro de som que circulou o dia inteiro divulgando o show. E Genival na porta do circo, de olho na bilheteria. O dinheiro não parava de entrar. Nem o público. Os números de abertura foram se revezando, e mais gente chegando. Em determinada hora, não cabia mais ninguém. Aí arriou uma das arquibancadas. Genival se desesperou:

– Valha-me, Nossa Senhora...

Um dos humoristas contratados para entreter a audiência cantava quando outro trecho da arquibancada cedeu. Ninguém se machucou seriamente, mas e o susto? Para agravar a tensão, surgiu um sargento da polícia e ordenou a Genival:

– Vai ter que devolver o dinheiro.

Genival ficou inconformado:

– Devolver o quê, meu senhor? O senhor tá louco?

Deu um jeito de driblar o policial e pediu ao dono do circo:

– Vamos arrumar uma caminhonete, botar aqui na frente, pegar duas gambiarras de luz, duas cornetas e dar o microfone para Luiz Gonzaga cantar.

– Corre, vai chamar ele.

Genival foi até o hotel e pediu pressa à principal atração da noite:

— Gonzaga, vamo simbora! Vamo que já derrubaram o circo!

— Pois então não vou mais! Já quebraram o circo, o que é que vou fazer lá?

— Você não tá nem doido! Tá todo mundo esperando! Eram quinhentas, agora tem umas mil pessoas lá!

— E eu vou cantar aonde?

— Mandei botar caminhonete, gambiarras de luz, alto-falantes e microfone. Nem subir eu subo pra não ficar apertado.

— Então vambora.

Seguiram em dois Aero Willys. Com ajuda de um carro da polícia, conseguiram atravessar a multidão. Antes de subir no palco improvisado, Gonzaga avisou a Genival:

— Só vou cantar quatro músicas!

— Como é que é a história?

— Só isso!

Perdido por quatro, perdido por mil. Genival se conformou:

— Tá certo... Agora já posso anunciar?

— Deixe eu botar a sanfona pra fora primeiro.

— Tá bom. Eu espero.

O Rei do Baião foi anunciado e entrou já tocando, para delírio da multidão. E Genival, em cima da caminhonete, com um olho na multidão e outro em Gonzaga. O show continuou. Passaram-se quatro músicas, nada de a sanfona silenciar. Cinco, dez, quinze... Vinte músicas no total. Aliviado, Genival relaxou. Mas, depois que Gonzaga desceu, não deixou de dar uma cutucada, ao lembrar da advertência:

— Oxente, e não disse que ia cantar só quatro?

E Gonzaga, imperturbável:

— E você queria que eu cantasse só quatro com esse povo todinho que tava me esperando?

— É verdade...

Chegou a hora de acertar o cachê. Gonzaga perguntou sobre a bilheteria:

— E deu quanto?

— Deu 50 contos.

— Então me dê 25 e você fica com 25.

— Tá certo.

Genival dividiu a quantia e fez o pagamento. Logo em seguida, Gonzaga devolveu o recebido e comunicou:

— Não quero um tostão. É tudo seu. Agora eu lhe espero no Rio de Janeiro.

Genival não acreditou. Com o dinheiro do show, comprou roupas novas, farreou, tirou a barriga da miséria. Só não foi para o Rio de Janeiro, conforme havia combinado. E Gonzaga demoraria a perdoá-lo pela desfeita.

O trabalho de organização daquele show no Recife tinha sido exceção na então recém-iniciada carreira profissional do cantor Genival Lacerda. Ele havia chegado dois anos antes à capital pernambucana; fazia shows em circo, cantava na Rádio Clube e na banda do maestro Nelson Ferreira. Começou gravando LPs em 78 rotações — "Coco de 56" foi a primeira música, junto com "Dance o xaxado". Fez o primeiro LP pela Caravelle, com o selo Audience. Acompanhado por Martins da Sanfona e sua Gente, *Meu Nordeste* não fez o sucesso esperado. Lamentou:

— Gravei um LP de forró e recebi choro.

Genival ainda teve outra decepção ao ver na capa o desenho de um nordestino fugindo da seca, debaixo de sol inclemente, trouxa de roupa nas costas:

— Não saiu nem eu na capa...

No repertório de *Meu Nordeste* predominam o rojão, coco e baião. Oito faixas têm assinatura do pernambucano Edgar Ferreira, entre elas a releitura da carta-testamento do presidente Getulio Vargas em "Ele disse" ("Minha morte é a bandeira da vitória. /Deixo a vida para entrar na história"), o sucesso "Forró em Limoeiro" e "1 × 1", rojão futebolístico sobre o enfrentamento de times ("É encarnado, branco e preto. /É encarnado e branco, /encarnado preto e branco/ é encarnado e preto") que fez sucesso na voz de Jackson do Pandeiro e já resumia, em um dos versos, a obstinação do tinhoso Genival em busca da realização:

Um empate pra mim já é derrota.
Meu time só joga é pra vencer.

Passou quase dez anos cantando nas rádios do Recife, de 1953 a 1964. Até que decidiu cumprir o acerto com Luiz Gonzaga e seguir o que Ary Barroso recomendara quando o conheceu no início da década de 1950, ao passar em Campina Grande com sua orquestra para apresentação na Rádio Borborema:

– O que você tá fazendo aqui? Menino, tu não é para ficar aqui, não. Teu lugar é no Rio de Janeiro!

A chegada ao Rio, contudo, não poderia ter ocorrido em momento mais delicado. No fim da tarde de 31 de março de 1964, o avião Constellation saiu do aeroporto dos Guararapes e pousou no Santos Dumont. O cunhado, Jackson do Pandeiro, o esperava no aeroporto. Quando seguiam para o bairro da Glória, Genival estranhou a movimentação nas ruas. Caminhões do Exército, militares armados, fuzis de todos os lados:

– Que danado é isso? Que negócio é esse de Exército em todo canto? Tá tendo briga, alguma coisa?

E Jackson, rápido:

– Cala a boca, rapaz, que eu te conto quando chegar em casa. Se eu falar aqui, a gente vai preso.

No carro, Jackson resumiu o que sabia do que tinham visto nas ruas:

– Botaram o presidente pra fora.

– Rapaz...

– Agora é os verde que toma conta. Mas não pode falar nada, viu?

– Eu é que não quero falar nada...

Não trocaram mais uma palavra sobre o golpe de 1964, que apeara o vice-presidente João Goulart e decretara o início da ditadura militar. Um cearense, o marechal Humberto Castello Branco, foi eleito no Congresso para concluir o mandato de Jango. Genival Lacerda passou os três primeiros meses na casa de Jackson, na Glória; depois alugou uma casa em São Gonçalo, a 20 quilômetros do Rio. E foi tocando a vida: aparecia uma chance numa rádio, lá estava Genival. Nacional, Tupi, Mauá... Certa vez, na Mayrink Veiga, estava diante de Ary Lobo, Jackson do Pandeiro, Alventino Cavalcanti e outros cantores, todos sentados no auditório, quando foi apresentado por Gordurinha e, acompanhado pelo Regional de Canhoto, cantou:

Mandei falar com o seu vigário, Maria, pra nós se casar...
Mandei arrumar uma casa, Maria, pra nós dois morar...

Diante da trupe de cantores, interpretou "O casamento deu e Maria", de Antonio Barros e Álvaro Castilho, um "balanço gostoso" que tinha gravado em LP da Continental. Ganhou muitos aplausos e elogios dos colegas. Já o reencontro com Luiz Gonzaga não foi tão cordial. Ao ser apresentado por ele em programa na Rádio Tupi, Genival teve que ouvir:

– Em 1958, eu dei um show para você vir se apresentar no Rio de Janeiro. E você não veio. Por quê?

A resposta foi mais ríspida que a cobrança:

– Porque eu não quis!
– E agora?
– Agora eu não tô aqui?
– Então, tá bom...

A pinimba continuou, dessa vez na Rádio Nacional. Ao ver Genival todo paramentado de gibão vinho bordado de branco, feito sob encomenda em Caruaru, Luiz Gonzaga decretou:

– Não dá pra você, não.
– Como é a história? Que foi que houve?
– Não dá mais tempo, não!
– Valha-me, Nossa Senhora...

Doido para aparecer, Genival ficou furioso. Tirou a indumentária – chapéu de couro, facão, gibão –, enquanto ouvia o apelo de Marinês para Gonzaga:

– Compadre, dá pra ele entrar! Ainda tem vinte minutos de programa, e todo mundo já cantou. Bote Genival Lacerda!

Já tinham se apresentado Ivon Curi, Zé Gonzaga, Trio Nordestino, Zé Calixto, Abdias, Marinês. Depois que Genival tinha retirado todo o figurino e se preparava para ir embora, Gonzaga mudou de ideia:

– Psiu. Venha cá. Você vai entrar agora!

Genival, já em mangas de camisa, não perdoou:

– Eu, não! Manda a tua mãe!

A discussão esquentou, e os dois quase saíram no tapa.

– Me respeite!

– Me respeita o quê, nego recalcado!

Até que um dos patrocinadores, dono de uma loja de roupas, intercedeu para o conflito não piorar:

– Genival, tenha paciência que na semana que vem você canta.

Mais calmo, Genival atendeu ao aceno de paz de Gonzaga:

– Vamos apertar a mão que dois artistas bons não brigam.

– Tá bom...

* * *

Além de estar por trás de alguns dos grandes sucessos de Jackson do Pandeiro e de divulgar Genival Lacerda, Gordurinha também seria o responsável direto pelo impulso na carreira de três músicos que tocavam ritmos nordestinos em casas noturnas de Salvador, como o Rumba Dancing: Lindolfo Barbosa, José Pedro Cerqueira e Evaldo Santos Lima, mais conhecidos pelos apelidos de Lindú (voz e sanfona), Cobrinha (triângulo) e Coroné (zabumba). Após ouvi-los e atestar a qualidade do trio, Gordurinha os convidou para ir ao Rio:

– Vou levar vocês. Eu consigo gravação e rádio, mas não tem casa e alimentação. Aí vocês se viram.

Os três toparam. Foram batizados como Trio Nordestino, nome dado por Helena, mulher de Luiz Gonzaga, e que tinha sido utilizado originalmente por outros músicos da região: José Domingos de Morais, João Batista de Lima Filho e Manoel Valdivino de Souza. Ajudados por Gordurinha e apadrinhados por Angela Maria, que cedeu espaço para que eles tocassem nas rádios às quais a cantora tinha acesso, gravaram o primeiro disco pela Copacabana, em 1962. De cara, dois sucessos: "Carta a Maceió" e a bem-humorada "Chupando gelo", de Edesio Deda:

Tu tá comendo vrido?
Não, pai.
Tô chupando a preda d'água...

Dois anos depois veio "Pau de arara é a vovozinha". No encarte, além de apresentar ao Brasil os integrantes do trio ("Patrícios! Apresento-lhes os meus afilhados Lindú, Cobrinha e Coroné! Apresento-lhes o Trio Nordestino!"), Gordurinha também carrega nas exclamações ao criticar o "bairrismo pueril, inadmissível em um povo adulto", refletido em piadas sobre as características dos nascidos em cada estado brasileiro:

E o pobre do nordestino? Ah! O pobre do homem que nasce do Espírito Santo para lá! Esse não tem o direito de ser "orgulhoso" como o paulista, por falta de arranha-céus, nem "malandro" como o carioca, por falta de bossa! Esse é apenas "pau de arara". Ora, me façam o favor! Pau de arara é a vovozinha! Quem foi que disse que no Recife não existem arranha-céus? Quem foi que informou que o baiano não tem bossa? João Gilberto é baiano e "inventou" a bossa nova, atualmente o mais discutido produto brasileiro de exportação garantida. Na frente do café, do petróleo, rivalizando-se apenas com Pelé, que é do Santos. Mas a Bahia é de todos os Santos!

Para sublinhar sua indignação, Gordurinha escreveu – e Lindú cantou – os seguintes versos:

Vim da Bahia pro Rio de Janeiro,
Pra ganhar dinheiro. Desaforo, não.
Pau de arara é a vovozinha.
Eu só viajo é de avião.

Não foi só Gordurinha, em "Pau de arara é a vovozinha", que externou o incômodo com a atenção recebida pela música recém-surgida na zona sul do Rio de Janeiro. Com humor, Antonio Barros constatou o fenômeno e ainda estabeleceu improvável mistura em "Xaxado bossa nova", gravada pelo Trio Nordestino no disco *O troféu é nosso*, de 1966.

Tudo mudado, tudo mudou,
Até que meu xaxado melhorou.
Tudo moderno, tudo mudado,
Tome bossa nova xaxado.

O compositor conhecia bem o tema de sua composição. Funcionário do Lloyd Brasileiro, passou sete anos trabalhando em um navio como cantor e contrabaixista – no repertório, "Garota de Ipanema" e outros standards. "Mas ninguém dançava", lembra Barros: "A coisa só passou a pegar fogo quando eu, que sempre fui metido a cantor, convenci os outros músicos a virar o jogo e cantar os baiões de Zé Dantas e Humberto Teixeira, mais outros sucessos, como 'Deixa isso pra lá', de Jair Rodrigues." Na letra, Barros lembra ainda a transformação do ritmo ("Xaxado veio lá do Nordeste, /de cabra da peste, se modernizou") e incita, não sem ironia:

Para xaxar, tome bossa nova!

Na gravação, entre uma estrofe e outra, Lindú adiciona picardia ao comentar a onda bossa-novista:

É, o bichinho chegou com a moléstia...

Se "Xaxado bossa nova" surgiu da observação de Barros sobre a produção musical do país, outras músicas apareceriam a partir de cenas do cotidiano carioca. Quando morava na casa de Jackson do Pandeiro, por exemplo, o compositor foi passear na orla de Copacabana e voltou com uma ideia na cabeça. Não tardou, e a ideia virou música, que, com ligeiras modificações feitas pelo intérprete, foi registrada em ritmo de samba por Jackson em "Babá de cachorro", do disco *A braza do norte* (Cantagalo, 1967), com direito a um curto, porém marcante, solo de pandeiro:

> Eu tô namorando uma escurinha em Copacabana.
> Ela é babá de gente bacana.
> À tardinha ela sai pela avenida a passear.

Em outra oportunidade, a inspiração não vinha da observação cotidiana, mas de situação de extremo pesar, como o desaparecimento precoce de um dos responsáveis pela construção do imaginário sertanejo. Aos 41 anos, morreu Zé Dantas, o compositor predileto de Antonio Barros. E ele assim o homenageou:

> Chora meu olho d'água,
> Chora meu pé de algodão.
> As folhas já estão se orvalhando,
> Saudade do nosso irmão
> Zé Dantas.

A morte chegou logo quando Zé Dantas experimentava o gostinho do sucesso. Sofrendo de espondilite reumatoide, em decorrência das atividades como obstetra, que o obrigavam a trabalhar inclinado para a frente, para evitar a dor, o médico começou a tomar um remédio vindo dos Estados Unidos e pouco conhecido por aqui, a cortisona. Quando descobriu os efeitos colaterais da droga, já era tarde. Estava com o organismo comprometido e debilitado. Zé Dantas passava o carnaval de 1961 com a família no sítio de Luiz Gonzaga, em Miguel Pereira, quando sofreu uma queda e fraturou o tendão de aquiles. Teve de se submeter a uma cirurgia, que nunca cicatrizou. Passou um ano entre temporadas em casa e no hospital, até morrer, no sábado do carnaval seguinte, de insuficiência renal.

"Ele faleceu no mesmo quarto em que faleceu José Lins do Rego. O apartamento tinha duas salas, ficaram cheias ... De madrugada, chegaram e ficaram comigo os médicos, Helena e Luiz Gonzaga, Marinês e Abdias. Eles frequentavam a nossa casa, e o Zé, a deles", conta a viúva Iolanda Dantas, em depoimento a José Mauro de Alencar, do Memorial Luiz Gonzaga, da Prefeitura do Recife.

O hospital onde Zé Dantas morreu foi o mesmo em que ele começou a carreira de médico. Depois de fazer residência em obstetrícia no Hospital do Ipase, Dantas tinha ficado no Rio de Janeiro. Cada vez mais dedicado à música que à medicina, passou a escrever para outros intérpretes, como Ivon Curi. Também produzia o programa *No mundo do baião*, na Rádio Nacional, que tinha Gonzaga como atração permanente, e fazia parte do Departamento de Música Brasileira da emissora, dirigido por Humberto Teixeira. A presença dos dois compositores não era acidental, mas uma tentativa de Gonzaga de aproximar seus maiores parceiros. Onildo Almeida foi um dos que usaram os versos para prestar reverência ao autor de "O xote das meninas".

O Nordeste inteirinho tá chorando.
Sertanejo também entristeceu.
Foi embora o poeta nordestino,
Foi cumprir o seu destino
Traçado por nosso Deus.
Foi Zé Dantas,
O poeta do povo.
Os seus versos musicados
Viu cantar.
Esse povo que cantava
Hoje chora
Porque ele foi embora
Para nunca mais voltar.
O seu nome
Na história vai ficar.
Sertanejo não esquece um filho seu.
Foi Zé Dantas.

Os artistas que migraram para o Rio de Janeiro continuavam a ter no rádio a mais poderosa forma de divulgação e comunicação com os habitantes de sua região de origem. Tudo porque, para as famílias da zona rural nordestina, escutar rádio tinha se tornado hábito que ia além do divertimento. Era um ritual. Sentados em bancos e tamboretes, diferentes gerações se reuniam em volta do aparelho que, depois de esquentar as válvulas, começava a zunir; aquele chiado indicava o início da transmissão de músicas e notícias (embora nem todos conseguissem entender o noticiário empolado de *A voz do Brasil*). E tratava-se de um bem valioso: sertanejos capinavam o roçado por quase um ano para conseguir comprar uma radiovitrola como a Telespark, encravada em móvel de madeira envernizada tão pesado que só chegava às fazendas em cima de cavalos ou jumentos. Para acompanhar as transmissões, adultos e crianças se refestelavam com bolacha Regalia cortada em tábuas e talagadas de café "morto no pau" – pisado no pilão, torrado com rapadura e açúcar, preparado em chaleiras de barro. Nas manhãs de domingo, acompanhavam a missa em silêncio contrito – ai da criança que se atrevesse a fazer zoada durante a homilia –, só se mexiam para se ajoelhar ou fazer o sinal da cruz. Nas noites de sábado, os vizinhos se juntavam para escutar os programas de forró. Além do rádio, outra forma de comunicação, então bem mais recente, avançava depressa e passava a ser valiosa ferramenta de divulgação para os que estavam batalhando no Rio. Depois de aparições eventuais no cinema, os artistas ganhavam inédita oportunidade de se mostrar simultaneamente para milhões de pessoas, aliando som e imagem, com a potência da televisão.

6. O jumento e a lambreta

No AUGE DA POPULARIDADE trazida pelo sucesso do quadro "Primo rico, primo pobre", no programa *Balança mas não cai*, o ator Paulo Gracindo fazia questão de receber no camarim da TV Rio uma das cantoras convidadas do programa. Puxava conversa; toda vez que a moça abria a boca, ele dava um sorriso. Ela demorou para entender o motivo de tanta risada. Carioca, mas morador de Maceió até os vinte anos, Gracindo se aproveitava da espontaneidade de Hermelinda Lopes para matar as saudades do modo de falar nordestino.

— Mas é bonito demais esse sotaque da menina do Trio Mossoró!

Hermelinda não abria mão de manter as vogais abertas e evitava os "chiados" depois de consoantes como "d" e "t". Tinha raiva dos conterrâneos que, menos de um mês depois de chegar ao Rio de Janeiro, "estavam chiando mais que cearense". Em outro encontro nos bastidores da TV, a conversa foi menos ingênua. Um dos diretores chegou para Hermelinda e disse:

— Eu queria lhe ver, como é que eu faço?

— Quando eu tiver aqui, você liga na TV Rio ou na TV Tupi que você vai me ver.

— Eu tô falando de outra coisa...

Hermelinda se fez de besta e desviou a conversa. Não valia a pena criar caso, ainda mais depois que o Trio Mossoró conseguiu conquistar espaço e garantir uma cota nordestina em meio ao monopólio da Jovem Guarda: Jerry Adriani, Golden Boys, Vanderley Cardoso, Renato e seus Blue Caps, Roberto Carlos. Inspirada diretamente no iê-iê-iê dos Beatles e outras bandas inglesas e norte-americanas, era a música feita por jovens e para os jovens, com forte apelo visual, tão forte que muitos nordestinos acusaram o golpe. O cantor Alventino Cavalcanti, com humor, deu o troco à moda reinante em "Iê-iê-iê sertanejo", faixa do disco *E muita cantiga nordestina: baião, coco, rojão*, de 1968:

> E já misturei
> Tuíste com baião.
> O resultado, eu achei,
> Saiu o iêiêiê.
> Vou mandar lá pro sertão.
> Quem disser que está errado
> Vem fazer outra canção.

Luiz Gonzaga também demonstrou seu descontentamento com uma gravação, "Xote dos cabeludos", parceria com José Clementino, lançada em 1967. Sim, a ascensão irresistível dos cabeludos incomodou Luiz Gonzaga, Jackson do Pandeiro e outros artistas nordestinos. Eles perceberam que o espaço na mídia e nos palcos havia diminuído. O próprio Jackson do Pandeiro reconheceria ao *Diário de Notícias*, em 1975, que passara por momentos bem difíceis na década anterior:

> No início dos anos 1960, começou a invasão dos ritmos estrangeiros. Inicialmente, o rock, depois o iê-iê-iê e outros mais. Alguns adaptaram-se à onda para sobreviver. Eu me recusei a embarcar nessa canoa, embora já tivesse tocado muitos ritmos estrangeiros na época em que acompanhava cantores no Recife. Continuei gravando em diversos selos e cantando em forrós, principalmente em São Paulo, vivendo desses cachês e de minguados direitos autorais.

As dificuldades enfrentadas por Jackson e tantos outros, contudo, passaram ao largo do Trio Mossoró. Tudo porque Oséas, Hermelinda e João Batista tiveram jogo de cintura; dançaram conforme a música. Tocaram ao vivo até em programas dedicados à nova geração, como *Hoje é dia de rock*, nas tardes de sábado, na TV Rio. Apresentaram-se também no *Rio hit parade*, com acompanhamento da orquestra de Severino Araújo, e em programas humorísticos da TV Tupi. Como lembra a cantora do Trio: "Não tinha Marinês e Luiz Gonzaga que entrasse. Se era pra cantar forró, quem entrava era o Trio Mossoró."

Antes de virar o favorito das tevês, contudo, o Trio Mossoró percorreu longa estrada do Rio Grande do Norte até o Rio de Janeiro. Tudo começou em 1956, quando o criador do grupo, Oséas Lopes, trabalhava em uma serraria na cidade potiguar onde nasceu e que batizou o seu conjunto. Enquanto pintava os frisos das carrocerias de caminhão, ele cantava músicas de Luiz Gonzaga. Certa vez, o radialista Canindé Alves ouviu a cantoria de Oséas e o convidou para se apresentar na festa do primeiro aniversário da Rádio Tapuyo. No dia 1º de maio, Oséas foi, cantou e emplacou. Três semanas depois da estreia, tornou-se artista exclusivo da emissora mossoroense. Ampliou a carreira ao deixar o Rio Grande do Norte e atacar em duas frentes: primeiro em Fortaleza, onde trabalhou na Rádio Dragão do Mar, depois no Recife, na Rádio Jornal do Commercio. Mas para ele o Nordeste era pouco. Após voltar para Mossoró e se estabelecer como o radialista mais bem-pago da cidade, anunciou ao diretor da Tapuyo, Souza Luz, que decidira seguir para o Rio de Janeiro. Foi chamado de maluco, mas nem ligou. De navio, chegou à capital federal.

Primeira dificuldade no Rio: onde dormir? Lembrou que os conterrâneos tinham como abrigo a filial carioca da empresa Salicultores de Mossoró-Macau Ltda. (Salmac), no bairro de São Cristóvão. Produtora e transportadora do sal produzido nas cidades de Mossoró, Morro Branco e Macau, a empresa era referência para os migrantes potiguares. Mas Oséas chegou tarde. À noite, quando as redes se amontoavam nos galpões da Salmac, não havia lugar para mais ninguém. Um dos vigilantes, condoído com a situação do recém-chegado, deu a dica:

— Tem um lugar que dá para você armar sua rede.

Mostrou um trecho dos trilhos onde passava o trem carregado de sal. Acima deles, dois ganchos para pendurar uma rede. Só havia um problema: para não ser surpreendido às seis da manhã pela chegada dos vagões, Oséas teria que levantar meia hora mais cedo. Acertou para que o vigia, mossoroense como ele, o despertasse diariamente. Como agradecimento, pagava o café da manhã do conterrâneo: pastel e vitamina de abacate.

Agora, que tinha arrumado lugar para dormir com segurança (ao menos até as cinco e meia da manhã), Oséas Lopes partiu para o objetivo de tentar a vida de artista. Já sabia tocar sanfona e se virava no vocal. Queria se apresentar no programa de César de Alencar, na Rádio Nacional. Tinha um trunfo: carta de apresentação assinada por Paulo Gutenberg, superintendente da Rádio Difusora de Mossoró. Quando chegou ao 22º andar do edifício A Noite para entregar a recomendação, esbarrou no elevador com o Trio Irakitan. Mostrou a correspondência para Joãozinho (João da Costa Neto), um dos integrantes do Trio, que a repassou para César de Alencar. Deu certo. No sábado seguinte, estreou em um dos líderes de audiência da maior rádio do país. Logo as portas de outras emissoras se abririam para Oséas. E ele precisaria de reforços.

Com dificuldade para achar músicos que tocassem triângulo e zabumba, pediu ao pai, o comerciante Messias Lopes, para autorizar três dos quinze irmãos a se mudarem para o Rio de Janeiro. Hermelinda e João Batista tocariam com ele; Laurinha, mais velha, ajudaria a tomar conta da família. Assim foi feito. Hermelinda tinha catorze anos quando chegou ao Rio. Aprendeu a tocar triângulo em três dias, escutando seguidamente os discos de Marinês. Trocou a mansão de seis quartos em Mossoró, tão grande que parecia uma fazenda, pela casa de parentes em Niterói. Não se arrependeu; gostou de tudo que viu.

O problema é que Laurinha não se adaptou e queria voltar de todo jeito; Hermelinda rezava todo dia para isso não acontecer. Morria de medo de receber mensagem do pai, avisando que mandaria o dinheiro para comprar as passagens de retorno. Até o dia em que um telegrama chegou. Mas o teor era bem diferente do que ela temia: dizia para os irmãos alugarem um apartamento no Rio de Janeiro, que ele, o velho Messias, bancaria as despesas. Foram morar na rua Senador Vergueiro, no Flamengo, e assumiram um nome artístico: Oséas Lopes e seus Cangaceiros do Ritmo, contratados da Rádio Mayrink Veiga. Outro contrato veio logo depois, dessa vez para participar dos comícios na campanha do deputado Tenório

Cavalcanti (depois da eleição, o "Homem da Capa Preta" ainda conseguiu um emprego no Lloyd Brasileiro para Oséas).

Em 1962, os Cangaceiros do Ritmo ganharam um padrinho de peso: o maranhense João do Vale. Admirador do grupo que conheceu na Mayrink Veiga, João prometeu a Oséas:

– Vou lutar pra arranjar uma gravadora pra vocês.

Prometeu e cumpriu. Durante festa na casa de Zé Gonzaga, João pediu para o anfitrião sugerir a Nazareno de Brito, diretor da Copacabana Discos e um dos convidados, a contratação dos Cangaceiros do Ritmo. A intermediação deu resultado e, rebatizados como Trio Mossoró, Oséas, Hermelinda e João Batista assinaram contrato para a gravação do primeiro LP, *Rua do namoro*.

Primeiro disco, primeiras dificuldades. Condições mínimas, pouco tempo reservado no estúdio, músicos de pouco ou nenhum currículo. O pai, ao saber do esquema franciscano de gravação, falou para Oséas:

– Bote tudo que precisar pra fazer um disco de qualidade. Eu banco.

Oséas contratou os melhores do mercado. Quando Nazareno chegou ao estúdio da Copacabana, na avenida Rio Branco, e viu nomes tarimbados como o violonista Canhoto, o sanfoneiro e arranjador Orlando Silveira e até um coral, tomou um susto e perguntou:

– Oséas, que é que você tá fazendo, pelo amor de Deus?

– Isso é meu pai que vai pagar.

Assim foi gravado *Rua do namoro*. No repertório, músicas de João do Vale, que o compositor cantava em sua casa, no subúrbio carioca, e Oséas anotava em um caderno. Foi quando ficaram ainda mais próximos do compositor, como lembra João Batista:

– A gente já frequentava a casa de João do Vale, mas com *Rua do namoro* plantamos uma amizade.

A repercussão foi ampliada a partir do segundo LP. Apresentado na contracapa pelo diretor-presidente da Rádio Educadora de Crateús, no Ceará, Francisco José Lopes, como um disco dos "maiores intérpretes das coisas do sertão", *Quem foi vaqueiro* teve repertório definido por Oséas e João do Vale a partir dos encontros que aconteciam aos domingos em

Maria da Graça. Entre as músicas selecionadas, uma composição logo se destacou. A letra descreve a estratégia de uma ave do interior do Nordeste, "bicho que avoa que nem avião", para sobreviver. A interpretação forte de Hermelinda, com os vocais de apoio de Oséas e João, reforçava a dramaticidade da estratégia de caçada da "águia do sertão" para encontrar suas presas, mesmo tendo a seca como inimiga:

> Carcará vai fazer sua caçada.
> Carcará come inté cobra queimada.
> Carcará, mais coragem do que homem.
> Carcará: pega, mata e come!

Além de "Carcará", de João do Vale e José Cândido, *Quem foi vaqueiro* incluía cinco parcerias de Genival Lacerda com o pernambucano Antônio Clemente, entre elas "O tricô da Carolina" e "A topada da menina", ambas na voz de Hermelinda. Oséas conhecia Genival dos tempos do Lloyd Brasileiro; o paraibano costumava passar por lá às sextas-feiras. Ia atrás de duas letrinhas misteriosas:

– Vim pegar o SD.

O enigmático "SD" nada mais era que a abreviação para "sábado-domingo", código do dinheiro emprestado para Genival pagar o transporte no fim de semana. Nessa época, Oséas abrira duas frentes de trabalho: em paralelo ao Trio Mossoró, começara a ser requisitado para produzir outros artistas. Caso do poeta-cantador Luiz Vieira, pedido pessoal do dono da Copacabana, Emilio Vitale. O compacto *Forró do tio Augusto* foi um dos grandes sucessos do autor de "Prelúdio para ninar gente grande".

O investimento do pai e a obstinação dos filhos deram resultados. O Trio Mossoró, em 1965, recebeu o prêmio Euterpe de "melhor disco regional". Hermelinda, ao subir ao palco do Theatro Municipal do Rio de Janeiro, fez a emoção transbordar em mistura de nervosismo e alegria:

– Nunca tremi tanto na minha vida.

João do Vale avisou que tentaria escalar Hermelinda em espetáculo no teatro Opinião, mas Oséas não quis: dizia que a irmã era muito nova.

Quando Nara Leão saiu, Hermelinda novamente foi chamada, mas Oséas barrou. Foi a vez de Marinês participar de algumas apresentações até Maria Bethânia estrear, com uma interpretação dramática de "Carcará", e chamar a atenção de todo o Brasil. Mas não havia opção para divulgar a música na TV, Bethânia não gostava de participar dos programas. Nas paradas de sucesso das TVs Rio, Excelsior e Record, quem defendia "Carcará" era o Trio Mossoró. Depois de "Carcará", gravaram "Disparada". Participaram de festivais. E se enturmaram em definitivo com a cena musical do Rio de Janeiro. Só não aproveitaram mais a chance porque, com as músicas tocando sem parar nas rádios, tiveram que viajar por três meses pelo Nordeste para cumprir compromissos já acertados. João Batista até hoje lamenta o fato:

– A gente não ficou no Rio para defender "Carcará". Foi a pior besteira que fizemos.

Mas a camaradagem com João do Vale continuava a se estreitar. Toda segunda-feira, Hermelinda ia ao teatro Opinião com o maranhense. De lá seguiam para os sambas até o compositor dar a senha:

– Vamos embora lá para o Leblon.

Nessas andanças cariocas, Hermelinda conheceu Clara Nunes, Alcione, Chico Buarque, Tom Jobim, Zé Keti... Como Oséas não era muito de beber, Hermelinda tornou-se a parceira de copo de João do Vale:

– João tomava duas colheres de azeite antes de sair de casa para empurrar as caninhas dele. Lavava com cerveja, mas a preferida era mesmo a cachacinha. Era um cara muito alegre.

Quando Luiz Gonzaga ficou sem ninguém para tocar triângulo e zabumba, ela e o irmão foram "emprestados" por Oséas. Toda sexta, seu Lua passava na rua Senador Vergueiro e levava os dois irmãos para Miguel Pereira. Lá Hermelinda conheceu o primeiro namorado, Luiz Gonzaga Júnior, o filho de Gonzaga, que dava os primeiros passos como compositor – depois da valsa "Lembrança de primavera", em *A triste partida* (1964), assinara quatro faixas em outro LP do pai, *Canaã* (1968). O relacionamento com Gonzaguinha não durou muito, e, quando Hermelinda iniciou um novo namoro, sentiu que seu Lua passou a tratá-la com frieza:

— Ele ficou intrigado de mim.

Outra relação conflituosa ocorreu com Marinês. A potiguar se invocou com a Rainha do Xaxado após episódio em jantar oferecido por Messias Lopes a Marinês, em Mossoró: segundo relato do pai, Marinês aconselhou Messias a convencer a filha a desistir de ser cantora. Tudo porque o meio artístico no Rio de Janeiro seria um caminho para a prostituição. Para a integrante do Trio Mossoró, o conselho se devia à "ciumeira" de Marinês pelo surgimento de outra intérprete de ritmos nordestinos. Hermelinda guardou uma impressão:

— Eu achava que ela me olhava meio troncha.

Vaidosa como Marinês, a cantora do Trio Mossoró fazia questão de caprichar ao aparecer na televisão. Para participar do *Rio hit parade*, usava vestido longo, cheio de brilhos; os irmãos vestiam smoking. No começo do trio, seguiam o modelo regional. Envergavam roupa de couro em duas cores; na parte de trás, desenhada no gibão, uma reprodução de cenas da seca do Nordeste. Até que Hermelinda determinou:

— Não vou querer mais esse chapéu de couro véio na minha cabeça, não! Isso esquenta muito!

Os rapazes passaram a usar roupas urbanas, sob encomenda, da Casa José Silva. A cantora trajava tubinhos confeccionados pela própria irmã. Com 1 metro e 59 de altura, manequim 38, pernas finas ("mas que nunca atrapalharam em nada"), cabelo grande e liso, repartido na frente, Hermelinda sabia marcar presença. Até calça boca de sino usou, reforçando a adaptação à moda reinante entre os jovens das metrópoles:

— O pessoal achava que o Trio Mossoró era moderno, não era aquele forró brabo. Até pela imagem que a gente tinha, eles queriam que a gente cantasse música diferente.

A proximidade com João do Vale fez o Trio Mossoró ter no repertório algumas das pérolas de um compositor que atingira o que buscara desde a chegada ao Rio de Janeiro: ser conhecido – e reconhecido. Às vezes, os sinais de admiração vinham até dos colegas mais célebres. Em entrevista ao *Pasquim*, em novembro de 1969, Tom Jobim declarou:

Sou um compositor cosmopolita, do asfalto. Mas o João do Vale traz nele um negócio que é o próprio cerne do Brasil. Se eu fosse editor, ia buscar coisas no Nordeste: as coisas mais geniais do mundo estão lá. E João do Vale traz aquele acervo todo, não é? Eu tinha de me apaixonar por ele. Vejo nele a grandeza de um mundo insuspeitado.

Os elogios não foram apenas no *Pasquim*. Exultante, João do Vale contou a Hermelinda Lopes que encontrara Tom Jobim, e este havia comentado:
– João, uma das maiores músicas que você fez na vida foi "Lavadeira e o lavrador".
O autor de "Samba de uma nota só" referia-se aos versos:

Eu vi a lavadeira pedindo sol,
E o lavrador pra chover,
Os dois com a mesma razão.
Todos precisam viver...

A afinação de João do Vale com o tom de protesto da cena artística carioca e o posterior afastamento do maranhense levariam Luiz Gonzaga a tecer comentário jocoso em 1968:

João do Vale, tão bonzinho: para fazer bonito, se empolgou demais, brigou, xingou a sociedade, de que é que adiantou? Hoje não dão nem cigarro para João do Vale. Taí jogado fora. [Dirige-se ao colega] Tá vendo, João? A popularidade é um perigo... Lamentável: João, tão bonzinho, caiu nessa arapuca...

Na entrevista ao pesquisador Ricardo Cravo Albin para a seção Depoimentos para a Posteridade do Museu da Imagem e do Som, Gonzaga estabeleceu diferença entre sua atitude e a dos compositores que se engajavam nos protestos contra a ditadura militar: "Não fazemos mal a ninguém, não confundimos as massas. Nós cantamos alegremente, damos divertimento ao povo."

No depoimento, que contou com a participação de Humberto Teixeira, Luiz Gonzaga também comentou informação corrente de que "Asa branca" seria regravada pelos Beatles: "Eu não gosto de cabeludos, mas desses eu gosto, porque cantam mesmo, sabem harmonizar. A música deles tem muita semelhança com a música nordestina. É a toada dos Biátles [risos]."

Reticente, Teixeira lembrou que a regravação ainda não estava confirmada. Disse não saber de onde surgiu o boato. Mas, ao lembrar a origem do rock, deixou transparecer sua esperança em ouvir Paul, John, George e Ringo interpretando o "hino sertanejo":

> O estilo e gênero de "Asa branca" se assemelham à toada e ao tipo rítmico da música dos Beatles, que, todos sabem, têm origem na música do vaqueiro americano. Não queremos ficar eufóricos. Uma música gravada pelos Beatles representa um dinheiro muito sério. Quem está rico vai ficar mais rico um pouco. E eu, que estou pobre, vou enriquecer [risos].

O quarteto de Liverpool voltou à baila, ainda que indiretamente, quando Gonzaga foi provocado a eleger os destaques da nova geração de músicos, e citou dois baianos que tinham surgido com o tropicalismo:

> Destaco Caetano, sujeito notável, faz lembrar os Beatles. De doido, só tem a cabeleira. Gilberto Gil também é uma beleza: é um talentoso, mas está perdendo um tempo enorme em estruturar e lançar. Olha, o negócio é fazer bom e deixar o povo julgar. Tem perdido muito tempo com esse movimento de incluir a música na política. Lancei o protesto em 1952, com o baião "Ajuda o teu irmão", por causa da seca. Novos dias virão. Tá na cara que o Brasil tá progredindo.

Ao contrário do que acreditava Luiz Gonzaga, contudo, o Brasil não estava no rumo do progresso. Muito menos em sua região de origem. Foi o que verificou o jornalista Alberto Tamer, em reportagem publicada no livro *O mesmo Nordeste*. Logo na introdução, uma constatação desoladora do autor, então redator econômico do *Estado de S. Paulo*:

> Apesar dos esforços de industrialização e das insistentes notícias de progresso, não houve grandes mudanças no Nordeste brasileiro. Os problemas essenciais continuam existindo com a mesma gravidade de sempre, a desnutrição e o desmame precoce seguem criando uma geração de débeis. ... É apenas aparente a relativa tranquilidade social hoje existente no Nordeste – que melhor poderia ser classificada de apatia. Permanecem todas as condições básicas que agitaram a região há alguns anos, e somente os tolos não ficarão apreensivos.

Tamer conta que o livro surgiu após reportagens que escreveu no jornal paulista para registrar as transformações, ou melhor, a ausência de transformações, na região nordestina. Os títulos dos capítulos – "É antiga a raiz da crise", "Os índices da incompetência", "Uma solução que parece distante", "Um debate inócuo" – não deixam dúvidas da visão sombria de Tamer a respeito do cenário que observou. O livro é dividido em três partes: a primeira, "Os velhos problemas"; a segunda, "Um povo triste"; a terceira, "O que nem todos podem dizer". Tamer critica a Sudene, que tanta expectativa gerara em Celso Furtado:

> Apesar de já haver completado oito anos de existência, a Sudene não cumpriu sua missão de promover, integralmente, o desenvolvimento econômico do Nordeste. Está apenas no começo do caminho, mas já se pode ver que não segue pela estrada certa, que seria a execução de um programa de reformas essenciais e inadiáveis no campo. Limita-se ao estímulo à industrialização que, por outro lado, se processa sem orientação definida, sem um plano efetivo e de longo alcance.

E não economiza na reticência ao analisar a produção agrícola da região: "No campo, praticamente nada mudou, apesar dos novos níveis salariais. Os lavradores continuam não tendo onde plantar. A situação quanto à saúde também não mudou. A desnutrição infantil é a mesma."

Paulista de Santos, Tamer volta no tempo para destacar que o Nordeste brasileiro tinha sido por décadas esquecido pelo resto do Brasil. "Era lembrado somente em duas circunstâncias: quando havia grandes secas, às quais se seguiam o envio maciço de recursos, e quando algum nordestino ocupava cargo importante no governo federal." Os números do desemprego impressionam: segundo o jornalista, estudos elaborados pelos primeiros integrantes da Sudene mostravam que, em 1957, havia 555 mil desempregados na zona urbana da região; três anos depois, o número já saltara para 700 mil. Mais cinco anos, e o Nordeste ultrapassava 1 milhão de desempregados na área urbana. Após a apresentação de números e cenários tão sombrios, Alberto Tamer decreta: "O homem nordestino continua sozinho na sua miséria. Ah, o que seria do Nordeste se não houvesse Deus!"

> Quando batem as seis horas,
> De joelhos sobre o chão,
> O sertanejo reza a sua oração...

Assinada por Julio Ricardo e O. de Oliveira, "Ave Maria sertaneja" integrou disco temático, predominantemente religioso, que o Rei do Baião lançou em 1967. Sem imagem de Gonzaga na capa, apenas a fotografia de uma igreja, *O sanfoneiro do povo de Deus* incluía ainda homenagens a Beata Mocinha, ao papa João XXIII e outras músicas de devoção, louvor e agradecimento, como "Padroeira do Brasil", "Padre sertanejo" e "Baião da Penha". Esta última, com David Nasser entre os autores e que seria regravada por Caetano Veloso, faz referências diretas à promessa que o sanfoneiro honrou depois do acidente automobilístico que o jornalista descreveu em *O Cruzeiro*.

> Demonstrando a minha fé,
> Vou subir a Penha a pé
> Pra fazer minha oração.

Gonzaga continuava a receber o pessoal de sua região. Quem chegava à casa de Miguel Pereira deparava com dezenas de redes armadas, prontas para acomodar os nordestinos que chegavam ao Rio atrás de trabalho. De manhã, a dona da casa, Helena, botava tachão com carne e servia todos antes da labuta. Gonzaga nada cobrava, mas dava prazo até cinco dias para os recém-chegados arrumarem um teto e um trabalho. Depois teriam de procurar outro destino. Ajudava no que fosse possível. Indicava os conterrâneos para gravações e shows. Para quem não tinha documento, Gonzaga dava um jeito de providenciar.

* * *

UM DOS QUE PASSARAM pelo enclave nordestino montado por Luiz Gonzaga no Rio de Janeiro foi o sanfoneiro Geraldo Correia. Exímio tocador de fole de oito baixos, considerado um mestre entre os seus pares, Correia também ganhou reputação de excelente afinador. Foi chamado para dar um trato na sanfona de Gonzaga:

– Quero ela bem afinadinha, viu!

Enquanto fazia o trabalho, ouviu gemidos que vinham de dentro da casa. O paraibano perguntou:

– Seu Luiz, mas quem é esse moço que tá chorando?

– Ih, rapaz, é meu filho. Ele é nervoso. Mas tá fazendo música. Quando tá fazendo, nem pra comer ele sai lá de dentro.

Geraldo tinha se bandeado para o Rio de Janeiro depois de receber uma carta com a seguinte oferta:

– Viaje logo que tem uma gravação para você aqui.

Era de Jackson do Pandeiro, antigo companheiro dos tempos de Manchúria, a zona das farras em Campina Grande. Com Jackson, Genival Lacerda, Rosil Cavalcanti e outros, Geraldo varou noites tocando, farreando e descendo umas "lapadas de cana" nos cabarés campinenses. Entre goles de cachaça e olhadela nas moças, acompanhou as cantorias de Genival no mais popular deles, apelidado de "Balança Cu":

– Todo mundo que tocava bebia.

Geraldo sabia tocar acordeom, mas achava "mais bonito" o som do fole de oito baixos, como definiria em reportagem do programa "Diversidade", da TV Itararé, em 2010:

– É um instrumento muito bom, muito querido, mas só para quem entende. É uma terapia muito grande, melhor que uma garrafa de cerveja.

Nascido em 15 de janeiro de 1926, na localidade de Natuba, perto de Campina Grande, Geraldo Bispo Antero começou a tocar fole de oito baixos aos doze anos. Danado, pegava o fole de Severino, o irmão mais velho, e desandava a tocar. Ganhou dinheiro na feira, depois foi se enturmando com os músicos locais. Com o trompetista Porfírio Costa, que integrou a Orquestra Tabajara, a proximidade foi grande. Na casa de Geraldo, no bairro de Zé Pinheiro, enquanto esperava a hora de se servir de carne de charque com farofa e cebola, Porfírio ensinava o anfitrião a tocar composições como o choro "Açude velho". O paraibano também acompanhou Marinês, "muito bonita, toda avoada", em apresentações na Rádio Cariri e nas difusoras locais. Inadvertidamente, trocou de sobrenome após episódio prosaico, em 1954, quando já tocava acordeom e foi chamado para se apresentar na Rádio Clube de Pernambuco. Na hora de entrar, percebeu que esquecera a correia em casa. O descuido foi o suficiente para que, nos bastidores da emissora recifense, passasse a ser chamado de forma jocosa:

– Lá vem Geraldo da Correia!

O apelido pegou. De "da Correia" para simplesmente "Correia" foi um pulo. Cada vez mais requisitado para tocar acordeom em rádios, dividiu o tempo entre Campina Grande e Recife até receber a carta de Antonio Barros e se tornar mais um paraibano a trocar o Nordeste pelo Sudeste. Com ajuda também de Genival Lacerda, fez a primeira gravação em 1964, pela Polydor, selo da Philips. Entrou no estúdio da avenida Rio Branco e, sob produção de João Melo, gravou as doze faixas de *Um baixinho e seus oito baixos*. Para acompanhá-lo, a cozinha de Jackson do Pandeiro (Cícero no zabumba, Tinda no pandeiro), e o amigo Genival tocando chocalho. No repertório, predominantemente instrumental, a alternância entre temas animados ("Forrobodó", "Castigando o fole") e outros de cunho nostálgico, como "Saudades do meu baião", "Lembrança do meu sertão" e "Adeus, Campina Grande". Na contracapa, a apresentação informa e qualifica: "Geraldo veio ao Rio de Janeiro a convite de Jackson do Pandeiro. E trouxe consigo um instrumento simples como ele. ... E aqui está o homem dos oito baixos em toda a sua forma, mostrando-nos que a arte pura e simples comove muito mais que o artifício."

No Rio de Janeiro, Geraldo travou contato com alguns dos maiores nomes da música instrumental: fez serenatas com o clarinetista Abel Ferreira, tocou na casa do trombonista Raul de Barros, conheceu o maestro Moacyr Santos, contou com os violonistas Meira e Dino Sete Cordas em suas gravações. Fez o segundo disco, *A volta do baixinho*, apresentado como a sequência de "um punhado de choros, arrasta-pés e rojões buliçosos". Ainda no repertório, uma valsinha, "Saudade de Nena", e "Zé Pretinho no forró", parceria de Geraldo com outro paraibano, Manoel Serafim, que tinha vendido muita cocada e amendoim nos cabarés campinenses antes de se dedicar à música.

Com Jackson do Pandeiro, que passava por momento delicado, por causa da separação de Almira e da queda na vendagem dos discos, Geraldo Correia viveria episódio dramático. Foi durante uma festa na casa de Zé Gonzaga. Passava da meia-noite quando, depois de muita comida e muita bebida, Jackson o chamou e contou que carregava uma pistola Mauser. Pior: enraivecido com as desilusões amorosas, estava disposto a um ato extremo. Geraldo lembra que o amigo "botou o negócio pra fora" e anunciou, apontando para o próprio pênis:

— Eu vou atirar nessa praga!

Assustado, Geraldo conseguiu distrair Jackson. Sem que ele percebesse, pegou a arma. Mas logo o ritmista se lembrou do que tinha anunciado e perguntou pela pistola:

— Cadê essa porcaria que eu não tô vendo?

— Oxente, rapaz, olha aí em cima da cama!

Jackson pegou a Mauser, empunhou e disparou. Só que não havia mais balas: naquele momento de distração, Geraldo havia descarregado a arma. Horas depois, situação acalmada, a dupla seguiu para São Paulo.

Os dois tinham compromisso no largo da Concórdia, no bairro do Brás. Lá funcionava a gravadora e distribuidora Cantagalo, um dos primeiros selos independentes do Brasil, conduzido por um baiano que tinha saído do interior do seu estado para se tornar diretamente responsável pela propagação e o enraizamento do forró na capital paulista: Pedro Sertanejo.

7. Carne de sol com tagliatelle

São Paulo, 1967.

> Pedro Sertanejo: Boa tarde a todos. Atenção, moradores da Vila das Mercês, do Ipiranga! Hoje: Marinês, Abdias e sua Gente no Pavilhão Gauchita! Não percam essa grande festa nordestina! Atenção, moradores da Vila Guilherme! Hoje: Marinês, Abdias e sua Gente no Circo do Sertãozinho! Grande festa nordestina! Hoje à noite, no Forró do Pedro, também: Marinêêêêêês e sua Gente! Casa do Requeijão tem grande novidade pra vocês! Não esqueçam! Os mais famosos artistas, as melhores gravações, os preços mais baixos em gravações de São Paulo... Loja de disco de Zé Raimundo: rua Paulo Afonso, 127, no Brás. E prosseguem Marinêêêêêês e sua Gente e Abdias!
> Marinês: Boa tarde. Juro por tudo quanto é mais sagrado que eu estava morta de saudade de todos vocês!

★ ★ ★

Vinte anos antes de comandar programa de rádio e o salão mais animado do bairro do Brás, o baiano Pedro de Almeida e Silva chegou a São Paulo para sua primeira estada na maior cidade do país. Em cima de um caminhão, atravessou Bahia, Minas Gerais e parte do Rio de Janeiro, até alcançar a capital paulista, numa jornada que durou 51 dias "justinhos", como afirmou em entrevista ao programa *Cantos da terra*, da Rádio Educadora de Salvador, em 1981. Tinha uns primos na metrópole, esperava se estabelecer profissionalmente por lá como afinador de piano e de sanfona e como tocador de fole de oito baixos. Havia herdado as habilidades do pai, Aureliano de Almeida, ou mestre Aureliano, como era conhecido o animador de festas das redondezas de Euclides da Cunha – cidade do nordeste baiano, onde Pedro nasceu, vinte anos antes de subir na carroceria daquele caminhão para tomar o rumo do sul.

No entanto, o rapaz, que já trazia a experiência de tocar em uns forrozinhos lá na roça, não encontrou nenhuma perspectiva que o animasse a ficar na capital paulista. A permanência em São Paulo pouco durou. Só o suficiente para Pedro conhecer Palmira Divina, alagoana que, como ele, deixara a terra natal para engrossar o crescente número de nordestinos que, desde a década anterior, partiam em busca de trabalho naquela metrópole. Não demorou para que Pedro e Palmira, já casados, tomassem a decisão de se mudar para o Rio de Janeiro, na esperança de encontrar melhores condições de manter a família, que não demoraria a crescer.

Em pouco mais de cinco anos, o casal, estabelecido no Jardim Gramacho, em Duque de Caxias, já tinha três filhos: Juraci, Oswaldo e Aristóteles. Por sorte, chegando à capital da Guanabara, o baiano conseguiu uma vaga de policial militar na Guarda Civil do Estado, mas tinha que se virar para complementar a renda familiar. Trabalhava como afinador de instrumentos na casa Bandolim de Ouro e tocava sanfona acompanhando calouros em programas como *O cassino do Chacrinha*, na Rádio Clube Niterói, e no *Programa Paulo Gracindo*, na Rádio Nacional.

O trabalho de afinador e o trânsito nos corredores das emissoras de rádio aproximaram o instrumentista do meio musical. "Lá em casa, todo mundo ia fazer visita, consertar os instrumentos, desde Luiz Gonzaga a Orlando Silveira, de Sivuca a Gerson Filho, sanfoneiro de oito baixos. Então, eu comecei a ouvir sanfona desde quando nasci", lembra-se Oswaldo, o filho do meio, que seguiu os passos do pai e ganhou fama como Oswaldinho do Acordeon. Com a família Gonzaga, então, a aproximação foi mais que musical. O Rei do Baião batizou Aristóteles; os irmãos dele, Zé e Chiquinha, foram padrinhos de Oswaldo.

* * *

Pedro Sertanejo: Luiz Lula Gonzaga!

Luiz Gonzaga: Sou eu! Ô Pedro, acho que tô me espalhando muito no teu terreiro... O povo tá querendo, e eu tô me espalhando demais, me lembrando do tempo que eu era moço. Quando eu era moço, eu agradava em cheio, mas não ganhava quase nada. Agora, que eu tô véio, o dinheiro tá chegando mais fácil. Até Pedro me dá dinheiro... Mas também estrela boa tá aqui, viu? Deus, quando marca um, não perde de vista jamais...

Pedro Sertanejo: Esse é o programa *Pedro Sertanejo: música e alegria*, apresentando hoje o Rei do Baião e Zé Gonzaga: os dois irmãos se encontram. Aqui é onde se encontra toda família nordestina.

Luiz Gonzaga: Faça de conta que a casa é sua...

Pedro Sertanejo: Então tá!

Luiz Gonzaga: Eu sou assim! Eu pego logo a casa!

* * *

A rotina de Pedro Almeida e Silva, dividida entre a ronda diária pela área urbana do Rio de Janeiro e o expediente na Bandolim de Ouro, se estendeu por cerca de dez anos – ao mesmo tempo em que a música ocupava de vez um lugar de destaque na sua vida. Em 1956, o sanfoneiro conseguira gravar os primeiros discos pela Copacabana, com o nome artístico de Pedro Sertanejo. Dois 78 rotações de faixas instrumentais, um com "Festa em Geremoabo" e "Coqueiro seco", outro com o xote acelerado "Roseira do norte" (parceria com Zé Gonzaga) e "Zé Passinho na festa".

Mas a passagem por São Paulo não tinha sido mero acaso. A sugestão para que Pedro Sertanejo voltasse para lá e abrisse uma casa de forró viera em diferentes ocasiões e de pessoas de confiança do músico. Luiz Gonzaga foi um deles. Comentando com o compadre sobre a grande comunidade nordestina na maior cidade do Brasil, dizia:

– Eu sinto que eles têm saudade da terra deles, então, por que não trazer um pouco do Nordeste pra cá?

Constantino Almeida e Silva, o segundo filho de mestre Aureliano, que àquela altura já tinha se mudado para a capital paulista, também incentivava o irmão, garantindo que o campo era propício a um negócio desse tipo. Em 1960, Pedro finalmente voltou com a família para São Paulo e foi morar no bairro da Aclimação. Durante uma apresentação no programa *Coração do norte*, de Valente do Agreste, na Rádio ABC de Santo André, recebeu mais um incentivo. Radialista e músico acabaram descobrindo que eram primos. E, nesse clima amistoso, Valente aconselhou o parente:

– Abra um forró, isso ainda não existe por aqui.

* * *

Pedro Sertanejo: Luiz Lua Gonzaga, o Rei do Baião!
Luiz Gonzaga: Pois não, meus amigos! ... Abdias tá tocando pra mim, e a comadre Marinês tá fazendo triângulo, mas eu vou apresentar pra vocês aqui uma brincadeira, uma marchinha muito gostosa que eu gravei com Marinês. Foi a primeira música que ela cantou em disco, justamente na minha companhia. Marinês veio do Nordeste por meu intermédio, eu encaminhei-a nesta vida, e felizmente ela não decepcionou, ela brilhou, sempre ao som da sanfona do véio doido, marido dela, Abdias. Comadre, vamos lembrar aquele tempinho?
Marinês: Vambora?
Luiz Gonzaga: "Mané e Zabé". Ela é Zabé e eu sou Mané. Eu faço de brincadeira, que vocês sabem que a mulher é séria, hein? Marido dela taí do lado. ... [A brincadeira] é só pra ganhar a vida.

Ô Zabé, Zabé mil vezes Zabé...
[Fim de "Mané e Zabé". Aplausos.]

Luiz Gonzaga: Bom danado! Vocês já pensaram num forró puxado por essa mulher que tá aí? O marido dela e eu também, compadre Pedro Sertanejo... Forró pra enganchar... Meu forró não é igual aquele que tem cabra que vai pra lá só pra dar trabalho não, hein? É forró decente!

* * *

Em 1961, um ano depois da conversa nos corredores da rádio ABC, o Forró do Pedro Sertanejo foi inaugurado em Utinga, bairro de Santo André, formado nas primeiras décadas do século por imigrantes espanhóis, portugueses e italianos. A estes se juntaram, a partir dos anos 1940, trabalhadores vindos de outros estados do Brasil – na maioria do Nordeste –, atraídos por oportunidades de emprego no frigorífico Swift, responsável pelo desenvolvimento do bairro até os anos 1970. Pouco depois, o Forró do Pedro foi transferido para Vila Carioca, no Ipiranga, em São Paulo. Mas a grande frequência fez com que ele se mudasse de novo, em 1964, para um prédio maior, na rua Catumbi, 183, no Brás. Não por acaso, tanto Vila Carioca quanto Brás tinham, assim como Utinga, características de bairro industrial e população dominada por migrantes nordestinos.

O fluxo migratório para o estado de São Paulo teve início na virada dos séculos XIX e XX, quando a necessidade de substituição da mão de obra escrava fez surgir uma grande oferta de emprego nas lavouras, atraindo sobretudo estrangeiros. De acordo com números apresentados pelo Memorial do Imigrante, em 1901 foi registrada no estado a entrada de 1.434 pessoas vindas de outras regiões do país e 70.348 vindas do estrangeiro. O fluxo manteve esse ritmo até a década de 1920, quando nordestinos, mineiros e fluminenses passaram a engrossar o contingente de brasileiros que se mudava para o território paulista, já que a participação de muitos estrangeiros em movimentos anarquistas e de luta operária os tornara malvistos.

A presença nacional entre os imigrantes aumentou ainda mais a partir de 1935, quando o governo de Armando Salles de Oliveira começou a desenvolver um programa de atração de trabalhadores para a lavoura daquele estado. Duas empresas particulares foram encarregadas pelo governo de organizar a mão de obra. Às famílias – a maioria do norte de Minas Gerais e do Nordeste – eram oferecidos pagamento de passagem, bagagem e pequeno salário. Ainda de acordo com dados do Memorial do Imigrante, esse estímulo fez crescer de tal forma a entrada em São Paulo de brasileiros de outros estados que, em 1939, o número atingia a casa dos 100 mil.

Esse crescimento coincidia com a redução da chegada de estrangeiros, resultado da Segunda Guerra Mundial que sacudia a Europa. Entre 1941 e 1949, o Departamento de Imigração e Colonização de São Paulo, criado em 1939 para assumir o trabalho feito até então pelas empresas privadas, registrou a chegada de 399.937 trabalhadores procedentes de outros estados do Brasil; eles eram recebidos na Hospedaria do Imigrante, instalada no fim do século XIX entre as ruas Visconde de Parnaíba e Doutor Almeida Lima, no Brás (atualmente, sede do Memorial do Imigrante), e dali eram distribuídos pelo estado.

A estação do Norte, posteriormente rebatizada como estação Roosevelt, representou com fidelidade a mudança do perfil do imigrante. Antes conhecida como símbolo da imigração italiana, a partir dos anos 1950 tornou-se reduto nordestino. A reviravolta é citada pelo cientista político Francisco Weffort no artigo "Nordestinos em São Paulo: notas para um estudo sobre cultura nacional e cultura popular". Weffort destaca o ritmo "espantosamente rápido" do crescimento da imigração nordestina desde 1950. No estudo, incluído no livro *A cultura do povo*, ele defende: com a chegada à capital paulista de mais de 600 mil nordestinos em vinte anos, "praticamente uma população de cidade de tamanho médio", é necessário conhecer a contribuição efetiva dos migrantes. E pergunta: "Qual a contribuição possível dos nordestinos, se pudermos considerá-los como representantes da cultura regional de maior alcance nacional no país, para a formação de uma cultura popular de uma cidade como São Paulo?"

Em busca de resposta, o cientista político paulista afirma que uma das causas da manutenção dos vínculos com a terra natal vem do fato de o nordestino, "portador de uma cultura regional de alcance nacional", chegar a São Paulo e se defrontar com "uma cultura urbana extremamente pobre, praticamente um mundo culturalmente vazio, onde um capitalismo predatório e selvagem destruiu a cultura regional tradicional e não foi capaz de criar nada em seu lugar". Por isso, utiliza indagações para concluir: "Para o imigrante pobre, viver só para trabalhar significa quase o mesmo que viver só para ser explorado. É a 'lei do cão'. Por que deveria, portanto, o migrante adaptar-se a ela? Por que o refúgio na própria cultura deveria significar necessariamente um empobrecimento?"

* * *

JACKSON DO PANDEIRO: Senhoras e senhores do auditório, boa tarde. Senhores ouvintes de casa, também boa tarde.

MARINÊS: Meus amigos e minhas amigas que estão me escutando através das ondas do rádio, meu boa tarde pra vocês. Estou feliz em estar com essa turma boa daqui de Santo André, os frequentadores assíduos do programa de Pedro Sertanejo. Pedro Sertanejo é uma brasa, né, Pedro? É uma lenha, né, Pedro? Muito boa tarde a vocês, meus amigos!

JACKSON DO PANDEIRO: Então, no maior programa de forró do Brasil, na maior defesa da música brasileira, vamos começando. Como aqui, a cidade, é a primeira vez que eu venho, então cantarei também a primeira música que me trouxe até vocês: se não é essa, eu ainda ficava na Paraíba. [Risos.]

No forró de Sá Joaninha em Caruaru,
Cumpade Mané Bento, só faltava tu.
[Fim de "Forró em Caruaru". Aplausos.]

PEDRO SERTANEJO: Jackson do Pandeiro se apresentando no programa de Pedro Sertanejo! O maior programa da música brasileira é o programa de Pedro Sertanejo na sua Rádio Clube de Santo André. Então, estão aí, amigos ouvintes e auditório amigo, essas duas figuras que foi difícil chegarem aqui. É mais fácil falar com o presidente da República do que falar com eles. Mas hoje estão aqui, prestigiando vocês. Hoje vocês têm um programa ao gosto de vocês, e o microfone está à disposição deles. Até as seis horas, sintam-se à vontade: a casa aqui é a nossa casa nordestina.

* * *

A cidade de São Paulo foi o caso mais evidente do ritmo vertiginoso de urbanização pelo qual o país como um todo passou a partir do final da Segunda Guerra Mundial. Entre as décadas de 1940 e 1960, o ritmo de crescimento da população da cidade alcança os maiores índices do século ... Nesse mesmo período, a mancha urbana da Região Metropolitana cresceu cerca de cinco vezes, passando de 200 para aproximadamente 1.000 quilômetros quadrados.

A OBSERVAÇÃO É DO HISTORIADOR Paulo Fontes em seu livro *Um Nordeste em São Paulo: trabalhadores migrantes em São Miguel Paulista (1945-66)*. As secas que atingiam o Nordeste brasileiro na década de 1950 contribuíam para que moradores da região subissem em caminhões e seguissem o mesmo caminho percorrido por Pedro Sertanejo – quando ainda era somente Pedro de Almeida e Silva. E nem precisavam encarar 51 dias de viagem, já que a conclusão da estrada Rio-Bahia, em 1949, passara a facilitar a travessia que os levava, invariavelmente, para as bordas da "mancha urbana" de que fala o historiador.

O Brás, onde o Forró de Pedro Sertanejo funcionou até 1988 – quando se mudou para o parque São Rafael –, era um desses bairros nos quais, em torno de fábricas, proliferavam vilas operárias e cortiços habitados por imigrantes. Mas a casa de forró não era frequentada só por moradores da região. "Vinha gente de tudo quanto era lugar de São Paulo. E outra: o Forró do Pedro virou um ponto de encontro de nordestino mesmo. Queria encontrar alguém, era lá que tava todo mundo", conta João Oliveira de Almeida, o Tio Joca, o caçula de mestre Aureliano. Em 1976, Tio Joca deixou o interior da Bahia para se juntar aos irmãos na capital paulista, depois de visitas esporádicas, em que constatou o sucesso do empreendimento do irmão mais velho. Como lembra Oswaldinho, que já tocava nas noites da Catumbi desde os doze anos (mas os empregados do pai ficavam de olho no Juizado e davam sinal para correr e tirar o menino do palco):

– No meio do baile, meu pai pegava uma lona cheia de correspondências e distribuía cartas que vinham de todos os lugares do Nordeste, mandadas pro forró. Ele pegava a carta e perguntava "Quem é fulano de tal?", ou dizia "Carta de dona fulana de tal". Era o ponto máximo do forró.

Os nordestinos iam ao forró para ver uns aos outros e também as grandes estrelas da música regional. Luiz Gonzaga, de mês em mês, fazia apresentação por lá. Zé Calixto, Noca do Acordeon, Jackson do Pandeiro, Coronel Ludugero, Ary Lobo, Genival Lacerda, Marinês, Jacinto Silva, Messias Holanda e Elino Julião, vez por outra um deles estava em cartaz no Forró do Pedro. Mas havia também o grupo da casa e aqueles que se formavam com quem chegava. Segundo Tio Joca, "o Pedro tinha esse negócio. Músico que chegasse lá não saía sem tocar. Então havia noites em que tocavam dez, quinze pessoas. Era preciso reduzir o tempo de apresentação, mas tinha que tocar".

Teve até músico arregimentado no meio do salão, como Juberlino Martins Levino, o Fuba de Taperoá, que já tinha tocado zabumba com o primo Zito Borborema, mas deixou a Paraíba em busca de emprego em outra área, a de construção civil. Saiu de lá de caminhão, em cima de uma carga de sal. No Rio, foi informado: "Lá em São Paulo estão pedindo pedreiro, carpinteiro e ferreiro." Deu um jeito de ir ao Forró do Pedro assim que pôde. E foi logo numa noite em que tocava o grupo do primo:

– Cheguei na porta do forró, não conhecia ninguém. Eu digo: "Vou logo tomar uma pra esquentar o coração." Aí eu entrei, tô lá, vendo o banheiro das mulher ali, e pensei: "Daí elas saem." Aí chamei uma pra dançar, ela disse: "Sai daí, cabeça-chata." Eu digo: "Tá danado!" Aí, na segunda, ela veio. Nós tá dançando, o finado Cacau (zabumbeiro que trabalhou com Luiz Gonzaga, Marinês e Zito Borborema, entre outros) me viu lá de cima do palco. "Óia Zito, quem tá lá. Ó o Fuba!" Pra quê? Aí me chamou em cima do palco, e a pisada foi essa. Passei dez anos tocando com Pedro.

* * *

PEDRO SERTANEJO: Esse é o programa de Pedro Sertanejo. Vamos continuar a festa com o maior programa de forró da Rádio Clube de Santo André. Com vocês, Jackson do Pandeiro!

Jackson do Pandeiro: Tá certo, sujeito! Muito bem, gostei de ver... O cabra tem uma voz boa da gota, viu?
Mulher não identificada: Nós recebemos uma cartinha, da dona Maria José Barbosa, que é ouvinte assídua do seu programa, parabenizando pela direção do programa, aos artistas todos que atuam por aqui, que são muito bem-aceitos.
Jackson do Pandeiro: Pra dona Maria José e todos os de Santo André, lá vai navio...

Vamos simbora gente.
Vamos todos navegar.
Que o navio tá bom na marcha.
Que o navio tá bom no mar.
[Fim de "O navio tá bom na marcha". Aplausos.]

Jackson do Pandeiro: Agora, compadre, você quer ver tocar um forrozinho mesmo da gota serena, daqueles danados, que a gente balança a macaxeira até amanhecer o dia? Lembre-se de Arapiraca e castigue o fole...
...
Pedro Sertanejo: Certo, eu quero avisar a vocês e os ouvintes de casa que Jackson do Pandeiro, Almira e Raimundinho passaram a noite todinha em nosso forró lá na Vila Carioca. Vocês já tiveram uma ideia de como foi o forró desta noite? Foi um caso que não se pode nem explicar, o melhor é ir pessoalmente para ver. E o Raimundinho também é artista profissional no disco: não é que ele só acompanha, ele tem seus LPs por aí. Vocês comprem os discos do Raimundinho porque ele realmente é um valor, ele merece, e a pessoa quando anda acompanhada pelos bons, tem que ser prestigiado por vocês e os ouvintes de casa também, viu? Na Casa Central tem o disco dele lá: vão lá amanhã e comprem. E agora ele vai mostrar a qualidade na mão direita, e não na mão esquerda, como ele fez, coisa mais difícil que ninguém conseguiu fazer. Agora, Raimundinho novamente. Que é que é, Raimundinho?
Raimundinho: Irei apresentar, do meu LP *Festança*, "Zé do Padre", de Jackson do Pandeiro...
...

Pedro Sertanejo: Agora prossegue Jackson do Pandeiro cantando todos os seus sucessos pra vocês, que vocês admiram demais.
Jackson do Pandeiro: Perfeitamente, eu vou cantar uma música de um LP que eu gravei agora na fábrica Continental. Eu considero, cá na minha opinião, no equilíbrio das músicas e no controle de ritmo, que é o melhor que eu já fiz. Chama-se *O cabra da peste*, esse LP. E eu vou cantar uma musiquinha dele, de que eu até cantei uma, aquele negócio da "Capoeira mata um". Agora vou cantar outra, "Secretária do diabo"...

* * *

Estrelas ou iniciantes, uma regra tinha de ser cumprida no Forró de Pedro Sertanejo: no repertório, só forró. E nesse quesito o anfitrião era rigoroso. "Meu pai queria que, quando a pessoa fosse a um forró, fosse pra ouvir forró. A orquestra tinha de ser zabumba, triângulo, agogô ou no máximo uma bateria. Então, quem entrava em nossa casa era para ouvir música lá do Nordeste", conta Oswaldinho. No entanto, havia exceções quando se tratava de grandes ídolos do público da casa, como o cantor romântico Waldick Soriano, que levou aos prantos a habitualmente animada plateia do Forró do Pedro.

O rigor era compensado com atenção aos músicos. Cearense conhecida como A Forrozeira da Amazônia, por ter feito grande sucesso cantando forró naquela região a partir de 1972, Marivalda (nome artístico de Maria Valníria Pinheiro) sabia que o Forró do Pedro a abrigaria toda vez que resolvesse fazer temporadas em São Paulo. Com fama de endinheirada, por se apresentar em garimpos, Marivalda era alvo de brincadeiras quando chegava à rua Catumbi. "Pedro, ela é rica, não precisa, não", diziam os colegas músicos. Em resposta, ela prometia: "Eu canto nesta e na outra semana, e você não me paga nada, mas depois paga o cachê dobrado." Ela recorda:

– O Pedro tocava três, quatro, cinco atrações por noite, de hora em hora mudava o grupo. Era bom, porque ele não pagava muito dinheiro, mas era fiel, era amigo, muito cuidadoso. Às vezes eu chegava lá pra sair só tarde da noite, ele chamava um taxista pra me levar. E fazia isso com qualquer um. O músico cantava lá, depois tava meio bêbado, Pedro dizia: "Não, não saia, não, que é perigoso." Ele era zeloso, muito zeloso.

Outro ponto no qual o empresário era irredutível: nada de luz negra. O forró era iluminado com luz fluorescente, forma de controlar o que acontecia no salão e evitar brigas. Assim, os óculos escuros passaram a compor, com as camisas floridas e as calças de tergal vermelhas, a indumentária dos frequentadores, mesmo em plena madrugada. Segundo Oswaldinho, a procura dos forrozeiros por imitações do ray-ban fez com que muitas óticas se instalassem na rua Catumbi.

* * *

Pedro Sertanejo: Ô Jackson, eu sou um admirador de você, não como um colega, mas como o maior admirador: eu queria que todo o público, os ouvintes de casa e o pessoal do auditório fosse um admirador seu como eu sou.
Jackson do Pandeiro: Obrigado!
Pedro Sertanejo: E eu venho acompanhando desde a sua primeira gravação, o sucesso, aquilo que deixou marcado até hoje, e não há iê-iê-iê, não há coisa nenhuma pra acabar. A prova está aqui. Aqui não tem iê-iê-iê, tem música nordestina. E música nordestina com quem? Com Jackson do Pandeiro! Essa é a prova que vocês estão vendo aqui dentro. Isso é o povo brasileiro, nosso povo que vem da nossa terra e que estão aqui em São Paulo, e que estão aqui para prestigiar e que vem acompanhando vocês também desde o seu início de carreira.
Jackson do Pandeiro: ... O que Pedro está dizendo, vocês estão confirmando, com o público que está presente, e com os que compram o disco da gente. Pra balançar mesmo a roseira, o nosso ritmo é muito mais do que iê-iê-iê, na minha opinião. Pra balançar as congeminências, eu vou te contar...
Pedro Sertanejo: Então, mais uma vez: Jackson do Pandeiro!

* * *

OUTROS FORRÓS FORAM SURGINDO. Só o empresário alagoano José de Barros Lima, conhecido como Zé Lagoa, tinha três: o Asa Branca, com filiais em Pinheiros e Santo Amaro, e o Viola de Ouro, no Ipiranga. O radialista paulista Zé Bettio abriu o Bailão do Zé, também na Catumbi. Outras casas do gênero se espalhavam por bairros periféricos com grande concentração de imigrantes nordestinos, como Mooca e São Miguel Paulista. Mas o espaço de Pedro Sertanejo ganhava em importância por ser mais que um forró.

Pouco depois de abrir a casa noturna, Pedro resolveu deixar o cast da Continental, do qual fazia parte, para montar a própria gravadora, a Cantagalo. Queria ter liberdade para gravar seus discos e ajudar os músicos que vinham do Nordeste, como ele. O estúdio funcionava no mesmo prédio da Catumbi, atrás do palco. O forró de fim de semana dava lugar, de segunda a sexta, ao movimento de gravações e à administração de fonogramas, lembra Oswaldinho.

– Como todo nordestino, meu pai costumava fazer aqueles almoços no fim de semana e convidar os amigos. Nessa tocada é que ele descobria algum talento. Aí, quando abriu o forró, ficou bem mais fácil. E quando não vinham por pernas próprias, vinham indicados por alguém. "Vai lá, procura Pedro Sertanejo, fala que foi eu quem mandei." Aí meu pai começou a selecionar, porque era muita gente que fazia do forró um quartel-general, um ponto de encontro.

Sempre inquieto, Pedro, que apresentava programa dominical na Rádio Clube Santo André e na Rádio ABC, o *Coração do norte*, resolveu usar a atração para descobrir novos artistas e incrementar o cast da gravadora com intérpretes de outros gêneros, como bolero e samba-canção. O quadro de calouros "Cuidado com o jegue" dava como prêmio aos vencedores a gravação de um disco pela Cantagalo e a possibilidade de se apresentar no Forró do Pedro Sertanejo. Mas, para quem ia mal, o castigo era desconcertante, lembra Fuba de Taperoá:

– Pedro gravou um acetato lá na Bahia com uma rinchada de jegue. Os calouros que não passavam levavam uma rinchada. Eu mesmo levei. Fiquei com uma raiva da moléstia.

A diversidade de artistas que gravavam pela Cantagalo – que nos anos 1970 daria origem a outro selo, o Tropicana – era proporcional aos que passavam pelo palco do forró. Com exceção de Luiz Gonzaga e Marinês, que tinham contrato com a RCA Victor e com a CBS, respectivamente, os principais nomes da música nordestina lançaram discos pela Cantagalo. No estúdio, gravaram Jackson do Pandeiro, Dominguinhos, Ary Lobo, Zito Borborema, Zé Gonzaga, Carmélia Alves, Trio Mossoró, Zenilton, João do Pife, Negrão dos Oito Baixos, Marivalda, Anastácia e Oswaldinho, entre outros.

Até Bezerra da Silva, antes de enveredar pelo samba, gravou em 1976 um disco de cocos produzido por Pedro Sertanejo, *O Rei do Coco*, volume 2. Influenciado por Jackson do Pandeiro – que chegou a gravar as primeiras composições de Bezerra, "O preguiçoso" e "Meu veneno" –, o pernambucano anunciava sem modéstia na contracapa do LP: "Balança o ganzá, segura o repente, cuidado cantor. Não é banca nem vaidade, é pura realidade: o Rei do Coco chegou." Mas os nomes de Dicró ("Cara de boi") e Carlinhos do Cavaco ("Assim, assim") nos créditos já davam pistas da predisposição daquele coquista bissexto para o samba.

Os negócios à frente do forró, da gravadora e do programa de rádio não deixavam o trabalho do músico em segundo plano. Até 1963, o sanfoneiro tinha lançado 24 discos em 78 rotações. A partir daí, no seu próprio estúdio, passou a gravar LPs, chegando a formar discografia com mais de quarenta títulos. No entanto, o espírito democrático do empresário se sobrepunha à vaidade do artista. "Ele era sanfoneiro, mas gravava quatro, cinco sanfoneiros de oito baixos. Senão seria o primeiro a botar uma pedra em cima e gravar só ele, não era? Mas não. Gravava Geraldo Correia, Zé Henrique, Rato Branco...", conta Dominguinhos, que encabeçava a lista na qual constavam também nomes como Camarão, Zé Calixto e Adolfinho.

Igualmente amistosa era a relação com Abdias, da CBS, com quem Pedro costumava trocar figurinhas: um indicava ao outro artistas que poderiam ser de interesse das respectivas gravadoras. Do amigo, Pedro também tomou emprestada a ideia dos paus de sebo. Lançadas como *Suplemento especial de são-joão*, as coletâneas da Cantagalo que chegavam ao mercado anualmente, às vésperas das festas juninas, serviam para testar o potencial de sucesso dos artistas.

Mas havia uma grande diferença entre os métodos de trabalho dos dois produtores, como Messias Holanda pôde comprovar em suas andanças de gravadora:

— Pedro não ligava. Era o produtor, mas Oswaldinho é quem fazia tudo. E lá eram só dois canais. No Abdias eram quatro, mas ele dava um jeito pra ficar em oito. Pedro gravava só pra gravar mesmo. O negócio dele era gravar e vender os teipes. E Abdias correndo atrás, lutando, fazendo uma coisa que ele queria, que ele sabia fazer, porque o Abdias sabia fazer. O Pedro só tocava.

Como solista, ao longo de mais de duas décadas, Pedro gravou LPs como *Visite o Nordeste*, *Sertão brasileiro*, *Meu sabiá*, *Na onda do forró*, *Sanfoneiro do norte*, *Forró do Luna*, *Forró da casa-grande*, *Forró na capital*, *Coração do norte* e *Rato molhado*. A faixa que dá título a este último, lançado em 1977, e "Roseira do norte", do princípio de carreira, são consideradas duas criações antológicas do instrumentista. Entrava em estúdio e tocava de forma espontânea, intuitiva, livre, como Messias Holanda pôde testemunhar. Certa vez, o cearense estava no estúdio da Cantagalo pronto para gravar quando Pedro chegou e avisou: "Agora sou eu." Passou empurrando as cadeiras, sentou e começou a gravar um forró solado. Cioso, Oswaldinho advertiu que ele já tinha gravado aquela música. E ouviu do pai:

— Que é que tem? Vou gravando aqui, depois tu vai cortando, emendando. Vê como é que fica.

* * *

Pedro Sertanejo: Amigos, agora vamos trazer música e alegria, vamos trazer o Rei do Baião!
Luiz Gonzaga: Obrigado, meus amigos! Boa tarde. Estou aqui também prestando minha homenagem aos discos Cantagalo, hoje, pela passagem do seu quarto aniversário. Então, com Dominguinhos, Toinho, cidadão castanheiro [risos] ... "Nordeste pra frente"!

Senhor repórter, já que tá me entrevistando,
Vá anotando pra botar no seu jornal
Que meu Nordeste tá mudado.
Publique isso pra ficar documentado...

Luiz Gonzaga: Mas não é danado? A gente espiando aqui esse auditório, parece que a gente não tá no norte, mesmo... Acho que a negrada anda estourando por aí, mesmo. Vocês estão errando o caminho? Não sabe que o quartel-general das coisas do norte é no salão de Pedro? Não é aqui que a gente chupa umbu, menino, toda semana? Aqui tem cheiro de umbu! Tá vindo mais paulista do que nortista, que negócio é esse? À noite aqui a mistura é legal, é carne de sol com *tagliatelle*: tudo na base da pizza... A mistura é essa: uma semente nordestina no terreno do sul, e o produto crescendo cada vez mais: é aqui no Forró do Pedro que eu gosto de me espalhar... Vamos bulir com o coração dos outros:

Tic tac tic tac, tic tic, tic tac, tic tac, tac
Oi, bate o coração mais devagar...
[Fim de "Tic tac tic tac", de Antonio Almeida. Aplausos.]

Luiz Gonzaga: Eu, como o mais velho, acho que os velhos têm direito de falar demais. É a voz da experiência. Aproveita-se sempre alguma coisa. Estamos aqui reunidos nessa família sertaneja. Contamos aqui com a presença desse jovem e valoroso Dominguinhos, artista da casa. Sem falar em todos, vou destacar os mais velhos: Pedro Sertanejo, o dono... Zé Gonzaga, meu irmão, tem cara de novo, mas não é...

Zé Gonzaga: Eu sou! [Risos.]

Luiz Gonzaga: Paulo Dito, menino bom... e Noca do Acordeon pra rimar. Noca, tocador que toca inteiriço, toca duro, toca firme, é o maior do menor... Pois bem, meus amigos: nessa data tão querida que a Cantagalo completa seu quarto aniversário, nessa festa bem nossa, vamos homenagear a Cantagalo cantando, no tom de sol maior: "Parabéns pra você, nessa data querida"... Viva Pedro Sertanejo! Viva os discos Cantagalo!

Pedro Sertanejo: Luiz Gonzaga, Rei do Baião! Zé Gonzaga, rei da alegria!

8. O xodó do sanfoneiro

— Olha, Neném. Eu fundei um selo, uma gravadorazinha. Você não quer fazer um disco de baião?

— Ah, Pedro, eu vou pensar. A princípio, eu tô muito enredado aqui na rádio, tocando em vários lugares, tocando em boate...

Dominguinhos estava participando de programa da Rádio Nacional, emissora onde integrava o conjunto regional, ao lado de Chinoca, Edinho e Gaúcho do Acordeon, quando chegou Pedro Sertanejo, que há tempos ele não via. Conhecido por quase tudo quanto é músico no Rio de Janeiro, especialmente os nordestinos, o sanfoneiro e afinador andava sumido. Morava em São Paulo, explicou ao amigo, antes de fazer o convite.

A vida de Neném do Acordeon, como era chamado José Domingos de Morais, havia melhorado muito desde que chegara ao Rio de Janeiro, havia dez anos. Mas ele continuava se virando como podia, principalmente porque, casado aos dezesseis anos e pai aos dezessete, já tinha dois filhos para criar e "não podia ficar inventando". Por conta do casamento com Janete, tinha até acabado com o Trio Nordestino, que formara com Zito Borborema e Miudinho, para evitar as frequentes viagens que o grupo fazia.

Neném tinha saído de Garanhuns, em Pernambuco, em companhia do pai, Francisco, o Chicão, e do irmão Valdomiro, para se juntar a Morais, o primogênito, que havia chegado um ano antes ao Rio de Janeiro. Na esperança de viver da única coisa que sabiam fazer, música, viajaram durante onze dias em cima de um pau de arara, deixando no interior pernambucano dona Mariinha e os outros sete filhos – que se juntariam a eles três anos depois.

Antes disso, a família viveu durante muito tempo do que Chicão ganhava como sanfoneiro, animando festas em Garanhuns e arredores, mas havia tempo isso não bastava. Mesmo sendo o melhor da região, o músico ficava às vezes cinco meses sem arranjar um trabalho. E aí faltava até a farinha seca com cebola e sal, que era só o que comiam. Foi em um desses momentos de aperreio que a mãe resolveu tomar uma atitude. Botou dentro de um saco a sanfona que os meninos costumavam tocar e juntou os três. O marido ficou curioso:

– Onde é que você vai, Mariinha?

– Eu vou ali.

Tomou o rumo da feira e, chegando lá, tirou a sanfona, entregou a Morais.

– Agora pode tocar.

O menino começou, acompanhado pelos irmãos. Valdo no melê; Neném, não mais do que seis anos, no pandeiro. Mostraram uns xotes, xaxados e baiões que haviam aprendido com o pai, em casa ou nas festas em que o acompanhavam. Logo o chapéu colocado no chão por dona Mariinha se encheu de moedas e notas. Depois disso, virou rotina a mãe levar os três meninos para tocar nas portas dos hotéis e nas feiras de Garanhuns, Caruaru e municípios vizinhos.

Dois anos se passaram. Um dia, o trio estava na porta do Hotel Tavares Correia, em Garanhuns, quando apareceu um hóspede ilustre: Luiz Gonzaga. O Rei do Baião gostou tanto dos pequenos músicos que deu a eles 300 mil-réis e um papel com seu endereço no Rio de Janeiro. E fez uma promessa:

– Chegando ao Rio, me procurem que eu vejo o que posso fazer por vocês.

Pai e filhos se animaram, mas levaram seis anos até ir atrás da maior estrela da música nordestina. Antes disso, uma professora da Escola Prática Comercial de Olinda convenceu Chicão a levar os meninos para estudar como internos. Além de alojamento e educação, deu ao trio uma sanfona e conseguiu oportunidades para tocarem em festas, cerimônias e em programas da Rádio Jornal do Commercio. A professora até inventou um nome para o grupo: Os Três Pinguins.

Luiz Gonzaga, o Rei do Baião: influências de Zé do Norte, Augusto Calheiros e Pedro Raimundo para a formação do "cangaceiro musical" que fascinou o país.

O tinhoso Abdias: presença constante em cabarés e aulas de acordeom para madames alagoanas, até o esbarrão que mudaria sua vida.

Marinês, já com o figurino idealizado por Abdias, que determinou à cantora romântica: "Se Luiz Gonzaga é Lampião, você vai ser a Maria Bonita."

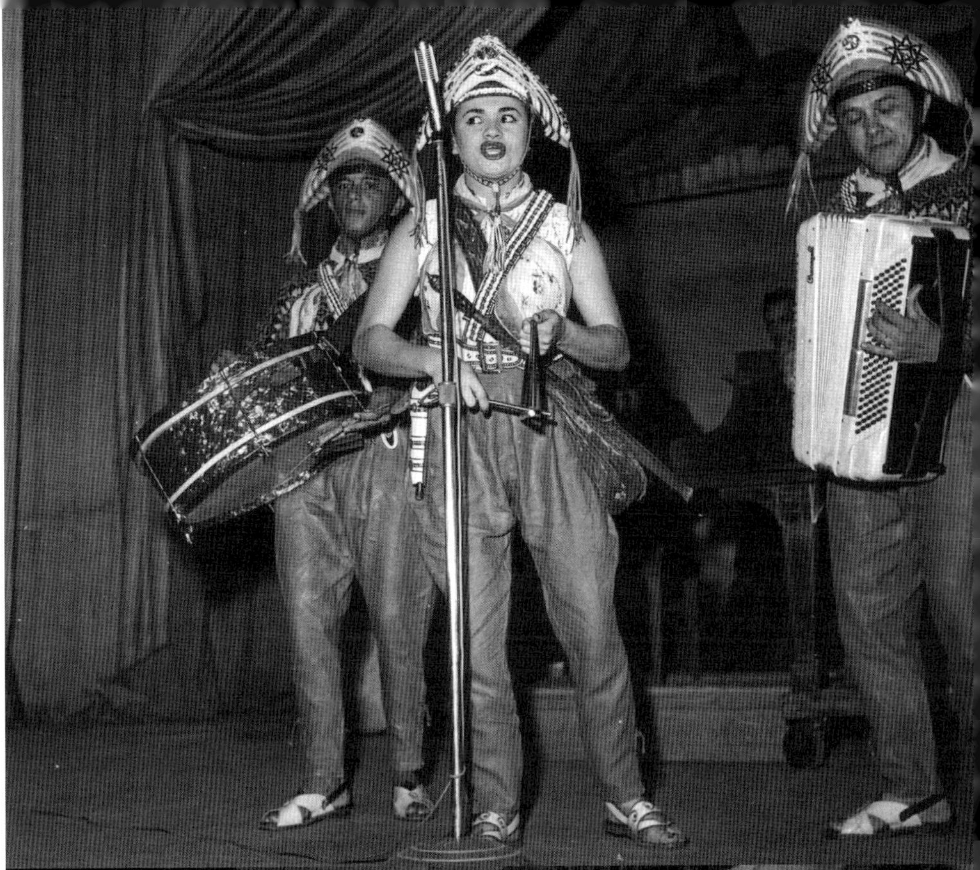

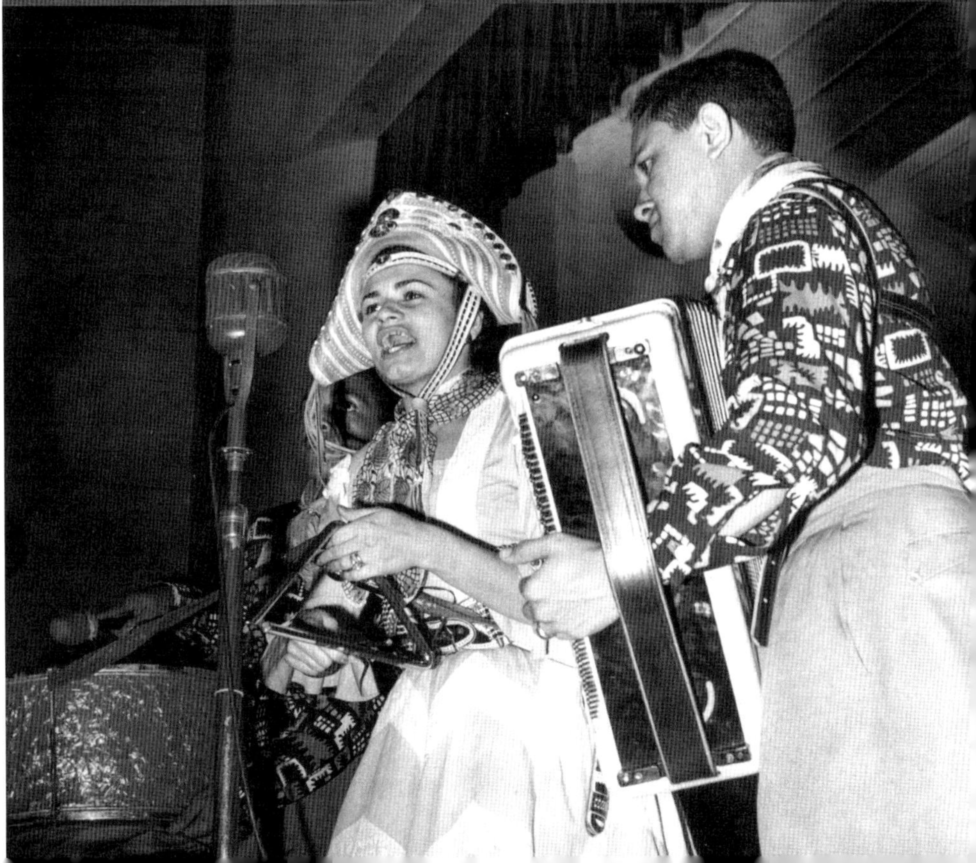

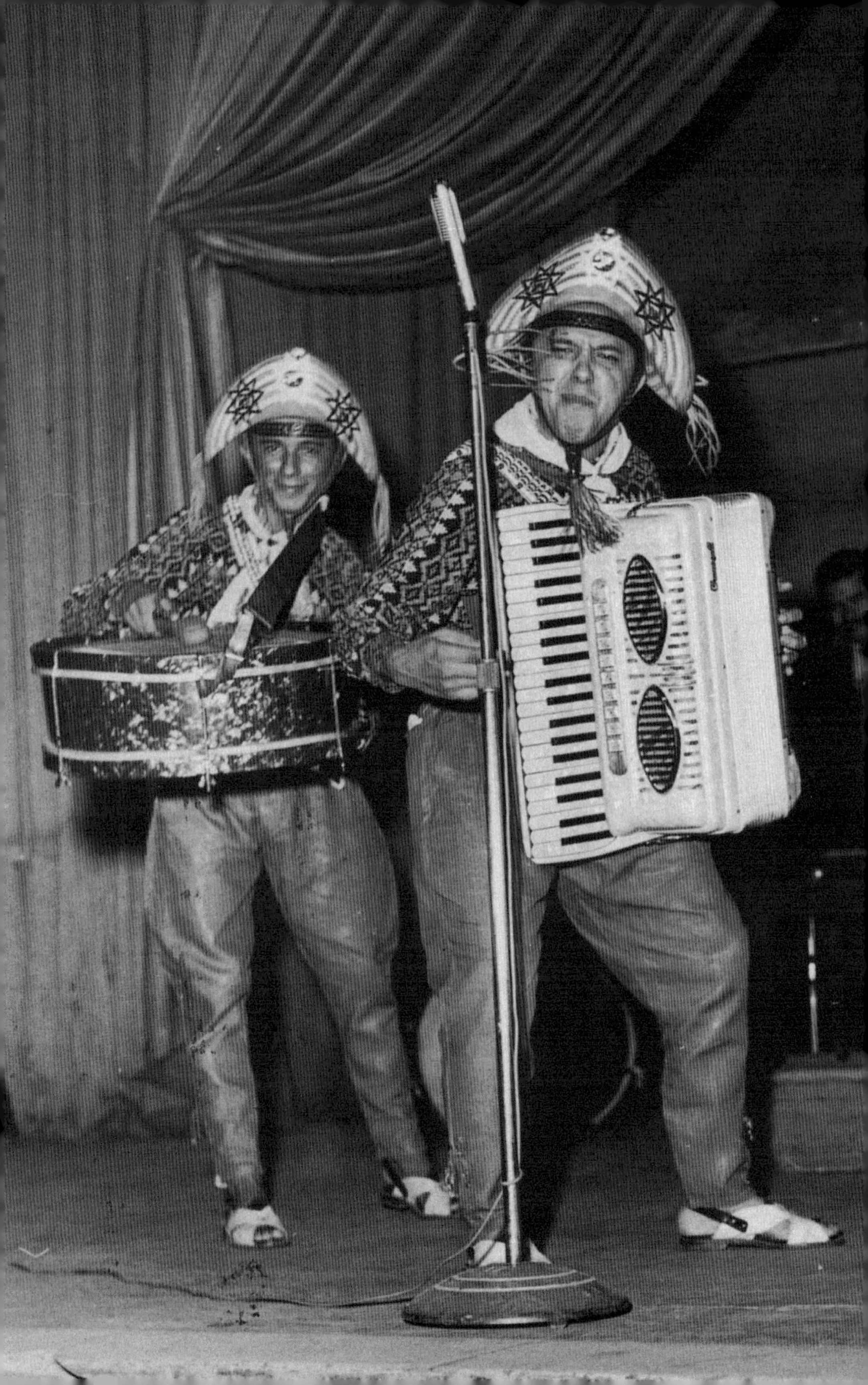

Chiquinho no zabumba, Abdias na sanfona e Marinês no triângulo: de Patrulha de Choque do Rei do Baião à luz própria, ao mostrar em teatros e circos todas as variações do xaxado.

Gonzaga e Marinês no programa de Pedro Sertanejo (à dir.): diante de um sorridente Abdias, o Rei do Baião consagra a Rainha do Xaxado.

Abdias, Zito Borborema, Gonzaga, Miudinho e Marinês: versatilidade e dinamismo no palco.

A encruzilhada de um rei: ascensão da bossa nova e da Jovem Guarda forçou Luiz Gonzaga a redirecionar a carreira e pegar a estrada para reencontrar seu público no sertão nordestino.

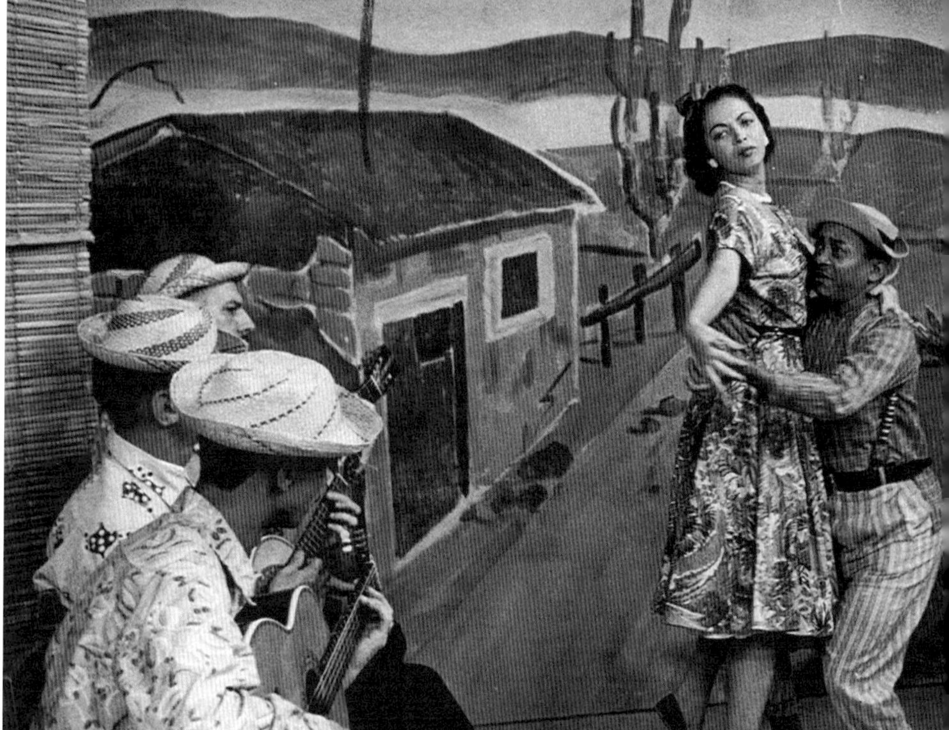

Jackson com Almira Castilho em apresentação na TV: mistura explosiva de ritmo, verve, carisma e gogó.

João, Hermelinda e Oséas Lopes, do Trio Mossoró:
visual urbano e inserção na zona sul carioca.

A carioca Carmélia Alves, filha de nordestinos
e criada em Petrópolis: Rainha do Baião.

Jackson, com o pandeiro e com Almira: segundo o Rei do Ritmo, a amizade virou "fuzarca" no escurinho do cinema e acabou "numa espécie de namoro".

Genival Lacerda, Jackson do Pandeiro e Zé Calixto: início em Campina Grande, sucesso no Rio.

José Calixto da Silva aprendeu a tocar vendo o pai esmerilhar a "sanfoninha" de oito baixos em festas de casamento.

Zé Calixto e Messias Holanda: parcerias em estúdio e shows no Ceará com Luiz Gonzaga.

Cobrinha (triângulo), Coroné (zabumba) e Lindú (voz e sanfona): apadrinhado por Gordurinha, o Trio Nordestino gravou o primeiro disco no início dos anos 1960 e logo emplacou "Carta a Maceió" e "Chupando gelo".

O Trio Nordestino chega ao topo das paradas nos anos 1970 com "Procurando tu": a música de Antonio Barros ganhou dezenas de regravações e fez Cobrinha, Lindú e Coroné tocarem até para garimpeiros em Serra Pelada.

RCA VICTOR
o reino do baião
Luiz Gonzaga
Sua Majestade - o Rei do Ritmo
Jackson do Pandeiro
JOÃO DO VALE
FTLP 69022
fontana
ALVENTINO CAVALCANTI
E MUITA CANTIGA NORDESTINA
BAIÃO-CÔCO-ROJÃO
RCA VICTOR
ÚLTIMO PAU DE ARARA
ARY LOBO
CBS
Secretária do L
OSVALDO OLIVEIRA
CBS
Eu de Cá, Você de Lá
Abdias
e sua sanfona
de 8 baixos
ABDIAS
e sua Sanfona
FESTA COM 8 BAIXOS
CBS
FORRÓ AC
FORRÓ AO VIVO
FORRÓ EMBULETADO
ANITA VEM DANÇAR
ZÉ CALANGO NO FORRÓ
FORRÓ EM CAFARNAUM
VAMOS MERENGA
VOU DOAR MEU CORAÇÃO
BRINCANDO
MORDEDURA
QUADRILHA AVANÇADA
MINHA EX-MULHER
ABDIAS
e sua
Sanfona de 8 Bai
Copacabana
forró do JACKSON
GENIVAL LACERDA
O SENADOR DO ROJÃO
EU SOU ASSIM
Chantecler
GERALDO CORREIA
UM BAIXINHO E SEUS 8 BA

Polydor
volta do baixinho
GERALDO CORREIA
e seus 8 baixos

GORDURINHA... UM ESPETACULO!

DESAFIANDO
OS
8
BAIXOS
CANTAGALO
GERALDO
CORREIA
GERALDO CORREIA

ÃO JOÃO
NO BREJO
JACKSON DO PANDEIRO E ALMIRA
ZÉ CALIXTO-ALVENTINO CAVALCANTE
BORRACHINHA

PHILIPS
MELODIA
RITMO
e a personalidade de
JACKSON DO PANDEIRO
PHILIPS

Luiz Gonzaga
CANTA SEUS
SUCESSOS COM
Zédantas

RCA VICTOR
INÊS
DESTE
E
SEU RITMO

O TROFEU É NOSSO
TRIO NORDESTINO
SOM

QUEM FOI VAQUEIRO
trio mossoró

SOM
E ARARA É A VOVÓZINHA
TRIO NORDESTINO

CBS
Marinês
EU CHEGO LÁ

PHILIPS
ZÉ
CALIXTO
E SUA
SANFONA
DE 8 BAIXOS
PHILIPS

Pagadores de promessas: Luiz Gonzaga e seus companheiros sobem a pé os 382 degraus da escadaria da igreja Nossa Senhora da Penha, zona norte do Rio, para agradecer por terem sobrevivido a um grave acidente de carro em 1951.

Porém, a rebeldia de Morais acabou tirando a paciência da tal professora e dos diretores da escola. Depois de umas três tentativas de fuga do menino, decidiram expulsá-lo. Os irmãos foram junto, sem a sanfona e sem a roupa de pinguim. Voltaram a Garanhuns e aos tempos difíceis. Até Morais criar coragem e decidir ir embora para o Rio com um amigo, Zé Paulo. Lá, conseguiu emprego numa tinturaria e um quartinho para morar no subúrbio de Nilópolis. Um ano depois, Chicão pegou os outros dois filhos e foram se juntar a ele. Chegaram em julho de 1954, um mês antes de a capital do país ser abalada pela notícia do suicídio do presidente Getulio Vargas. Neném tinha catorze anos.

Quando pai e filhos procuraram Gonzaga na casa dele, em Maria da Graça, bairro próximo ao Méier, seu Lua cumpriu o que prometera. Arranjou algumas apresentações para o trio e deu a eles um acordeom de oitenta baixos. Morais, Neném e Valdo começaram tocando em casas de nordestinos que promoviam festas para se divertir, mas também para ajudar os músicos seus conterrâneos. No meio da noite, a música e a dança paravam e cada um dos presentes dava uma contribuição de três, cinco cruzeiros, ou quanto pudesse.

O talento natural de Neném com a sanfona o aproximou de Luiz Gonzaga. Desde que o tinha procurado a primeira vez, com o pai e os irmãos, o rapaz passara a comparecer diariamente à casa de Gonzaga, "por conta própria". Seu Lua até aceitou ser seu padrinho de casamento – mesmo contrariado por vê-lo casar tão novo – e, um ano depois, do primeiro filho do casal. Ao mesmo tempo, Neném ia conseguindo espaço para se apresentar também em churrascarias, boates, gafieiras e rádios, a primeira delas a Tamoio, na qual tocava no *Hora sertaneja*, que ia ao ar, ao vivo, às três da manhã, e tinha outro sanfoneiro nordestino no cast, o paraibano Sivuca, o Diabo Louro da Sanfona.

Desenvolto na execução de ritmos nordestinos, o sanfoneiro descobriu uma nova forma de ganhar dinheiro depois de viagem a Vitória, no Espírito Santo, para temporada num cassino ao lado do irmão Morais. Durante a semana, no cassino, eles faziam um número de forró, mas graninha boa mesmo só quando se apresentavam na boate local, de sexta a domingo.

Para isso, no entanto, o músico teve de se adaptar e aprender os ritmos da moda, como samba, bolero, samba-canção e até standards internacionais, como "Tenderly" e "La vie en rose".

Batalhando para sobreviver como músico, em 1957, Neném se juntou a Zito e Miudinho para formar o Trio Nordestino – que não teria nada a ver com o grupo homônimo formado posteriormente por Lindú, Coroné e Cobrinha. A ideia surgiu nos estúdios da RCA Victor, onde o sanfoneiro participava pela primeira vez com Luiz Gonzaga da gravação da música "A feira de Caruaru". O grupo foi batizado pelo Rei do Baião, que também achou que Neném não era nome de músico, e sugeriu que o afilhado o trocasse para Dominguinhos.

Com o Trio Nordestino, Dominguinhos excursionava tocando forró pelo interior e pelo Nordeste – numa dessas, viajou pela primeira vez de avião, coisa a que não se habituou, preferindo até hoje enfrentar a estrada. Quando estava no Rio, se dedicava a tocar o que ditava a moda. Essa versatilidade o ajudou muito na década seguinte, quando o baião saiu de cena. Aliás, foi a baixa popularidade da sanfona que o fez pensar melhor e aceitar o convite de Pedro Sertanejo, lembra Dominguinhos:

– Pedro ficou com essa ideia na cabeça. Até que em 1964, em plena revolução, eu fui pra São Paulo. As coisas estavam muito ruins no Rio. Ninguém queria saber de acordeom, era só guitarra; violão, principalmente, por causa da bossa nova; e o órgãozinho da igreja, que saiu pros bailes. E o acordeonista ia ficando à deriva.

Quando chegou ao estúdio da rua Catumbi, Dominguinhos encontrou Pedro gravando com Ary Lobo o primeiro disco do cantor na Cantagalo. Com eles estava o músico Carlinhos Mafasoli, que se revezava entre o teclado e o acordeom, registrando um e depois o outro. O sanfoneiro conheceu o estúdio onde gravaria, dentro de apenas dois dias, seu primeiro LP, *Fim de festa*, mas não tinha sequer repertório. "Lembro que, muito pequeno, vi Dominguinhos e meu pai colocando os discos de Luiz Gonzaga, pra ele se lembrar como é que se tocava baião", conta Oswaldinho.

O sanfoneiro então voltou para o hotel e lá definiu o que entraria no disco. Escolheu quatro temas instrumentais, uma polca do amigo Zito, que daria título ao LP, um frevo ("Frevo Cantagalo") e um choro ("Garanhuns") autorais; e a versão de um clássico de Gonzaga ("Baião"). Entre as músicas cantadas, baiões de João Silva e Sebastião Rodrigues ("O jeito que Deus mandou") e Zé do Baião ("Ingratidão"), e marchas de Antonio Barros ("Desafio a são João") e Buco do Pandeiro e Toninho ("Taca fogo na fogueira").

Não era a primeira vez que Dominguinhos ia à capital paulista.

– Comecei a ir em 1955, 1956, porque a televisão tinha sido fundada, e a Tupi fazia um programa conjugado rádio-televisão, lá no Sumaré. Aí a gente tocava, cantava, dançava xaxado... Era um sucesso. Tudo rapazinho: eu, Zé Pequeno e um zabumbeiro chamado Zé Formiga.

E passou a ir com mais frequência depois de *Fim de festa*, fosse para tocar no Forró de Pedro Sertanejo e em programas de rádio e televisão, fosse para gravar. Até 1974, o músico lançou outros seis discos pela Cantagalo, todos com repertório voltado principalmente para os ritmos regionais. Em 1966, fazia uma participação no programa *Chapéu de couro*, de Jorge Paulo (conhecido como "Bandeirante do Norte", um dos maiores divulgadores da música nordestina em São Paulo, primeiro no rádio, depois também na TV), quando foi notado por uma cantora. Meio escondida na coxia, atrás do cenário, Anastácia gostou do moreno assim que o viu, mas não tinha a menor ideia de quem ele era. No mesmo momento, passou Ary Lobo, de quem ela era amiga, para conversar com o desconhecido. Quando voltou, Anastácia o interpelou.

– Ary, vem cá, quem é aquele moreno com quem você estava conversando?

– Aquele é o Neném do Acordeon.

– Neném do Acordeon?! Nunca vi esse cara nem no gibi...

– É porque ele mora no Rio e é conhecido como Dominguinhos. Ele toca no Forró de Pedro Sertanejo.

– Menino! Se é sanfoneiro, melhor ainda. Quero conversar com esse cara pra ele tocar comigo.

Mas não foi fácil encontrar o moreno de novo. Sempre que ia a lugares frequentados por colegas, artistas nordestinos, Anastácia tinha esperança de vê-lo. E nada. A oportunidade só chegou meses depois, quando ela foi convidada para o aniversário do cearense Júlio Antônio, dono de um forró na avenida Celso Garcia, no bairro do Tatuapé. A data seria comemorada com a apresentação de músicos amigos do proprietário. Mas Anastácia teve um contratempo: o sanfoneiro que a acompanhava tinha viajado. Estava explicando isso para Júlio quando um rapaz pulou no meio dos dois e falou: "Eu acompanho você." Era Dominguinhos. Tocaram juntos, mas a conversa não pôde se alongar, porque ela teve que deixar a festa mais cedo. O sanfoneiro a levou até o táxi.

— Não vá agora, não.

— Eu vou, porque falei pra minha mãe que eu ia chegar cedo...

Tão envolvida estava que nem pensou em anotar o telefone do moço, o endereço ou outro meio de contato: "Fiquei um tempão sem saber onde estava esse homem, e ele na minha cabeça."

* * *

PERNAMBUCANA COMO DOMINGUINHOS, só que do Recife, Lucinete Ferreira começou a cantar novinha, aos treze anos, como crooner da orquestra do Cotonifício Othon Bezerra de Mello — fábrica onde a mãe dela trabalhava. O posto foi conquistado por meio de um concurso de calouros. Tinha de cantar de tudo, mas volta e meia se juntava ao sanfoneiro da orquestra, Zé Afonso, e mandavam uma seleção de forró. Uma vez, durante uma apresentação da orquestra no Sesi de Vasco da Gama, no Recife, ela tinha acabado de cantar "Qui nem jiló", encerrando uma dessas sessões forrozeiras, quando um rapaz bem-vestido a abordou.

— Você canta muito bem. Não quer cantar na Rádio Jornal do Commercio?

— Eu gostaria.

— Então, quarta-feira, vá na rádio, que vai ter um diretor lhe esperando.

A prima mais velha, que sempre a acompanhava nas apresentações, desconfiou: "Esse cabra tá é com enxerimento, porque tu é bonitinha." A mãe viúva também achou suspeito o convite: "Será que é uma coisa séria?"

Lucinete preferia arriscar: "Ó mãe, é de dia, não vou só, ninguém vai pegar ninguém." E foi. Diante de Clênio Wanderley (o rapaz bem-vestido) e do diretor artístico da emissora, Amarílio Nicéas, acompanhada pelo conjunto da casa, fez o teste. "Na quinta-feira vai ter um programa de auditório. Você pode vir pra ver a empatia com o público?", perguntou Nicéas. A mocinha voltou, cantou e conseguiu um contrato, passando a fazer parte do cast da emissora.

No período em que permaneceu na Rádio Jornal do Commercio, entre 1954 e 1960, Lucinete, além de cantar, destacou-se pela veia humorística, participando de programas como *A trinca da tesoura* – que contou com participação de Almira Castilho até ela ir embora para o Rio de Janeiro com Jackson. Ao mesmo tempo, se apresentava em circos, clubes e cinemas em cidades do interior de Pernambuco e estados vizinhos, com repertório sempre eclético, que ia de sucessos de Celly Campello ao frevo. E quando chegava maio, não faltavam os convites para cantar forró no circuito de bailes juninos.

Também por essa época, Lucinete começava a se arriscar como compositora. Fazia qualquer tipo de música, mas principalmente romântica. "Porque, quando comecei a namorar, com dezesseis, dezessete anos, arrumava aqueles namorados safados, que me botavam um par de chifres, aí eu fazia uma musiquinha pra ele. Ficava pê da vida e fazia uma musiquinha." Um dia, criou coragem e mostrou uma dessas musiquinhas para Déa Soares, cantora e colega de elenco na rádio.

– De quem é essa música?

– Fui eu que fiz pro meu namorado, o Isaac. Ele me chifrou, fiquei pê da vida e não quero mais ele. Fiz esta música.

– Menina! Pois eu vou cantar.

Déa então encomendou o arranjo ao maestro Clóvis Pereira e cantou a música no ar.

A situação na rádio, porém, começou a mudar em 1960, quando o grupo Jornal do Commercio fundou a televisão, causando debandada do elenco radiofônico para o novo meio. Excluída dessa migração e sentindo-se cada vez menos valorizada, Lucinete até tentou arranjar uma ocupação paralela na rádio para melhorar a renda. Mas teve uma experiência desastrosa: encarregada pelo diretor de radioteatro, Geraldo Lopes, de datilografar um capítulo de novela, foi dormir na casa de uma amiga que tinha máquina de escrever. Conseguiu bater oito das dez páginas quando o sono a pegou. Ao acordar, encontrou as folhas de papel todas estragadas pelo gato da amiga, que havia defecado em cima do material datilografado.

Desesperada, a cantora levou as folhas de papel para mostrar a Geraldo o que tinha acontecido, já com uma decisão tomada: iria embora para São Paulo, atrás da irmã Arlete, que havia se mudado para lá depois de se separar do marido. O diretor de radioteatro achou tudo muito engraçado, mas a resolução de Lucinete era irreversível; ela não desistiu da ideia nem quando soube que teria de levar consigo a mãe, cinco irmãos pequenos e a sobrinha.

Com problemas no casamento, dona Marina havia resolvido deixar o segundo marido. A filha, arrimo de família, não tinha como deixá-la sozinha com os outros filhos no Recife. Tiveram que viajar escondido do padrasto de Lucinete, saindo no meio da madrugada para pegar um avião da Navegação Aérea Brasileira, que oferecia passagens mais baratas em pequenos aviões de sessenta lugares. Aos vinte anos, Lucinete chegou a São Paulo disposta a aceitar qualquer oportunidade de emprego. Não planejava fazer carreira na música. Acreditava que seu talento era insuficiente para enfrentar o competitivo mercado de lá. Mesmo assim, levava consigo uma carta do diretor da Rádio Jornal do Commercio para o diretor da Rádio Record, o que rendeu algumas participações em programas de rádio e televisão, sem maiores consequências. Mais produtivo foi um encontro que ocorreu no primeiro dia de chegada à capital paulista. Ela ia tomar um bonde para encontrar a irmã na avenida São João, quando ouviu alguém chamar seu nome. Era um antigo colega do Recife, um cantor, que, ao vê-la, desceu do bonde e foi até onde ela estava.

– Menina, o que é que você tá fazendo aqui?

– Mas é o Nelson Roberto!

– Olhe, eu tô aqui já tem uns dois anos. Tentei, mas não deu certo. Tô trabalhando com outra coisa.

– Tô acabando de chegar. Vou atrás de minha irmã.

– Eu não vou poder te dar uma assistência porque tenho reunião na firma, agora, às onze horas, mas vou te dar o meu cartão e o endereço de Venâncio e Corumba, uma dupla de repentistas que lida com negócio de venda de show de artistas, e eu vou te recomendar.

Duas vezes Lucinete procurou Venâncio, mas não o encontrou. Resolveu então procurar emprego, e conseguiu uma vaga na contabilidade da Cooperativa de Consumo dos Empregados da Vasp. Voltou a procurar Venâncio, e novamente ele não estava. Deixou recado: "Diga a ele que estou trabalhando na Vasp. O endereço é este. Se ele precisar de uma cantora para fazer um showzinho e quiser me levar, eu acho é bom." E foi embora cuidar da vida.

Quase dois meses depois, Venâncio apareceu na Cooperativa. Queria saber se interessava a ela fazer um show no Paraná. Lucinete conseguiu que o chefe a liberasse e viajou. Na volta, o empresário a recompensou arranjando-lhe um teste na gravadora Chantecler. A avaliação foi feita pelo produtor Palmeira (da dupla Palmeira e Biá), que pediu à cantora que interpretasse um bolero, um samba-canção, um samba e até um chá-chá-chá. Ficou do outro lado, só olhando. A certa hora, chegou até Lucinete e pediu:

– Venha cá, cante um forrozinho.

Ela lembrou de "Sebastiana", deu o tom ao trio que a acompanhava e começou a cantar. Palmeira só olhando, sem falar nada. De repente mandou-a parar.

– Muito bem... Você cantou tudo bonitinho, mas quando cantou um forró, você cresceu. Eu queria saber o seguinte: você sabia que é uma forrozeira?

– Não, sabia não.

– Você é uma forrozeira. Quer fazer um disco de forró, só de música nordestina?

– Quero.

– Então, vá lá amanhã assinar o contrato.

Em dezembro de 1960, Lucinete entrou em estúdio para gravar, com acompanhamento do Regional Chantecler, um compacto duplo com a rancheira "Noivado longo" (Max Nunes, Mário Brazini e J. Maia) e três músicas de Venâncio e Corumba – "Pijama de madeira" e "A dica do Deca", indicadas na capa como samba-forró e samba gaiato, e o baião "Chuliado". O disco estourou num momento em que a única voz feminina no forró era a de Marinês. Nos anos seguintes, ela se tornou uma espécie de rival da Rainha do Xaxado. Na verdade, uma rivalidade criada pelas gravadoras para promover os discos anuais de ambas.

– A minha gravadora fazia o negócio pra guerrear com a gravadora da Marinês. Eles maquinavam a armação deles, e as duas faziam sucesso e vendiam o disco.

Junto com a carreira discográfica, começou a relação amorosa com Venâncio, que assinava seis das doze músicas do primeiro LP da mulher (em parcerias com Corumba, Geraldo Filme, Pechincha e Marçal de Araújo). Novamente produzida por Palmeira, Lucinete começou o ano preparando o disco para lançar após o carnaval, e, entre baiões, cocos, rancheiras, marchas e rojões, conseguiu até incluir uma composição própria, "Forró de salão", parceria dela com Jean Haidar. Mas levou um susto quando uma pessoa lhe deu a notícia:

– Teu disco saiu, só que tem um problema: tua cara tá na foto, e tua voz, mas puseram o nome de outra pessoa.

Venâncio estava viajando, e Lucinete, apavorada, pensando que tinha sido passada para trás, foi correndo procurar Palmeira na gravadora. O produtor a recebeu no maior entusiasmo, já se levantando da cadeira: "Venha cá, você não sabe da última. O disco já tá estourando no Nordeste com a música 'Uai uai'. Fizemos uma reunião dos vendedores da Bahia e pra lá só dá você." E mostrou o LP: *Anastácia no torrado*. A cantora não disfarçou a tristeza, e o produtor tratou de explicar: "Lucinete é um nome muito comum, e resolvemos mudar pra Anastácia, um nome chapado."

– Eles acharam que Lucinete era um nominho assim... Porque, no Nordeste, é comum ter Lucinete, Ivonete, Marinete, Gildete... Tudo termina em "ete". Aí ele combinou com Venâncio de trocar meu nome. Na época, Ingrid Bergman tinha feito um filme sobre Anastácia, a princesa russa, e acharam que deviam botar meu nome Anastácia.

O sucesso de "Uai uai" (Venâncio e Corumba) foi tanto que Lucinete, agora Anastácia, deixou a cooperativa da Vasp e passou a trabalhar na empresa do marido, a Empresa de Diversões Populares (Venba), administrando o escritório. Assim ficava mais fácil viajar no período junino, como era costume entre os forrozeiros nordestinos que viviam no Sudeste – gravavam nos primeiros meses do ano, em São Paulo ou no Rio de Janeiro. Muitos desses LPs nem sequer eram encontrados nas lojas de São Paulo e Rio. Os nordestinos que moravam nessas cidades normalmente tomavam conhecimento dos sucessos quando viajavam para os locais de origem, compravam os discos lá e os traziam na bagagem. A produção era feita essencialmente para o Nordeste, como lembra Anastácia:

– Em 1960, não tinha muito lugar pra cantar forró em São Paulo, mas tinha muito circo. Fiz muito circo com Venâncio e Corumba. Ia na televisão uma vez ou outra, dava uma chancezinha de cantar uma musiquinha, mas não era coisa que estivesse aberta assim, à vontade. Hoje todo mundo quer ser forrozeiro, quer ser rainha do forró, gosta de forró, mas naquele tempo era até pejorativo. Falava forró, o pessoal torcia o rosto.

Nos anos seguintes, a cantora nem pôde ir ao Nordeste fazer a divulgação de *Retirada: o torrado de Anastácia*, volume 2, e *Anastácia canta para o Nordeste*, lançados em 1962 e 1963, respectivamente, embora ambos trouxessem repertórios feitos sob medida para animar os festejos juninos, com muito baião, arrasta-pé, rancheiras e cocos. Anastácia engravidou sucessivamente das duas filhas que teve com Venâncio. No disco de 1963, por causa da enorme barriga, ela nem chegou a fotografar para a capa. Mas, apesar da rapidez com que crescia a prole, o casamento acabou em 1964.

★ ★ ★

NO PERÍODO EM QUE estava presa à administração da Venba, Anastácia teve uma boa surpresa. Estava sozinha no escritório quando viu um homem de capanga e chapéu de couro, procurando uma sala no longo corredor do edifício Martinelli, no centro de São Paulo, onde ficava a empresa. Bateu o olho e pensou: "Esse cara é Gonzaga." Quando ele percebeu que havia alguém ali, se dirigiu a ela e, antes de chegar à porta, ainda no corredor, gritou "Oooi". Foi aí que Anastácia teve certeza:

— É aqui o Venâncio e Corumba?

— É.

— Eles não chegaram ainda não?

— Não, devem estar chegando daqui a pouquinho. Mas pode entrar, sentar. Quer um cafezinho? Fique à vontade.

Ficaram os dois em silêncio. Anastácia ficou emocionada de estar diante de um ídolo que chegou a ver de longe, na época em que trabalhava na rádio no Recife, mas de quem não se aproximava por medo, "porque achava que ele era uma estrela". Passado um tempo, Gonzaga falou.

— Como é seu nome?

— Anastácia.

— Peraí, eu já ouvi esse nome. Você é cantora?

— Sou.

— Você é aquela que gravou uma tal de "Uai uai"?

— Sou.

— Menina, e o que é que você tá fazendo aqui? Você é sucesso no Nordeste!

Começou ali uma grande amizade. Anastácia já estava separada de Venâncio havia dois anos quando recebeu um telefonema do amigo, convidando-a para participar do programa *Noite impecável*, comandado por ele na TV Continental, no Rio de Janeiro. A cantora tinha angariado grande popularidade entre o público nordestino da capital paulista com o quadro humorístico "Seu Cazuza e dona Severina", em que ela e o humorista Aluísio Gomes interpretavam um confuso casal de nordestinos do qual o marido era "meio abestado" e apanhava da mulher. O quadro já havia passado pelas TVs Gazeta, Bandeirantes e Cultura. Agora Gonzaga o queria em seu programa.

Mas Aluísio era chegado a uma cachaça, e Anastácia, que ficaria hospedada na casa do próprio Gonzaga, tinha medo de que o parceiro aprontasse alguma. Por isso, teve a ideia de chamar Genival Lacerda para o papel de seu Cazuza.

— Gonzaga, eu posso fazer com o Genival?

— Bom, se você se entende com ele, se dá certo, pode fazer.

No texto, escrito pela própria Anastácia, a mulher entrava no palco, e Luiz Gonzaga perguntava: "Dona Severina, a senhora veio só? Cadê o seu Cazuza?" Aí Genival Lacerda balançava um chocalho, e a plateia morria de rir. Agradou tanto que o quadro ficou por três meses no programa. Ficaria mais tempo se Gonzaga não cismasse de deixar a atração para viajar pelo Brasil. "Meu pé já tá coçando, querendo ir pra estrada", dizia ele a Anastácia, a quem convidou para abrir as apresentações em turnê pelo Nordeste, na qual também divulgaria o livro *O sanfoneiro do riacho de Brígida*, que Sinval Sá escrevera sobre ele.

— Eu vou levar um sanfoneiro pra te acompanhar. Você abre o show, me anuncia; enquanto eu canto, você vende os livros na plateia. Circo, teatro, rua, onde for. Vamos embora.

Uma semana depois, chegou Gonzaga com mais uma novidade.

— Olhe, troquei de sanfoneiro. Ia levar Ari Coutinho (músico capixaba), mas agora vou levar Dominguinhos, que tá precisando de uma força.

No dia combinado, às quatro da manhã, Gonzaga, Dominguinhos e Anastácia, acompanhados de zabumbeiro e triângulo, deixaram o Rio de Janeiro numa Rural Willys, dando início a uma viagem que passava por Espírito Santo, Bahia e subia até o Ceará. Anastácia acumulava as funções de cantora e responsável pelo caixa. Dominguinhos, além da sanfona, assumia o volante — também anunciava o show, passeando pela cidade com uma corneta em cima do carro. Passaram três meses viajando, mas nos primeiros dias o casal já estava formado, embora escondido de seu Lua, que podia não gostar. Nesse trelelê, atravessaram a Bahia toda e chegaram a Aracaju.

Na capital sergipana, o grupo se apresentaria na inauguração de um hotel, o Motel Jacques. O chefe, muito zeloso, organizou o grupo em quartos separados, o de Anastácia em frente ao de Dominguinhos. Ao amanhecer, o sanfoneiro pegou o instrumento, como costumava fazer, e começou a tocar, divagando, se perdendo em melodias que lhe vinham à cabeça. Do seu quarto, a cantora ouvia e, apaixonada, começou a escrever uma letra para uma música e depois para outra. Quando acabou, bateu na porta do quarto da frente.

– Dominguinhos, bom dia. Tudo bem?

– Bom dia...

– Rapaz, tu tava tocando umas coisas bonitas aí, e eu coloquei uma letrinha, só que tu tem que voltar.

Anastácia solfejou mais ou menos a primeira música, ele foi procurando na memória o que tinha tocado pouco antes, até que ela identificou: "É essa daí, um baião." Na letra de "Um mundo de amor", a compositora fazia uma declaração ao parceiro:

Eu de repente vi surgir no meu caminho
Um amor tão lindo assim e cheio de carinho.
Dentro de mim, vivia tamanha solidão,
Mas expulsei de vez do coração.
Agora da tristeza não resta nem lembrança.
É um mundo de amor, cheinho de esperança.
Agora é só cantar paz no meu coração.
Adeus tristeza.
Adeus solidão.

A outra era "De amor eu morrerei":

Nos acordes da sanfona,
Vou tentando esquecer.
Quem eu amo está tão longe,
E eu não sei quando vou ver.

* * *

O RELACIONAMENTO de Anastácia com Dominguinhos se estenderia por doze anos. Entre 1968 e 1969, ele e ela chegaram a morar por dez meses em Aracaju, comandando um programa de rádio e se apresentando em circos e cinemas. Anastácia tinha acabado de lançar o quarto LP, *Anastácia*, no qual conquistava mais espaço como compositora, assinando quatro faixas. Entre elas, uma parceria com Rosil Cavalcanti, o arrasta-pé "Flor de macaçá".

— Naquele tempo, a quem tinha programa de rádio lá no Nordeste e tocava nossas músicas a gente até dava uma parceriazinha. Mas no caso do Rosil, não, porque ele era compositor. Fui divulgar um disco lá, e, não sei por que cargas-d'água, a gente foi almoçar com a turma, ele me deu um tema, que eu desenvolvi. E liguei pra ele: "Sabe aquela conversa que a gente teve lá, de repente virou uma musiquinha."

De volta a São Paulo, a cantora gravou mais um LP, *Canto do sabiá*, pela RCA, com produção do amigo Luiz Gonzaga — este seria o único disco produzido por seu Lua, que no mesmo ano gravou pela primeira vez uma composição de Anastácia e Dominguinhos, "Já vou mãe", no LP *Sertão 70*. *Canto do sabiá* trazia mais duas criações da dupla, a faixa-título e "Cheguei pra ficar". Outras cinco entrariam no repertório de *Torrão de ouro*, lançado por ela no ano seguinte.

Anastácia tinha se estabelecido em apartamento na rua Marquês de Itu, no centro da capital paulista, e Dominguinhos, mesmo ainda morando com a família no Rio, ia quase todo fim de semana para São Paulo. Convivência produtiva: Dominguinhos divagava na sanfona, criando temas aleatoriamente. "Eu era intuitivo, ia compondo, igual repentista. Era assim, saía de uma música, ia pra outra", ele conta. Inspirada pelo som que ele fazia, Anastácia escrevia as letras. Em outros casos, dava forma às melodias, criando canções instrumentais. Algumas dessas entraram nos quatro últimos discos do sanfoneiro na Cantagalo — *Lamento de caboclo*, *Tudo azul*, *Festa no sertão* (todos de 1973) e *Dominguinhos e seu acordeom* (1974). Esses, ao contrário do disco de estreia, integral ou majoritariamente instrumentais.

Como o sanfoneiro continuava morando no Rio e gravava muito nas produções de Abdias, na CBS, tinha muito acesso a outros artistas, e aproveitava para apresentar aos conhecidos as músicas que fazia com Anastácia:

— Aí a gente passou a fazer também outro tipo de música, não só nordestina. Ele compunha qualquer tipo de melodia, e eu botava a letra nas melodias dele. Eu também fazia muita música romântica sozinha, ou entrava na "bem-bolagem": "Você entra na minha música e mostra a música a fulano", aqueles negócios de compositor.

Desde a época em que administrava o escritório da Venba, Anastácia já aproveitava a proximidade de artistas agenciados para oferecer composições. A primeira delas, o samba "Conselho de amigo", foi gravada por Noite Ilustrada, a quem ela mostrou "muito envergonhada" a música.

– Ele estava numa fase muito boa na PolyGram, e o disco estourou, não com minha música, mas eu ganhei uma graninha legal. Aí eu me empolguei: "Nossa! Esse negócio é bom. Se eu acertar sempre umas musiquinhas dessas, vou ganhar uns troquinhos."

Compositora versátil, ela fez boleros que foram gravados por Waldick Soriano, Claudia Barroso, Marta Mendonça, Edith Veiga e Roberto Miller, entre outros. Em 1973, o produtor de Angela Maria levou um recado da cantora, perguntando se Anastácia não tinha uma música para ela. A compositora ofereceu "Amor que não presta não serve pra mim", que Angela gravou num compacto simples, com "Atrás da porta", de Chico Buarque, do outro lado.

Mas a partir das parcerias com Dominguinhos é que ela viu crescer o prestígio como compositora. Com frequência, Abdias solicitava músicas para serem gravadas pelos contratados da CBS. Só Marinês gravou quinze delas. Além de revelar o lado compositor de Dominguinhos, Anastácia o incentivava a cantar – coisa a que o sanfoneiro resistia – e procurava ressaltar sua importância no trabalho dela. O disco *Vamos xamegá*, lançado pela cantora em 1972, pela RCA, trazia destacado na capa: "Participação especial Dominguinhos do Forró." Mas também responsáveis pela guinada na carreira do músico nos anos 1970 foram os baianos Gal Costa e Gilberto Gil, que o descobriram durante a temporada do show *Volta pra curtir*, de Luiz Gonzaga, no teatro Tereza Rachel.

– Foi ali que o Gil tinha voltado, Chico (Buarque), todo mundo voltou do exterior nessa época, 72... E começaram a ter aquela saudade, e Gonzaga, fazendo uma temporada, era a figura mais desejada por eles pra voltar à brasilidade. Aí eles iam lá assistir, Gal ia quase todo dia. A gente fez amizade ali. Eu já conhecia a Gal, já tinha amizade com ela, Maria Bethânia, Caetano e Gil, que era o mais chegado.

Nos bastidores surgiu o convite do empresário Guilherme Araújo para que Dominguinhos acompanhasse Gilberto Gil e Gal Costa nos shows que os dois fariam na sexta edição do Mercado Internacional do Disco e da Edição Musical (Midem), em janeiro do ano seguinte. Realizado em Cannes, na França, o evento é um dos maiores encontros mundiais de empresas da área musical. Em entrevista a *O Jornal*, em 3 de agosto daquele ano, Dominguinhos falou sobre a experiência.

> No dia seguinte ao da nossa apresentação, eu fui com o dr. João Carlos, diretor da Philips, visitar o Midem. Foi um tal de gente me parar pra dar os parabéns, e eu só perguntava: "Dr. João, que é que ele tá dizendo?" Mas foi muito bom. Imagina que nós cantamos até um xote que eu fiz em parceria com Anastácia, chamado "Eu só quero um xodó". O povo endoidou com o nosso ritmo e nossa espontaneidade.

Na volta, ele continuou acompanhando Gal Costa na turnê do show *Índia*, baseado no disco homônimo da cantora. Ao jornal *O Globo*, em 1979, Dominguinhos contou que as pessoas na plateia riam quando ele entrava no palco, de chapéu de couro e acordeom, pensando que ia estragar o show. Mas acabavam seduzidas pelo som da sanfona.

– Foi uma viagem grande, e a gente andou muito. Isso foi um lado importante, porque nessa época, do acordeom ninguém queria saber, e a Gal tirou o tecladista e botou o sanfoneiro pra tocar com ela, modificou tudo. Foi aí que as pessoas voltaram a prestar atenção no acordeom.

Enquanto Anastácia se dedicava ao programa que comandava na Rádio Mulher – *Vamos acordar*, no qual, além de apresentar a seleção musical, dava conselhos ao público –, Dominguinhos caía nas graças da intelectualidade musical brasileira, com direito a contrato com a prestigiada Phonogram. O primeiro disco gravado pelo novo selo, *O forró de Dominguinhos*, lançado em 1975, era uma espécie de recapitulação do caminho que ele trilhara até ali. Metade do repertório era uma seleção de clássicos do forró (principalmente do repertório de Luiz Gonzaga), alguns em pot-pourris, como "Sebastiana", "São João do carneirinho", "O xote das meninas", "No meu pé de serra", "Olha pro céu", "Baião" e "Qui nem jiló". A outra metade feita de parcerias dele e Anastácia – incluindo "Eu só quero um xodó" e "Tenho sede".

Mas no ano seguinte o sanfoneiro seria alvo de uma saraivada de críticas ao trilhar caminhos mais sofisticados em *Domingo: o menino Dominguinhos*, que, embora reunisse basicamente composições dele e Anastácia, trazia uma sonoridade moldada pela produção do pianista Wagner Tiso, com participações do guitarrista Toninho Horta e do baixista Moacyr Albuquerque. "O antigo Neném do Acordeon, hoje gaiatamente pop, entrega-se a exercícios de jazz para acordeom em faixas como a composição 'Gracioso', de Altamiro Carrilho, e dilui em som de consumo o que em outras faixas poderiam ser excelentes baiões", criticou José Ramos Tinhorão no *Jornal do Brasil*. Na *Veja*, Tárik de Souza não foi menos impiedoso ressaltando o uso de "indesejáveis violinos e coro" e "o ralo apelo sonoro" do disco. "No disco, não há uma única faixa de toque solto sem excessivas harmonizações virtuosísticas", lamentava o crítico.

Quem também enfrentou estranhamento e algumas críticas ao buscar outros caminhos musicais foi Oswaldinho. Depois de tocar com artistas de uma nova geração nordestina que surgia à época, como Fagner, Gereba e Odair Cabeça de Poeta, o filho de Pedro Sertanejo foi indicado por Dominguinhos para acompanhar Eduardo Araújo (o músico mineiro, surgido com a turma da Jovem Guarda, tinha decidido se aventurar na fusão de rock com baião).

– Sempre tive essa influência de pessoas de outros estados fazendo essa conexão da música nordestina com a música brasileira, com o som americanizado, como foi o caso dos Novos Baianos... Foi uma coisa com que eu me identifiquei muito fácil.

Com o nome artístico de Oswaldo Silva, o filho de Pedro Sertanejo iniciou a década de 1970 gravando discos como *Nordeste eu te amo*.

– Eu gravei vários LPs voltados pro Nordeste, mas eu era mais um e não conseguia vender o suficiente. Enquanto isso, eu tinha que me virar, tocava órgão com banda de baile. Ao mesmo tempo, quando eu comecei a tocar piano, comecei a estudar música clássica e o que aconteceu é que depois eu fui descobrindo um caminho, na época, o rock épico.

Ao observar bandas do rock progressivo e do hard rock incorporando elementos da música clássica, Oswaldinho pensou: "Por que não trazer o clássico pro forró?" Sabia que ia encontrar resistência em um meio que considerava conservador. Em São Paulo, aprendera a tocar piano por falta de um conservatório onde pudesse ter aulas de acordeom. Decidiu, então, mostrar seus experimentos no forró do pai.

– Falei: "Meu teste vai ser aqui, se aqui não der..." Rapaz, quando eu lancei a *Quinta Sinfonia* de Beethoven tocada com zabumba e triângulo, no disco *Forró in Concert* que eu fiz em 1980, na Continental, os conterrâneos diziam pra mim: "Oswaldinho, você vai tocar a 'Sanfoninha' de Beethoven hoje?" Então, começou a dar certo, comecei a popularizar, mas também levei muita pancada na cabeça.

No disco produzido por Pena Schmidt, além da adaptação da "sanfoninha" de Beethoven, Oswaldinho incluiu composições próprias como "Forró com fritas", "Cá entre nós", "Língua de canivete", "Motivação" e "Risco". Além do acordeom, tocou piano acústico, órgãos Moog e Hammond. Na apresentação impressa na contracapa, Pedro Sertanejo relembra a trajetória do filho que, com oito anos, participou da faixa "Menino do pirulito", do disco *Chapéu de couro*. Conta que Oswaldinho, "criado no forró", começou a se apresentar acompanhando os cantores no primeiro forró de Pedro, na Vila Carioca, no Ipiranga, em São Paulo:

– Quantas vezes ele teve que fugir para se esconder do Juizado de Menores! Ficava até engraçado, quando os homens entravam no salão, encontravam só o cantor, sem nenhum músico acompanhante. Eles não entendiam nada!

No texto, Pedro Sertanejo lembra ainda que Oswaldinho, "quando quase todos os meninos resolveram formar conjuntos e tocar em bailes", cogitou trocar o acordeom pelo órgão. O pai o demoveu da ideia e, feliz, comemorou a decisão:

– Hoje sei que valeu a pena! Além do acordeom, ele toca outros dez instrumentos de teclado. ... Outra coisa que muito me orgulha é ver que

Oswaldinho sempre procurou aperfeiçoar-se e está mostrando que o acordeom é um instrumento de múltiplas possibilidades. Exemplo disto é esse disco, onde Oswaldinho toca, com a mesma desenvoltura, tanto um forró quanto um clássico. E como eu me orgulho disso!

Ao longo dos anos, a ousadia de Oswaldinho foi reconhecida, recebendo o respeito da crítica e sucessivos convites para apresentações fora do Brasil. Em 2004, ele participou de uma espécie de "grande encontro" das sanfonas, ao dividir com Dominguinhos e Sivuca o CD *Cada um belisca um pouco*. No trabalho, lançado pela gravadora Biscoito Fino e produzido por José Milton, o trio homenageia Gonzagão com pot-pourris e releituras de sucessos como "Asa branca". Em avaliação publicada na revista *IstoÉ Gente*, o crítico Mauro Ferreira comemorou o fato de o trio tocar "música nordestina sem ortodoxia, com a liberdade do improviso jazzístico". E atesta: "O refinamento dos arranjos, o virtuosismo dos músicos e as ousadias estilísticas do trio não tiram do CD seu caráter popular."

9. As caravanas e o coroné

– SE ARRIPINICA NA SANFONA, compadre Gerson!

Para interpretar o personagem Zé Lagoa, o humorista cearense Chico Anysio utiliza voz rouca semelhante à de sua criação mais célebre, o Professor Raimundo. À maneira dele, incita Gerson Filho a esmerilhar o fole e incendiar a festa. Ao encarnar o dono do salão, o humorista avisa: "Vamos respeitar o regulamento do forró. ... Hora de dançar é hora de dançar, hora de et cetera é hora de et cetera. E eu não quero et cetera no meu alpendre!" Ao saber por Chiquinha (a atriz Nancy Wanderley) que há "cambada de sem-vergonha que se aproveita da zoada para estalar beijo nos cangotes das moças", ordena a um dos homens no recinto:

– Tira as ventas do pescoço da moça, senão tu desfalece!

A gravação de "Forró de Zé Lagoa", com o nome de Francisco Anysio no rótulo, consta do LP *Fole de oito baixos*, de Gerson Filho, alagoano de Penedo, no Rio desde 1948. Em sequência de lançamentos pela RCA Victor na virada para os anos 1960, entre eles *Xodó de sanfoneiro* (que incluía uma guarânia, "Madrugada"), Gerson Filho confirma a versatilidade do instrumento. Desfia polcas, xotes, baiões, sambas na sanfoninha, ajudando a retomar a simplicidade e singeleza ofuscadas após a ascensão do portentoso acordeom de 120 baixos, "o piano de peito", marca registrada de Luiz Gonzaga.

O fole de oito baixos, tão marcante na iniciação musical de Gonzaga graças ao pai, Januário, tinha voltado à baila também na casa dos Farias depois de provocação de Marinês para Abdias:

– Ô hômi, por que você não faz o teu disco?

Ele relutou um pouco, mas resolveu gravar com a sanfoninha. O problema é que não possuía mais seu instrumento original. Antonio Barros, ao saber que Abdias estava atrás de um fole, lembrou do compadre Zé Calixto e o consultou:

— Zé, você não quer vender seu fole? Abdias quer gravar e está precisando de um...

Calixto topou. Tinha dois instrumentos, poderia perfeitamente repassar um deles para o conterrâneo. Ficou com o Todeschini, que tinha seu nome em relevo, e vendeu o Hering azul-escuro para Abdias, justo o instrumento que utilizara para fazer suas primeiras gravações.

— O som era o meu, eu vendi para ele.

O som de Zé Calixto tinha começado a se materializar quando ainda morava em Campina Grande e, em 1959, recebeu carta de Antonio Barros, cumprindo a promessa de chamá-lo quando aparecesse uma oportunidade concreta. Foi a carta chegar e a esposa, Rita, desabar em lágrimas, preocupada com a mudança do marido para o Rio de Janeiro:

— Tenha calma que eu vou levar você também, Ritinha.

Depois de oito dias no ônibus, Zé chegou à capital fluminense. Foi morar com um tio, que trabalhava na Light, em Ribeirão das Lajes, a cerca de 50 quilômetros do centro do Rio. A dureza da viagem começou a ser recompensada quando Barros agendou audição na Philips para o amigo. Depois de escutar o fole de Calixto, o diretor artístico da gravadora, Luís Bittencourt, externou o espanto:

— Nunca vi ninguém tocar desse jeito!

Preparou contrato de exclusividade. Zé Calixto, assim como Jackson do Pandeiro e Marinês e Sua Gente, assinou e passou a ser artista da Philips. A primeira gravação, em disco de 78 rotações, foi "Forró de seu Dideu", homenagem ao pai. No ano seguinte, em 1960, veio o primeiro LP, *Zé Calixto e sua sanfona de oito baixos*; no repertório, chorinhos como "Brasileirinho" (Waldir Azevedo) e composições próprias, a exemplo de "Bossa nova em oito baixos", com origem mais ligada à reputação adquirida pelo gênero do que propriamente à eventual parecença de acordes ou arranjos:

— A bossa nova era só o que se falava na época, todo mundo dizia que era uma coisa diferente. Aí me veio a ideia de fazer também uma melodiazinha diferente, difícil e bonita.

Também entraram no disco as músicas que o pai tocava, a exemplo de "Polquinha brejeira". Algumas eram de domínio público, mas Calixto as assinou, por orientação da gravadora:

– Disseram para mim: "Não pode gravar sem ter o nome de alguém no disco." E eu, que não sabia de nada, fiz como eles disseram para fazer.

Apresentado na contracapa como "artista autenticamente do interior" e intérprete "das músicas da terra, ainda puras, livre das influências estranhas que as das capitais infalivelmente sofrem", Zé Calixto ganhou destaque na estreia. Mas seria com o segundo LP, *A volta do sanfoneiro*, que teria maior repercussão. Sua interpretação para um dos temas que tocava nas noites de Campina Grande, o choro "Escadaria" (Pedro Raimundo), caiu no gosto dos conterrâneos. E reforçou o que apregoava o texto de apresentação do disco:

> No momento em que se nota uma acentuada sofisticação em nossos ritmos populares, é um consolo ouvir um artista que ainda não se deixou influenciar pelas músicas dos filmes de cinema, pelas gravações que nos vêm do estrangeiro, pelos artistas que nos visitam, alguns deles puros produtos de uma propaganda bem-organizada. Não, em Zé Calixto tudo é brasileiro, é nosso, veio da terra.

Já estabelecido no Rio, Zé Calixto trouxe a mulher e viu os primeiros filhos nascerem em Ribeirão das Lajes. Depois passou por Mesquita até comprar casa na Pavuna, onde viveria por mais de trinta anos. Período profícuo: gravava mais de um disco por ano, algumas vezes solo, outras dividindo o LP com outros artistas. Em *Caminho da roça*, voltado especialmente para os festejos de junho, dividiu as faixas com Jackson do Pandeiro e Almira. O disco incluiu "A pisada é essa", feita pelos dois paraibanos e que tinha nascido de forma curiosa: Jackson, considerado pelos colegas um autêntico "sanfoneiro de boca", solfejou uma linha melódica; Calixto ouviu com atenção, transpôs para o fole e "deu uma ajeitadinha". Pronto, nascia a primeira e única parceria assinada pela dupla, de amizade inabalável desde os tempos campinenses de Manchúria, quando o ritmista ainda era chamado de Zé Jack.

– Jackson foi um verdadeiro irmão. Um cara humilde, manso, pacato; só era temperamental se provocassem ele. Gostava de tomar um gorozinho, mas era fraco pra bebida. Ficava "de fogo" muito fácil. Qualquer coisa, ele chorava.

A ideia do disco temático, para ser tocado de cabo a rabo durante os folguedos do meio do ano, teve boa acolhida e foi repetida, com mais sofisticação, no LP *São-joão no Brejo* (1964). Os cantores Alventino Cavalcanti e Borrachinha juntavam-se a Jackson, Almira e Calixto para reproduzir em estúdio o andamento de uma festa tipicamente nordestina, conduzida pelo pandeirista, que, na primeira faixa, anuncia:

– Atenção, pessoá! Chegou o tocador! Puxa a concertina que vai começar o arrasta-pé!

Enquanto Calixto esmerilha em "Queima a sola do pé", Jackson faz referência a uma cena muito recorrente nos forrós:

– Esse salão tem uma coisa que eu não tô gostando: gente armada! Mas deixe comigo que depois resolvo essa parada...

A festa prossegue. Jackson ordena: "Castiga a concertina de novo!", antes de cantar "O navio tá na marcha" e de voltar ao motivo de sua contrariedade:

– Olha, o negócio tá muito gostosinho, muito bonzinho, mas tem umas coisinhas que eu não tô gostando.

Dá ordem para sua acompanhante:

– Josefa, venha cá. O negócio não tá bom aqui, não. Muita gente armada dentro do salão, isso não tá direito. Você vai desarmar essa raça. Pegue logo aquele cidadão ali, tá com um cacete, traga pra cá. Muito bem! O outro lá, com a foice, tem que dar. Pega o trabuco do outro. Cidadão daquele com punhal daquele tamanho, pra que, numa sala de dança? Traz pra cá. Bote tudo em cima da cama. Deixe a porta aberta. Só entrego amanhã de manhã, quando acabar o baile...

Pronto: agora, com espíritos e cinturas desarmados, o apresentador está à vontade para continuar a festa. Conta que vai chamar um convidado, Alventino, "cabra do chapéu de couro grande", referência ao inseparável acessório do cantor de Pernambuco, conhecido até então por ter sido um dos autores, junto com João do Vale, de "O canto da ema". Vem a ordem para Calixto:

– Castiga o fole!

Depois que o cantor faz seu número com "Hoje tá pra mim", Jackson volta ao comando. Manda Alventino "tomar uma lá fora" e convoca outro intérprete. É a vez de Borrachinha, com "Sem ter obrigação":

Quem quiser casar
E não ter obrigação
Aproveite o casamento
Da noite de são-joão...

Depois, ouve-se o grito do pandeirista para o dono dos oito baixos:

– Vai, Zé!

O fole contagiante de Calixto garante o suadouro. Para reduzir a taquicardia, Jackson avisa que é hora de tirar os sapatos e formar uma roda: "Agora vou fazer um coquinho pra vocês." Após o coco "Véspera de são-joão", chama Borrachinha, "para sacudir o negócio de novo", seguido por mais um número de Calixto e de advertência sobre as regras do salão:

– Eu quero prevenir as damas: não podem cortar cavalheiro nenhum, seja ele quem for! Quem não veio dançar, vá dormir, pelo amor de Deus, que não quero ver emboança aqui! Muito bem! Então, vamos castigar com Zé Calixto novamente!

Malicioso, Jackson avisa para os rapazes, em tom cúmplice:

– Não soltem as cavalheiras, fique tudo grudadinho que eu vou seguir até enramar! Comigo!

Gaiato, diz que ficou sabendo que há uma moça querendo dançar com Alventino, mas que tem sugestão melhor para a pretendente:

– Peraí, minha filha. Vou chamar ele pra cantar e eu mesmo castigo você, tá?

Dito e feito. Alventino entra para cantar o romântico "O baião da letra A" ("Gosto da letra A porque escrevo amor. /Só gosto do T porque diz terminou"), de sua autoria com Rodolfo Barros e Luciano de Carvalho. O disco vai acabando, e Jackson volta com a última orientação aos que passaram a noite na dança:

– Atenção, minha gente. Olha lá! Já que a festa vai terminar, são cinco e meia da manhã, eu vou mandar e a Zefa vai entregar as facas, os revólveres, os cacetes, as foices ao pessoá, e eu vou continuar cantando. Se quiser mais alguma coisinha, vão pedindo que eu vou ficando...

Encerra com uma saudação e uma promessa:

– Viva são João! Até para o ano, pessoal!

Jackson e Zé Calixto ficariam ainda mais próximos durante as caravanas realizadas pelo Nordeste para divulgação da coletânea *O fino da roça*, da PolyGram, um dos produtos criados para aproveitar o apelo das festas juninas. Em duas Kombis, uma trupe de artistas nordestinos – Calixto, Alventino, Borrachinha, Genival Lacerda, Adélia Ramos, Zé Catraca, entre outros – sairia do Rio, percorreria as capitais da região e depois seguiria até Belém. Mais desembaraçado que todos, Genival foi encarregado pelo diretor André Midani, da Philips, de cuidar da parte de contato com as rádios e os organizadores locais:

– Eu tomava conta de tudo.

Nome mais conhecido, Jackson desempenhava o papel de mestre de cerimônias: abria os shows com alguns de seus sucessos e depois ia chamando, uma a uma, as outras atrações. O pandeirista aproveitava o repertório dos colegas para dar uma canja. Quando Zé Calixto tocava "Escadaria", por exemplo, Jackson fazia um solo, como lembra o tocador de fole:

– Ele dava aquelas viradas bonitas de pandeiro e todo mundo vibrava!

Saía um, entrava outro, mas ninguém podia ir embora. Ficavam perto do palco porque, no número de encerramento, todos voltavam para cantar e tocar juntos, acompanhando Jackson. A excursão foi um sucesso até chegar a João Pessoa. Calixto ouviu o pandeirista dizer que estava com medo daquilo de que tomara conhecimento: por causa da seca, tinha sido registrada uma série de saques a armazéns e lojas nas cidades do Rio Grande do Norte:

– Olha, Zé, é melhor a gente não prosseguir, não. O negócio tá muito perigoso!

Depois de quase um mês na estrada, voltaram do Rio Grande do Norte para o Rio de Janeiro. O que Jackson não sabia é que os ataques não se restringiram ao solo potiguar. E chamaram a atenção de todo o Brasil. Em 21 de maio de 1970, a *Folha de S.Paulo* registrava: cidades do interior de Pernambuco, Paraíba e Ceará invadidas pelas vítimas da seca. A reportagem destacava que, em Souza, os flagelados pediam esmolas nas feiras livres e nos estabelecimentos comerciais; outros municípios paraibanos estavam ameaçados "por pessoas famintas e desempregadas, o mesmo acontecendo com a chamada zona do Cariri". Com a escassez de chuva, "a mandioca está perdida, o mesmo acontecendo com as culturas do milho e do feijão". Além da seca, o desemprego preocupava as autoridades das áreas atingidas. Para garantir o mínimo de renda, a Sudene abriu frentes de trabalho: "Os flagelados estão trabalhando na conservação de rodovias recebendo cada um dois cruzeiros por dia; cerca de 20 mil trabalhadores estão sendo empregados. Os fazendeiros não oferecem trabalho porque não têm o que colher ou plantar."

Poucos ficaram sabendo, contudo, o motivo real do cancelamento da última parte da turnê de divulgação. Segundo Genival Lacerda, um caso amoroso entre dois dos integrantes da turnê tinha tornado a situação periclitante. Antes que o caldo entornasse, Genival ligou para Midani, contou o que estava ocorrendo, e o diretor ordenou:

– Isso não vai acabar bem. É melhor voltar.

Um pouco antes da saga nordestina dos contratados da Philips ser assombrada pelos flagelados e interrompida pelas desventuras sentimentais de dois de seus integrantes, a CBS decidira investir no segmento das festas juninas. Tudo começou depois que Abdias, após ver consolidada as carreiras de Marinês e a própria como solista, mergulhou no trabalho de produtor. Destacou-se de tal forma que foi convidado a assumir a direção artística do departamento regional da gravadora. Logo percebeu que precisava fortalecer o elenco da CBS para dar conta do mercado mais competitivo do país.

– Rio de Janeiro é a prova dos noves. Artista que não passar pelo Rio de Janeiro não é artista consagrado.

Por mais que Pedro Sertanejo tivesse desbravado o mercado de São Paulo com a Cantagalo, e a Copacabana estivesse sediada na capital paulista, as grandes oportunidades continuavam concentradas na capital fluminense. Abdias acertou a transferência de Marinês e levou também Jackson do Pandeiro. Fez mais: reparou que não havia tradição de lançar marchas juninas que não tratassem dos rituais, como fogueiras, comidas típicas etc. Foi quando Antonio Barros apareceu com uma sequência de músicas de temática diferente, ao mesmo tempo romântica e nostálgica, sobre cenas que observava nas festas:

Eu fiquei tão triste,
Naquele são-joão,
Porque você não veio
Alegrar o meu coração...

Barros gravou essas músicas, mandou para Abdias. A princípio, o produtor não deu muita importância. Até que o filho, Marcos, então com sete anos, passou a repetir "Brincadeira na fogueira" ("Tem tanta fogueira / Tem tanto balão..."), uma das composições que conheceu ao ouvir a fita em casa. O pai chamou o amigo compositor e avisou:

– Ô Antonio, Marquinhos é o dia todo cantando essa música sua... Vou ter que gravar. Se ele gostou, acho que todo mundo vai gostar.

Todos gostaram – e Abdias descobriu um filão. Nascia a coletânea *Pau de sebo*. No caso da CBS, havia atrativo em relação à série junina *O fino da roça*, da PolyGram: gravações inéditas. Ao entrar em estúdio, o artista gravava catorze faixas: doze para o disco de carreira, duas para a coletânea, com os custos incluídos no plano de produção. O cronograma passou a ser organizado da seguinte forma: uma semana após o Carnaval, chegava às lojas o disco de carreira. Na primeira semana de maio, era a vez do *Pau de sebo* daquele ano. O volume 5, lançado em 1971, ganhou apresentação caprichada de um dos funcionários da gravadora, um jovem baiano chamado Raul Seixas:

> O amigo discófilo já imaginou quanto uma casa de espetáculos teria que pagar por um show junino com Marinês, Trio Nordestino, Abdias Filho, Osvaldo Oliveira, Jacinto Silva e João do Pife? Está claro que custaria uma "nota violenta", como dizemos na gíria. Pois bem... Todos eles estão aqui, dentro desta capa e protegidos por um plástico, num show permanente e baratinho pra você. E não é só isso. É que a CBS também incluiu mais três valores neste volume 5, sem alterar pra você o preço do show. São eles Jackson do Pandeiro, Elino Julião e o Coronel Ludrú, aumentando para nove o número de artistas à sua disposição. Agora resta você colocar o disco no prato, ligar a radiola, juntar a família num auditório todo feito com carinho pelos melhores artistas do gênero. É mais um presente da CBS para você e sua família.

As sessões de fotos para a capa de *Pau de sebo* quase sempre aconteciam na casa de Abdias e Marinês, no alto de uma ladeira no bairro de Guarabu, na Ilha do Governador. Casa, não, mansão. Eram oito quartos, duas salas, piscina, sala de estudos, salão de jogos com sinuca e mesas para carteado, um bar para bebidas importadas e outro, mais informal, sempre abastecido de cerveja e da cachaça que Abdias mandava trazer dos alambiques prediletos. No portão, para não deixar dúvidas sobre a origem dos donos da propriedade, chapéus de couro e xique-xique estilizados, ideia de Marinês.

Nos dias de fotos, a anfitriã caprichava no cardápio. Buchadas e rabadas aguardavam músicos e fotógrafos. As sessões duravam o dia inteiro, e utilizavam-se como locações internas os diversos ambientes da casa, e, nas externas, a praça perto da entrada da mansão. Muitas vezes, porém, as imagens nasciam no Estúdio Mafra, do fotógrafo Luiz Mafra Ramos, no 17º andar da avenida Treze de Maio, próximo ao Theatro Municipal. No mesmo lugar onde eram produzidas campanhas publicitárias de grandes empresas como Souza Cruz e Varig, o fotógrafo recebia as orientações detalhadas de Abdias, muitas vezes acompanhadas por um layout:

— Mafra, é assim que eu quero!

Como se fosse diretor de arte, o paraibano conduzia as sessões do início ao fim. Trazia o figurino de seus contratados, inspecionava a troca de roupas, selecionava os objetos cenográficos, verificava a luz. Tudo pronto, ia até o visor da câmera Hasselblad, fixada em tripé, e checava se o enquadramento estava como tinha imaginado. Sabia o que queria — e o necessário para chegar lá. Fernando Mafra, filho do fotógrafo e assistente do pai em diversas produções, não esquece do homem corpulento, sotaque forte, careteiro a ponto de lembrar o personagem Curly (um dos Três Patetas), tão suado quanto animado, que dirigia as fotos na base do café e pão com mortadela:

— Abdias era uma figuraça. Elétrico, quando descia do elevador a gente já sabia que era ele. Dizia que tinha laçado mais gente do Nordeste para gravar e fazer as fotos. Ele chegava lá pronto.

Por comandar um dos departamentos mais rentáveis da CBS, o homem elétrico estava com a rotina cada vez mais concorrida. Subia diariamente a escadaria de mármore da sede da gravadora, prédio climatizado na rua Visconde do Rio Branco, no centro do Rio. Passava pelas salas de produção e de divulgação, acompanhava a movimentação nos dois estúdios de gravação. E, mais importante, ficava permanentemente de olho em seus pupilos. Como lembra Marcos Farias, então pré-adolescente, mas já acompanhando de perto o trabalho do pai:

– Quando marcavam sessão, os músicos compravam roupa nova. A gravação era um evento: só entrava alinhado, nos trinques. Até sapato novo o pessoal usava para gravar.

Quase todos residentes do subúrbio, os músicos nordestinos saíam de casa às cinco e meia da manhã e chegavam ao centro do Rio por volta das sete. Tomavam café em frente à gravadora, às nove começava o trabalho. Almoçavam em restaurantes próximos, como Espaguetelândia e Garota do Rio – os donos deste último, portugueses, preparavam de vez em quando um bacalhau com grão-de-bico, acompanhado por vinho servido em enormes jarras. De barriga cheia, seguiam até as sete da noite. Para aliviar a jornada, saíam da gravadora para os bares próximos, como o tradicional Armazém Senado, inaugurado em 1907 e muito frequentado também pelas turmas do samba e do choro.

Gravavam, em média, um disco por semana. A base instrumental de hábito utilizada não só na CBS, mas também em outras gravadoras, vinha afinada dos shows com Jackson do Pandeiro desde o início da década de 1960. Era formada por um ex-cunhado e dois irmãos de Jackson: Melquíades "Loza" Lacerda, irmão de Genival, no agogô e no pandeiro; João "Tinda" Gomes no triângulo; Geraldo "Cícero" Gomes no zabumba. Cícero, por sinal, tinha sido diretamente responsável pelo estabelecimento de um novo padrão rítmico para o instrumento; antes grande e grave, o zabumba ganhou versão compacta, o que facilitava o toque suingado, cheio de ginga, do irmão de Jackson, herança dos tempos de mistura musical nos cabarés campinenses.

A fase mais demorada da produção dos discos ficava por conta do repertório. Aos seus compositores de confiança, Abdias encomendava um lote de inéditas. Autores como Antonio Barros entregavam fitas com quinze, vinte músicas. O produtor escutava o cassete, separava as que julgava mais afeitas a cada um dos seus artistas e avisava:

— Olha, já temos as músicas do Antonio Barros. Essa vai para o Trio Nordestino, essa dá para Marinês cantar, essa para Osvaldo Oliveira...

Alguns não gostavam da intromissão no repertório. De nada adiantava reclamar. A palavra final era de Abdias, inflexível:

— É essa que você vai gravar.

Não havia muita negociação também na hora de elaborar as introduções das músicas. Quando alguém tentava se arriscar, Abdias brecava na hora:

— Não, não. O compadre (Antonio Barros) vai chegar, deixe que ele vai fazer as introduções.

Além de receber lotes de músicas e distribuí-las, o paraibano também fazia encomendas ao conterrâneo:

— Antonio, prepare uma música pra Marinês sobre Mossoró. Eu trouxe uns dados sobre a cidade.

— Me dê o mote.

— Areia colorida, pingo de água doce...

— Peraí que vou pensar em alguma coisa.

Pouco tempo depois, Barros voltou com a letra:

Mossoró, Mossoró, Mossoró,
Rio Grande do Norte, terra boa, meu xodó.

Só que, na segunda parte de "Mossoró", Barros foi além da descrição encomendada e retomou característica recorrente em sua obra, o ponto de vista do retirante obrigado a se afastar de sua terra natal:

Mossoró, da linda praia do Tibau,
O pingo d'água doce, das areias coloridas.
A minha vida ficou lá em Mossoró.
Eu vivo aqui tão só, como é triste a minha vida...

Arranjos definidos e intérpretes ensaiados, os músicos aproveitavam para testar as músicas nas festas juninas pelo Nordeste. Quando voltavam de viagem, estava na época de gravar – entravam em estúdio entre agosto e setembro. Seguia-se rigorosamente o plano de gravação, estimativa orçamentária para se produzir um teipe: nele eram incluídos os pagamentos dos músicos, arranjadores, cantores, fotógrafos etc. Depois Abdias comandava reunião de produção, na qual se discutia a estimativa de venda do disco, baseada na análise do desempenho do artista no trabalho anterior, até se chegar ao orçamento final. Base, vocal, coral... O que cada um fazia no estúdio era pago proporcionalmente ao tempo gasto. Por trás de um vidro, o caixa efetuava os pagamentos em dinheiro vivo; posteriormente vieram os cheques, descontados em agência do Banco Andrade Arnaud. Alguns pegavam as quantias para comprar ornamentos – Jackson do Pandeiro, por exemplo, gostava de andar com grossas pulseiras e colares de ouro. Outros gastavam em chapéus, suspensórios, ceroulas; os sapatos de Abdias eram feitos sob encomenda. Roupa era na Ducal, boa para comprar calças de linho, ou na Impecável, na avenida Marechal Floriano. Já os instrumentos musicais vinham de lojas como A Guitarra de Prata, na rua da Carioca, fundada em 1887 e um dos primeiros pontos de venda de gramofones no Rio de Janeiro. Lá Jackson adquiria seus pandeiros e Abdias encomendava acordeons italianos, que levavam até um ano para chegar.

* * *

Consolidado no posto de diretor artístico do segmento regional da CBS, Abdias tinha carta branca para contratações: certa vez, voltou do Nordeste com mais uma descoberta – João do Pife. Resolveu apostar. Mandou fabricar 5 mil compactos duplos, mais sofisticados que o simples, com capa própria, em vez de mera embalagem. Só que o vinil com quatro músicas do alagoano vendeu pouco, quase nada. O chefe de Abdias, Evandro Ribeiro, o chamou para perguntar:

— Seu Abdias, naquela sua casa grande, maravilhosa, tem um quarto disponível nela?

— Tem. Por quê?

– Vou precisar guardar umas coisas lá: são os 5 mil discos de João do Pife que o senhor mandou fazer e não venderam nada. Ninguém quis nem botar na loja. Vou mandar descarregar tudo na sua casa.

Abdias teve que abrir as portas da casa, a mesma em que recepcionava figurões da gravadora e astros do segmento jovem, como Roberto Carlos, Jerry Adriani e Wanderléa, para abrigar o encalhe. Assim o fez. Tempos depois, deu o troco. Utilizou um de seus campeões de vendagem para reverter o prejuízo. Fez o comediante Luiz Jacinto da Silva, intérprete do personagem Coronel Ludugero, convocar João do Pife para tocar em uma das faixas do disco *Ludugero casa uma filha* e anunciar:

– Ô mestre João do Pife, agora é hora de tu lascar e nós começar a festa! Viva os noivos!

Pronto: as diversas citações a João do Pife, que participou do esquete do casamento da filha de Ludugero, Trubana, com o secretário dele, Otrope, fizeram o disco desencalhar, e ainda foi necessário fabricar uma nova tiragem. Com Ludugero não tinha erro; desde que surgira, em Pernambuco, era um sucesso atrás de outro.

O talento de Luiz Jacinto foi descoberto pelo amigo José Almeida, responsável pela parte publicitária do programa de auditório apresentado pelo irmão dele, Onildo, na Rádio Cultura de Caruaru. Sabendo quanto Jacinto era extrovertido e metido a gaiato, José o convidava para criar intervenções no merchandising feito durante a atração radiofônica. O público se acabava de rir. A presença do humorista amador se tornou tão frequente que Luiz Queiroga começou a escrever os textos a serem falados por ele. Queiroga passou então a produzir Luiz Jacinto e a gravar com ele no Recife, onde morava, esquetes para serem veiculados sempre ao meio-dia pela Rádio Cultura de Caruaru. Pouco depois, o programa começou a ser transmitido também pela Rádio Tamandaré, do mesmo grupo da pioneira Rádio Clube, os Diários Associados. Daí para o humorista mostrar a cara em participações na TV Rádio Clube foi um pulo.

O êxito obtido no rádio e na TV se repetiu com a gravação da marchinha "Se tivé mulhé", de Onildo Almeida, pelo selo Mocambo, da gravadora Rozenblit, já assumindo a persona do Coronel Ludugero. O primeiro

LP, *Dixe bom*, veio em seguida. A surpresa com o convite para ocupar o espaço reservado a cantores e músicos é impressa na contracapa, no linguajar do Coroné: "Apois num é qui mi convidaro mode agravar um disque?"

O disco trazia textos humorísticos – ou "cenas cômicas", como se dizia na contracapa – alternados com músicas como o xote "Duas fia pra casá" (Onildo Almeida), o coco "Balançando a limeira" (Onildo e Jacinto Silva) e a marcha de roda "Sem mulé não presta" (Nelson Ferreira e Luiz Queiroga). O passo seguinte seria tentar explorar o mercado a partir do Rio de Janeiro, com a carreira sempre aos cuidados de Luiz Queiroga. Contratado pela TV Tupi, em 1964, Luiz Jacinto entrou para o elenco do programa *AEIO Urca* fazendo Zé Beato, sacristão puritano e tímido, criado por Hílton Marques. Depois, passou a fazer parte da lista de alunos de Chico Anysio na *Escolinha do Professor Raimundo*, dividindo-se entre Zé Beato e o personagem que o consagraria, o Coronel Ludugero. Foi por essa época que, passando um dia pela porta da CBS, resolveu procurar Abdias para bater papo. Saiu de lá com um contrato assinado, estreando na gravadora com o LP *Ludugero manda brasa*, nos mesmos moldes de *Dixe bom*, com textos de Queiroga e Luiz Jacinto, e músicas de Onildo Almeida (desta vez "Eu vi passar" e "Xote fungadinho").

Como se fosse alguém da família contando histórias no alpendre da casa, o Coronel tornava os seus causos mais engraçados pela interpretação marcante de Luiz Jacinto. Com voz metálica e meio anasalada, agudíssima, ele fazia Ludugero subverter o dicionário e a gramática. Trocava letras, embolava conjugações verbais, criava palavras, enfim, fazia tudo aquilo que provocava riso, graças à sagacidade sertaneja. Em um dos esquetes, um matuto reclama, após comprar um animal do Coronel:

– Coroné, o cavalo não tem beiço de baixo!

A resposta de Ludugero vem de bate-pronto:

– Tu quer esse cavalo para trabalhar carregando carroça ou para assobiar?

Ludugero não fazia sucesso sozinho. As gargalhadas nasciam a partir das conversas do personagem com o fiel escudeiro Otrope (Irandir Peres Costa, quase sempre o "escada", responsável pela preparação das piadas) e com a mulher, Felomena (Mercedes Del Prado). A cena a seguir, quando Ludugero explica a Otrope suas desventuras com um carro novo, é exemplar:

– Cismei de comprar carro: um Lero-lile (Aero Willys) não prestou. Comprei um Gordinho (Gordine), não prestou. Comprei um Zé Dolfini (Renault Dolfini), e nada. Quando é agora, comprei um Equisivaguem (Volkswagen), que é uma porcaria!
– Que é isso, Coronel! Mas é um carro que serve a todo mundo...

Ludugero prossegue, contando que passeava no carro novo quando foi surpreendido pela falta de gasolina bem em frente a uma usina. Um transeunte, ao ver a cena, sugeriu:

– Ô Coroné, por que o senhor não bota mel de engenho?
– E é bom?

Fez o que foi sugerido. Pegou duas latas de mel e derramou no tanque de combustível. A indignação de Otrope, na verdade, é a preparação da piada final:

– Escute, Coronel: o senhor botou mel de engenho no Volkswagen?!
– Duas latas!
– E esse carro conseguiu andar?
– Andou, Otrope. Mas toda acelerada que eu dava saltava uma rapadura lá detrás, uma rapadura deste tamanho. Não há quem aguente!

No rádio, na TV, no toca-discos... Em março de 1970, Ludugero e Otrope estavam no auge da popularidade quando Luiz Jacinto e Irandir Peres morreram em acidente aéreo na baía do Guajará, em Belém do Pará.

Jacinto seguia para encontrar o amigo, o ator e humorista Lúcio Mauro Barbalho; fariam juntos uma série de apresentações na capital paraense e em Manaus. Chocado, Lúcio ajudou como pôde a família de seu compadre. Por indicação do ator, um dos filhos de Jacinto, Julio Cesar Vieira, havia feito testes na TV Globo e participou de novelas como *O bem amado* e *Escalada*; em 1977, o afilhado de Lúcio Mauro conquistaria o Brasil como o Pedrinho no seriado *Sítio do Pica-Pau Amarelo*, da obra de Monteiro Lobato. Abdias também ajudou: por sua interferência, a CBS lançou disco póstumo com gravação do show de Ludugero em Pernambuco e repassou parte do dinheiro das vendas para a família de Jacinto.

Meses antes de morrer, Luiz Jacinto da Silva havia gravado, a convite do publicitário José Severino do Carmo, um jingle para a rede de revendedoras de peças automotivas Cadisa. Quando veio a notícia da tragédia, a voz do Coroné Ludugero ainda era ouvida em emissoras de rádio de Pernambuco, Paraíba, Alagoas, Ceará e Bahia, cantando a adaptação de um de seus sucessos, "Lá vem o dia", de Onildo Almeida (transformado em "Lá vem Cadisa").

A comoção pública ganhou força pelos detalhes da tragédia. Chegou a Pernambuco a informação de que, quando o avião mergulhou nas águas da baía do Guajará, os corpos de tripulação e passageiros foram devorados pelas piranhas. Do corpo de Luiz Jacinto da Silva só fora encontrado uma parte das costas, onde havia um sinal de nascença que permitiu seu reconhecimento. Os restos mortais do humorista foram levados para Caruaru e transportados, a partir do Recife, por um caminhão do Corpo de Bombeiros. Ao longo dos 131 quilômetros que separam a capital pernambucana da cidade natal de Jacinto, a BR 232 foi tomada por moradores das cidades próximas, que queriam ver o cortejo e se despedir do artista.

Para o povo, que passara a última década rindo das trapalhadas do Coronel Ludugero, era difícil acreditar que tudo tinha virado silêncio de forma tão abrupta. E como ninguém viu o corpo, logo surgiram boatos de que a morte era uma farsa. O cordelista José Soares, autointitulado "poeta repórter", escreveu no folheto *Ludugero: morto ou vivo?* a história de um "ilustre advogado" que teria ido ao programa de Fernando Castelão, da TV

Rádio Clube, com a "alviçareira (*sic*) notícia" de que o "Coroné" estava vivo. O próprio advogado, "senhor Magno Nunes Costa", o teria encontrado pessoalmente na rua Ubaldo de Matos, no centro do Recife. "Foi no dia 17 de maio próximo passado, /Mais ou menos às vinte horas", detalhava.

> Falou o criminalista,
> Todo mundo está lembrado,
> Que o corpo de Ludugero
> Morto não foi encontrado.
> Pois Ludugero está vivo.
> O povo está enganado.
>
> Dizem que ele morreu
> Num desastre aviatório.
> E muita gente inocente,
> Sem ter culpa no cartório,
> Rezou pela alma dele
> E acompanhou o velório.

Questionado pelo apresentador se era espírita, Magno Nunes teria respondido que não:

> Não creio em espiritismo
> Nem acredito em visão.
> Mas Ludugero está vivo,
> Digo com convicção.

Acesa a polêmica, o poeta repórter concluía seu cordel tirando o corpo fora:

> Se não for fato verídico,
> Não fui eu que inventei.
> Tudo que li nos jornais

> Apenas reeditei.
> Como é que tenho culpa?
> Somente porque rimei?

A tragédia deixou vácuo a ser rapidamente preenchido. Luiz Queiroga criou dois personagens, Coronel Ludrú e seu secretário, Tronquilino, interpretados por Antonio Silva e Sebastião Jacinto Silva (irmão de Luiz Jacinto). Em compacto lançado pela CBS, o redator apresentou a nova dupla:

> A face risonha da comédia se transmudou no semblante trágico do drama. Foram tantas as lágrimas que daria para encher toda a baía de Guajará, onde o avião tombara. Mas o tempo foi passando, e era preciso que voltasse o riso, como se eles dois ainda o estivessem distribuindo ao povo. E de Caruaru, cidade onde os dois nasceram, surgiu uma dupla de comediantes decididos a continuar o trabalho de Ludugero e Otrope, qual seja o de alegrar o Brasil. ... Resta escutá-los, compreendê-los e aplaudi-los.

A popularidade do Coronel Ludugero tinha sido uma das armas de Abdias na divulgação da coletânea *Pau de sebo*. Ajudara a garantir visibilidade às apostas do produtor, como o Zabumba Caruaru, grupo regional que tocava na praça da capital pernambucana do forró e que Abdias levou para gravar LP no Rio. A partir do quarto volume, começaram a ser organizadas caravanas para divulgação com shows em praças públicas de todo o país. Levavam semanas, às vezes meses, na estrada. No primeiro ano da turnê, cada um foi no seu carro, todos com uma Rural; quem não tinha juntado dinheiro para comprar o próprio veículo seguia com o casal Farias. Depois, havia ônibus para transportar a trupe. Maior vendedora de discos, Marinês tinha o status de medalhões como Roberto Carlos: só se apresentava em capitais e grandes cidades do interior. Na Bahia, por exemplo, ela subia ao palco em Salvador e Feira de Santana; outros municípios, como Bom Jesus da Lapa, ficavam para a turma menos conhecida. Abdias é quem gostava dessa divisão – na ausência da esposa, podia desfrutar os cabarés das cidadezinhas sem risco de ser surpreendido.

A máquina de produção desenvolvida e pilotada por Abdias na CBS não era à prova de atritos. Ocasionalmente surgiam conflitos inclusive na relação, em geral fraterna, dos compadres paraibanos. Um desses desentendimentos aflorou quando o diretor artístico implicou com um trecho de letra de exemplar da nova fornada de Antonio Barros. Não gostou nada do verso "Acende o fogo da minha fogueira, /porque a noite inteira fiquei sem poder". Abdias percebeu a malícia do "poder" e interrompeu a audição para ordenar:

– Eu não quero que essa música fique com essa frase. Tira isso aí, tá feio! Tá feio!

Antonio Barros ficou furioso e desafiou, diante do cantor Osvaldo Oliveira e dos intérpretes da música, o Trio Nordestino:

– Pois vai assim ou não grava a música!

– Então não grava a música!

Barros, furioso, saiu da sala. Osvaldo Oliveira foi atrás dele e intercedeu:

– Antonio, rapaz... Não faz isso, não. Essa é a música quente do Trio Nordestino. Eles estão querendo muito gravar essa música...

De cabeça mais fria, Barros contemporizou:

– Então vai lá. Grava do jeito que ele quiser.

E ficou como Abdias queria, sem o "poder" original:

Acende o fogo da minha fogueira,
Que a noite inteira eu só faltei morrer.

A mesma música obrigaria Abdias a usar o poder de persuasão para convencer Antonio a seguir o procedimento, à época corriqueiro, de ceder parcerias para radialistas, e assim impulsionar a execução radiofônica dos artistas da CBS em determinado estado:

– Antonio, tô precisando arrumar uma parceria para um cabra da Bahia. Qual é a música que dá para colocar J. Luna?

– Bote naquela que tá com o Trio Nordestino, que já deu até briga entre a gente. Pode botar a parceria em "Procurando tu".

10. De lascar o cano

> Morena, diga onde é que tu tava,
> Onde é que tu tava, onde é que tava tu.
> Passei a noite procurando tu, procurando tu, procurando tu...

LÍMPIDA E FORTE, a voz de Lindú ultrapassou os limites regionais e invadiu o Brasil. A repercussão nacional da gravação do Trio Nordestino começou a se esboçar quando as boates paulistanas, mais afeitas aos hits internacionais, passaram a tocar "Procurando tu". A gravadora percebeu o alcance da criação de Antonio Barros e decidiu elevar Lindú, Coroné e Cobrinha até outro estágio. Executivos comentaram com o autor:

— A música pegou. Vamos botar o Trio Nordestino para fazer divulgação nacional.

O impulso deu resultado: com o incremento do trabalho de divulgação, o compacto alaranjado de "Procurando tu" ultrapassou estrelas como Roberto Carlos e foi para o topo das paradas em 1970. No rótulo, além do Trio Nordestino e de Antonio Barros, o nome e a função do maior responsável por aquele sucesso: Abdias, diretor artístico. Foram mais de três meses na lista das músicas preferidas no país. Tanta procura fez a concorrência buscar formas de surfar na mesma onda. A gravadora CID bancou regravação com o ator gaúcho Angelo Antonio, conhecido pelo papel do motoqueiro Moby Dick da novela *O primeiro amor*, que tinha virado cantor pelas mãos de Carlos Imperial. Acompanhado pela Turma da Pesada, Angelo lançou o compacto duplo de "Procurando tu" — no lado B, versão para o outro hit do momento, "Quero voltar pra Bahia", de Paulo Diniz. Jackson do Pandeiro também gravou "Procurando tu", e outros nordestinos incluíram a canção em seus repertórios. Até o próprio Barros a interpretou no disco *Autor e intérprete*, que lançou pelo selo Fontana, da Companhia Brasileira de Discos. Na definição do responsável pelos versos originais, descrito pelo produtor João Mello como "compositor de música brasileira regional do melhor gabarito" e "rapaz calmo, de acentuado sotaque nordestino, que mostra sua verdadeira força quando pega o violão para fazer uma nova música", sua canção "pegou que nem fogo de monturo".

A história de Antonio Barros com o Trio Nordestino começou nos anos 1960, em uma boate de Copacabana, quando o compositor observou a performance de "três mulatinhos" e se aproximou deles. O cantor do trio o reconheceu:

– Você não é Antonio Barros?

– Sou eu, sim.

– Ah, eu canto muito uma música sua que Luiz Gonzaga gravou: "Reinado, coroa, tudo isso o baião me deu..."

Firmaram camaradagem. Tempos depois, Lindú já tinha intimidade suficiente para fazer pedidos:

– Ô Antonio, faz uma música pra gente. Pode ser um xote, uma marchinha...

Barros lembrou então de uma cena no interior nordestino, quando ouviu a mãe ralhando com o filho, depois de tentar localizá-lo sem sucesso. Aflita, ela bronqueou: "Ô, menino! Onde é que tu tava? Eu tava procurando tu, menino!" Ficou encafifado ("Procurando tu... por que não 'te procurando'?") e guardou a frase. Quando Lindú pediu uma música, aquela cena veio à mente – e a ideia do refrão. Recordou também o estado de origem dos três integrantes do Trio Nordestino e concluiu uma das estrofes:

> Eu vivo triste, meu amor, me beija,
> Mesmo que não seja beijo de amor.
> Esse teu beijo, sei que me envenena,
> Mas não tenha pena se ele é matador.
> Eu quero um beijo de lascar o cano,
> Pois eu sou baiano, cabra beijador.

Mais alguns ajeitos, Antonio Barros finalizou a encomenda. Não levou duas horas na tarefa – era o limite de tempo para fazer uma canção: "Se passar disso, estraga e eu jogo no lixo." Repassou a música para Abdias e fez Lindú, Coroné e Cobrinha chegarem ao topo das paradas. Tanto entusiasmo na acolhida a "Procurando tu" rendeu momentos inusitados. Certa vez, o Trio Nordestino se apresentava num garimpo, na região de Serra Pelada, no Pará, quando Lindú começou a repetir indefinidamente os versos de seu maior sucesso. Coroné e Cobrinha não entenderam nada. O cantor insistia com o refrão:

Passei a noite procurando tu, procurando tu, procurando tu...

Mais de dez minutos naquilo, e Lindú enfim mudou de música. A explicação só veio depois que os três saíram de cena. Atrás das cortinas do palco, um garimpeiro tinha encostado um revólver nas costas do cantor e ordenado:

– Hoje eu quero ouvir "Procurando tu" pelo menos dez vezes. Você só vai parar quando eu mandar.

O pedido do fã, claro, foi atendido.

A repercussão nacional não pegou o Trio Nordestino totalmente de surpresa. Tinham obtido, ao longo da década de 1960, uma sucessão de êxitos, quase todos reunidos pela gravadora paulista Som em *Os grandes sucessos do Trio Nordestino*: "Chupando gelo", "Carta a Maceió", "Carta 100 erros", "Como tem Zé na Paraíba", "Pau de arara é a vovozinha". Tinham passado também por momentos difíceis, um deles especialmente dramático: em 1969, Lindú fraturou as pernas em acidente automobilístico, e a recuperação demorou meses. Shows desmarcados, Cobrinha e Coroné tiveram que procurar outro trabalho para sobreviver. O prejuízo só não foi maior porque, mesmo deitado na maca, Lindú gravou a voz para dois LPs: *Nós estamos na praça* e *No meio das meninas*.

O sucesso do Trio Nordestino abriu os olhos da concorrência. Oséas Lopes, do Trio Mossoró, tinha assumido o cargo de diretor artístico da Copacabana. Entre as primeiras ações no emprego novo, ofereceu 15 mil cruzeiros, quantia suficiente para a compra de uma caminhonete Rural, e convenceu o Trio Nordestino a mudar de gravadora. Abdias ficou furioso. Desabafou com o compadre:

– Ah, Antonio... Eu produzi aqueles cabras, eles fizeram sucesso e agora se mandaram!

O produtor da CBS, então, decidiu contra-atacar. Teve a ajuda de Jackson do Pandeiro. O intérprete de "Sebastiana" iria se apresentar com outras atrações no Forró 66, de Anísio Silva, no Flamengo. Prestou atenção em um dos grupos, o Trio Luar do Sertão. Quando os três saíram do palco, chamou-os para conversar. Jackson lembrou que conhecia o pai de Parafuso, um dos músicos, e usou o nome dele para fazer uma sondagem:

– Ô Pedro de Melo, se eu arrumar uma gravação pra vocês na CBS, vocês aceitam?

Parafuso, Zé Pacheco e Zé Cacau toparam. Marcaram encontro com Abdias na praça da Bandeira. Ao chegarem lá, Jackson recomendou ao homem que o acompanhava:

– Pronto, Abdias, você tava atrás de um trio pra fazer frente ao Trio Nordestino? É esse aqui.

Abdias ponderou:

– Vamos fazer um teste com os meninos, se eu disser que é bom é porque é bom.

Zé Pacheco pegou a sanfona, começou a cantar. Abdias não se convenceu. Virou-se para Parafuso e disse:

– Canta você.

Ouviu como resposta:

– Eu não sei cantar forró, só sei cantar música romântica.

Abdias, então, se dirigiu a Zé Cacau e perguntou:

– Neguinho aí canta forró?

De imediato, Zé Cacau começou a cantar. Abdias mandou ele parar e decretou:

– É esse aí o cantor. Com ele cantando, eu gravo.

No dia seguinte, os três foram apresentados aos funcionários da CBS. Tocaram algumas músicas, foram aplaudidos e saíram de lá com a data de gravação marcada. Abdias então mostrou diversos cassetes:

— É para vocês ouvirem.

Avisou que dali sairia o repertório do primeiro disco. Prevenido, já tinha chegado para Antonio Barros e ordenado:

— Tô com um triozinho aqui, prepare música pra eles. Eu quero lascar o Trio Nordestino!

Separou uma das fitas com músicas de Barros e entregou para Os 3 do Nordeste:

— Essa tem preferência, é do meu compadre pé-quente.

Referia-se a "Forró de tamanco":

No meu forró, entra preto e branco.
Quero ver todo mundo calçadinho de tamanco
A noite inteira quero ver o barulhão
Das menininhas arrastando tamanco no chão
É, é tamanco, mulher.

Mas havia outros sucessos em potencial para o novo trio: "Ana Maria" (Janduhy Finizola), "Solta o fole Zé" (Onildo Almeida), "Você fica muito mais bonita" (Chico Xavier e Nem). Lançaram o primeiro LP em 1973. Na capa, a inscrição "Gravações originais" chamava atenção para o repertório cem por cento inédito. Durante a feitura do segundo trabalho pela CBS, porém, surgiu um impasse em uma das apostas. Abdias avisou:

— Antonio, Os 3 do Nordeste tá emperrado com aquela música tua.

Barros foi ao estúdio e viu o trio tentando uma introdução que soava como "Lalalalararara... Tananarara...". Interrompeu e, também na base da onomatopeia, mostrou como a música deveria começar. Batucando, deu o exemplo:

— Não! Nada disso. É assim: Pararidiniganiganana... Paranidinganinganinga... O forró daqui é melhor do que o teu, o sanfoneiro é muito melhor...

Foi a senha para desenrolar a gravação de "É proibido cochilar", faixa-título do disco lançado em 1974. Havia outras duas composições de Barros no álbum, "Homem com H" e "Forró de são Miguel". O autor do texto da contracapa, Luis Felipe, avisava: "Música de Antonio Barros é mesmo que doce de coco. Agrada em todo lugar. E o jeito gostoso de cantar de Os 3 do Nordeste é mesmo que doce de jaca. Quanto mais se prova, mais se pede."

E nada de o Brasil enjoar do doce. O sucesso de "É proibido cochilar" se não igualou o de "Procurando tu" chegou perto. Com agenda lotada para divulgação e shows, Os 3 do Nordeste tiveram em Belém a dimensão do êxito. Ao sair para apresentação na capital paraense, os três depararam com fila imensa do lado de fora de um estádio. Eles se lamentaram:

– Não vai dar ninguém, vai todo mundo para o futebol.

Quiseram saber do motorista:

– Que jogo é esse de hoje, hein?

A resposta:

– Não tem jogo hoje, não. A fila é pra ver o show de uns cabras que cantam que é proibido cochilar...

A criação de Os 3 do Nordeste, deliberadamente voltada para bater de frente com o Trio Nordestino, mais as confusões inevitáveis por causa dos nomes quase idênticos, deixaram marcas no relacionamento de Lindú com os antigos parceiros. Ficou ressentido e sem falar com Antonio Barros até o dia em que Coroné tomou a iniciativa e, no escritório da Copacabana, promoveu a reaproximação do cantor com o compositor: "Lindú, fale com o Antonio!" Pediu o mesmo ao letrista. Quebraram o gelo e voltaram às boas.

Com ou sem Barros, porém, o Trio Nordestino conseguiu ficar no topo durante a primeira metade da década de 1970. Mais: implodiu as restrições das emissoras que confinavam a música nordestina aos programas de forró. No imaginário das crianças que abriam os ouvidos para o mundo, como o menino paraibano Francisco César Gonçalves, o Trio alcançara o mesmo patamar dos que frequentavam as paradas com assiduidade: "No rádio, tinha Almir (Bezerra), dos Fevers, cantando as versões de Rossini Pinto. De repente apareceu a voz de Lindú: alta, percuciente. Entrava e não saía mais da sua cabeça. Todo mundo ouvia. Era música de parque de diversão. Naquele momento do Trio Nordestino, o Nordeste tinha virado *mainstream*."

Chico César tinha oito anos em 1972, quando começou a trabalhar na loja de discos Lunik, no centro de Catolé do Rocha, a mais de 400 quilômetros de João Pessoa. Mesmo criança, percebia que havia dois tipos de cliente: os moradores da cidade, geralmente estudantes ou bancários, procuravam LPs de Gilberto Gil, Luiz Melodia, Caetano Veloso (lá em Catolé, ao contrário do que ocorreu em diversas cidades, não houve devolução de *Araçá azul*, o disco experimental de Caetano); e os sertanejos que apareciam aos sábados (quase sempre depois da feira livre), atrás dos discos de forró – o som que tocava nos rádios no fim da tarde, antes da "Ave Maria", e nas festas que Chico ia por ordem dos pais, para ficar de olho nas irmãs. Os dois públicos raramente coincidiam nas preferências. Só se juntavam no fim do ano, quando o dono da loja, Onildo Lins, viajava até o Recife e voltava com três caixas (cinquenta unidades, cada) do mais recente LP de Roberto Carlos, garantindo as vendas de Natal.

Mas houve outro momento, em 1973, em que os dois tipos de consumidor, o matuto e o urbano, se uniram: na compra do compacto de "Só quero um xodó", de Anastácia e Dominguinhos, na voz de Gilberto Gil. Os dois tipos de público tinham conhecido a música pelo rádio, o mesmo meio utilizado para escoar o romantismo de cantores como José Roberto, Marcos Pitter, Fernando Mendes, José Augusto, Odair José, como lembra o antigo funcionário da Lunik:

– O rádio era um varal. Mostrava tudo.

Sem rádio em casa, Chico César acompanhava no dial do vizinho a programação de emissoras paraibanas – Progresso, Alto Piranhas, Espinharas – e do interior do Rio Grande do Norte, cuja divisa fica bem próxima a Catolé do Rocha. Por isso, não estranhou quando percebeu a crescente procura, na Lunik, dos LPs de uma aposta de Abdias na CBS desde os tempos da coletânea *Pau de sebo,* um cantor que Chico e outros de Catolé conheciam via Rádio Rural de Caicó: o potiguar Elino Julião.

* * *

NASCIDO EM 1936, Elino Julião tinha crescido no sítio Toco, zona rural de Timbaúba dos Batistas, a quase 30 quilômetros de Caicó, a maior cidade da região do Seridó. Além de cuidar dos bois e vacas de Hermógenes Batista de Araújo, dono da propriedade, Elino tinha outra atribuição: botador de água. Rumava até um açude próximo e, com latas usadas para armazenar querosene, enchia os barris de ferro para depois carregá-los na canga do jumento preferido – e lá ia Elino tangendo o animal, assoviando e batucando na lata as músicas que tocavam na Rádio Rural ou no toca-discos de Luttgardes, esposa do proprietário da fazenda. Quando tinha que ir à bodega comprar café e fósforos, voltava cantando os sambas e xotes que aprendera. Entre juremas e catingueiras, desfiava o repertório de Luiz Gonzaga, Jackson do Pandeiro, Manezinho Araújo. Atravessava a caatinga a pé para ir jogar futebol na cidade. Sabedor do estrago que causavam os espinhos dos xiquexiques, preferia enfrentá-los de peito nu.

– O couro é mais fácil de sarar, a camisa dá mais trabalho porque tem que pagar uma pessoa pra remendar.

Também ia a Caicó para ouvir as músicas entoadas na festa de Sant'Ana. Aprendeu a cantá-las e agradou. De lá, passou a animar os bailes do Caicó Esporte Clube. Ainda adolescente, seguiu para Natal, onde soltava a voz no auditório da Rádio Poti. Participava com regularidade de programas como *Domingo alegre*, de Genar Wanderley. Agradou tanto que, no dia de uma das apresentações, o alvoroço do público com Elino despertou a curiosidade da atração principal, Jackson do Pandeiro. Quando terminou de cantar, foi chamado no camarim pelo paraibano:

– Gostei de você, sujeito! Mas, rapaz, que beleza! Que maravilha! Você tá bom que tá danado. Quer trabalhar mais eu?

– Quero, sim.

– E alguma coisa lhe impede? Daqui vou seguir para o Ceará...

Elino, então prestes a completar dezoito anos, lembrou que teria de prestar o serviço militar obrigatório. Jackson manteve o convite:

– É um ano só, não é? Então faça o seguinte: você serve o Exército e quando acabar me escreve.

Assim foi feito. Quando terminou o serviço militar, avisou Jackson, que mandou chamá-lo. Passou oito anos acompanhando o pandeirista em shows e gravações, aproveitando a oportunidade de trabalhar com aquele que considerava um mestre, como explicou em 2005 a Alex de Sousa, da revista potiguar *Brouhaha*:

Ele foi meu mestre porque era completo. Era ritmista, bailarino, um operário do forró. ... Eu gostava daquele bailado que o Jackson fazia, pulava que só um gato. Tinha uma ligeireza, uma ponta de língua fácil de dizer mil palavras por minuto. Luiz Gonzaga era perfeito no que fazia, no estilo dele. Mas no meu caso, era Jackson.

Enquanto batalhava para gravar um LP individual, Elino seguia emplacando composições na voz de outros nordestinos que também tentavam a sorte no Rio e em São Paulo. Em 1966, Clemilda cantou "O forró da Coreia", no LP *Retalhos do Nordeste* (RCA Victor), do tocador de fole Gerson Filho. Um ano depois, foi a vez do pernambucano Sebastião do Rojão gravar Elino: "Dinheiro novo", "Todo mundo quer", "Rela bucho". Na própria voz, conseguiu lançar o compacto do xote "O rabo do jumento" (Discos Guarani), acompanhado por coral e violão:

Você disse que é brabo, Nascimento.
Você cortou o rabo do jumento.
Eu não quero pagamento, Nascimento.
Eu quero é outro rabo no jumento.

Ele entrou no seu roçado junto com o gado,
Comeu um pezinho de coentro.
Nascimento, eu não quero pagamento.
Eu quero é outro rabo no jumento.

A música reúne todos os ingredientes do que o escritor e letrista paraibano Braulio Tavares aponta como uma das maiores virtudes do repertório de forrós de Elino Julião: "A vivacidade alegre das canções feitas em cima de boas ideias." Em artigo no *Jornal da Paraíba*, em 2003, Braulio tece análise cuidadosa da letra de "O rabo do jumento". Destaca o poder de síntese ("história complexa narrada em poucas linhas") do compositor e o fato de que, "como em toda boa canção, a melodia potencializa a letra: é triste, lamentosa". O escritor chama atenção para o fato de que, em alguns momentos, a melodia acompanha o protesto do autor, "mas cada estrofe se conclui retornando ao mesmo refrão monótono, teimoso, inflexível, mesma letra, mesma melodia". No fim, Braulio Tavares dá seu veredicto:

> Grande Arte? Não sei, mas, por que não? Talvez não seja uma obra-prima da MPB, talvez não seja um dos cinquenta maiores xotes de todos os tempos, periga não ser nem uma das dez melhores canções de Elino Julião. Mas, julgada pelos critérios de sua forma e de sua matéria, é uma canção que surpreende pela originalidade (alguém conhece outra sobre o mesmo tema?), agrada pela concisão, faz rir pelo absurdo da situação narrada: tem verdade social.

Graças ao sucesso de "O rabo do jumento", Elino ultrapassou a divisa estadual e chegou a Campina Grande. Compacto na mão, conseguiu oportunidade no programa *O forró de Zé Lagoa*, de Rosil Cavalcanti (nos bastidores, conheceria a primeira esposa, Lucimar, com quem teria quatro filhos). Emplacaria ainda "Xodó do motorista" (regravada duas vezes no mesmo ano: por Jackson, no disco *Aqui tô eu*, e pelo sanfoneiro Zenilton, no LP *Forró pra frente*) e "Puxando fogo", despertando o interesse de Abdias: "A CBS botou o olho em mim e eu perturbei bastante ele (Abdias) naquele ano com esses sucessos: só deu eu na praça em 1971", contou à *Brouhaha*. Já de gravadora nova, fez o LP *Aquilo*. Apesar de incluir três músicas de Antonio Barros, o disco empacou. A fotografia da capa, com Elino pouco à vontade, de terno, gravata e sapato social, também não ajudou. Mas, mesmo com o insucesso, o potiguar recebeu um conselho de Barros que se tornaria profético para o deslanchar de sua carreira:

– Elino, você tem um vozeirão. Ficaria muito legal ver você cantando música romântica.

Enquanto isso, Abdias recorria a expediente que já utilizara em 1968: lançar dois cantores no mesmo disco, cada um deles ocupando um dos lados. Foi o que fez ao repartir as faixas do LP *Agora tu pega e vira. Escuta que tu vai gostar*: Jacinto Silva de um lado, João do Pife do outro. Alagoano de Palmeira dos Índios, Jacinto tinha começado a gravar em 1959, no Recife, pela Rozenblit, antes de chegar à CBS. Seus primeiros sucessos foram "Justiça divina", "Chora bananeira" e "Aquela rosa". Era outro que admitia ter sido diretamente influenciado por Jackson, "um senhor cantor", como destacaria a José Teles, do *Jornal do Commercio*, em 1998:

> Nunca mais vi o que vi Jackson fazendo. Você pedia para ele cantar uma música; se pedisse para ele repetir, ele repetia, agora com a divisão diferente. Eu canto a mesma música com duas divisões, mas Jackson conseguia cantar com três divisões. A maneira dele dividir dentro do ritmo era um negócio.

Em 1972, Jacinto Silva dividiu com Elino Julião o LP *Desafio*. Na capa, os dois disputam partida de sinuca. Ambos perderam o jogo: de novo vendas modestas. Dois anos depois, Abdias repetia o recurso, só que dessa vez trocou o parceiro de Elino: escalou Messias Holanda, outro egresso da *Pau de sebo*, e lançou *Dois sujeitos incrementados*. A estratégia estava bem-definida, como Messias recorda:

– O Elino não tinha vendido bem, e Abdias, para não tirar Elino e não me dar um LP inteiro, que podia não vender nada, fez eu e Elino juntos.

Apesar da diversidade no repertório (que inclui até um carimbó, dança típica paraense, na voz do cearense Messias) e da provocação do redator Luiz Queiroga na contracapa ("Duvido que alguém não goste deste LP!"), nada expressivo aconteceu. Abdias partiu então para a última cartada. Bancou mais um LP da dupla, *Cara de durão*, novamente com alternância de estilos dançantes e apresentação entusiasmada de Queiroga:

> Elino é de Caicó, lá no Rio Grande do Norte, voz segura, peito forte, humilde como ele só. Messias é cearense, natural de Fortaleza, canta bem que é uma beleza e nunca errou um dó. Temos um de cada lado, cada um no seu estilo, como a cigarra e o grilo, cantando sem misturar. Forró, merengue animado, carimbó, arrasta-pé pra o povo todo escutar. Eu já ouvi e gostei, e agora posso afirmar que o disco está de lascar, tá

quente, está o fino. E vocês vão comprovar, logo que o disco rodar com Messias e Elino.

O tiro de Abdias enfim acertou o alvo. Elino se destaca com "Cara de durão" ("Estás dizendo que eu sou. /Eu não sou, mas eu digo que tu és. / Eu pareço, mas não sou. /Faço que vou e não vou. /Tu não pareces, mas tu és", regravada em 1984 por Markinhos Moura) e Messias, mais ainda, com o xote malicioso "Mariá" ("Bota pouco pano nessa trouxa, Mariá. /Nesse tempo não tem água pra gastar. /Leve a colcha, eu preciso dessa colcha. / Abra a trouxa, bote a colcha, /Leve a colcha pra lavar"). O sucesso levou alívio ao cearense. Após anos de vacas magras, tinha chegado a hora de Messias saborear o banquete.

★ ★ ★

NASCIDO EM 1942, na cidade de Missão Velha, na região do Cariri, a 500 quilômetros de Fortaleza, Messias Holanda começou a ganhar dinheiro vendendo brinquedos nas ruas da capital. O trabalho de camelô não o impediu de cantar: apresentou-se em programas de calouros nas rádios cearenses, foi reprovado diversas vezes, mas não perdeu as esperanças. A fase ruim durou até o dia em que cantou na Rádio Iracema o samba-canção "Piston de gafieira" (Billy Blanco) e arrasou: ganhou 100 mil-réis e uma garrafa de suco de caju. Foi contratado pela emissora para interpretar o repertório de Ary Lobo, Jackson, Gonzaga. Conseguiu gravar quatro músicas com o Conjunto Guarani. Uma delas, "Forró em Baturité", ficou conhecida no estado e provocou no cantor a ilusão de que o sucesso tinha se estendido pelo país. Decidiu ir para o Rio colher os frutos. Mas havia pouco, muito pouco, a ser usufruído:

— Cheguei achando que estava lotadinho do meu disco... Não tinha era nada.

Suportou a decepção e voltou a trabalhar como vendedor. Enquanto isso, visitava as rádios cariocas em busca de oportunidade. Já em 1965, o sanfoneiro Zé Calixto o convidou para fazer um são-joão em Campina

Grande. Aproveitariam a ida ao Nordeste para voltar a Fortaleza e tentar uma chance na Rádio Iracema. Ao ser recebido pelo apresentador Irapuan Lima, ele avisou:

– A gente não pode fazer nada por vocês. Mas Luiz Gonzaga tá aí, vamos conversar com ele.

Com apresentações marcadas no interior do estado, o Rei do Baião fez o convite:

– Vocês querem vir comigo para Sobral?

Messias e Calixto acompanharam Gonzaga no clube e no cinema da cidade. Receberam o pagamento e uma pergunta:

– Vocês vão pra onde agora?

Zé Calixto respondeu:

– Eu vou pra Campina Grande.

– Então aproveitem e vamos fazer um show comigo lá em Tabuleiro: eu dou 50 contos.

Findo o trabalho em Tabuleiro, a pouco mais de 200 quilômetros de Fortaleza, Gonzaga perguntou:

– Zé Calixto, 100 cruzeiros tá bom?

– Seu Luiz, eu fico satisfeito com o que o senhor me prometeu.

– E eu lhe prometi quanto, Zé?

– O senhor prometeu 50.

– Então tome 100. Aqui, tome mais 100. Divida com os seus meninos.

Depois de entregar o dinheiro, Gonzaga fez uma última recomendação, referindo-se a Messias pela alcunha que inventara:

– Calixto, agora bote o Holanda Preto para cantar.

– Cantar o quê, seu Luiz?

– Bote para cantar aquela do "Bata nego".

Minha mulher gostava quando eu lhe batia,
E quanto mais ela apanhava, mais ela dizia:
Bata nego, pode bater,
Bata com força que eu não sinto doer...

Referia-se à música "Mulher de verdade", de Elino Julião, gravada por Messias Holanda no LP *Oito baixos de ouro*, de Zé Calixto. A música não provocava revolta feminina, pelo contrário; muitas pediam para ouvi-la. Pela série Cantagalo, da Tropicana, Messias gravou com Pedro Sertanejo, em São Paulo, os discos *O bom cearense* e *Adeus Marina*; na capa deste último, cidadão do mundo, Messias aparece encostado em um carro, camisa social listrada, cabelo *black power*, sorriso largo. Depois participou da coletânea e da caravana *O fino da roça*, até ser convidado por Abdias para entrar na CBS. Após diversas tentativas, passou a considerar "Mariá" sua última chance.

– Se essa música não estourar, volto para trabalhar em Fortaleza ou fazendo show no interior. Alguma coisa arrumo por lá.

Mas aí "Mariá" pegou. Messias Holanda ficou seis meses por conta da CBS no hotel Normandie, no centro de São Paulo, para dar entrevistas e cumprir outros compromissos de divulgação. Enquanto isso, o rádio se incumbia de construir semanalmente uma ponte entre Rio Grande do Norte e Rio de Janeiro. Nas noites de quarta, um grupo de jovens de Timbaúba dos Batistas se encontrava na calçada da igreja da Matriz para escutar Jackson do Pandeiro participando do programa de Adelzon Alves, na Rádio Globo. Enquanto tomavam uma meiota de cana (metade de uma garrafa de cachaça), ficavam de ouvidos atentos para conferir se o ídolo da terra, Elino Julião, estava entre as atrações. Quando ele era escalado e mandava saudação especial para a cidade ("Alô, turma de Timbaúba! Alô, turma do Toco!"), eles vibravam. Dava um orgulho danado, lembra uma das ouvintes, Veneranda de Araújo:

– Havia uma identificação. Ele representava o Nordeste e ainda falava da gente. Nós sonhávamos com o sul, com o chique.

Quando o filho pródigo voltou a Timbaúba em 1974, para fazer show, ganhou recepção entusiasmada de Veneranda e outras fãs, as autodenominadas elinetes, que tinham até figurino para recepcionar o ídolo. No reencontro com a família, Elino também provocou furor, mas por outro motivo. Um dos moradores do Toco, o primo José Nascimento, ficou impressionado com o novo penteado do cantor, com cabelos grandes e armados para cima.

— Parece que botou fogo nesse cabelo, primo! Tá todo engilhado! Que bombril da moléstia!

O visual fazia parte do início da carreira como cantor romântico, vislumbrada por Antonio Barros e também por Abdias – este dizia que tinha acertado na contratação do artista, mas errado o repertório. E avisou à chefia:

— Vou fazer um disco de boleros com Elino.

— O senhor tá maluco? Vamos ter que pagar orquestra...

— Vou fazer, nem que tire do meu bolso.

Abdias intuiu que Elino poderia seguir no filão desbragadamente romântico de Evaldo Braga, grande vendedor de discos na PolyGram, o mesmo caminho de Waldick Soriano na RCA. O potiguar topou a mudança e avisou aos amigos de Caicó:

— A gravadora tá precisando de um cantor pra bater com Evaldo e Waldick. E eu vou cantar as minhas músicas.

Para Elino, que tinha começado no Rio de Janeiro gravando sambas, compor em diferentes estilos e andamentos não representava problema. O cantor e radialista Lusio Alves, que também tocava triângulo e por isso o acompanhou por quase duas décadas no interior do Rio Grande do Norte, lembra que a inspiração visitava o amigo sem marcar hora nem lugar:

— Enquanto fazia as coisas dentro de casa, ele começava a assoviar, andando de um canto pra outro. Batia nas pernas, pegava o ritmo de zabumba... De repente já tava cantando a música.

Mesmo ressaltando que manteria sua principal referência musical ("Meu ritmo é o ritmo de Jackson", costumava dizer), Elino Julião já tinha arriscado uma mudança quando cantou carimbó em coletânea com Marinês, Osvaldo Oliveira e o próprio Abdias e sua sanfona de oito baixos. Mas agora a guinada seria mais profunda – e demorada. Começou com o LP *Forró e mulher*, de 1976, em que, além do xote "Na sombra do joazeiro", incluiu a lamuriosa "Você vai chorar por mim". E se consolidou de vez em 1978 no LP *Coração louco*, graças a canções como "Foi morar com o guarda" (Messias Holanda e Luiz Correia) e "Meu cofrinho de amor" (Elias Soares e João Martins), hit absoluto nas radiolas de ficha dos cabarés:

Você é meu céu, é minha vida,
Meu peso minha medida,
Meu cofrinho de amor...

Sem grande mídia nem aparições na TV, o "cofrinho de amor" de Elino Julião vendeu mais de 700 mil discos – só perdeu para Roberto Carlos. Os títulos dos LPs dessa fase da carreira não deixavam dúvida na intenção de arrancar suspiros femininos: *Meu coração é das mulheres, O preço do amor, Coração doce, As mulheres merecem flores*... Entretanto, quando percorria anualmente a região do Seridó para o circuito das festas juninas, não cantava quase nada do repertório romântico. Quem dava as cartas era o Elino forrozeiro, pelo menos duas horas de arrasta-pé garantido. Para isso, ensaiava bastante com os músicos que o acompanhavam pelo Rio Grande do Norte e a Paraíba. Ficava tão afiado que não precisava escrever a ordem das músicas: com os dedos, sinalizava aos acompanhantes o tom em que iria cantar e mandava ver:

Pra ter animação na festa,
São-joão só presta puxando fogo...

Nada interrompia o forró de Elino. Embalado por uma dose de Dreher "bem geladinho" ou de cachaça ("Ele dava umas beiçadas antes de entrar no palco", conta Lusio Alves), o cantor não tomava conhecimento e segurava a animação noite adentro. Mesmo que, pertinho dele e de seus músicos, o clima não fosse exatamente de congraçamento, como ocorreu durante arrasta-pé na Serra de Araruna, na Paraíba, que Lusio testemunhou:

– A gente tava tocando quando mataram um cabra no banheiro. Meteram bala.

A cada temporada junina, Elino Julião adquiria mais cancha para passar ao largo de confusões. Preferia dirigir a atenção para outros aspectos da apresentação, como o figurino, de que cuidava com todo o zelo. Avisava aos companheiros antes de subir ao palco:

– Peraí que vou vestir a roupa do cantador de rojão.

Referia-se às calças, quase sempre em tons claros, e às camisas cheias de estampas, algumas floridas, carnavalescas. Não por coincidência, era o mesmo estilo de se vestir de outro intérprete de garganta afiada, parceiro de Elino Julião na música "A menina de Campina Grande", incluída em 1968 no disco *O senador do rojão*: Genival Lacerda.

11. Todos conhecem Severina

GENIVAL LACERDA JÁ ERA UM NOME conhecido no Nordeste. Em Campina Grande, virou exemplo de artista bem-sucedido, e não só pela música. Tinha explorado a veia humorística em programas nas rádios Cariri e Borborema. E mais: em 1970, chegou a gravar um disco em dupla com o ator Lúcio Mauro, As "trapalhadas" de Cazuza & seu Barbalho, LP de "música, alegria e humorismo"; no disco, que alternava causos e canções (arranjadas por Zé Menezes), o paraense dava a deixa e o paraibano fazia a graça final. Luiz Queiroga, criador do Coronel Ludugero e autor dos textos humorísticos, classificou o trabalho como o desabrochar do talento cômico de Genival, um "humorista de cara limpa", tão talentoso "quanto Rivellino cobrando uma penalidade máxima". Para Lúcio Mauro Barbalho, foi a oportunidade de tabelar com "o geniozinho da alegria da música nordestina, um comediante sem professor".

Os dois se conheciam das noitadas no Recife, onde o paraense aprendeu as artimanhas do humor com Barreto Júnior, dono de companhia de teatro. Antes de se mudar para o Rio e fazer sucesso em quadros dos programas *Balança mas não cai* e *Chico City*, Lúcio passou cinco anos na capital pernambucana e se destacou a ponto de assumir a função de diretor artístico da TV Rádio Clube de Pernambuco. Lá conheceu e ajudou a divulgar o trabalho de artistas como Jackson do Pandeiro, Almira Castilho e Genival, que só o chamava pelo sobrenome:

– Ô Barbalho, vamos fazer um disco juntos?

O disco vendeu bem, sobretudo no Nordeste, mas o cantor recusou convite para gravar outros no mesmo estilo. Ainda que não tivesse o reconhecimento já obtido por Luiz Gonzaga e o concunhado Jackson do Pandeiro, queria seguir cantando. E, apesar de ter emplacado "Seu reverendo" e "Cadê meu bem?", ainda buscava um sucesso daqueles de rachar o bico.

A história de Genival Lacerda seria definitivamente mudada após conhecer um conterrâneo que, se não sabia tocar bem nenhum instrumento, tinha predicado ímpar: transformar malícia em sucesso. João Gonçalves nasceu em 1936, em fazenda próxima a Campina Grande. Aos cinco anos perdeu o pai, agricultor, vítima de tifo. Aos oito, quando a família se mudou para Campina, o menino foi quebrar casca de angico para ajudar a pagar o aluguel do quarto ocupado por ele, a mãe e os irmãos, em casa na rua do Fogo. Ainda em Campina Grande trabalhou numa fábrica de artefatos de couro. Fazia bolsas, malas, cintos. Ficava no trabalho durante dois expedientes, de segunda a sexta, mais as manhãs de sábado. No mesmo dia, de tarde, vendia amendoim; nos domingos de manhã engraxava sapatos. Nesta última atividade conheceu Marinês; ia passando pela rua Martins Júnior quando ouviu o chamado de uma mocinha bem jeitosa:

– Vem cá menino, engraxa aqui meu sapato!

Marinês também ordenou que o garoto pintasse de preto os sapatos brancos. Ele seguiu a recomendação da cliente, mas, ao escovar, viu que a tinta começava a escorrer. Catástrofe iminente. Nervoso, o engraxate domingueiro inventou uma desculpa:

– Dona, enquanto enxuga aqui, vou ali engraxar o sapato de outro freguês meu.

Nunca mais voltou. Décadas depois, já em São Paulo, ao reencontrar a cantora nos bastidores do *Programa Raul Gil*, Gonçalves revelou que tinha sido o autor da barbeiragem. E teve que ouvir a resposta:

– Mas tu é cabra safado! Foi tu que desgraçou o meu sapato, hômi. Naquele dia deixei de ir ao *Clube do Papai Noel* por tua causa, João Gonçalves...

Fazedor de bolsa, vendedor de amendoim, engraxate. Gonçalves exerceu atividade tripla até os dezoito anos, quando se mudou para Salvador e teve outras ocupações: carroceiro de caminhão, carpinteiro, ferreiro. Ficou na capital baiana até os 21 anos. Era a vez de São Paulo entrar na rota. Em 1957, chegou ao bairro de Casa Verde e começou a trabalhar como carpinteiro. Morou também no Ipiranga, com o irmão, Manuel, doze anos mais velho. Após três anos na capital paulista, voltou para Campina Grande, em 1960. Até então nada de música: o máximo que fazia eram paródias em festas de família e cantar nas serenatas com amigos. Casou-se com uma prima, Maria da Glória. Antes, aos dezesseis anos, por conta do namorico com uma adolescente, foi empurrado para o primeiro casamento:

– Ou eu casava com a menina ou com a polícia.

A união "na marra" logo foi desfeita. Já o casamento com Glória vingou: nasceu o primeiro filho, Frederico. Depois vieram Francinéia, Flávia, Fábia, João Gonçalves Filho, Fabyara e Fabinara. Glória emprestou-lhe o gravador Philips em que ela registrava as aulas dos professores. Inspirado em Rosil Cavalcanti, que não sabia tocar e fazia gravações caseiras batucando em caixinha de fósforos ("Se é isso, eu também faço"), Gonçalves tomou gosto pela brincadeira. Pegou o gravador, que usava pendurado em correia de couro, e saiu armazenando as primeiras composições. Não havia pretensão comercial, até que um conhecido, o vendedor de prestações Zé Pretinho, chegou e sugeriu:

– Messias [Holanda] tá lá em casa. Você não quer mostrar umas músicas para ele?

Dito, feito. Só que os ritmos nordestinos passavam longe do repertório de Gonçalves. Admirador de Roberto Carlos e Renato e seus Blue Caps, escrevia músicas que pendiam para o iê-iê-iê, bem na onda da Jovem Guarda. Quando João cantou "Minha Margarida", Messias Holanda percebeu:

– Rapaz, essa música dá uma marchinha boa danada.

E na mesma hora a adaptou ao ritmo:

Ganhei um pé de margarida.
Foi Margarida quem me deu.
Ganhei, plantei e aguei.
E no cantinho do jardim ela desapareceu...

Messias gravou e Gonçalves ganhou 90 cruzeiros de direitos autorais pela inclusão de "Minha Margarida" em andamento de arrasta-pé no quarto volume da coletânea *O fino da roça* (1972), produção de João Mello para a Phonogram. João ficou feliz da vida com o dinheiro: o paulista Joci Batista tinha gravado "Incentivo", e ele não recebera nenhum centavo. Ficou ainda mais contente no dia em que escutava o programa *Bom dia Nordeste*, na Rádio Borborema, apresentado pelo ator e humorista José Bezerra, quando tocaram sua música depois da vinheta ("Olha a hora, ouvinte amigo, hora de tomar o gostoso café São Braz com Vitamilho instantâneo e ler o *Diário da Borborema*"). O susto de ouvir uma composição sua nas ondas da rádio que escutava desde criança fez João Gonçalves pular à mesa do café da manhã.

Não era só Margarida que inspirava João Gonçalves. Nas andanças pelo interior baiano, se engraçou por uma moça chamada Adelice, natural de Xique-Xique, cidade às margens do rio São Francisco, a 587 quilômetros de Salvador. Resolveu fazer uma música para lembrar a menina, mas, para evitar problema em casa, trocou o nome; Adelice virou Severina. Uma palavra para rimar com Xique-Xique já era um pouco mais difícil, mas estava na moda a venda de roupas em butiques, lojas especialmente voltadas para o público feminino. Pronto: o "negócio" de Severina já estava definido. Com direito, claro, ao duplo sentido que nortearia o forró na década de 1970:

— A música pegou o povo de surpresa porque no Nordeste o pessoal confundia butique com outra coisa (butico, palavrão associado ao ânus). Aí eu dava aquela chamadinha...

O caminho de "Severina" não foi fácil. Gonçalves conseguiu mostrar a música para Marinês, que a rejeitou: "Não dá pra mim. Esse negócio de butique pega mal." Zé Calixto também não quis saber de levar "Severina" para o repertório de Messias Holanda: "Se eu gravar essa música, eu apanho da mulher lá em casa." Mas seria Messias o responsável pelo atalho para o sucesso. Ele sugeriu a Gonçalves entrar em contato com Genival Lacerda:

— Olha, Genival tá precisando de música, dê umas para ele.

Os dois tinham participado da coletânea *O fino da roça*: "Minha Margarida", de Gonçalves e José Matias, fez companhia a "Feijoada do Moraes" e "Vendedor de tapioca", ambas assinadas por Genival. Mas chegara o momento do encontro pessoal. Em 1974, Gonçalves foi até a casa de Genival, na rua Carlos Gomes, no bairro de Zé Pinheiro, zona leste de Campina Grande. Levou violonista para acompanhá-lo enquanto mostrava as músicas. Iniciou a oferta com sua maior aposta:

– Eu tenho uma música, mas ninguém quis...

De imediato o dono da casa retrucou:

– Então não presta.

Mas João insistiu e cantou a música até o fim. Então Genival Lacerda foi apresentado a "Severina Xique-Xique". Gostou do que ouviu, falou que faria algumas adaptações para o seu jeito de interpretar. No final, o veredicto:

– É, isso aí eu gravo.

O cantor também aprovou outras músicas, entre elas "Vamos brincar de roda", "A filha de Mané Bento", "O culpado foi o boi". João Gonçalves conta que fez a seguinte proposta:

– Se você gravar mais de três, eu lhe dou parceria em todas elas.

Genival topou:

– Se é assim, eu vou gravar. Boto meia-sola, é minha e sua.

Acordo feito, acordo pronto para ser cumprido. Com "Severina Xique-Xique" e outros trunfos na algibeira, Genival Lacerda partiu para o Rio de Janeiro. Mostrou a música no programa do radialista Adelzon Alves, que de imediato garantiu:

– Essa música vai ser um sucesso em todo o Brasil, Genival.

– Será?

– Vai, sim. E sabe por quê? Porque ela promete tudo.

Genival também sabia do potencial de êxito da composição. Tinha testado "Severina" em shows durante comícios no interior da Paraíba, a reação tinha sido pra lá de entusiasmada. Era o seu maior trunfo, teria que dar o passo certo. Quando Abdias o procurou e afirmou "essa eu gravo", teve que ouvir de volta:

– Não grava, não. Eu pelejei para vir pra CBS e você não me quis. Vou pra Copacabana gravar com Oséas.

Ele tinha se lembrado de que Oséas Lopes era o diretor artístico da gravadora fundada em 1948 no Rio de Janeiro, mas que desde os anos 1960 passara a funcionar no distrito de Taboão, em São Bernardo do Campo. Apesar de ter conseguido ao menos um grande sucesso em 1965 com o disco *Aqui mora o xaxado*, do Trio Nordestino, graças a músicas como "Vamos simbora neném" e "Como tem Zé na Paraíba", a Copacabana não tinha o som regional como especialidade. Pelo contrário: emplacara sucessos de brasileiros cantando em inglês, como "Feelings", de Morris Albert, e músicas mais balançadas, como as de Bebeto e Benito di Paula.

O que Genival não sabia é que Oséas enfrentava forte resistência dentro da Copacabana para contratá-lo e a outro cantor popular, Fernando Lelis. Para Adiel Macedo, um dos donos do selo, nenhum dos dois tinha vocação para o sucesso, e a insistência de Oséas era constante fonte de atrito. Sobre Lelis, portador de braço mecânico, ouviu a negativa: "Não vou gravar o Capitão Gancho." E, sobre Genival, idêntica dose de crueldade:

— Um disco desse sujeito barrigudo e feio vai envergonhar a Copacabana. Não lanço de jeito nenhum.

Enquanto isso, o cantor seguia na luta para emplacar "Severina". Tinha apoio do cantor e sanfoneiro Bastinho Calixto, irmão de Zé Calixto e que trabalhava com Oséas na Copacabana:

— Grave Genival Lacerda que ele está com um repertório muito bom!

Só que Oséas teria de dobrar a resistência do Trio Nordestino, a principal atração em vendas do cast regional. Os três não queriam Genival como colega de elenco. Não se davam bem com ele. Lindú avisou:

— Olha, Oséas, se você gravar com ele, o Trio Nordestino sai da Copacabana.

Dias depois do ultimato, procurou Lindú e fez uma proposta:

— Eu tô sobrecarregado de trabalho. Quero fazer de você o meu assistente de produção.

Lindú aceitou o convite. Alguns dias depois, o trio entrou na sala de Oséas e comunicou:

— Chefe, em comum acordo, nós resolvemos que o senhor pode contratar Genival. Já esquecemos da bronca que existia.

Enfim, o cantor pôde entrar em estúdio, com Chiquinho do Acordeon na sanfona e Cobrinha no zabumba. Reservou o estúdio Musidisc, na Lapa, para o esquema de produção característico: sessenta horas para gravar e mixar o LP. Gravou também Fernando Lelis, com a música "Um par de aliança". Assim foi feito, e nasceu o disco *Aqui tem catimberê*. Na contracapa, para não deixar dúvidas, bem ao lado, o epíteto "O Senador do Rojão". "Severina Xique-Xique" abre o lado A. Outra parceria de Genival com João Gonçalves, "A filha de Mané Bento", vem na sequência. Antonio Barros comparece com "Para papagaio". "Tenente Bezerra", de Gordurinha, encerra o disco.

Na capa, Genival está de pernas trocadas, calça laranja, camisa estampada com detalhes roxos e o indefectível chapéu-coco. No rosto, uma expressão de matuto aturdido. Nos sulcos, um cantor em ponto de bala. A versatilidade do intérprete é atestada a cada faixa. A começar por "Severina", que somente Genival regravaria, segundo suas contas, 38 vezes. O fole vibra antes de o cantor iniciar os versos que o tornariam conhecido em todo o país: a história da moça cobiçada por Pedro Caroço. Em meio à letra de João Gonçalves, o cantor insere falas com a dose inconfundível de malícia, concretizando a parceria:

> Severina, minha filha,
> Não vá na onda de Pedro.
> Óia, ele só tem interesse em você
> Porque você tem uma butique.
> Óia, mas você querendo um sócio,
> Óia aqui seu Vavá...

O som de um sorriso maroto complementa as intenções do "seu Vavá". Mas não é apenas nos cacos que Genival mostra seu arsenal. Cada repetição da frase "É na butique dela" sai de um jeito. Chega a rasgar a voz para enfatizar o objeto da cobiça. E, antes de encerrar, pouco antes de reparar na formosura da moça ("Ai meu Deus, mas Severina tá bonita mesmo"), deixa encaminhada a proposta:

Ô Severina, como é?
Resolve minha filha.
Se tu quiser passa lá...

Arremata com a risada que se tornaria uma de suas marcas registradas: "Rá-rái!"

★ ★ ★

João Gonçalves não forneceu a Genival apenas "Severina Xique-Xique". Logo na sequência, mais gaiatice em "A filha de Mané Bento":

O que é bom tá guardado,
Mas eu dou a Chico Véio,
Porque é meu namorado.

O esmerilhado na sanfona emoldura a cobiça de Genival, que está de olho no que a filha de Mané Bento tem de bom para ofertar: "É isso aí, eu também sou Chico Véio." Por isso, no improviso final, ele enfia um recado para a moça dadivosa:

Se lembre do Seu Vavá,
Ele tá em Campina Grande.
Pode levar pra lá qualquer coisa
Que o velhinho aceita.

Fechando a trinca com João Gonçalves, uma incursão ao universo infantil – do jeito deles, claro: "Vamos brincar de roda". Na introdução, o cantor convida: "Vamos brincar de roda?" O coro responde: " Vamos!" – e Genival, malicioso:

Olha o dedinho... Vou não! Brinque vocês!

Começa a cantar as características da brincadeira "na casa de mestre Tota", onde foi convidado para dançar num baile que não tinha "tuíste, nem iê-iê-iê, nem *hally gally*": "Chame as menininha pra brincar e fechar a roda, as coroinha pra aumentar a roda." Ele mesmo não participa; fica na posição privilegiada de observador do incessante abre-fecha: "Hômi, eu não brinco mais que já tô velho... Mas vocês, que são criancinha, podem brincar", comenta, antes da gargalhada encorpada pela safadeza.

A malícia reina no repertório de *Aqui tem catimberê*, mas sem exclusividade. Ao recriar "Tenente Bezerra", de Gordurinha, sobre homem criado no bando de Lampião que viu o assassinato do líder dos cangaceiros em Angico ("Eu era criança e prestei atenção"), Genival dá voz à mudança no comportamento do nordestino:

Hoje eu nem sei atirar, nem me interessa isso, não.
Aprendi a xaxar e me formei no baião.

E ordena, diante dos novos tempos:

Toque a sanfona que eu quero xaxar.
Bate o zabumba que eu vou me espaiá.

"Deixa ela sofrer", parceria com Joca de Castro, demonstra a versatilidade do intérprete formado nos cabarés e outros inferninhos. Sobra classe na interpretação da letra do samba-canção. Não sem antes uma gaiatice, quando Genival anuncia, em tom anasalado: "Chora, violão." No arranjo, flautas emolduram um samba tradicional. Em "Morena faceira", amacia o gogó para cantar brejeiramente versos como:

Amar é minha sina, eu vou amar você, menina!

A faceta mais bem-comportada só cede à malícia quando Genival avisa para a morena:

Psiu, óia: é hoje, meu bem! Amanhã, não.

Continua a exibir a face doce em "Benzinho", de Brito Lucena, compositor de quem Genival tinha produzido o disco *Festival de jericos*, nos tempos da Rozenblit:

Benzinho, você ainda me ama?
Meu coração reclama a nossa separação.
...
Vamos viver só de amor meu benzinho,
Vamos viver direitinho e ter filhinho depois.

O intérprete versátil, capaz de acelerar sem deixar de ser compreendido, também sabe a hora de reduzir a velocidade. Cadencia, dividindo as sílabas de cada palavra para acentuar o engenho da letra de "Para papagaio", baião de Antonio Barros:

O meu papagaio é falador, falador, falador.
Para papagaio que a papagaia chegou...

Depois do refrão, vem o relato das fofocas:

O meu papagaio disse que a vizinha era legal,
Que falou no seu ouvido,
Coisa tão natural.
Mas que tal coisa
Não fala para não se dar mal.
Mas que o marido dela é et cetera coisa e tal.

Mais da ave maledicente:

Meu papagaio disse que o irmão de Juvenal
Só andava enfeitadinho, mesmo sem carnaval.

Não namorava as mocinhas
Porque o seu ideal é etcetera e tal.

Até que o próprio autor vira fonte das intrigas, o que provoca imediata reação:

(O papagaio disse) que até eu era mau,
Enganava todo mundo, era desigual.
Não vou ficar com raiva desse animal.
Ele é um bom filho etcetera e tal...

O cantor paraibano mostra vínculos fortes com a Bahia em duas faixas: "Bahia do catimberê", de onde vem o título do disco, mais uma marcada pela risada característica, e "Meu barco afundou", sobre homem que, após ser atingido por onda gigante, é salvo do afogamento por Iemanjá:

Vendo então que morria naquele grande tormento
Botei meu pensamento na rainha do mar...
Oiê, saravá, salve a Rainha do Mar.

No fim, depois de prometer oferenda, Genival não resiste:

Tá bom de tomar uma lapadinha. Será que tem um negocinho aí?

E ele mesmo responde, em outro tom de voz:

Hômi, não sei não, procure aí. Vamos saravar o senhor primeiro!

* * *

As GRAVAÇÕES DE *Aqui tem catimberê* tiveram como marca o bom humor. O produtor Max Pierre, um dos técnicos que estiveram em estúdio, lembra que Genival se mostrou "engraçadíssimo nas sessões".

— Era um piadista em tempo integral e, além de tudo, um grande dançarino.

Ex-integrante do grupo Canibais, formado na época da Jovem Guarda, Pierre guarda também a lembrança do "faro incomum para o sucesso" de Oséas Lopes: "Como tinha um catálogo de muito êxito, todos os artistas, iniciantes ou não, o respeitavam muito. E mais: Oséas não era tirano e nos deixava trabalhar com tranquilidade. Era o melhor na área: ninguém fazia sucesso impunemente", avalia Pierre, que, primeiro na Som Livre e depois na PolyGram, se tornaria um dos principais executivos da indústria fonográfica brasileira.

Mas "Severina Xique-Xique" ainda enfrentaria um derradeiro obstáculo antes de ser conhecida em todo o Brasil. Oséas Lopes tinha gravado os discos de Genival e Lelis sem consultar a direção geral da gravadora, em São Paulo. Ao entregar os teipes, a surpresa: um dos donos, Adiel Macedo, ficou furioso com o procedimento porque não gostava de nenhum dos dois cantores:

— Essas gravações são uma vergonha!

Ameaçado de demissão, Oséas pediu a interferência de um amigo, o divulgador Timóteo Martins, para convencer Adiel a ouvir as fitas. Escutaram as gravações. Adiel continuou irredutível:

— Essas gravações são da pior qualidade, não vou lançar!

Foi quando Timóteo apostou todas as fichas nos contratados de Oséas:

— Seu Adiel, eu garanto que os dois artistas vão ganhar Disco de Ouro em menos de sessenta dias!

Surpreso com a afirmação incisiva de um dos responsáveis por emplacar as músicas nas estações de rádios, Adiel enfim assentiu e autorizou a feitura dos LPs. As semanas se passaram. Antes do prazo estipulado por Timóteo, Genival recebeu convocação de Rosvaldo Cury, outro dono da Copacabana:

— Venha pra São Paulo.

— O que foi?

— Você vai viajar o Nordeste todinho. Depois vai de Manaus até São Paulo. Fazer todas as capitais. O disco já estourou. Vendeu 35 mil LPs.

— Mas, rapaz, eu nunca vendi isso...

– Isso é só o começo. A gente acha que chega a 500 mil.

O cantor paraibano foi fazer divulgação em jornal, rádio, televisão, circo – onde tivesse um palco, lá estava Genival. Ao chegar ao programa de Silvio Santos, deu azar. Teria que ficar de fora, por determinação do apresentador a um dos produtores:

– Olhe! Avisa ao rapaz da Paraíba que não dá para entrar agora porque estamos com doze minutos de atraso.

O produtor argumentou:

– Esse rapaz eu conheço, Silvio. O nome dele é Genival Lacerda: é um showman. Ele canta, dança, faz humorismo, faz tudo.

– Tá, então chama ele.

Genival entrou em cena para dublar "Severina Xique-Xique". Sabia que teria de agradar ao auditório – e rápido. Como um palhaço de circo, resolveu testar um número. Se a plateia reagisse com entusiasmo, iria em frente. Pegou a pança proeminente e a usou como seu par de dança. A plateia adorou: as "colegas de trabalho" do apresentador gargalhavam toda vez que ele mexia na barriga. Silvio também gostou. Ignorou o atraso e mudou de ideia:

– Dá para cantar mais uma!

Veio "A filha de Mané Bento". Mais aplausos, mais gargalhadas. Quando Genival terminou, escutou o convite:

– Domingo você vem de novo, canta mais três músicas.

Sete dias depois, ele voltou ao Silvio Santos. Bisou "Severina" e "A filha de Mané Bento", agora acrescidas de sucesso anterior, a nada sutil "Seu reverendo", parceria com Elias Soares ("Seu reverendo eu sou um homem de paz. /Mas assim já é demais. /Qualquer dia eu levo a mal. /Acabe esse casório, ou eu quebro ela de pau."). Por cinco semanas consecutivas participou do programa de auditório mais popular da TV brasileira. Para todo o Brasil, se cristalizou a imagem do forrozeiro extravagante e assanhado. O país foi apresentado às marcas registradas de Genival Lacerda: chapéu-coco, camisas coloridas, sandálias sob encomenda, lenço no pescoço, calça bem-engomada, sorriso largo, olhar malicioso; a pança e a dança.

As camisas em cores chamativas, geralmente floridas, ele usava desde o início da carreira fonográfica – uma delas, que aparece na capa do disco *Eu sou assim* (1969), é versão estilizada da bandeira da Grã-Bretanha (não por admiração de Genival à terra da rainha, mas simplesmente por ter gostado da estampa formada pelas listras vermelhas e azuis). Outro item obrigatório no figurino surgiu já em São Paulo, após encontro casual com Assis Chateaubriand, então senador. Comentou sobre o chapéu preto, arredondado, que Chatô carregava na cabeça:

– Mas, doutor! Que chapéu bonito...

– Tome para você. Compro outro na França pra mim.

Ganhou o chapéu *gelot* de Chateaubriand e pensou: "É pequenininho, bonitinho, mas não vou usar, não vou imitar ninguém. Vou usar outro." Os chapéus pequenos viraram marca de Genival. O mais importante, porém, ele não precisou pedir emprestado:

– O meu suingue, o meu balanço, o meu jogo de cena, a criatividade é minha. Sempre criei as minhas coisas, sempre fiz do meu jeito.

Fazer as coisas do "jeito Genival" significava impor sua forma de conduzir a carreira como fazia desde que o comunicador Aldemar Paiva, na Rádio Tamandaré do Recife, o havia batizado de Senador do Rojão – a outra alcunha, "Rei da Munganga", ganhou de Armando Chaves, na Bahia. Significava também escalar para as gravações de seus LPs os melhores sanfoneiros do país: Sivuca, Dominguinhos, Oswaldinho, Chiquinho, Gennaro... Todos participaram dos discos gravados ao longo da década de 1970 pelo cantor paraibano.

Genival não parava de fazer shows. Percorreu seguidas vezes o circuito dos forrós de São Paulo. Levava o trio – sanfona, zabumba, triângulo. Depois passou a incluir pandeiro e contrabaixo "para dar um molho a mais, e o som não ficar muito seco". "Severina Xique-Xique" foi sucesso em três formatos diferentes: em um ano, vendeu 250 mil compactos simples, 250 mil compactos duplos e 1,2 milhão de unidades do LP *Aqui tem catimberê*.

★ ★ ★

O PIPOCO NAS VENDAS fez Genival botar banca. Foi até a Copacabana atrás de adiantamento para comprar uma casa. Enquanto esperava ser recebido por Rosvaldo Cury, ouviu um dos colegas, Paulo Sérgio, pedir o mesmo – e ser atendido: "Amanhã tu vem aqui que eu te dou o dinheiro." Quando o cantor romântico saiu, foi a vez de Genival encaminhar a solicitação:

– Seu Rosvaldo! Eu preciso de 50 mil contos porque eu quero comprar uma casa lá em Campina Grande…

– Hoje não tem. A semana que entra eu lhe arranjo esse dinheiro.

Dois estilos, duas medidas. Para Paulo Sérgio, o dinheiro sairia no dia seguinte; para ele, só na outra semana? Genival ficou injuriado. Esperou os sete dias passarem e foi até a fábrica da Copacabana, em São Bernardo do Campo. Ao chegar lá, foi reconhecido por um funcionário que trabalhava na prensagem, que revelou:

– Rapaz, aqui só se faz disco pra tu.

– Disco pra mim, por quê?

– Da prensa só sai disco pra tu.

– Só prensa pra mim? O que é isso, meu Deus?

Enquanto conversavam, um grito das escadas. Era Rosvaldo, em tom enérgico:

– O que é que o senhor veio fazer aqui?

– Vim conversar com o senhor sobre aquele negócio que eu lhe falei…

– Pois não venha aqui senão eu não lhe atendo.

– Como é que é a história?

– Aqui eu não lhe atendo!

– Então eu saio da sua gravadora agora mesmo. Vou-me embora e não fico mais não!

O funcionário, atônito, tentou salvar:

– Rapaz, não fale assim! Ele é o dono da gravadora!

Genival não perdoou:

– E você é um puxa-saco! Eu vou embora. Sai da minha frente, babão!

Voltou para o hotel e, quando terminava de arrumar as malas, recebeu a visita de um funcionário da Copacabana.

– Senhor Genival, seu Rosvaldo mandou chamar o senhor.

— Eu não vou, não. Não quero conversa. Ele disse que não me atendia, por que eu vou atender ele?

Só depois dos apelos de Clayton, funcionário-chefe da divulgação ("Se eu não levar tu, ele vai me botar pra fora"), Genival concordou em voltar. Subiu as escadas e encontrou Rosvaldo sentado no escritório, diante de LPs e fitas que ele tinha pedido à gravadora.

— O que é que há, seu Genival?

— Não há nada. Vai me dar a rescisão?

— Não. Olha aqui, seu ignorante: os 50 mil contos, as fitas e os LPs que você pediu.

Mas, antes de repassar o solicitado, esmurrou a mesa e gritou:

— Mas fique sabendo que quem manda aqui nesta merda sou eu!

Genival não se intimidou. Também deu um murro na mesa e retrucou:

— E fique sabendo que quem manda em mim sou eu!

Os dois murros na mesa selaram a amizade com Rosvaldo. Agora, além de Angela Maria, Benito di Paula e Wando, a Copacabana tinha outra estrela em seu cast. Bem-sucedido a ponto de ganhar um bate-boca com um dos donos da gravadora, Genival Lacerda enfim pôde cumprir o que anunciou alguns anos antes, na música "Cantor famoso", parceria com Jacy Santos, incluída no LP *Eu sou assim*:

Sou cantor famoso,
Meu diploma é o gogó.
Eu encaro o sanfoneiro,
Sou o dono do forró.
...
Quando vim da Paraíba, trouxe no meu matulão
Meia dúzia de xaxado misturado com baião.
Quando chego no salão, fica cheio de mulher,
Porque faço no gogó depois vou fazer no pé.

Era, enfim, "o homem-espetáculo" sem igual que o produtor João Borges apresentava na contracapa do disco de 1969, capaz de "conquistar facilmente qualquer plateia, onde quer que esteja". Apaixonado por "Severina Xique-Xique", o Brasil inteiro agora conhecia – e consagrava – o Rei da Munganga. Genival só não gostava quando o acusavam de gravar músicas apelativas. O sangue ferveu quando ouviu pela primeira vez a acusação de ser o principal intérprete do "pornoxaxado":

– Minhas músicas têm um duplo sentido sadio, não ofendem a opinião pública. Sempre gravei assim, sem apelar. Quando digo "Ele tá de olho na butique dela", não tô falando palavrão. E tem mais: quem faz pornoxaxado é a mãe!

12. Ô lapa de tesoura!

"O NOVO WALDICK SORIANO." Assim a revista *Veja* apresenta Genival Lacerda aos seus leitores em outubro de 1976. Mas o cantor não recebe destaque no noticiário cultural. O nome dele aparece nas páginas da editoria de política, em reportagem sobre os recursos de que candidatos lançavam mão para atrair eleitores aos comícios nas grandes cidades do interior do país. Um deles opina: "Se nos palanques não estiver um nome conhecido na música sertaneja, o fracasso é garantido."

Veja conta que Genival ganhou "o estapafúrdio cachê de 300 mil cruzeiros" para se apresentar em todos os comícios de um dos candidatos da Arena à Prefeitura de Campina Grande, o deputado estadual Enivaldo Ribeiro. O valor alto tinha motivação mais política que administrativa, afirma a revista: "Deter o poder municipal em Campina Grande significa exercer de alguma forma o controle político de considerável parte da Paraíba." Descrita na reportagem como cidade "próspera, limpa e organizada, apesar de encravada no rudimentar interior da Paraíba", Campina Grande possuía na época 230 mil habitantes (90 mil eleitores), além de ser centro de desenvolvimento e de influência de 52 municípios vizinhos – 40% do território paraibano, segundo a revista.

Um dos filhos de Campina Grande, João Gonçalves, enfim podia comemorar. Se Messias Holanda tinha dado a largada para o compositor em 1970, ao gravar "Minha Margarida", foi Genival Lacerda quem fez deslanchar, cinco anos depois, a carreira do conterrâneo com "Severina Xique-Xique". E não só por conta da moça da butique que todos observavam. As outras duas músicas de Gonçalves gravadas por Genival se tornaram sucesso, e este ainda repassou outra composição da dupla, "Por causa da pepita", para o Trio Nordestino. Na voz de Messias, "Mariá" também havia se tornado um enorme êxito. Quando perguntavam sobre a autoria da música, Messias fazia questão de responder:

– Essa é minha e do dono.
– E quem é o dono?
– O dono é João Gonçalves, o mesmo de "Severina Xique-Xique".

Se lhe indagavam, o cearense reconhecia publicamente como se dava a contribuição de cada um dos autores de uma canção:

– Eu nunca fiz nada nas músicas de João. Ele me dava a música completa e aí me dava a parceria. Por quê? Porque a música tava lá escondida, e a gente criava a música, fazia com que a música chegasse lá. Então ele dava a parceria. Quem primeiro gravou João fui eu, e ele teve a felicidade de fazer sucesso porque é bom. Ele mesmo dribla, ele mesmo faz o gol. Fazendo duplo sentido, ele vai para aqui, vai pra lá, chuta, marca. Na música, João Gonçalves é dois em um: Garrincha e Pelé.

Além de Messias, "Mariá" ganhou registro do forrozeiro pernambucano José Nilton Veras, o Zenilton. Este último, em compacto duplo para a Continental, regravou também "Severina Xique-Xique" – no arranjo, flautas e andamento mais cadenciado, além de refrão sutilmente modificado: "Ele *está* de olho é na butique dela..."; Zenilton dá conselhos à musa de Gonçalves:

– Severina, minha filha, cuidado com Pedro: ele só quer a sua butique, cuidado para você não perder o que arranjou.

Diferentes vozes, o mesmo compositor: em 1975, João Gonçalves caiu na boca do povo.

– Foi o ano do pipoco.

O "pipoco" que atingiu João Gonçalves também caiu no colo de Oséas Lopes. O produtor tinha trabalhado duro na Copacabana. Fez coletâneas (*Quebra pote*) nos moldes da *Pau de sebo* da CBS, gravou cantores por recomendação da diretoria da gravadora, como Zé do X, ou da supervisão de vendas do Norte e Nordeste, a exemplo de Negrão dos Oito Baixos. Deu nova chance a veteranos como Ary Lobo e Zito Borborema. Levou o paraibano Genival Santos, intérprete de "Eu te peguei no fraga" e "Meu coração está em greve", à condição de um dos maiores vendedores de discos do selo. E fez mais: por insistência de um amigo, o maestro Pachequinho, iniciou carreira paralela de cantor romântico. Com o pseudônimo de Carlos André, lançou *O romântico* (1974) pelo selo paulista Beverly. Incluiu no repertório uma canção que tinha sido rejeitada pelos cantores da Copacabana – ninguém gostou. Mas justo essa faixa, "Se meu amor não chegar (Quebra mesa)", se tornaria um dos estandartes da música brasileira popular, música de mexer com o coração e outras partes do corpo, música de gente sem vergonha de sofrer nem de amar, música de fim de noite no cabaré, música de roedeira, música brega:

Eu hoje quebro esta mesa
se meu amor não chegar.
Também não pago a despesa
Nem saio desse lugar.

Para impulsionar a nova carreira, Oséas Lopes deu um tempo nas atividades do Trio Mossoró: o forrozeiro teve de ceder espaço ao cantor romântico e ao cada vez mais requisitado produtor. Foi convidado a assumir a direção artística da Tapecar – responsável pelo corte de acetato dos vinis, a fábrica tinha decidido lançar também os próprios LPs. Oséas passou a ganhar quase dez vezes mais do que recebia na Copacabana. Torrou o dinheiro. Apaixonado por carros, comprou sete, um para cada dia da semana: um Chevette, dois Maverick, um fusquinha vermelho (depois doado ao amigo Bastinho Calixto, um de seus produtores assistentes), uma Variant II, uma Veraneio para viajar pelo Nordeste e um Mustang Mach One, que ostentou na capa de um dos LPs que gravou como Carlos André.

Não foi o único a adquirir dupla identidade. Na virada para a segunda metade da década de 1970, Antonio Barros e sua esposa tinham adotado o nome artístico de Tony & Mary. Assumidamente influenciados por outro casal de repertório romântico, Jane & Herondy, eles gravaram um disco pela Copacabana em 1976 e emplacaram um grande sucesso: "Ama-me". O romantismo era bem familiar à paraibana Mary Maciel Ribeiro, conhecida desde pequena pelo apelido de Cecéu. Fã de Angela Maria e outras cantoras, a menina sabia de cor o repertório dos astros e estrelas que apareciam na *Revista do Rádio*: ao chegar da escola, já ligava o radinho para ficar bem-acompanhada enquanto fazia o dever de casa. Conhecera Antonio Barros em Campina Grande, em 1971. Ela morava na rua Vigário Calixto, no bairro Catolé; uma de suas vizinhas, irmã de Antonio, trabalhava como costureira. Certa vez, quando Cecéu foi provar roupas na casa ao lado, o compositor estava por lá. Conversaram um pouco, descobriram afinidades. No dia seguinte, ele pediu:

– Olha, eu queria dar um pulinho na tua casa, pode ser? Eu gravei uma participação no programa de Jota Silvestre e queria saber se eu podia assistir...

Ela sabia que ele não tinha televisão em casa. Permitiu a visita. Foi o início da aproximação. Não demorou muito tempo para ficarem juntos; o casamento saiu no ano seguinte. Quatro anos depois, estavam enfrentando as empoeiradas estradas da Paraíba para cantar "Ama-me"; Tony, de camisa e calça sociais, Mary igualmente alinhada. No intervalo do show, ela saía de cena para Antonio comandar o forró. Não receberam muito dinheiro, mas ganharam jogo de cintura. O reconhecimento da capacidade de ultrapassar os limites da música regional e o consequente retorno financeiro viriam a partir da segunda metade da década de 1970, quando suas músicas conquistaram o país nas vozes de Elba Ramalho ("Bate coração", "Amor com café"), Ney Matogrosso ("Por debaixo dos panos", "Homem com H", esta última com refrão nascido de uma fala do personagem Zeca Diabo, interpretado por Lima Duarte na novela *O bem amado*) e de Sônia Braga ("Sou o estopim", um dos temas da novela *Saramandaia*). Foi o período da consagração da dupla Antonio Barros & Cecéu.

* * *

Ao chegar à Tapecar, Oséas Lopes não perdeu tempo. Com a missão de formar cast popular tão bem-sucedido quanto o da Copacabana, assinou com Ronaldo Adriano, Abílio Farias, Bartô Galeno – com quem escreveria dezenas de canções. E correu atrás do autor do grande sucesso do momento. Em janeiro de 1976, Oséas chegou a Campina Grande com Bastinho Calixto e acertou a contratação de João Gonçalves. Reservou hotel, comprou passagem de avião e definiu cronograma para preparação de repertório do primeiro disco do compositor. E, claro, queria saber quais os trunfos que ainda havia na manga do autor de "Severina":

– Olha, tem "Pescaria em Boqueirão" e "Ás de copas", mas já estão com o Genival pra ele gravar...

– Não tem nada a ver. Se as músicas são suas, você grava.

Para contrariedade de Genival Lacerda, Gonçalves obedeceu à orientação de Oséas e registrou na própria voz as músicas apalavradas. Sua estreia na Tapecar incluiu outras duas parcerias com o cantor de "Severina": a nostálgica "Cai tanajura" e "Hipie de araque", nascida da observação das mudanças no visual de um conhecido, devidamente acrescida da mordacidade e do humor presentes nas principais composições de Gonçalves:

Pra que tu quer isso pendurado aí, Luizão?
Pra que tu quer isso pendurado aí?
Essa correia de couro cru no pescoço, Luizão,
Pra que tu quer isso pendurado aí?
Uma corrente de ouro ou mesmo de prata, Luizão,
Ainda passa ou pelo menos tem valor.
Mas essa tira de soldado e alpercata, Luizão,
Nem as baratas vão gostar do seu odor.
Corte essa barba e passe um pente no cabelo, Luizão.
Tua cabeça parece um arapuá.
Vai tomar banho e tire esse lodo do corpo, Luizão,
Que o macacão já tá com cheiro de gambá.

Genival Lacerda não perdeu a pose com a investida de João Gonçalves. No disco que lançou pela Copacabana, gravou outras dos tempos dos primeiros encontros com Gonçalves em Campina Grande: "É aí que você se engana", "Munguzá de coco", "Porco mecânico", "Burrico da Gabriela"...

Mas, para impulsionar a divulgação do disco foi escolhida uma parceria de Durval Vieira com Joci Batista, "Vamos Mariquinha", que se tornaria também o título do LP. Lindú, que assumiu o lugar de Oséas na gravadora, assinou a produção do disco.

A estreia tardia de João Gonçalves, aos 38 anos, não chegou a ser arrasadora como a consagração experimentada por Genival. *Pescaria em Boqueirão* vendeu 96 mil LPs, segundo a gravadora informou ao artista. Gonçalves pegou o dinheiro, juntou com o obtido com os direitos autorais de "Severina Xique-Xique", e deixou de andar a pé: comprou um fusca. Não durou muito. Meteu o carro embaixo de um caminhão e saiu todo estropiado. Fraturou o fêmur e passou semanas imóvel no Hospital Antônio Targino, em Campina Grande. Para aliviar o sofrimento, a família levou toca-discos para o hospital, e Gonçalves passava as manhãs vendo seu LP girar.

Meses depois, ainda de muletas por causa do acidente, João Gonçalves conquistou espaço na imprensa. Em junho de 1976, ganhou duas páginas e cinco fotos no *Diário da Borborema*, o maior jornal de sua cidade, sob a seguinte manchete: "João está surpreso com o sucesso." A repórter Maria de Jesus conta que "o conhecido compositor de músicas populares" visitou a redação e repassou sua trajetória, relembrando o momento decisivo em que foi apresentado por Messias Holanda a Genival Lacerda: "Nessa época eu tinha umas duzentas composições arquivadas e sem a menor chance de gravá-las." O sucesso podia ser medido pela agenda lotada de compromissos: shows em praças e clubes do interior, homenagem na Câmara Municipal de Campina Grande, inauguração de quadra esportiva com seu nome na cidade de Sousa, na Paraíba. "Por conta do sucesso de suas músicas, João Gonçalves recebe inúmeros convites para fazer apresentações nos bairros da cidade e comunas vizinhas. Dentro das possibilidades, atende a todos e conserva a mesma personalidade de antes", descreve a repórter, destacando uma promessa do entrevistado: "Não vou mudar nunca, lembro-me ainda do tempo que não era conhecido, e de forma alguma vou perder a cabeça!"

Gonçalves passou a compor para boa parte dos contratados de Oséas na Tapecar. Para Jair Alves, assinou seis das doze faixas do disco *Aproveita a maré*, entre elas "Mulher mesquinha" e "Ganso covarde". Como autor e intérprete, foi o principal nome da coletânea de arrasta-pés *Festa na roça*, volume 2 (no primeiro volume tinha emplacado apenas uma faixa, "Coro chato"). Também homenageou sua cidade na nostálgica "Campina de outrora", em que evoca "coisas do passado que me deram inspiração", ao citar personagens e lugares marcantes na história campinense – Ponto Central, Bar Petrópolis, Rosil Cavalcanti, Cristino Pimentel –, antes de concluir: "Recordar, ai como dói."

Nada nostálgica, a boa fase de Gonçalves sofreria duro revés. Quando fazia show em Monteiro, na Paraíba, antes de entrar no palco, um conhecido apontou para a televisão:

– Ó lá Flávio Cavalcanti quebrando o teu disco...

João não acreditou no que viu. Um dos mais populares apresentadores da televisão brasileira destroçava o segundo LP por causa do refrão gaiato da música "Querem te ver":

Vai, vai, vai, Gina, tão esperando você.
Na festa do arraial todo mundo quer te ver.

Talvez servisse de consolo a Gonçalves saber que, em 1957, o mestre Zé Dantas também tinha sido alvo da quebradeira promovida pelo apresentador. Um amigo descreveu para o médico o que tinha visto e ouvido.

– Ele disse na televisão que a sua música "Siri jogando bola" era uma besteira muito grande, pois nunca viu siri jogar bola, e que aquela história do jumento que "tomou trinta Coca-Cola e deu um arroto de lascar" era simplesmente grosseira e indecorosa.

As críticas se estendiam também a "Cangote cheiroso", cujo verso "cochilando e dando chêro no cangote da Maria" era considerado por Flávio "tremendamente imoral", e "As quatro imbigadas", classificada de "indecente". Mas Zé Dantas não deixou por menos: publicou em um periódico carioca um longo artigo, "A música folclórica e um 'crítico'", em que desancava com ironia a análise obtusa do apresentador. Entre outras coisas, dizia:

Concordo plenamente com o meu detrator. Também nunca vi um siri jogando bola, como nunca vi um boi conversando, segundo referem os contos do tempo em que os bichos falavam. Só não aceito de pronto é que esse refrão seja "besteira", como afirmou com ares de "pythoniza" o oráculo da televisão na sua trêfega linguagem. O meu protesto procede do fato de esse refrão vir sendo usado há alguns decênios nos côcos do nordeste, onde a tradição avaramente o conserva pela transmissão oral. E tudo aquilo que tem aceitação coletiva encerra uma comunicação que precisa ser investigada.

Coincidência ou não, a partir do episódio com Flávio Cavalcanti, João Gonçalves passou a achar que a Polícia Federal o mantinha sob vigilância. Já tinha passado por um susto na tradicional Festa das Neves, em João Pessoa, quando cantou "Pescaria em Boqueirão" e foi abordado por um desconhecido:

— João Gonçalves, tem um negócio aqui pra você assinar.

— Pois não. Assino com o maior prazer!

Abraçou o homem, achando que se tratava de um fã à procura de um autógrafo:

— Não é autógrafo, não. É uma intimação. Amanhã de manhã você tem que ir lá na sede da Polícia Federal. E não pode sair de João Pessoa, tem que ficar no hotel.

No dia seguinte, logo que chegou à sede da PF, o delegado perguntou:

— Por que você cantou a música proibida?

— Doutor, eu nem sabia que era proibida... Eu cantei porque estava empolgado com o público.

O delegado repetiu a pergunta diversas vezes até se convencer da inocência do interrogado. Gonçalves foi liberado, mas o divulgador da Tapecar, Oscar Barbosa, não teve a mesma sorte. O oficial responsável pela intimação lembrou que Oscar havia lhe oferecido discos:

— Doutor, João Gonçalves é um camarada muito bacana. Mas esse que tá com ele tentou me subornar ontem!

— O quê? Leva ele e tranca. Seu João Gonçalves, o senhor tá liberado. O seu amigo fica.

Gonçalves passou a tarde em busca de um advogado para tirar o divulgador da cadeia. Só conseguiram sair da sede da PF no início da noite.

Poucos meses depois, mais um incidente. De novo por causa de "Pescaria em Boqueirão". Contratado por um candidato a prefeito, Gonçalves fazia show em Cajazeiras, na Paraíba, quando começaram os pedidos da "música da minhoca". Malandro, Gonçalves fez sinal para os músicos tocarem a introdução de "Pescaria". Foi o suficiente para a plateia começar a cantar:

Quem for à pescaria lá em Boqueirão,
Lá não leve isca, lá tem de montão.
Lá tem cada minhoca que causa admiração,
Ô lapa de minhoca, eita que minhocão!
Com uma minhoca dessa se pega até tubarão.

O cantor apenas mexia os lábios, sem emitir qualquer som. O povo adorou a dublagem improvisada, mas a polícia não gostou. O intérprete, logo ao deixar o palco, tomou mais uma prensa:

— Agora você tá encrencado, João Gonçalves. Você cantou a minhoca!
— Não cantei, não.
— Cantou, sim. Tá gravado! O seu show foi gravado!
— Não cantei. Quem cantou a música foi o povo.
— É o que a gente vai ver. Vamos ouvir a gravação. Enquanto isso, fique no hotel. Não pode viajar enquanto a gente não conferir o que o senhor fez ou não fez.

João esperou no hotel. Gravação conferida, recuperou o direito de ir e vir. Antes de seguir para Campina Grande, porém, o delegado pediu para ele cantar uma música nova, "Bom pescador". Ouviu o comentário:

— Essa é até boa, né, João Gonçalves?
— Ainda bem que o senhor achou...
— Sabia que já estou até gostando de umas músicas que você escreveu?
— E eu estou me acostumando com o senhor também...

* * *

Subordinada ao Ministério da Justiça, a Divisão de Censura de Diversões Públicas tinha sido instaurada em 1972, quatro anos depois da promulgação do AI-5. Na música popular, sua função era examinar atentamente as letras e verificar se elas não tinham elementos capazes de contestar a ordem política vigente ou desrespeitar a moral e os bons costumes. Para prévia avaliação, as gravadoras forneciam as cópias das letras previstas para os LPs. Somente depois da autorização por escrito do órgão da Polícia Federal, sediado em Brasília, os discos poderiam ser comercializados. Quando vinham os vetos, as gravadoras sugeriam para seus artistas a alteração dos versos responsáveis pela interdição. Grandes nomes da MPB, Chico Buarque à frente, tinham suas obras examinadas com lupa para verificar possíveis conteúdos de subversão ao que fora instituído pelos militares – com discretas alterações e por meio do uso de pseudônimos, driblavam a tesoura e conseguiam autorização. Mas no caso de João Gonçalves não havia Julinho da Adelaide para disfarçá-lo. Os censores, em especial os que estavam lotados em órgãos estaduais, não largavam do seu pé.

Em radiograma datado de 6 de dezembro de 1976, a Superintendência do Amazonas (SR/AM) da Polícia Federal encaminha consulta aos superiores em Brasília. Pede informações sobre "Pescaria em Boqueirão". A resposta do chefe da seção de Coordenação e Controle da PF, José Carlos Rodrigues, sai no dia 15 de dezembro: "Informo que a letra musical de autoria de João Gonçalves de Araújo está proibida para divulgação em rádio, televisão, show e qualquer local público, inclusive casas de venda de discos." Ele ressalta que a proibição já tinha sido comunicada em 7 de junho do mesmo ano. A circular original é anexada, e nela fica flagrante a proibição também a "Munguzá de coco", de Genival – "proibida em qualquer lugar público, inclusive casas de vendas de discos", por causa dos versos:

A filha de seu Malaquias,
O dono de um bar no mercado,
Atende a freguesia
Num desmantelo danado.

Pra todo mundo que chega,
Ela grita, tá raspado,
Tá raspado, tá raspado,
Tá raspado, pode entrar.

Em radiograma recebido pela Divisão de Telecomunicações da Polícia Federal no dia 7 de junho de 1976, o Serviço de Censura de Diversões Públicas (SCDP) da Superintendência Regional (SR) do Rio Grande do Sul reitera a necessidade de apreensão dos discos, caso não seja acatada a proibição para venda e haja "desobediência da determinação de censura".

Em decorrência da proibição de execução pública de "Pescaria em Boqueirão", João Gonçalves passou um ano sem cantar na Paraíba. Seguidas vezes era contratado para fazer shows, mas não podia subir ao palco. Tinha de seguir a determinação dada por um policial:

– A censura disse que a banda pode tocar, mas você não canta, não.

Então Gonçalves pegava metade do cachê, pagava à banda e ia embora antes mesmo de o show começar. Passou a trabalhar em Pernambuco e outros estados nordestinos, menos no seu estado natal.

A vigilância aumentou depois de um incidente na gravação do terceiro LP. Ao enviar o lote das letras a serem incluídas no disco, ficou faltando justamente a de "Meu Cariri é assim", cujo refrão de duplo sentido ("O bode comendo acaba") tinha tudo para cair nas graças do público. Só que os censores escutaram a gravação e não encontraram a letra correspondente. O disco, então, foi integralmente proibido: 3.600 exemplares de *Nordeste de hoje* que tinham chegado a lojas paraibanas como A Modinha e Comdil foram recolhidos e queimados em João Pessoa.

No ano anterior, "Severina Xique-Xique" também incomodara os censores. Em 13 de junho de 1975, a chefe do serviço de Censura do Ceará, Maria Iranilde da Silva Batista, enviou ofício a Brasília solicitando que "duas letras musicais já gravadas e conhecidas do público nordestino sejam apreciadas pela Divisão de Censura de Diversões Públicas, tendo em vista que essa superintendência vem recebendo várias reclamações das famílias cearenses sobre a divulgação das mesmas". No documento,

Maria Iranilde explicita o motivo do incômodo: "Esclareço a V. Sa. que as palavras 'butique' e 'periquito', constantes nessas letras musicais, têm dúbio sentido."

O chefe da Seção de Coordenação e Controle, José Carlos Rodrigues, informa que "nada consta com referência às letras musicais". E encaminha-as para apreciação da Seção de Censura. Três dias depois, dois pareceres elaborados na capital federal dão a resposta. A técnica Maria Luiza Barroso Cavalcante lembra que a música já foi gravada, "consequentemente, teria sido liberada pela Divisão Regional"; e, "quanto ao mérito do problema, isto é, o conteúdo da música, não posso julgar apenas pela leitura da letra se o sentido dado à palavra butique é malicioso. Seria preciso, pelo menos, ouvir a gravação".

Já o técnico Corrêa Lima não precisa de gravação para manifestar sua opinião, como detalhou em 19 de junho de 1975:

> "Severina Xique-Xique" é um texto musical brasileiro, e, ao que tudo indica, o autor é também brasileiro, assim como sua linguagem é brasileira. É a alma ou expressão popular em termos de música. No que diz respeito ao respectivo texto – do ponto de vista censório – nada há (sic) opor, daí haver consultado uma colega, das plagas nordestinas, a respeito. Afirma ela que não há qualquer dissonância de sentido com o vocábulo "butique", sendo esta a razão pela qual sugiro seja mantida a sua liberação, uma vez que a dita música já está difundida até mesmo na capital do país – Brasília. Apenas convém ressaltar que a música é um veículo de integração da nacionalidade.

Em 13 de maio de 1976, o superintendente regional do DPF/SR/PE, Edyr Carvalho, encaminha parecer e fita cassete "para as providências cabíveis ao fato, uma vez que se trata de músicas consideradas pornofônicas por este SCDP/SR/PE". No lote de canções "pornofônicas" estão "Munguzá de coco", com Genival Lacerda, "Pescaria em Boqueirão", de João Gonçalves, e "Vendedora de rapé", com Messias Holanda:

Vou lhe contar uma história engraçada –
Essa história aconteceu em Catolé –
De uma moça que vendia tabaco,
Tabaco lá no norte é rapé.
Ela vendia na calçada do mercado,
Todo dia, coitadinha, tava lá,
Sempre com a voz bem afinada
E pra vender bastante, ela tinha que falar:
"Ô tabaco bom, bom de se cheirar.
Ô tabaco bom, vamos gente vem comprar."

O chefe do SCDP/SR/PE, Dermeval Barreto de Matos, afirma que as pessoas "se sentem constrangidas" ao ouvir aquelas músicas constantemente tocadas nas emissoras daquela capital. O duplo sentido de canções como "Pescaria em Boqueirão", no entendimento do parecerista, chega a provocar "um confronto ao decoro público, devido à quantidade de vezes que são tocadas durante o dia". Na conclusão do parecer, Dermeval sugere a possibilidade de proibição da veiculação das músicas, "através dos meios de comunicação, rádio e TV", e requer atenção adicional: "Identificar o órgão liberatório e instruí-lo para que haja maior cuidado quando na aprovação de letras musicais."

Ele tem o cuidado de incluir o significado de quatro palavras presentes nas músicas: "quenga = prostituta", "tabaco = órgão genital feminino", "minhocão = órgão genital masculino" e "periquita = órgão genital feminino". Brasília, então, acolhe a alegação "do público ouvinte do Nordeste face ao sentido dúbio que elas encerram", segundo os técnicos Hellé Carvalhedo, Vicente Monteiro e Myrtes Nabuco Pontes. "Realmente, todas são eivadas de expressões regionalistas de baixo calão, cuja colocação intencional dá margem a interpretações pornográficas capituladas na legislação contrária." E, a seis mãos, sai o veredicto: "Opinamos pela interdição."

O superintendente da PF em Pernambuco encaminha, em junho de 1976, ao chefe, o diretor Rogério Nunes, parecer e fita cassete para as providências cabíveis, "uma vez que se trata de músicas consideradas pornofônicas por este SCDP/SR/PE". Nessa leva, aumenta o número de "músicas pornofônicas": do lado A da fita cassete, "Articulinária" (Pinto do Acordeon e Lindolfo Barbosa), "Dona Juvina" (João Gonçalves e Adolfinho), "Velha calçada" (Glorinha e Estenio Bezerra), "Burrico da Gabriela" (João Gonçalves e Genival Lacerda). No lado B, estão "Viu Maria" (Max e Gene), "Caiu na ponte" (Cecéu), "Mariá" (Messias Holanda e João Gonçalves), "Carimbó do filho do Tuta" (Toni Wilson e A Moçada do Carimbó), "Onde o Coló comeu" (Anselmo Mazzoni e Fernando Lopes), "A vendinha da feira" (Assizão e Zé Cacau) e "Não compro sem puder" (Jacinto Limeira).

O parecerista Dermeval Barreto de Matos, em ofício assinado em 23 de junho de 1976, lamenta que as letras já foram gravadas, "portanto, aprovadas por órgãos descentralizados implicitamente subordinados à DCDP." Ele aponta o descumprimento de dois tipos de norma: as "censoriais estabelecidas" e as "gramaticais existentes". Critica a incidência de erros crassos ("cacófatos, solecismos e barbarismos"), o que constitui "um desrespeito para com a nossa língua pátria". E arremata: "Diante do exposto, o parecer deste SCDP/SR/PE é remeter as supracitadas composições musicais à DCDP para melhor averiguação, consultando, mais uma vez, sobre a possibilidade de proibi-las à divulgação através dos meios de comunicações sociais, shows e discotecas."

Já em Brasília, o parecerista Josué Guedes reclama do material enviado: "A péssima qualidade da gravação impede qualquer entendimento das letras das músicas 'Articulinária', 'Dona Juvina', 'Burrico da Gabriela' e 'Onde o Coló comeu'." Das que puderam ser entendidas, ele sugere a liberação de oito músicas e recomenda o veto de "A blusa dela", de Azulão – nome artístico do pernambucano Francisco Bezerra de Lima, que gravava pelo selo Esquema e fazia sucesso nos forrós de Caruaru desde os anos 1960 com "Olhei meu amor", "Dona Tereza", "Nega buliçosa", "Eu não socorro não", "Tô invocado", "Afogando a minha dor" e "O que tu és moreninha" (com esta última, de Juarez Santiago, participou da coletânea *Rato no queijo: os cabras de Caruaru*). Para justificar a censura à letra do "pequeno grande" Azulão, como ele era conhecido em sua cidade, Josué aponta uma cacofonia considerada "imoral".

A mulher que eu mais amava deu a blusa a outro.
Deu a blusa a outro e me abandonou
Por quê, tanto que fiz por você.
Nada disso agradecia.
Meu Deus, o que vou fazer pra me casar com Maria?

O superintendente regional da PF em Pernambuco volta à carga em março de 1977. Edyr Carvalho encaminha ao diretor da DPF parecer da técnica de censura Cléria Galindo, acompanhado de fita cassete, com dez músicas "que indubitavelmente vão de encontro às normas censoriais". Edyr, no ofício, lembra que "as referidas músicas já se encontram gravadas, portanto, devem ter sido aprovadas despercebidamente, por algum órgão da Censura Federal". Faz a solicitação: "Tendo em vista o sentido pejorativo existente, consultamos-lhe sobre a possibilidade de que sejam reexaminadas por essa DCDP, a fim de tornar as medidas cabíveis." Cita as dez músicas enviadas – nove de João Gonçalves, entre elas "Ganso covarde", "Terror do sertão" e "Trambique da butique" (esta última, continuação de "Severina Xique-Xique", narra as agruras da dona da "butique tão falada, hoje não tem quase nada a não ser pique e botão"). Tudo por causa de um malandro insistente chamado Pedro Damião, "o mesmo Pedro Caroço, filho de Zefa Gamela, todos devem se lembrar", que conseguiu "quebrar o tabu de Severina" e agora, queixa-se a moça, "não me olha de frente depois que me arrasou":

Eita bicho trambiqueiro, Damião.
Conseguiu na butique passar a mão.

A resposta de Brasília sobre "Trambique da butique" e outras criações de Gonçalves desaponta a censura pernambucana: "Trata-se de composições populares nas quais revelam, no conteúdo das mesmas, um pouco de malícia motivada, às vezes, pela sonorização das palavras ou rimas, não chegando a ferir a moral social", afirma Valmira Oliveira, que ainda opina, em ofício datado de 27 de abril de 1977: "São músicas de fácil consumo e portanto de desgaste rápido, que logo cairão no esquecimento popular."

Uma semana depois, o diretor Rogério Nunes comunica ao superintendente regional da DPF em Pernambuco que as músicas foram examinadas na DCDP, "tendo sido confirmada sua liberação".

A Superintendência Regional no Rio Grande do Norte do DPF também estava com Gonçalves na mira. Em 27 de maio de 1975, encaminha aos superiores a música "A filha de Mané Bento", gravada por Genival Lacerda. Versos como "O que é bom tá guardado. /O que é bom tá guardado. /Mas só dou a Chico Véio porque é meu namorado", do refrão, não incomodam os censores de Brasília. "A letra nada apresenta que possa impedir a sua liberação para o público em geral. Se alguém vier a dar outras interpretações, pela forma com que o autor conduz o enredo da letra, isso foge à alçada da censura – sendo objeto de censura tão somente o texto da letra musical não se estendendo à malícia popular", opina Creusa Cabral, em junho de 1975. Outro técnico, Florivaldo de Carvalho Queiroz, substituto do chefe da seção de censura de teatro e congêneres, também dá sua aprovação.

Menos de um mês depois do ofício potiguar, é a vez de a insatisfação oficial chegar ao estado vizinho. A Superintendência Regional no Ceará encaminha a Brasília "A filha de Mané Bento" e "Severina Xique-Xique" para serem analisadas pela instância máxima da censura. Em 1º de julho de 1975, duas técnicas, Gláucia Baena Soares e Vilma Duarte do Nascimento, lembram que ambas as músicas já haviam sido liberadas pela DCDP, e concluem: "O sentido, realmente, é duplo, mas não chega a ferir o decoro público, pois trata-se de letra e música ligadas ao folclore regional."

Mais João Gonçalves: dessa vez, as atenções se voltam para as possíveis indecências ocultas em "Falta de princípio", parceria dele com Lucymar. A música, incluída em *O namoro e a poupança* (Beverly), disco da cantora, é sobre um menino mal-educado que exigia no refrão: "Eu quero a talhada bem grande de jerimum caboclo." Em 30 de janeiro de 1976, a música é encaminhada pelo chefe do SCDP do Rio de Janeiro, Wilson de Queiroz Garcia, para a chefia. No mesmo ofício, segue "O ronco da cuíca", de João Bosco e Aldir Blanc. Ambas tinham sido vetadas no Rio, mas por motivos diferentes. "O ronco da cuíca" recebeu restrição por "apresentar conotações de ordem política, ferindo frontalmente a segurança nacional", segundo a análise de dois censores. Para eles, a música do LP *Galos de briga* agrega "desastrosa mensagem negativa", por causa do verso: "A fome e a raiva é coisa dos homens." Já a música de João Gonçalves e Lucymar, apesar de se referir candidamente a um menino que estava de olho numa parte específica da abóbora ("Mamãe você tá comendo o pedaço que eu queria /E já passou a mão na talhada da Maria"), foi vetada "por conter frases contra o decoro público", segundo parecer elaborado em 14 de janeiro de 1976 pela técnica de censura Maria Ribeiro de Almeida, no Rio de Janeiro.

Outra letra de Gonçalves, "Bicho imprestável", não passou pela censura por "se prestar a várias interpretações pornográficas. Uso inadequado de vocábulos cuja ilação apresenta-se contrária aos bons costumes: imagens grosseiras além de chulas." No ofício, datado de 23 de outubro de 1979, aparecem duas palavras escritas a caneta: "Veto total."

Na letra, Gonçalves conta a história de uma senhora, Maria, que "cria no quintal uma tacaca" cujo mau cheiro fez a vizinhança ir até a delegacia para reclamar, pois "naquela rua ninguém mais pode morar". E vem a conclusão:

Todo dia ela dá banho na tacaca
E nada da bicha cheirar.
A sua inhaca arde mais do que pimenta,
E quando ela solta um suspiro
Ninguém aguenta.

Os embates de João Gonçalves com os censores estaduais e federais durariam até 1979, com o início da abertura política, no mandato do presidente João Baptista Figueiredo, e a criação do Conselho Nacional de Censura (CNC) – na prática, uma forma de a sociedade civil ter a possibilidade de rever a análise das obras artísticas examinadas pelo DCDP, como explica Ricardo Cravo Albin no livro *Driblando a censura*: "O CNC era o órgão de recurso das partes censuradas. Funcionava como uma instituição de colegiado, instituído pelo ministro da Justiça para dirimir, amenizar, tornar mais digerível a brutalidade do órgão onde a censura era exercitada, o famigerado DCDP."

Mas João Gonçalves nunca foi formalmente avisado das mudanças. Só percebeu que o vento tinha parado de soprar areia em sua direção quando, na virada para os anos 1980, foi fazer show em clube de João Pessoa e, antes de entrar no palco, um policial o avisou:

– O delegado tá aí, você vai falar com ele.

– O homem que queimou meus discos todos? Vou, nada...

O policial o convenceu e o colocou frente a frente com o superior. O delegado o cumprimentou e demonstrou surpresa:

– Ô, João Gonçalves! Vejo que você é um cara de presença, achei que fosse um moleque.

– Pois é, doutor, o senhor prendeu meus discos... Achei que ia me prender também. Lembra da música do disco que o senhor queimou? Houve um engano, olhe aqui a letra...

Puxou do bolso a letra liberada pela censura. O delegado examinou a folha de papel e aquiesceu:

– É, infelizmente fiz uma injustiça. Mas daqui em diante você pode cantar o que quiser e onde quiser. Quem mexer com você, me procure.

Para comemorar a alforria, Gonçalves tomou uma talagada de uísque. E pela primeira vez pôde cantar, sem susto, todas as músicas com que a censura tinha implicado nos últimos cinco anos.

Ele gostava de ir aos cabarés para saborear o sucesso. Quando chegava, seguia direto para a radiola de ficha e botava "Pescaria em Boqueirão" para tocar. Entre rodadas de Campari gelado, escutava a própria composição. Sorveu ao máximo o grande momento: a agenda de shows estava cheia, e não só em sua região. Apresentou-se na inauguração do Forró de Elias Soares, em São Cristóvão, reduto nordestino no Rio de Janeiro. Sempre de paletó branco, às vezes de botas de couro marrom, outras de sapatos pretos, João Gonçalves ganhou muito dinheiro. Mas, pelo seu descontrole, jogou quase tudo pela janela: gastou com bebidas, farras e excessos de generosidade. Até o ponto em que a fama de perdulário chegou aos produtores, e estes avisaram:

— Não vamos mais chamá-lo, João. Você manda abrir as portas e dá um prejuízo danado pra gente.

Um dia, João Gonçalves andava pelos corredores da RCA quando esbarrou com ninguém menos que Luiz Gonzaga. Ao contrário do especialista em duplo sentido, o Rei do Baião atravessara o período mais agudo da atividade censória sem sofrer perseguição sistemática da tesoura oficial. Em março de 1978, chegou a declarar a Assis Ângelo, da *Folha de S.Paulo*, que considerava mais problemática a falta de conhecimento dos censores do que o ato de proibir: "A censura de certa forma é necessária. Mas lá dentro tem muito nego que não tá com nada, muito nego que não presta, incapaz, burro. Imagina: tem até uns que não me conhecem."

Quando Gonzaga encontrou Gonçalves, depois de lhe dar um abraço, reconheceu a ousadia temática do paraibano:

— João da Minhoca, você é um danado!

À procura de reforço para o repertório, o cantor de "Asa branca" fez um pedido ao autor de "Severina Xique-Xique":

— Agora faça umas musiquinhas limpas e mande pra mim...

13. Bicho, o Rei voltou

MUITO ANTES DE ENCOMENDAR músicas "limpinhas" ao paraibano João Gonçalves, Luiz Gonzaga demonstrou profundo desânimo ao visitar outro compositor prolífico: o pernambucano Onildo Almeida. Em 1966, ao chegar a Caruaru, Gonzaga dizia que estava para lá de decepcionado. O baião, que perdera significativo espaço no interesse do público e, consequentemente, das gravadoras, tinha recebido outro golpe duro em 1965, com o tremendo sucesso alcançado pela turma comandada por Roberto Carlos, Erasmo Carlos e Wanderléa no programa *Jovem guarda*, da TV Record. Desde então, a parada de sucessos estava dominada por músicas como "Não quero ver você triste", "Nossa canção", "Mexericos da Candinha", "Quero que vá tudo pro inferno", "Esqueça" e "É papo firme", todas cantadas por Roberto. Naquele momento, só havia olhos e ouvidos para um rei, e este era o "Rei da Juventude". Gonzaga então pediu a Onildo:

— Faça uma música que eu vou deixar de cantar.

— Mas você não pode deixar de cantar!

— É que os cabeludos tomaram conta, ninguém quer mais nada com o baião...

— Olhe, faço não!

Indignado, Onildo encerrou a conversa. Pouco tempo depois, o radialista viajou ao Rio de Janeiro e recebeu no hotel a visita de dois amigos pernambucanos que estavam trabalhando na cidade: o recifense Luiz Queiroga, àquela altura produtor do programa *Noite de gala*, de Chico Anysio, na TV Rio, e o humorista caruaruense Luiz Jacinto Silva, o Coronel Ludugero.

Durante o bate-papo entre amigos, Luiz Queiroga puxou do bolso um papel de embrulho, no qual estavam escritos os versos:

O meu cabelo já começa prateando,
Mas a sanfona ainda não desafinou.
A minha voz, vocês reparem, eu cantando,
Que é a mesma de quando meu reinado começou.

Onildo pegou o papel. Em cima do que estava escrito, foi cantando a mesma melodia com a qual ficaria conhecida a música "A hora do adeus". Luiz Jacinto o suspendeu pelas pernas e disse:
– Mago, cachorro da gota!
O entusiasmo de Luiz Jacinto fez Onildo bater com a cabeça no lustre do hotel. Quebrou a luminária, foi caco de vidro para todo lado. E, no meio de toda aquela confusão, Onildo pedia aos parceiros:
– Vamos ficar cantando que é pra não esquecer a música!
Os versos de Queiroga iam além:

Modéstia à parte, mas se eu não desafino
Desde os tempos de menino, em Exu, no meu sertão.
Cantava solto que nem cigarra vadia,
E por isso, hoje em dia, ainda sou Rei do Baião.

Mas a letra ainda estava curta, e em casa Onildo completou:

Eu agradeço ao povo brasileiro,
Norte, Centro, Sul inteiro, onde reinou o baião.
Se eu mereci minha coroa de rei,
Esta sempre eu honrei,
Foi a minha obrigação.
Minha sanfona, minha voz, o meu baião,
Este meu chapéu de couro,
E também o meu gibão,

Vou juntar tudo,
Dar de presente ao museu,
É a hora do adeus
De Luiz, Rei do Baião.

Em Caruaru, Luiz Gonzaga chegou e perguntou para Onildo:
– Fez minha música?
– Fiz.
– E a gente pode ouvir?
– Pode.

Foram para o estúdio, no segundo andar da Rádio Cultura, e Onildo soltou uma gravação, na própria voz, com Camarão na sanfona. Seu Lua ouviu, ouviu... Quando terminou, desceu as escadas em silêncio, deixando o amigo encabulado e pensando: "Será que ele não gostou?" Mais de dez minutos depois, Gonzaga voltou. Onildo tomou coragem e perguntou:

– Que foi que houve?
– Nada... Fui tomar um café pequeno. A música é bonita, me tocou muito, e eu gostei, eu vou levar.

"A hora do adeus" foi gravada por Luiz Gonzaga no disco *Óia eu aqui de novo*, de 1967, no qual, não por acaso, estava incluída também o "Xote dos cabeludos", parceria de Gonzaga com José Clementino. Funcionário dos Correios e Telégrafos em Várzea Grande, no Ceará, e grande admirador de Luiz Gonzaga, Clementino o havia conhecido pessoalmente em 1965, no Crato, na casa de um amigo comum, Manoelito Parente. Aproveitou para mostrar ao ídolo algumas de suas composições. Seu Lua comentou o incômodo que sentia com o sucesso da Jovem Guarda e pediu a Clementino que fizesse uma música sobre os cabeludos. Aos primeiros acordes, Gonzagão anuncia:

– Atenção, senhores cabeludos, aqui vai o desabafo de um quadradão.

Depois, canta a letra em que fazia uma provocação e, ao mesmo tempo, reafirmava os valores da cultura nordestina que ele traduzia em suas canções:

Cabra que usa pulseira,
No pescoço, medalhão.
Cabra com esse jeitinho,
No sertão de meu padrinho,
Cabra assim não tem vez, não...

Escrita por Antonio Barros, a faixa-título do LP *Óia eu aqui de novo* também verbalizava a tomada de posição do sanfoneiro diante do cenário que se apresentava desfavorável:

Óia eu aqui de novo xaxando.
Óia eu aqui de novo para xaxar.
Vou mostrar pra esses cabras que ainda dou no couro,
Isso é um desaforo que eu não posso levar.

O Rei do Baião queria deixar bem claro a todos que ainda dava no couro – mas poucas pessoas nos grandes centros estavam realmente dispostas a tirar a prova dos noves. Bossa nova, iê-iê-iê, Jovem Guarda... Para culminar, no explosivo e estilhaçado ano de 1968, os interesses das metrópoles estavam voltados para os protestos dos estudantes na França, a Primavera de Praga, as consequências sombrias do AI-5, os cantores e compositores aplaudidos (e vaiados) nos festivais da TV Record, as possibilidades estéticas embutidas no Tropicalismo... Sobrou pouco espaço para Luiz Gonzaga e outros veteranos artistas nordestinos, ainda que o baião experimentasse súbita alta – de prestígio, não de público.

Em setembro de 1968, a revista *Veja* saudou "a volta do baião". Reproduziu o entusiasmo do jovem compositor carioca Antonio Adolfo, 21 anos e sucesso em todo o país com "Sá Marina", na interpretação de Wilson Simonal. Adolfo declarou:

– Luiz Gonzaga é super da pesada. Todo mundo está fazendo hoje o que ele fazia, só a estilização é diferente.

A revista identifica traços de baião em composições de Geraldo Vandré ("Disparada"), Milton Nascimento ("Travessia") e Edu Lobo ("Ponteio").

Veja lembra ainda que "essas músicas trouxeram Luiz Gonzaga de volta para a televisão: todos os domingos, à tarde, ele dá duas horas de baião pela TV Continental, no Rio". E reproduz a motivação do sanfoneiro para comandar o programa na Rádio Mauá, líder de audiência no horário:

– É um programa como eu gosto, para o povo mesmo.

O crítico Tárik de Souza destaca a participação do paraibano Vandré na revalorização do Rei do Baião:

> O primeiro a inserir Gonzaga com uma releitura politizada na MPB foi Geraldo Vandré, que fez uma gravação guerreira de "Asa branca", em seu disco *Hora de lutar*, de 1965. Gonzaga retribuiria com regravações de "Fica mal com Deus" e principalmente "Pra não dizer que não falei das flores (Caminhando)", num compacto raro que foi recolhido das lojas, em seguida, pela polícia da ditadura.

Mas o prestígio entre alguns críticos e colegas músicos não se refletia na agenda de shows no Sudeste. A solução para Luiz Gonzaga seria voltar para onde tudo começara. Como fizera incessantemente na década de 1950, retomaria as viagens pelo sertão, território que representava porto seguro para o Rei e seus súditos, como argumenta o professor e historiador Durval Muniz de Albuquerque Júnior no livro *A invenção do Nordeste e outras artes*.

> As músicas de Gonzaga operam com a dicotomia entre o espaço do sertão e o das cidades. O sertão é o lugar da pureza, do verdadeiramente brasileiro, onde os meninos ainda brincam de roda, os homens soltam balões, lugar onde reina a sanfona. A cidade é o lugar da perda dos valores tradicionais, da vida longe da natureza, da perda da família, das almas maculadas, do trabalho triste e monótono. O sertão de Gonzaga é um espaço que, embora informado das transformações históricas e sociais ocorrendo no país, recusa estas mudanças.

Para Albuquerque Júnior, Luiz Gonzaga é o grande responsável pela instituição do território nordestino como "o espaço da saudade", criado para "realimentar a memória do migrante". Sua música simbolicamente representa a possibilidade de retorno a um sertão afetivo, com letras que "suscitam lembranças, emoções, ideias ligadas a este espaço distante e abstrato nomeado Nordeste", acredita o historiador:

> A música de Gonzaga fala ritmicamente de uma terra que se entranha na alma e no corpo do ouvinte, arrastando seu ouvido, sua cintura, seus quadris, arrastando seus pés. Nordeste da dor que geme nas toadas. Nordeste da alegria que dança no forró, Nordeste sensual no esfregar-se dos corpos no xote. Músicas que agenciam, na verdade, diferentes experiências visuais e corporais, produzindo diferentes decodificações, diferentes Nordestes.

Em uma dessas andanças pelo sertão das memórias e lembranças, Luiz Gonzaga passou pela cidade paraibana de Conceição. Iria se apresentar na Escola Estadual José Leite. Em determinado momento, ouviu do lado de fora a movimentação das crianças das redondezas. Deu o aviso:

– Ô molequeira que está em cima do telhado, em cima das casas, porque não teve condição de entrar aqui pra me assistir! Amanhã, às dez horas da manhã, eu volto pra tocar de graça pra vocês aqui na frente do grupo!

Um dos meninos, Francisco Lima, não pôde voltar no dia seguinte. Tinha que trabalhar. Chorando, o garoto de nove anos foi limpar mato em um baixio e não assistiu ao show. Mas o destino o colocaria novamente diante de Gonzaga. Já adolescente, Francisco começou a tocar tuba na banda de música de Conceição. Aos treze anos passou para a sanfona. Dois anos depois, já residindo em Patos e conhecido pelo apelido de Pinto do Acordeon, acertou para participar da Festa Universitária, evento para estudantes bancado pelo Fumo Dubom, "o fumo do cabra macho" – patrocinador de Gonzaga. Ficou combinado que Pinto pararia de tocar à meia-noite para dar vez a seu Lua. Pouco antes de entrar, após observar por mais de vinte minutos a performance do jovem paraibano, Luiz Gonzaga virou-se para um conhecido e inquiriu:

— Quem é esse nego que quer tomar o meu pão?

— Esse é Pinto do Acordeon, compadre. Você devia dar uma ajudazinha pra ele...

— Eu dou é gelo! Vou criar cobra pra me morder?

No intervalo, Gonzaga se aproximou e recomendou a Pinto:

— Ô nego, você não devia tocar com sanfona preta, não! Eu vou lhe dar uma sanfona branca. Essa sanfona preta não dá: se faltar energia ninguém vê você, não vê sanfona, não vê é nada!

Em 1979, de volta a João Pessoa para receber o título de cidadão paraibano, Gonzaga lembraria a promessa. E avisou a Pinto do Acordeon:

— Eu trouxe sua sanfona branca e vou lhe dar. Mas agora você vai abrir o show lá.

Pinto então precedeu o homenageado no parlatório da Assembleia Legislativa, na praça João Pessoa, centro da capital, espaço ocupado anteriormente apenas por José Américo de Almeida e Frei Damião.

* * *

QUASE DEZ ANOS ANTES, Luiz Gonzaga também ocupara lugar privilegiado para quem estava acostumado a tocar embaixo de lonas de circo e em cima de carrocerias de caminhão. Em março de 1972, subiu ao palco do teatro Tereza Rachel, em Copacabana, para a temporada do show *Luiz Gonzaga volta para curtir*. Na véspera da estreia, o *Jornal do Brasil* citou o longo período pós-bossa nova, em que o Rei do Baião parecia "uma figura anacrônica, embora continuasse famoso em todo o Nordeste", e apostou: "Amanhã, no teatro Tereza Rachel, Luiz Gonzaga retoma o fio da meada."

No palco estavam também Dominguinhos (sanfona), Maria Helena (voz, triângulo, cabaça), Toinho (triângulo), Renato Piau (guitarra), Porfírio Costa (baixo), Raimundinho (reco-reco) e Ivanildo Leite (zabumba, gonguê e triângulo). O compositor e poeta baiano Jorge Salomão dirigia o espetáculo e assinava o roteiro em parceria com o também compositor e poeta baiano José Carlos Capinam. O artista plástico cearense Luciano Figueiredo e o designer, cenógrafo e diretor de arte amazonense Oscar

Ramos, ambos figuras de vanguarda na época, ficaram responsáveis pela ambientação.

Em texto introdutório ao show, o poeta Capinam traça roteiro para "curtição dos sentidos da pele deste espetáculo força da natureza". Egresso do Tropicalismo como um dos autores de "Soy loco por ti, América", Capinam enaltece o artista:

> Luiz Gonzaga representa a colocação, em nível desenvolvido, recriado, industrial, de uma cultura marginalizada nordestina. Sem diluição folclórica. Como expressão disso, representa o inventor de um som próprio, no sentido acústico, criando a marca sonora síntese do baião: zabumba, sanfona e triângulo. ... Esta marca sonora é acompanhada também do esforço de criar uma marca visual, assumindo a ideia da criação de um produto, através da construção programada de uma imagem, de um universo particular, visando ganhar uma área do consumo – que o baião tomaria por completo –, o interior do Brasil.

Autor do roteiro do espetáculo juntamente com o diretor Jorge Salomão, Capinam orienta o público a observar um aspecto específico da performance de Gonzaga com a sanfona: "Reparar que nas mãos de Luiz Gonzaga é um instrumento diferente. O balanço transforma o acordeom num fole." Ainda recomenda ao espectador: "Observar a constância rítmica, que permite o desempenho fluente de cada número, mesmo quando são desenvolvidos os improvisos. Observar que os improvisos são realizados dentro de um tempo musical, mas como fala – dentro da tradição da literatura oral, improvisada do Nordeste."

Em entrevista à revista *O Bondinho*, Luiz Gonzaga ratifica as observações de Capinam sobre o uso da sanfona. Após tecer elogios a Jackson do Pandeiro ("tem bagagem, é espetacular, um grande ritmista"), chama atenção para uma peculiaridade na forma de utilização de seu instrumento:

> Prestando bem atenção na sanfona que eu toco, você vai chegar à conclusão de que eu sou mais um ritmista do que um solista. Eu criei na

sanfona a minha maneira de cantar, uma maneira de me acompanhar sem que a sanfona encubra a voz. Então, ter a sanfona amarrada ali, como se tivesse um pandeiro, um violão, uma bateria, um triângulo. Tá presa ali, só fazendo cadência pra eu cantar.

Na mesma entrevista a *O Bondinho*, Luiz Gonzaga é instado a comparar política e música. Na resposta, elogia a atitude pública de Gilberto Gil e Caetano Veloso, mas não alivia Tom Jobim:

A música é a mais sublime das artes. Mas eu acho que a política é tão sublime quanto a música. Porque, se não houvesse uma dose de política na música de Caetano e Gil, eles já tinham ido por aí se deslumbrar com as músicas importadas, e hoje eram músicos simplesmente internacionais. Mas como tem aquela dosezinha política que nós sabemos, então eles mantêm a raiz, a poeira do povo, a vida do povo. ... Caetano gravou "Asa branca" lá em Londres (no LP *Caetano Veloso*, de 1971) e botou o gemido do cantador gemedeiro, mas colocou o gemedeiro num sentido sério, porque ele tá com a música no sangue do Brasil, ele mantém a poeira da nossa gente. ... Mas o seu Tom Jobim vai lá, grava com Frank Sinatra, volta pra cá e nem toca piano pra nós escutar. Por quê? Porque só pensa em conforto, em dinheiro, na importação das coisas boas, um bom automóvel, essas coisas todas. Se tivesse uma dosezinha de política na vida dele, ele num saía daqui. ... É preciso ter uma politicazinha dentro da música pra viver o povo, vibrar com o povo.

Sobre o show roteirizado por Capinam e Salomão, Luiz Gonzaga admite revés financeiro ("Tá me dando um grande prejuízo"), mas destaca o que considera "lucro incalculável": a qualificação do público.

Melhor em qualidade, não em quantidade, porque se você vai cantar em praça pública, ali tem de tudo, e esse público pra que eu tô cantando agora é um público reservado, de uma qualidade só, de um tipo só, de um padrão só, o intelectual... e importâncias outras... Agora eu sei, é o público que me conhece melhor. ... Esse público que tô cantando pra ele no teatro, acho que conhece Luiz Gonzaga num ângulo melhor do que eu próprio.

Com ele concordaria posteriormente o jornalista e crítico Sérgio Cabral: "Enfim, a zona sul carioca conheceu Luiz Gonzaga, o cantor e sanfoneiro do rádio e das cidades do interior. E viu que se tratava de um dos maiores artistas da música popular brasileira", escreveu no encarte do CD com o registro do show, lançado somente em 2001.

* * *

O PÚBLICO INTELECTUALIZADO que compareceu ao teatro Tereza Rachel já estava na mira de Rildo Hora quando produziu o LP *O canto jovem de Luiz Gonzaga*. Pernambucano de Caruaru, Rildo tinha seis anos quando ouviu "Asa branca" pela primeira vez. Chorou. Com a mesma idade, seguiu com a família para o Rio de Janeiro. Cresceu em Madureira e lá conviveu com grandes sambistas e outros músicos. Chegou à RCA em 1968, com a missão de ser um dos responsáveis pela renovação do elenco. Levou Martinho da Vila e João Bosco para a gravadora. Também percebeu que alguns cantores veteranos estavam encostados. Disse aos chefes que queria produzir Orlando Silva, Carlos Galhardo, Luiz Gonzaga. Ouviu de volta:

— Mas você é um menino, não precisa fazer esses caras...

Conseguiu dobrar a resistência, assinou os discos de Orlando e Galhardo. Com Gonzaga, a aproximação se deu de forma diferente. Já compositor conhecido, Rildo cruzou com ele nos corredores da gravadora, e o pernambucano fez um pedido:

— Você não tem nada pra mim, não?

— Tenho uma coisinha...

Gonzaga então gravaria "Chico Valente" e depois "O festão", esta última no disco *Sertão 70*. No mesmo LP está a música que surgiu da conversa em que o sanfoneiro disse estar em plena forma, pronto para diversas atividades – menos para uma que só se fazia a dois e provocava um suadouro danado:

> Sou véio doido
> ...
> Tomo banho, tomo sol.
> Sou bem aceito
> Entre a rapaziada,
> Com eles jogo pelada
> Bato pronto, dou lençol.
> Eu só num gosto
> É do tá do frescobol.

Escrita por Rildo Hora a partir de ideia sugerida por Gonzaga, "Frescoball" teve Helena Gonzaga como coautora, por recomendação do marido. Ao observar que a nova geração da música brasileira citava o sanfoneiro repetidas vezes em entrevistas como referência incontornável, o produtor teve uma ideia:

– Vou gravar um disco com o Rei do Baião cantando músicas desses modernos que estão falando dele.

Foi até Gonzaga e fez a proposta. Desanimado, com dores crônicas nas pernas por causa da gota, o sanfoneiro estava em situação bem diferente da que cantava em "Frescoball". Mostrou-se reticente:

– Você tem certeza? Eu não dou mais nada, não...

Mas afinal topou. Rildo então selecionou músicas de nomes da MPB como Edu Lobo, Geraldo Vandré, Antonio Carlos e Jocafi, Gil e Caetano Veloso, "superastro que cria novos modelos e suas próprias regras de julgamento", na definição de Ibanez Filho, em 1971, na *Folha de S.Paulo*. O produtor encomendou arranjos de cordas ao maestro César Guerra-Peixe e ao pianista Luizinho Eça, nome emblemático da bossa nova. Nascia *O canto jovem de Luiz Gonzaga*. "Fiz um disco sofisticado, forcei um pouco a natureza do nosso rei severino, e ele ficou um pouco intimidado, travado, no estúdio", reconhece Rildo. "Era realmente estranho para ele cantar uma música difícil como 'O cantador' (Dori Caymmi-Nelson Motta). Por outro lado, foi uma beleza ouvi-lo interpretando 'Caminho de pedra', de Tom Jobim e Vinicius, em que só ressaltei uma escala nordestina que eu já via no original."

Rildo Hora também convenceu Gonzaga a regravar "Asa branca", com orquestração de Guerra-Peixe e Gonzaguinha ("um sujeito rabugento à beça, mas eu me dava bem com ele") dividindo os vocais – o filho contribuiu também como compositor na faixa "Morena". Na última música, "Bicho, eu vou voltar", Humberto Teixeira ajuda a esclarecer o momento de desafio vivido pelo antigo parceiro e cita o reconhecimento que seu Lua recebeu dos que estavam começando:

> Ô desafio pai-d'égua
> Pra cabra macho enfrentar.
> Falei com Carmélia e Sivuca.
> Pro Zé Dantas,
> O que eu fiz foi rezar.
> Mas o caso é que eu, modestamente,
> Bicho, eu vou voltar.

Rildo Hora teve total liberdade de trabalho dentro de estúdio. Só não pôde interferir na capa, intencionalmente planejada pela direção de arte da gravadora para se distanciar das referências nordestinas: pulôver vermelho sobre os ombros, sem chapéu de couro nem sanfona, o Rei do Baião sorri timidamente em frente a um prédio envidraçado. Mais urbano impossível. Apesar de o produtor ter reconhecido a estranheza do trabalho, Gonzaga pareceu gostar do desafio, como revelaria em entrevista ao *Pasquim*, publicada pouco antes do lançamento do LP:

> Eu acho que com esse meu disco novo que vem aí, em que eu canto música de Caetano, Gil, Dori Caymmi, Nonato Buzar, Capinam, meu Luizinho (Luiz Gonzaga Jr.), que está aqui perto de nós, esta turma bacana, vou ter uma oportunidade muito boa. Eu acho que estou cantando melhor. Eu acho que eu consegui aprender a cantar diferente aos

59 anos de idade. Meu professor chama-se Rildo Hora, praticamente me ensinou a cantar novamente.

A entrevista concedida a Sérgio Cabral, Ziraldo, Carlos Leonam e Sérgio Augusto ocupou três páginas do prestigiado semanário carioca. Na apresentação, os autores fazem mea-culpa: "A gente não se perdoa de só agora, na edição número 111, entrevistar uma das figuras mais quentes, mais importantes, mais talentosas da nossa música popular." Avisam que, "para compensar o atraso", resolveram "dar um banho em matéria de Luiz Gonzaga". Cabral inicia a sessão, perguntando como o sanfoneiro se sente depois de voltar à moda por causa das menções elogiosas que recebia de Caetano Veloso, Gilberto Gil e outros nomes da MPB. A resposta é simples: "É danado, né? É melhor vocês falarem de mim porque eu mesmo não sei o que sou, não sei por que falam de mim. Eu não entendo nada, eu vou levando."

Ziraldo quer saber se o entrevistado sentiu falta de fazer sucesso "no centro do Brasil" e se ele continuava a encher praças, auditórios, circos, teatros pelo interior do país:

> Tem um provérbio que diz: Deus escreve certo por linhas tortas. Eu acho que eu estava fazendo um trabalho sério sem saber que estava fazendo. Eu pegava os patrocinadores, botava nas costas e ia cantar pro povo nas festas. ... Cantava de graça para o povo. Então eu consegui reunir as maiores plateias. Daí os meninos iam me assistir, os futuros gênios, como Gil, Caetano e outros, e daí saíam querendo tocar sanfona.

O cartunista mineiro tenta entender a diferença entre baião, xaxado e xote. Gonzaga aproveita a resposta para, sem modéstia, ressaltar: "Eu criei o xaxado que hoje é o que vocês chamam de moderno. O xaxado lento deu essa toada moderna que o mundo inteiro está cantando por aí."

Os entrevistadores pedem a opinião dele sobre as músicas do filho: "Eu gosto muito da linha melódica das canções de Luizinho. Ele tem uma harmonização muito bonita. Mas eu fico por aí porque não entendo bem as letras." Gonzaguinha também é provocado a decifrar a obra do pai. Em artigo encomendado para acompanhar a entrevista, "Lui, meu pai (30 anos em setembro)", o filho de Gonzagão destaca:

> Filho de rico não é aprendiz de sanfona. Filho de rico aprende acordeom. Sanfona é que é instrumento de pobre. Pobre é que puxa fole em forró. Gonzaga é sanfoneiro puxador de fole. Gonzaga é, bem, é Gonzaga (vovô toca muito melhor, viu, "seu besta", e não come ovo de codorna), é humildade, honestidade (caramba, no meio artístico ninguém me fala mal desse homem)... Lua, Lula, Lui, Rei (coroa dada pelo povo).

Gonzaguinha comenta também as restrições que os críticos fizeram a "Ovo de codorna", mais um sucesso de Gonzagão, escrito por Severino Ramos: "'Ovo de codorna' é apelação. A crítica especializada tem toda razão. Mais que certa, tem coragem. Diz a verdade. 'Ovo de codorna' é apelação pra poder viver. Pra poder continuar a aguentar. Todo nordestino sabe que tem que se autogozar para poder continuar sorrindo."

Sem se importar com os muxoxos dos críticos, Gonzaga inclui "Ovo de codorna" no LP *São-joão quente*, voltado para as festas juninas.

> Eu quero um ovo de codorna pra comer.
> O meu problema ele tem que resolver.

Na capa, nada de urbanidades. Os elementos do imaginário sertanejo estão todos de volta: chapéu de couro, sanfona, balaio, alpendre, sorriso acolhedor. Mesmo que veladamente, o LP representa tentativa de reconciliação com os fãs ressabiados que não se interessaram por *O canto jovem...* – como reconheceu Lua na entrevista ao *Bondinho*: "Todo mundo estranhou porque eu saí fora do meu rejume. Foi isso o que aconteceu." Na mesma entrevista, ao explicar por que não tocou sanfona no disco, ele cita a jobiniana "Caminho de pedra": "Na minha maneira de tocar, como é que eu ia acompanhar uma harmonia toda moderna, trabalhada, caprichada? Eu num ia chegar lá mêmo." Já a música de Gilberto Gil escolhida por Rildo, segundo o intérprete, não apresentou o mesmo nível de dificuldade:

"Procissão" é uma música que Gilberto fez ainda naquela época que ele não era o revolucionário que é hoje. Ele tinha umas coisinhas bem simples. Depois ele chegou aqui e foi se projetando cada vez mais, e hoje, se eu for cantar uma música do Gilberto, não vou ver nem o cheiro (gargalhada). Não dá mais para acompanhar o Gilberto, de jeito nenhum. "Domingo no parque", rapaz... Como é que vou acompanhar "Domingo no parque"? Não é pra mim, não...

Mal sabia o Rei do Baião que uma faceta nada revolucionária de Gilberto Gil dominaria as rádios em 1973, graças a uma parceria caseira de Dominguinhos e Anastácia. "Eu só quero um xodó" tinha nascido de encomenda feita por Abdias, que chegou para a compositora e avisou:

– Eu quero música pra Marinês e pro Trio Nordestino.

Na época, Anastácia morava na rua Marquês de Itu, perto da praça da República, em São Paulo. Um dia, estava na cozinha fritando peixe quando ouviu o parceiro tocando uma marchinha na sala. Largou a comida, pegou uma folha de papel, escreveu os dois primeiros versos. Avisou para Dominguinhos:

– Rapaz, tu tava tocando uma marchinha que eu acho que é a cara da Marinês. Volta aí.

Dominguinhos voltou a tocar e, dessa vez, Anastácia cantou a letra que acabara de escrever.

> Que falta eu sinto de um bem,
> Que falta me faz um xodó.
> Mas como eu não tenho ninguém,
> Eu levo a vida assim tão só.
> Eu só quero um amor
> Que acabe o meu sofrer.
> Um xodó pra mim, do meu jeito, assim,
> Que alegre o meu viver.

Satisfeita, comunicou ao sanfoneiro:

– Pronto, já temos uma música pra Marinês.

Montaram uma fita com essa e outras canções inéditas. Dominguinhos foi ao Rio, entregou o cassete a Abdias. Marinês gostou e gravou. "Eu quero um xodó" entrou no LP *Só pra machucar*, lançado pela CBS em 1973. Outras três parcerias do casal foram incluídas no disco: "É tempo de voltar", "Cheguei pra ficar" e "Matando na unha".

Pouco tempo depois, Dominguinhos viajou para os shows do Midem, na França. Antes de subir ao palco com Gilberto Gil, o sanfoneiro começou a tocar "Eu quero um xodó", mas em ritmo de xote. Gil pegou o violão e passou a acompanhá-lo. Quando acabou, o baiano avisou que iria incluir a canção em seu show e perguntou:

– Que música é essa, Dominguinhos?

– É minha e de Anastácia.

– Quando chegar ao Brasil, eu vou gravar.

Gil cumpriu a promessa. Lançou compacto pela PolyGram: de um lado, o samba "Meio de campo", com letra escrita em formato de carta a Afonsinho, jogador pioneiro na defesa dos direitos dos profissionais da bola ("O futebol é estético, é como um compositor", definiu Gil em bate-papo com o homenageado, reproduzido na revista *Pop*). Do outro lado do compacto, com o título alterado para "Eu só quero um xodó", a música nascida enquanto Anastácia fritava peixe na Marquês de Itu. Ao tomar conhecimento da gravação do cantor de "Aquele abraço", a compositora ficou "abestada" de tanta felicidade:

– Meu Deus! Eu faço música para artista que só toca no Nordeste, e uma estrela nacional grava uma música nossa! Agora eu vou ver uns troquinhos a mais...

"Eu só quero um xodó" não foi planejada como música de trabalho pela PolyGram. Aos poucos, porém, o disco mudou; o lado B virou lado A. E Anastácia deu sua contribuição. No programa que apresentava diariamente das cinco às sete da manhã na Rádio Mulher, ela pedia ao técnico de som:

– Gilberto Gil gravou essa musiquinha minha! Toca aí!

Toda vez que a música ia ao ar, ela avisava aos ouvintes:

– Eu quero que vocês comprem porque vai ajudar a pagar os carnês velhos que eu tenho, e tão todos enrolados...

Um dos mais conhecidos comunicadores da Rádio Bandeirantes, Hélio Ribeiro, atestou a força da música ao fazer em seu programa uma pesquisa para saber o que tocava pelo Brasil. Ligou para Recife e perguntou:

– O que é que tá tocando aí?

– É Gilberto Gil, "Eu só quero um xodó".

Depois, Ribeiro ligou para Porto Alegre. Obteve a mesma resposta. Então ele comentou com Anastácia:

– Essa música é sucesso.

Dominguinhos também tinha motivos para comemorar. Em entrevista ao *Globo*, em fevereiro de 1973, reparou:

– Desde que Caetano e Gil passaram a afirmar que Gonzaga era o que havia de mais importante na música popular brasileira, tudo ficou mais fácil para os sanfoneiros como eu.

Mesmo se aventurando com novas turmas, o prestígio de Dominguinhos com o mestre Luiz Gonzaga – de cujos discos participava desde 1958 – continuava inabalável. Em 1978, num show para 25 mil pessoas em praça pública, em Fortaleza, Gonzaga declarou que pretendia coroar o discípulo como Segundo Rei do Baião quando se retirasse de cena. Um ano depois, em entrevista à *Folha de S.Paulo*, além de ser provocado pelo repórter Roberto Jardim a explicar seu papel na tarefa de "ressurreição" da sanfona, Dominguinhos também definiu a importância de Luiz Gonzaga para sua carreira – e para sua vida: "Ele me ajudou muito, e eu aprendi bastante com ele. Ele é quase um pai para mim."

Em 1978, Dominguinhos tocou pela última vez com Anastácia, no disco *Você é meu xamego*, que ela lançaria pelo selo Arlequim. Apaixonado por Guadalupe, uma jovem cantora que acabara de conhecer, o sanfoneiro decidiu se separar oficialmente da esposa, Janete, e se mudar para morar com sua nova paixão numa casa no bairro do Paraíso, em São Paulo. Anastácia não o perdoou, e a parceria foi desfeita. Guadalupe, por sua vez, subia ao palco do Tereza Rachel ao lado do marido no ano seguinte, em temporada do show de lançamento do disco dele, *Apois tá certo*. Com eles,

Cícero (irmão de Jackson) no zabumba; Zezinho no triângulo; e Vicente no pandeiro.

Depois de mais dois discos na Phonogram, *Oi, lá vou eu* (1977) e *Oxente Dominguinhos* (1978), ele retomava as origens em *Apois tá certo*. "Mais regional, mais básico, mais acordeom e ritmo, com muito baião e forró, e uma ou outra toada – onde a voz cheia e bonita do sanfoneiro, tão semelhante à de seu mentor, Luiz Gonzaga, canta versos de letristas como Abel Silva, o piauiense Climério e o carioca Manduka", elogiava Ana Maria Bahiana no *Globo*. À jornalista, Dominguinhos declarava:

> Olha, minha irmã, tocar, eu toco mesmo de tudo. Depois que você tem experiência, não é difícil tocar com Gil, com Gal, com quem for, porque eles começam uma música, e você já sabe pra onde vai, já sabe tudo. Agora, quando eu toco toada, baião e forró é que eu sinto aquela coisa flamejante no peito.

No mesmo ano, Anastácia voltava aos estúdios e lançava o primeiro disco com composições que assinava sozinha. As exceções eram "Discoteque no forró", parceria dela com Zé Lagoa, e duas composições de Chico Buarque, "Se eu fosse teu patrão", gravada em ritmo de xaxado, e a embolada "Desembolada" (de Chico com Francis Hime). O título do disco era *Morrendo de saudade*.

Dominguinhos, por sua vez, percorria o país com Nara Leão, no Projeto Seis e Meia, que escalava uma dupla de artistas para se apresentar em palcos de diferentes regiões, promovendo encontros inusitados e reencontros históricos. Foi o caso da temporada que uniu novamente o Rei e a Rainha do Baião, Luiz Gonzaga e Carmélia Alves. Em março de 1977, a repórter Diana Aragão, do *Jornal do Brasil*, descreve a atmosfera amistosa na véspera do show das majestades:

> Na sala da administração do teatro João Caetano, as brincadeiras entre os velhos amigos que se encontram vão se sucedendo, em conversas tranquilas, enquanto os músicos afinam os instrumentos nesse primeiro

contato de escolha de repertório, difícil, porque o que não falta é música boa para a seleção.

Carmélia, que se define à repórter como "nortista honorária, pois meu pai era cearense e minha mãe era baiana", conta que voltou ao Rio depois de longa temporada na Europa e nos Estados Unidos, e promete: "Vamos juntar nossas forças, nossos reinados nesse show, partindo talvez para outras apresentações conjuntas."

Dois meses depois, em reportagem na *Folha de S.Paulo* sobre os trinta anos de baião, a cantora dá ao repórter Dirceu Alves sua visão para o fato de o gênero não ter feito tanto sucesso no exterior como a bossa nova: "Foi uma razão muito simples. Não houve divulgação." Reclama das rádios, das televisões ("que só apresentam as músicas que estão nas paradas de sucesso") e dos forrós, que não tocam mais tanta música nordestina como no começo: "A maioria quer mesmo é faturar, e vale tudo. Se transformaram num simples baile comum, onde se ouve desde Roberto Carlos até músicas norte-americanas. Não estranharia se um dia um forró apresentasse um show ao vivo com Alice Cooper."

Luiz Gonzaga, que tinha passado a década inteira convocado a comentar a volta do baião, sem que o fato tivesse ocorrido com o alcance que ele e o parceiro Humberto Teixeira desejariam, dá o veredicto:

> O baião não está voltando, ele sempre esteve com o povo. Não importa que as rádios não toquem, que o público sofisticado prefira outras músicas. É até melhor que seja assim, porque do contrário haveria um estouro nas paradas e depois um solene pé no traseiro, com todo mundo enjoado do baião. Ele é uma música do povo nordestino. Lá no sertão, ele tem sua morada. Aqui no sul, ele só faz viagens.

E foi no lugar onde o baião tinha morada permanente, no sertão e no agreste pernambucano, que Gonzaga voltaria a encontrar compositores prontos para renovar seu repertório – e, assim, fortalecer seus laços com o público que nunca o esqueceu.

14. Pelo sertão, lá vai a fé

Luiz Gonzaga é uma legitimidade do sertão tradicional. Sua inspiração mantém as características do ambiente poderoso e simples, bravio e natural, onde viveu. Não imita. Não repete. Não paira rastro de nome aclamado. É ele mesmo, sozinho, inteiro, solitário, povoando os arranha-céus com as figuras imortais do Nordeste, ardente e sedutor, fazendo florir cardeiros e mandacarus, levantando o mormaço dos tabuleiros através das cidades tumultuosas onde permaneceu.

ERA JANEIRO DE 1973, e Luís da Câmara Cascudo estava bem entusiasmado ao escrever sobre Luiz Gonzaga. O escritor potiguar já havia se consagrado como estudioso do folclore e da cultura popular quando recebeu convite para apresentar o LP *Luiz Gonzaga*. Não poupou elogios. Afirma que era impossível comparar o sanfoneiro com outros artistas: "Ele próprio é a fonte, cabeceira e nascente de suas criações. ... Luiz Gonzaga presta-nos, a nós devotos das permanentes culturas brasileiras, a colaboração sem preço de uma informação viva, pessoal, humana." Câmara Cascudo ainda atribui efeito catártico aos acordes do sanfoneiro: "Tempos idos nas povoações sentimentais voltam a viver, cantar e sofrer quando ele põe os dedos no teclado da sanfona, de feitiço e de recordação." O historiador termina o texto em tom de exaltação: "Sanfoneiro do sertão, brasileiro do Brasil, os que amam terra e gente nativa te saúdam na hora em que tua voz se eleva, vivendo a brasilidade profunda da tua alma sertaneja."

A assinatura de Câmara Cascudo está impressa na contracapa do LP lançado em 1973. Com direção de produção de Milton Miranda e tendo o maestro Gaya como diretor musical, mais orquestrações do maestro

Orlando Silveira, o disco marcou a consolidação de um novo compositor no repertório de Luiz Gonzaga. Com cinco contribuições, era a vez de Nelson Valença.

A história de Valença com Gonzaga havia começado quando, de passagem pela cidade pernambucana de São Bento do Una, o sanfoneiro entrou numa agência do Banco do Brasil. Queria fazer uma transferência. Puxou conversa com o funcionário do banco. O rapaz, José Severino do Carmo, era de Pesqueira e falou a Gonzaga sobre um compositor da cidade que tinha mais de cem músicas, nenhuma gravada. Preocupado com a dificuldade de encontrar novos parceiros, Gonzaga sabia que precisava retomar o contato com seu povo. E com urgência. Renovar o repertório era um dos caminhos a tomar, por isso mostrou-se interessado em conhecer Valença. No dia seguinte partiram para Pesqueira.

Chegaram sem nenhum aviso à casa de Nelson Valença, que, apesar da surpresa e da notória timidez, conseguiu se entender muito bem com o renomado visitante. Tanto que três músicas do recém-descoberto compositor – "Coronel Pedro do Norte", "Lulu vaqueiro" e "O urubu é um triste" – foram escolhidas por Gonzaga para fazer parte do LP *São-joão quente*, que seria lançado logo em seguida, em 1971. O maior sucesso do disco foi de Severino Ramos ("Ovo de codorna"), mas nem por isso seu Luiz deixou de recorrer a Valença nos anos seguintes. O disco *Luiz Gonzaga*, que Câmara Cascudo apresentou, trazia nada menos que cinco músicas assinadas pelos dois: "O fole roncou" (com a inédita adição de guitarra, baixo e bateria aos tradicionais zabumba, triângulo e acordeom), "O bom improvisador", "Cantarino", "Juvina" e "Mulher de hoje". Outras duas da lavra do compositor de Pesqueira, "Fole danado" e "A mulher do meu patrão", fariam parte de *Daquele jeito*, de 1974. E revelariam ao país um compositor capaz de, com frases simples e contagiantes, botar o povo para dançar:

> O fole roncou
> No alto da serra.
> Cabroeira da minha terra
> Subiu a ladeira e foi brincar...

No fim da década de 1940, Nelson Valença chegou a iniciar carreira como cantor em Recife, na Rádio Clube, sob a orientação do maestro Nelson Ferreira. Foi obrigado a desistir do projeto por causa de uma infecção na garganta e a consequente operação de amígdalas. Não desistiu da música. De volta a Pesqueira, após trabalhar no Banco do Povo e na fábrica de alimentos Peixe, tornou-se professor de canto orfeônico do Ginásio Cristo Rei e, depois, maestro do coral da Rádio Difusora de Pesqueira, da qual foi o primeiro gerente, entre 1951 e 1962. Tocando violão e piano, com frequência tomava parte das rodas musicais da cidade e compunha canções que ficariam conhecidas somente por quem ia a esses encontros – se José Severino, ex-aluno dele no Cristo Rei e ex-funcionário da emissora, não tivesse tido a ideia de levar Luiz Gonzaga até ele.

Os pais de Nelson eram de São Bento do Una, mas tinham casa em Pesqueira, para onde iam toda vez que a mulher estava para dar à luz – o que ocorria praticamente todos os anos (o casal teve dez filhos). Escreveu radionovelas, peças de teatro, folhetos de cordel e se tornou conhecido pelo senso de humor espirituoso, com gosto especial por piadas sobre sogra – embora ressaltasse não ter problema algum com a mãe de sua esposa. Aprendeu música sozinho, na maioria das vezes em quartos de hotel em Pesqueira, Caruaru e em outras cidades por onde passou em busca de trabalho.

Compôs muitos jingles por encomenda do amigo José Severino, que se dividia entre o trabalho no banco e a publicidade. Um desses trabalhos acabou rendendo cena curiosa entre Nelson Valença e Luiz Gonzaga. O publicitário pesqueirense marcou com Gonzaga a gravação de um jingle, cuja música era de Valença, mas o cantor não apareceu. Pouco tempo depois, os dois amigos estavam no Recife, e encontraram casualmente o Rei do Baião no pátio da Rádio Jornal do Commercio. Enquanto José Severino ia falar com ele, Nelson Valença – que àquela altura já o conhecera pessoalmente – ficou impassível dentro do carro. Sair para cumprimentá-lo ia parecer bajulação, pensou. Gonzaga não entendeu e perguntou a José Severino:

– Coisa estranha! Ele tá doente? Tá com algum problema?

– Não, é porque ele é assim mesmo...

É provável que essa falta de jeito para as relações pessoais fora de seu mundo tenha dificultado a permanência de Nelson Valença no Rio de Janeiro, nas duas vezes em que Gonzaga tentou levá-lo para a cidade. Sobretudo, não agradava ao compositor o fato de Gonzaga estabelecer parceria nas músicas que ele criava, ainda que algumas tenham surgido de conversas entre os dois – caso de "Cantarino", nascida dentro do avião, quando eles voltavam de uma dessas viagens:

Volto agora à minha terra,
Volto agora ao meu torrão.
Trago paz pra minha gente,
Trago amor no coração.

A Luiz Gonzaga, no entanto, Nelson Valença deu explicação singela para a recusa do convite de permanecer no Rio: "Aqui não tem nambu pra gente caçar." As caçadas à ave aparentada com a galinha-d'angola, de cor parda, que põe ovos azuis e tem um canto bonito, era outra das paixões do compositor, elogiado pelo sanfoneiro em entrevista à *Veja* em março de 1972:

Perdi meu parceiro Zé Dantas, fiquei quinze anos afastado de Humberto Teixeira. E sou meio exigente até comigo. Acho que não devo gravar tudo que faço, não devo insistir, pra não ficar muito igual. Prefiro escolher entre os compositores que me procuram. Às vezes vêm uns caras que, para agradar, vão focalizando a gente na música, dando elogios. Aí piora tudo. Mas também aparece gente como o Nelson Valença. Espero lançar o Nelson como cantor. É um coroa, mas tem uma voz que é um violino, diferente de todo mundo.

A vontade de Gonzaga de registrar a voz de Valença seria concretizada em 1981, quando os dois se reencontraram no LP *A festa*. Seu Luiz não só gravou o baião "Pesqueira centenária", como convidou o autor para cantar com ele. Seria o único registro, por uma grande gravadora, da voz de Valença, que passou o resto da vida em Pesqueira, dedicando-se à família, à regência, ao magistério e aos hábitos simples. Como, por exemplo, ir diariamente à padaria Ororuba, na mesma rua em que ele morava, para comprar pão e prosear, e depois passar pelo mercado vizinho, onde adquiria ração para cães e gatos famintos que os donos jogavam no seu quintal. O proprietário da padaria, Walter Jorge Freitas, grande amigo de Valença, conta:

— Eu largava tudo para conversar com ele. Os balconistas adoravam atendê-lo. Amigos comuns, em tom de brincadeira, diziam: "Walter pensa que eu venho aqui por causa do pão da padaria dele, mas é puro engano. O que eu gosto mesmo é de encontrar seu Nelson e bater esse papo saudável." Pessoas de outras cidades, quando eram apresentadas a ele, demonstravam enorme satisfação por estarem diante de um ser tão importante. E ele nem aí!

Nelson Valença fez o passeio diário enquanto a labirintite permitiu. Em julho de 2012, foi internado no hospital em Arcoverde, mas não resistiu a uma embolia pulmonar. Faltava menos de um mês para Valença completar 93 anos.

Na mesma edição de *Veja* em que citou Valença, Gonzaga reconhece ainda a dificuldade para renovar a fonte da criação. E por motivo prosaico: "Poesia não anda de avião, anda em lombo de cavalo. Eu costumo dizer que lá no sertão a poesia ainda está com aqueles violeiros que fazem viagens a pé e em lombo de jumento. Esses são os verdadeiros poetas. Eu acho que tenho andado muito de avião, sabe? Por isso meus últimos discos têm poucas músicas minhas."

Em busca de poetas que não corressem o risco de perder a inspiração por viver com a cabeça nas nuvens, Luiz Gonzaga chegou a um médico potiguar radicado em Caruaru, descendente de italianos: Janduhy Finizola. Um acontecimento trágico, do qual nenhum dos dois participou, estabeleceria forte vínculo entre Gonzaga e o novo parceiro. E tinha relação direta com os homens que, montados a cavalo, fiscalizavam as pastagens, o gado e as cercas das propriedades rurais: os vaqueiros.

A figura central de trabalhador em uma fazenda é o vaqueiro que cuida do rebanho, administra a propriedade e na ausência do proprietário dá ordens aos trabalhadores e agregados. ... A jornada de trabalho começa ao nascer do sol para interromper-se às dez horas, quando há uma hora de folga para a primeira refeição; esta é constituída por feijão-de-corda, farinha e café, sendo feita no próprio campo. A segunda refeição é feita à noite, em casa, compreendendo o mesmo cardápio, acrescido de pequenos pedaços de carne ou peixe seco nos dias que se seguem à feira.

Nove anos antes de o geógrafo e historiador pernambucano Manoel Correia de Andrade incluir sua definição de vaqueiro em clássica reflexão sobre as relações entre proprietários rurais e assalariados no livro *A terra e o homem no Nordeste*, um fato trágico envolvendo um desses profissionais abalou o sertão. Em 8 de julho de 1954, chegou ao município de Serrita, no alto sertão do Araripe, a notícia do assassinato de um vaqueiro no sítio Lajes. Raimundo Jacó morreu com pedrada na cabeça, desferida pelo colega de profissão Miguel Lopes. Os dois trabalhavam na mesma fazenda. A eficiência com que Jacó desempenhava a função de cuidar do rebanho de gado do patrão despertava inveja em Lopes, a quem cabia tomar conta do rebanho da patroa. A rixa se acirrou no dia em que uma rês da dona da fazenda desapareceu, e os dois tiveram que procurá-la. O hábil Jacó conseguiu alcançar a fujona primeiro. Mas, antes de voltar com ela à sede da propriedade, resolveu amarrá-la numa árvore à beira do açude e fumar um cigarrinho. Ao deparar com a cena, Miguel Lopes não conteve a ira. Pegou uma pedra e golpeou o colega. Raimundo Jacó foi sepultado no mesmo local em que o crime ocorreu. O assassino alegou inocência, e o processo foi arquivado por falta de provas.

De boca em boca, essa história correu a região, transformando o vaqueiro Raimundo Jacó numa espécie de herói do grande sertão, símbolo de coragem. Romeiros começaram a acorrer a seu túmulo, e muitos afirmavam ter alcançado uma graça depois de elevar preces e fazer promessas à alma do vaqueiro. Doze anos depois, o episódio mantinha-se tão vivo na memória do povo da região que o pároco de Serrita, padre João Câncio, propôs a Luiz Gonzaga – primo de Jacó e com quem o padre costumava prosear sobre forró e vaquejada – que se rezasse uma missa no local. Seria uma celebração ao herói morto e, ao mesmo tempo, uma homenagem à figura do vaqueiro nordestino.

Assim, naquele mesmo ano, foi realizada a primeira Missa do Vaqueiro. Durante o evento, vaqueiros de todos os estados do Norte e do Nordeste se encontram para reafirmar sua fé, adaptando parte do ritual cristão a particularidades do cotidiano no campo. Morador de Caruaru, Janduhy Finizola foi convidado pelo amigo Plínio Pacheco – criador da encenação da Paixão de Cristo de Nova Jerusalém – para a segunda edição do evento:

– Saímos assim na altura de duas horas e chegamos lá amanhecendo o dia, passando por terreiros, fazendas, meninos abrindo porteiras pra gente passar... Até chegar ao local da missa. Fiquei encantado com aquelas luzes, velas, aquela gente conversando.

Mas o dia estava só começando. Plínio propôs que fossem até Exu. Descansariam um pouco na casa de Luiz Gonzaga. O dono não estava. "Tá no Crato, foi cantar num circo", informou a mulher dele, Helena, tratando de acomodar os visitantes.

Janduhy estava cochilando numa rede quando começou a ouvir som de sanfona. Acordou e deparou com Luiz Gonzaga tocando e cantando "Asa branca". Maravilhado, disse para si mesmo:

– Eu tô no céu.

Adolescente em Jardim do Seridó, cidadezinha perto de Caicó, no sertão do Rio Grande do Norte, ele vivia ouvindo Gonzaga no rádio: "Era o meu Roberto Carlos." Quando chegou a Caruaru, médico formado, não perdia uma chance de assistir aos shows do cantor. Quando dava, subia na carroceria do caminhão para bater um papo com ele, numa época em que ainda não compunha nem imaginava chegar a tal grau de intimidade com o ídolo.

Em 1960, chegado de uma pós-graduação no Rio de Janeiro, Janduhy estava no Recife em busca de trabalho quando resolveu ir a Caruaru, porque achou "os ônibus muito bonitos". Na cidade, quis conhecer o Hospital São Sebastião; durante a visita, deu de cara com três antigos colegas de faculdade.

– Mas, rapaz, você por aqui? O que é que está fazendo?
– Estou atrás de lugar pra ficar.
– Por que não fica aqui?
– E dá?
– Dá, sim. Você fica morando no hospital e trabalhando sem ganhar nada. O trabalho e os plantões pagam a sua permanência

Na falta de melhor opção, Janduhy topou. Passou três anos de "amostra grátis", como eram chamados os médicos que trabalhavam sem remuneração. Depois disso, conseguiu vaga no então recém-inaugurado pronto-socorro, e mais tarde conseguiu um segundo emprego no Samdu. Mandou buscar a mãe viúva no Rio Grande do Norte e já estava fixado em Caruaru. Além das chances de emprego, encontrou na cidade um clima cultural efervescente, que acabou despertando nele a vontade de escrever poesia, algo que não fazia desde o tempo de ginásio.

– Aí terminei fazendo música, porque a poesia é a música do silêncio, e uma coisa se liga muito com a outra.

Janduhy Finizola não era exatamente um desconhecido para Luiz Gonzaga naquele dia em que foi acordado ao som de "Asa branca", embora tenha sido ali que a amizade começou a se estreitar. Além de encontros eventuais em Caruaru, o médico-compositor tinha emplacado, um ano antes, a primeira música gravada pelo cantor Jacinto Silva, "Viração", incluída no disco *Agora tu pega e vira. Escuta que tu vai gostar*, o LP dividido entre Jacinto e João do Pife. No ano seguinte teria outras duas, "É são-joão" e "Plantação" em *Desafio*, o LP que Jacinto dividiu com Elino Julião.

Por intermédio de Jacinto Silva, as músicas de Janduhy tinham chegado também ao repertório de Marinês. Amigo do cantor caruaruense, o compositor entregou a ele fitas cassete com suas criações. Quando o encontrou, perguntou:

– E aí, Jacinto, gravou?
– Que nada! Cheguei lá e Abdias disse: "Mas essa música só presta pra Maria!"

Marinês, a "Maria" de Abdias, gravou, e Janduhy teve de arranjar outras para Jacinto. Dessa forma, o compositor acabou se aproximando do produtor, e foi gravado por outros nomes do elenco da CBS, como Os 3 do Nordeste, que fizeram sucesso com "Ana Maria":

> Eu dei um beijo.
> Eu dei um beijo.
> Eu beijei Ana Maria.
> Por causa disso,
> Eu quase entrava numa fria.
> Ana Maria tinha dono e eu não sabia.
> Mas quem diria?

No entanto, o produtor gostava mesmo era de guardar as músicas de Janduhy para a própria mulher. Como "Canção de fé", que deu título ao disco lançado pela cantora em 1972. O médico a compôs "sem o propósito de dar pra ela". Mas quando mostrou a Abdias, ele novamente se entusiasmou:

– Ave Maria! Essa música é boa pra Maria!

> De pé no chão, de caminhão, lá vai a fé.
> Todo caminho só é caminho pra quem tem fé.
> Que terra seca, que vida seca.
> Não perca a fé, João,
> Que Padim Ciço levou sumiço
> Mas não morreu, irmão...

Temente a Deus, adepto de romarias, Janduhy Finizola encontrou muitas vezes na religião a inspiração para compor. Versos como os de "Canção de fé" fizeram Luiz Gonzaga acreditar que ele seria o compositor perfeito para criar uma música especial para a Missa do Vaqueiro. O cantor já havia incluído duas canções de Janduhy em seu disco *Luiz Gonzaga*, de 1973 ("Cidadão de Caruaru", também de Onildo Almeida, e "A Nova Jerusalém"), e mais duas em *Daquele jeito*, de 1974 ("Frei Damião" e "Cavalo crioulo"), quando fez publicamente o pedido.

Gonzaga tinha decidido que, todo sábado anterior à Missa do Vaqueiro, ele daria um show "pra vaquejada". Em um desses, Janduhy, que já não esperava Plínio para tomar o rumo de Serrita a cada 8 de julho, estava atrás do palco quando seu Luiz parou de cantar e o chamou:

— Eu queria lhe pedir em público pra fazer uma canção pra Missa do Vaqueiro.

— Olhe, Gonzaga, eu não vou fazer uma canção, eu vou fazer é a missa toda...

Janduhy não teve dificuldades para formular a promessa: "Já vinha naquele embalo, naquela emoção, naquela inspiração." O público vibrou.

— Agora, caboclo, tem uma coisa: toda vez que eu passar em Caruaru, eu vou na sua casa pra saber como é que está esse trabalho.

— Vá mesmo.

Luiz Gonzaga cumpriu o voto de monitorar o trabalho, e o médico honrou a promessa de executá-lo. O pedido tinha sido feito em julho. Antes de o ano terminar, a Missa do Vaqueiro estava pronta, dividida em nove partes: "Jesus sertanejo", "Kyrie Eleison", "Glória", "O Credo", "Ofertório", "Sanctus sanctus", "Pai-nosso", "Comunhão" e "Canto de despedida". Quando viu, seu Luiz disse:

— Tá ótimo. Neste ano você vá dois dias antes que é pra gente ensaiar e cantar a missa.

A partir daí, a criação de Janduhy Finizola passou a fazer parte da missa rezada anualmente e chamou a atenção dos integrantes do Quinteto Violado. Um dia, o compositor estava em casa, descansando, quando recebeu a visita dos rapazes do grupo recifense, que ele ainda nem conhecia.

— Nós sabemos que você tem um trabalho sobre a Missa do Vaqueiro.

— Tenho, é verdade.

— E a gente queria gravar.

— Paciência. Essa composição foi feita pra Gonzaga, e ele tá com o trabalho.

— Mas não tem um jeito de conversar com ele?

— Tem.

Finizola pediu a um amigo que fosse até Luiz Gonzaga e explicasse que tinha sido abordado pelo Quinteto para gravar a Missa do Vaqueiro, mas que a composição era dele, e só ele poderia resolver. Obteve como resposta:

– Estando com o Quinteto Violado, está em boas mãos. Eu me reservo o direito de gravar a cada ano um número da missa.

O respeito era mútuo. Gonzaga estava no altar do Quinteto Violado desde que o conjunto surgira, em 1971, com a proposta de dar novas roupagens a temas e folguedos populares nordestinos: ciranda, bumba meu boi, vaquejada, cavalo-marinho, reisado... A obra de Luiz Gonzaga, claro, não poderia ficar fora desse repertório, como explica um dos fundadores do grupo, Marcelo Melo:

– O Quinteto nunca tentou fazer caricatura de nada; o que nós abraçamos foi fazer arte com verdade embutida. Até então ninguém tinha se apercebido da riqueza que a música nordestina possui. E ninguém melhor que Gonzaga para traduzir, com muita beleza e autenticidade, os elementos do imaginário sertanejo, como o espírito pitoresco da cultura regional.

Elogiado publicamente por Gilberto Gil, que Marcelo havia conhecido em Londres quando estudava agronomia, o Quinteto Violado abriu trilha para que um grupo numeroso de pessoas – já enfastiado de Jovem Guarda – se aproximasse da música regional. Para o violonista, o atrativo vinha também pelo uso de instrumentos familiares aos fãs de rock e jazz – teclado, contrabaixo – com nuances até então pouco observadas nas composições populares, em geral relegadas à condição de manifestações folclóricas.

– Os cabeludos começaram a se interessar pela flauta doce, pela flauta transversal, pelas violas...

Único paraibano do grupo, Marcelo Melo crescera ouvindo Gonzaga em sua cidade natal, Campina Grande. Admirava especialmente quando o sanfoneiro cantava os "achados poéticos fantásticos" de Zé Dantas. Um deles era a historieta "Samarica parteira", que Gonzaga interpretava acompanhado apenas da sanfona e que seria regravada de forma teatral pelo Quinteto Violado, com sonoplastia imitando ruídos da natureza e de animais para pontuar a narrativa. A versão agradou tanto ao Rei do Baião que ele comentou com Marcelo:

– Rapaz, enquanto vocês cantarem isso eu não vou cantar mais. Eu nunca vi uma coisa tão completa como vocês fizeram.

Não era a primeira vez que ele avaliava um arranjo. Em 1972, a regravação de "Asa branca", no disco de estreia do Quinteto Violado, já emocionara seu Lua. No mesmo LP, os cinco recriaram também "Acauã" e "Vozes da seca". No disco seguinte, *Berra boi*, incluíram um forró de Dominguinhos; em *A feira*, foi a vez de apresentarem uma releitura de "Assum preto". A proximidade com Gonzaga seria reforçada por intermédio de Janduhy Finizola, que também estava na lista dos compositores preferidos de Marcelo Melo:

– Com "A missa do vaqueiro" Janduhy se superou.

Da Missa, Gonzaga chegou a gravar "Jesus sertanejo", em *Chá catuaba*, de 1977, e "Pai-nosso", em *Dengo maior*, de 1978. Nos discos seguintes, preferiu optar por outras músicas que o amigo lhe enviava. "Eu fazia as musiquinhas, botava numa fita e mandava pra ele. Graças a Deus, ele nunca rejeitou uma música minha. A única vez que surpreendeu foi quando eu mandei 'Os bacamarteiros' e ele gravou 'Jesus sertanejo'." Mesmo assim, Luiz incluiria a música enviada em *A festa*, de 1981.

"Os bacamarteiros" e "Cavalo crioulo", as únicas músicas assinadas em parceria pelos dois, foram feitas por Janduhy a partir de uma ideia dada por Gonzaga:

– Mas, doutor, o senhor tá vendo? A gente, com essa exposição de gado, cavalo quatro milhas, não sei o que mais, e do cavalo crioulo, que faz tudo, que é quem trabalha, quem nos serve, quem presta serviço, ninguém fala.

– Peraí, deixe comigo.

São quatro patas
Na pisada galopada,
Percorrendo meio mundo.
Vai baixeiro, vai ligeiro,
Vai formoso, vai fogoso...

Animado, o médico chegara até a propor que criassem a Missa do Vaqueiro juntos.

– Gonzaga, vamos fazer?

A resposta o desanimou:

– Mas, caboclo, como é que vamos fazer isso se eu só vivo viajando?

Nas infindáveis viagens pelo Brasil, Gonzaga passou por constrangimento na capital da República. Convidado para fazer show ao ar livre na inauguração do Novo Gama, extensão de uma das cidades-satélites do Distrito Federal, foi barrado pela burocracia, que lhe exigiu uma série de documentos e ainda escalou um fiscal para conferir a papelada. Irritado, ele apelou ao ministro da Justiça, Armando Falcão, por coincidência um dos cearenses que o tinham desafiado no Mangue do Rio de Janeiro a deixar os estrangeirismos de lado e tocar músicas de sua região:

– Dr. Armando Falcão, eu conheço o senhor. Dá aí um jeitinho nisso. É um absurdo, pois a gente sente a maior frustração. Todas as vezes que venho a Brasília encontro os mesmos problemas pra cantar.

O desabafo foi publicado no *Correio Braziliense* em dezembro de 1978. Sob o título "Quem conhece Luiz Gonzaga?", o sanfoneiro reclamava da proliferação de música estrangeira e abria fogo contra o rock ("É coisa de quem não trabalha. E quem entende toda aquela barulheira?") e a discoteca: "Vixe! Isso é uma praga!"

Por fim, de forma veemente, reclamou da escassez de espaço nas metrópoles para os músicos de sua região: "O nordestino que resolve tentar a conquista nas grandes cidades dificilmente é bem-sucedido. Em relação à nossa música, eles querem mais é que a gente morra."

Jackson do Pandeiro também observava com temor o crescimento da música estrangeira. Chegou a desabafar com o sobrinho, Zé Gomes:

– Eu não sei onde vai parar isso, só sei que eu não posso roer a corda.

Desde o início da década, o Rei do Ritmo manifestava publicamente o desagrado com a situação. Em entrevista ao *Globo*, em fevereiro de 1972 ("Falo como no norte, canto como os de lá, sou mesmo é do norte"), Jackson deixa transparecer sentimentos conflitantes. Por um lado, diz sentir a alegria de ver as músicas que consagrou na voz de Gal Costa e Gilberto Gil: "Gravei

'Sebastiana', 'O canto da ema' e 'Chiclete com banana', dando o máximo que podia dar, certo? Então eles pegaram e fizeram de outra maneira. Eles criaram, e eu gostei. Não me importei com as guitarras. Tinham que fazer isso: é o tempo deles. Gil e a Gal não têm nada de besta. São muito vivos."

Por outro lado, Jackson externa grande preocupação com a diminuição do ritmo de shows, sem deixar de apontar o culpado pela nova realidade: "Às vezes, até esqueço como cantar, porque não tem lugar pra trabalhar, né? É difícil até viajar para o interior: não há contrato para ninguém. Tudo isso por causa da invasão da música estrangeira. Isso não pode continuar assim, tem tanto artista passando fome..."

Quatro anos depois, ao repórter Luiz Pellegrini, do jornal carioca *Última Hora,* Jackson volta ao assunto e dá sua versão para o processo de declínio do interesse pelos ritmos de sua terra:

> Quando a onda estrangeira entrou de sola no mercado nacional, as rádios despediram os casts, acabaram as orquestras, os regionais. As gravadoras só queriam o produto importado: música de filhinhos de papai feita para outros filhinhos de papai. Uma concorrência desleal. Os rocks, tuístes e iê-iê-iês exigem um equipamento caríssimo, inacessível à imensa maioria dos nossos músicos. Outro dia vi o equipamento de som de um conjunto de rock: precisava de dois caminhões para transportar. Fiquei assombrado. Então, pensei: para fazer música é preciso tudo isso?

Palavras diferentes, mesmo tom: nos seguidos contatos com a imprensa do Rio e de São Paulo, Luiz Gonzaga e Jackson do Pandeiro faziam questão de identificar os responsáveis pelas dificuldades enfrentadas pelos músicos nordestinos que tinham permanecido fiéis às origens. O que eles não sabiam é que, se nos anos 1970 a situação estava complicada para os veteranos que não tiveram jogo de cintura para driblar as barreiras, a década seguinte seria marcada por sequência ainda maior de perdas. Boa parte delas irreparável.

15. A Rainha machucada

– Aonde é que vocês vão, paraíbas?

Era tiro e queda. Bastava os adolescentes Marcos Farias, José Gomes e José Leal aparecerem com seus instrumentos pelas ruas do Jardim Palmares que surgia um gaiato disposto a encarnar nos três. Já nem ligavam mais. Sabiam que, em tempos de discoteca, hard rock e black music, três jovens munidos de sanfona, triângulo e zabumba certamente causariam algum tipo de reação no conjunto habitacional localizado no bairro de Paciência, zona oeste do Rio de Janeiro. Inaugurado em 1967, o Jardim Palmares tinha sido planejado para servir de residência a funcionários públicos municipais de baixa renda e a reservistas do Exército, parte deles ex-combatentes da Segunda Guerra Mundial – por isso, algumas ruas, em vez dos habituais números, tinham nomes de pracinhas. Caso da rua Sargento Geraldo Berti, onde foi morar Marinês, uma das últimas artistas a chegar àquele que, a partir da sugestão de um paraense, se tornaria um pequeno pedaço nordestino no Rio.

A indicação para o lugar partiu do cantor e compositor Osvaldo Oliveira, que tinha servido na Aeronáutica. Ele chegara ao Rio nos anos 1960 e logo emplacou duas músicas na voz de Jackson do Pandeiro: "Caso de polícia" e a impagável "Secretária do diabo" – esta última seria o nome também do LP que gravou em 1966 pela CBS, com produção de Abdias, e um de seus primeiros sucessos:

Quando ela chega na repartição,
É aquele rebuliço,
É aquela confusão.

Dá um sorriso e se senta na cadeira,
Mas de uma tal maneira
Que eu vou te contar.
Não vou na onda,
Nem no conto do vigário.
O diabo quando não vem
Manda sempre um secretário.

Conhecido pelo apelido de "Vavá da Matinha", Osvaldo tinha participado ativamente das coletâneas *Pau de sebo* e da caravana de mesmo nome. Para ele, as compilações e as excursões organizadas por Abdias "moralizaram a música regional nordestina", como afirmou em entrevista ao jornalista paraense Euclides Farias, em 2001. Em paralelo à *Pau de sebo*, Osvaldo continuou lançando discos solo pela CBS. Gravou Antonio Barros ("Fole velho") e Onildo Almeida (faixa-título) no disco *Amor de primeira* (1971). Também dividiu discos – fez dois com Jacinto Silva: *É caco pra todo lado* e *Jogo do amor*. Antes de Elino Julião, o cantor descobriu o filão do romantismo e abolerou o repertório. Na entrevista a Euclides Farias, nove anos antes de morrer em consequência de um AVC, Osvaldo explicou como surgiu a mudança:

(O bolero) foi uma pedida do seu Evandro Ribeiro, que era o superintendente da CBS e produtor do Roberto Carlos. Era um baixinho que tinha um olho clínico, sabia onde morava o pica-pau. E eu já tinha gravado o bolero "Responde saudade" num LP do Abdias que vendeu muito. Por causa disso, o seu Evandro pediu que eu gravasse um LP com boleros. Aí veio a música e o título "Só castigo". Esse bolero me consagrou no Brasil todinho.

Não posso perdoar os erros seus.
Reparem como ela está chorando.
Mandou-me recado por um amigo.
Pra mim ela é de gelo, não ouço mais apelo.
Voltar com ela só se for castigo.

Com o sucesso do LP da faixa-título "Só castigo", que ainda incluía forrós e merengues, Osvaldo Oliveira lançaria outros discos românticos – entre eles, *É com jeitinho* (1973). Depois, mudaria para a Beverly, pela qual lançaria o LP *Mudei pra melhor*, e seria apresentado como "recordista absoluto de vendas no Norte e Nordeste" (em 1979, ele retornaria à CBS para um LP de título sintomático, *Voltei pra ficar*). Pois coube justo a um paraense ser uma espécie de precursor da invasão nordestina no Jardim Palmares, complementada pela chegada de Marinês, já separada de Abdias.

Quando baixou em Palmares, a cantora experimentara uma diversidade de estilos inexistente no início da carreira. E ao menos uma vez havia se arriscado na tentativa de se adaptar aos novos tempos. Em 1967, Abdias propôs uma aproximação da cantora com a onda de contestação ao regime militar. Ela topou na hora. Tinha substituído Nara Leão em shows no teatro Opinião, continuava amiga de João do Vale, gostava daquela turma. Por que não um disco de protesto? Tudo decorrera de rápida conversa com o superintendente da CBS, Evandro Ribeiro, que comentou com o produtor a ideia de impulsionar a carreira de Marinês.

– Abdias, eu quero dar uma evoluída no trabalho de dona Marinês, sair do regional. Acho que ela pode ter uma carreira até internacional.

– Mas ela já vai entrar em estúdio!

– Então vá pensando nisso. Eu vou viajar e na volta a gente vê.

Abdias sabia que as recomendações de Evandro deveriam ser seguidas à risca, e rápido. Na gravadora, ainda nos tempos em que a multinacional norte-americana se chamava Columbia, o baixinho Evandro Ribeiro agigantava-se nos corredores da empresa: dava as cartas e determinava quem ia entrar e sair do jogo. Mineiro de Manhumirim, tinha começado como contador e logo se tornara responsável pela escrituração da empresa. Em menos de cinco anos foi nomeado gerente-geral e em 1962 passou a exercer também a função de diretor artístico, com a saída de Roberto Corte-Real. Foi nessa fase que tomou a decisão de investir, após desentendimento com o astro Sérgio Murilo, em um jovem cantor de rock, Roberto Carlos, com quem trabalharia por duas décadas. Em 1993, um ano antes de falecer, Evandro resumiu para o historiador Paulo Cesar de Araújo, em entrevista publicada posteriormente no livro *Roberto Carlos em detalhes*, seu método de trabalho: "Eu centralizava tudo, tudo mesmo, mas por razões econômicas."

Evandro rumou para o exterior, e Abdias, de olho no público cada vez mais interessado em músicas socialmente engajadas, fez Marinês mudar de rumo. Ela gravou primeiro um compacto com "Disparada" (Geraldo Vandré e Theo de Barros), conhecida na interpretação arrebatadora de Jair Rodrigues, e escancarou o flerte com a nova geração no disco *Marinês* (1967) – na capa, nada de cangaceirismos, mas roupa e maquiagem urbanas, além de olhar provocante; no repertório, "Mutirão", do contestador Sergio Ricardo (o mesmo que quebrou o violão após ser vaiado ao apresentar "Beto Bom de Bola" em festival na TV Record), e quatro músicas de Gilberto Gil: "Aboio" e "Viramundo" (parcerias com Capinam), "Vento de maio" (também de Torquato Neto) e "Procissão". Sob orientação de Abdias, os arranjos mudaram: em tom mais suave, a voz da paraibana seguia os fraseados do acordeom de Orlando Silveira, pendendo para o jazzístico. No acompanhamento vocal em estilo MPB-4, o grupo Os Diagonais, formado por Hyldon, Cassiano e Camarão – que depois gravariam "Meu Cariri" (Rosil Cavalcanti e Dilú Mello) em ritmo de soul music e contribuiriam para que "Coroné Antônio Bento" (Luiz Wanderley e João do Vale) se tornasse um dos primeiros standards de Tim Maia. Foi o disco rebelde de Marinês. Ao voltar de viagem, Evandro Ribeiro tomou um susto com o que ouviu:

– Não era isso o que eu imaginava. Mas vamos arriscar...

A cantora caiu na estrada para divulgar o trabalho. Quando se apresentou no Forró de Pedro Sertanejo, em São Paulo, Marinês contou ao público que sua gravação de "Disparada" tinha sido lançada na Argentina. E, entusiasmada, anunciou:

– Eu agora vou cantar para vocês uma música nova. Eu também entrei na linha de protesto: de Gilberto Gil, "Procissão"!

Tanto entusiasmo nos palcos se dissipou após uma conversa com Evandro Ribeiro, já decidido a frear o ímpeto contestatório de sua artista:

– Dona Marinês, quero saber duas coisas da senhora. Qual a marca de cigarro que a senhora fuma e qual tipo de comida que a senhora gosta?

– Por que, seu Evandro?

– É para eu mandar entregar na cadeia. Os homens estão espremendo a gente aqui direto por causa desse repertório subversivo que a senhora gravou.

A CBS então abriu mão de divulgar *Marinês* e mandou Abdias voltar ao estúdio com a esposa para gravar um novo álbum, de retorno à temática regional: *Mandacaru*. O revés, contudo, não abalou o renome da artista, prestigiada internemente a ponto de utilizar o mesmo estúdio de oito canais reservado para a maior estrela da casa, Roberto Carlos. Começou a década de 1970 com um grande sucesso, "Nosso amor foi uma aposta", de Antonio Barros, que emplacaria outras quatro faixas no LP *Na peneira do amor* (1971). No ano seguinte, a música de Janduhy Finizola que Abdias requisitara, "Canção da fé", batizou o disco, que teria ainda "Sem-vergonheira", parceria da dupla Antonio Carlos e Jocafi – cantados em todo o país com o sambinha "Você abusou". Marinês foi uma das que mais gravaram composições de Dominguinhos e Anastácia: começou com "Um mundo de amor", no disco *Sonhando com meu bem* (1970), até chegar às quatro faixas de *Só pra machucar* (1973): "É tempo de voltar", "Cheguei pra ficar", "Matando na unha" e "Eu só quero um xodó". Na foto da capa, a cantora aparece de vestido longo e impecavelmente maquiada, arrumada como se fosse para uma festa sofisticada.

No ano seguinte, a mudança não ficou apenas no visual: Marinês decidiu dar um tempo no Nordeste e gravar repertório romântico. Com direção artística de Rossini Pinto, que tinha trabalhado com toda a turma da Jovem Guarda, ela misturou compositores pouco conhecidos a "Carinhoso", de Pixinguinha, e uma música própria, a delicada "Flor de laranjeira". Os fãs, que desconheciam o início de carreira da cantora interpretando Dalva de Oliveira e Dolores Duran em Campina Grande, estranharam: a Rainha do Xaxado cantando boleros? O título do álbum, *A dama do Nordeste*, também não ajudou. No Rio de Janeiro não havia problemas. Mas, na região de origem da cantora (e de seu público), "mulher-dama" era sinônimo de prostituta.

Como o disco não teve a repercussão esperada, Abdias obrigou Marinês a retornar às raízes com *A volta da cangaceira*, apostando nas fichas certas: Antonio Barros, Cecéu, Anastácia, Dominguinhos. Na apresentação do LP, Luiz Queiroga observa: "Faltava uma estrofe no poema musical que a CBS envia todos os anos ao Nordeste do Brasil." E comemora:

> Agora a poesia se recompõe em toda sua beleza porque aquela voz voltou. Voltou nas asas da asa branca, trazendo as cantigas que faltavam. Veio completar o poema cuja estrofe se desintegrara. Se por acaso se sustentou chorando, voltou agora sorrindo. Sorrindo e cantando para toda a gente que gosta de lhe ouvir cantar.

Como de praxe, Abdias assinou a direção artística do LP. Mas não eram mais um casal. Os desentendimentos se tornaram frequentes. Já dormiam em quartos separados. O filho, Marquinhos, não esquece os conflitos:

– Nessa época eles se falavam muito pouco. E quando falavam era para brigar.

Marinês, de temperamento forte; Abdias, cabra rude do sertão. Desavenças surgiam por todos os motivos: um colega músico testemunhou, por exemplo, ele brigar feio com a esposa porque ela deixou cair um pouco de leite no café, que ele só tomava puro. Mas houve incidentes muito mais graves. Ainda no início do casamento, antes de conhecer Luiz Gonzaga, percorriam o interior nordestino quando Abdias alugou um quarto e, ao sair para tocar em um cabaré, deixou Marinês trancada pelo lado de fora. Levou a chave. Tocou a noite toda. Reparou que uma das moças do inferninho era a cara de sua mulher. Na volta, acordou a esposa, deu-lhe uma surra e só depois contou o motivo da agressão:

– Você está apanhando porque eu vi uma mulher lá no cabaré que era muito parecida com você, tinha o corpo igualzinho ao seu, fazendo as coisas lá: sentava no colo de um, ia para o quarto com outro... Você tá apanhando para saber que nunca vai fazer a vida no cabaré como essa que eu vi lá.

Quase uma menina, Marinês apanhou calada. Também suportou em silêncio por muito tempo o fato de não receber nem parte dos cachês, sempre controlados pelo marido. Para comprar qualquer coisa, a cantora tinha que pedir a Abdias. Certa vez, ela falou que precisava de outro batom. Ouviu como resposta:

– Não tá bom esse, não? Pra que você quer dois batons se tem uma boca só?

Aos poucos Marinês foi se impondo. Começou a confrontar o marido, lembrava que era ela a principal fonte de renda da casa. Exigiu o fim das agressões físicas, aliviadas depois do nascimento de Marquinhos. Mas as discussões continuavam a frequentar a mansão da Ilha do Governador. Um dia, ao perceber que a mãe chorava por causa de mais um flagrante da infidelidade do marido, o filho a surpreendeu:

– Mãe, a senhora tá triste, né?

Marinês acendeu mais um cigarro Minister, e confirmou o desalento.

– Então acho que é melhor ver você e o pai separados, mas felizes.

Incrédula, ela perguntou:

– Meu filho, você teria coragem de falar o que você me falou para um advogado?

– Com certeza.

A cantora então chamou um dos mais renomados advogados do Rio de Janeiro, que já entrou na casa com escrivão e máquina de escrever para registrar o depoimento dela e do filho. Quando Abdias chegou da CBS, tomou um susto: os papéis do desquite estavam prontos para ele assinar. Revoltado, o produtor elevou o tom de voz, mas logo foi aconselhado a baixá-lo. Tempos depois, ânimos já serenados, ela explicaria ao *Correio Braziliense* por que se separou, após quase duas décadas de união: "Era preciso nos tornarmos melhores profissionais e bons amigos. Não havia um clima de mulher e marido e de artistas no palco ao mesmo tempo. O artista é muito assediado, mas as coisas não podem se misturar. E as coisas se misturaram muito, não de minha parte, mas da parte dele."

Da partilha dos bens, discordaram em quase todos os itens – os dois só concordaram na cessão definitiva de uma casa em Nova Iguaçu para o amigo João do Vale, que já morava de favor há algum tempo. O resto, dos três aparelhos de ar-condicionado à cobiçada TV colorida, ficou na mansão da Ilha do Governador, lacrada por determinação judicial. Marquinhos decidira morar com o pai – acreditava que o produtor teria mais a perder se ficasse também longe dele. Sem ter onde dormir, Abdias recebeu amparo de Jackson do Pandeiro:

– Ô macho véio, vai lá pra casa.

Abdias e Marquinhos levaram algumas semanas dormindo na sala da casa de Jackson, em Olaria. O pai saía cedo para o trabalho, e o filho ficava à mercê do ritmo de vida do anfitrião, quase sempre ouvindo rádio e tomando cerveja até as quatro da manhã, acordando por volta do meio-dia para almoçar e voltando para o quarto, de onde só saía no fim da tarde. Deslocado naquele ambiente boêmio, Marquinhos pediu para também ir diariamente à CBS; de tanto observar o que acontecia nos estúdios, foi ganhando cancha; e, aos treze anos, já conduzia sessões de gravação de músicos experimentados. Pai e filho passaram a dormir na Variant estacionada no posto de gasolina ao lado do prédio da gravadora, até que Abdias atentou para o óbvio:

– Na minha sala tem ar-condicionado, vamos dormir lá.

Pronto: agora viviam 24 horas na CBS. Marquinhos não se arrependeu. Sabia que, se o pai precisava mais de amparo, a mãe tinha outra necessidade: mudar de ares e retomar a juventude interrompida. Por isso entendeu quando Marinês avisou que decidira passar um tempo no Recife. Lá, ela ia à praia diariamente, saía para os barzinhos, bebia os Camparis que Abdias não permitia. Mais magra, bronzeadíssima, cabelo curto, estava disposta a curtir o que teve de deixar para trás quando rumou para o Rio. Ao ser reconhecida nas casas noturnas e convidada a cantar, impunha uma condição:

– Posso dar uma canja, mas não vou cantar forró.

Gostava tanto de ir a boates que comprou uma, em Campina Grande, ao lado da sede do Treze, um dos times de futebol da cidade Namorou o antigo proprietário e montou um conjunto para acompanhá-la, Os Elétrons, no padrão Renato e seus Blue Caps. Como define Marquinhos:

– A Rainha do Xaxado virou cocota.

Enquanto isso, no Rio de Janeiro, Abdias também não perdeu tempo: casou com uma jovem, Dorinha, que tinha dois filhos de casamento anterior. Foram todos morar na casa que ele comprou no Jardim Palmares. Com dificuldades de adaptação à nova família, Marquinhos passou um tempo no Recife com a mãe, mas logo voltou. A situação familiar continuava difícil. Sem dinheiro até para trocar o tênis já furado de tanto usar, Marquinhos percebeu que tinha como faturar uns trocados tocando na noite. Como estava longe de completar dezoito anos, foi preciso obter autorização judicial para se apresentar em boates cariocas. Com o primeiro cachê que recebeu, trocou o calçado. Esbanjou: em vez do popular Conga, comprou logo um Kichute, sonho de consumo da rapaziada. E os dias no Jardim Palmares, de súbito, já não pareciam mais tão difíceis.

Para passar o tempo, tinha os ensaios com os amigos Zé Gomes, sobrinho de Jackson do Pandeiro, e seu vizinho Zé Leal, carioca de nascimento mas nordestino por afinidade. Alunos da Escola Municipal do Instituto de Previdência do Estado da Guanabara (Ipeg), os três não se desgrudavam; eram unha e carne. Só não se afinavam muito na hora do futebol: flamenguista como o tio, Zé Gomes jamais conseguiu arrastar os desinteressados amigos para o Maracanã; só ia ao campo quando Genival Lacerda, outro rubro-negro fanático, aparecia no Jardim Palmares e seguiam juntos para o estádio.

Marquinhos e os dois Zés batizaram o trio de Os Alquimistas – sem relação com "Os alquimistas estão chegando", sucesso de Jorge Ben. A eles se juntaria, posteriormente, o "roqueiro" do grupo: Luiz Mário, filho de Lindú, que tinha começado no rock graças aos discos do Kiss que o pai ganhava na gravadora e levava para casa. Tinha o cuidado de escutar os LPs da banda norte-americana apenas quando o cantor do Trio Nordestino estava no trabalho. Certa vez, não prestou atenção e ganhou uma bronca de Lindú:

– Por que você ouve música internacional se não é alimentado por isso nem isso é o que te veste?

Cabelo grande e encaracolado, na linha black power, brincos nas orelhas, Luiz Mário Barbosa nasceu na Bahia, mas foi criado no Rio de Janeiro; ao contrário dos amigos, tinha horror de ser chamado de "paraíba". Quando escutava discos de forró, deixava o volume baixo, para os vizinhos não repararem. O pai queria que o filho se tornasse militar; Luiz Mário bem que tentou, mas foi dispensado da Aeronáutica por excesso de contingente. O que Lindú não desejava, de jeito nenhum, era que o filho virasse músico; não permitia, por exemplo, que ele fosse às apresentações do Trio Nordestino. Mas de vez em quando fazia concessão e escutavam juntos os LPs que Lindú produzia – queria palpites sobre o que poderia ser sucesso.

A audição privilegiada se repetia pela vizinhança: os outros garotos, às vezes reforçados também por Edmilson (filho de Messias Holanda), passavam horas com os toca-discos Sonata, da Philips, rodando os mais recentes lançamentos de forró trazidos por Abdias e Lindú. Não havia muita distração além da música: às vezes, Marquinhos emprestava a Mobilette para os amigos darem umas voltas pela vizinhança – e só. Preferiam se concentrar em preparativos para se apresentar no salão da associação de moradores, mesmo lugar onde ocorriam os bailes de música negra, febre da juventude suburbana carioca. Logo perceberam que havia uma grande diferença do hobby que os unia para o de outros meninos da mesma idade, como observa Zé Leal:

– Era a gente tocando forró e o resto da vizinhança ouvindo James Brown. A galera encarnava na gente pra caramba, mas as mães curtiam. Era tudo festa.

* * *

A BRINCADEIRA DOS MENINOS ganhou ares profissionais quando Dominguinhos os chamou para acompanhá-lo em apresentação pelo Projeto Seis e Meia, dividindo com Nara Leão o palco do teatro João Caetano. O convite tinha surgido de um imprevisto: o sanfoneiro queria contar com Cícero e Tinda, já aclamados como os melhores ritmistas do pedaço. Mas os irmãos de Jackson tinham compromisso e garantiram que os meninos estavam prontos para o desafio.

– Pode chamar os garotos lá de casa que eles tão tocando bem.

Irmão mais novo de Jackson, o pai de Zé Gomes tinha história curiosa envolvendo o próprio nome: apesar de todos o conhecerem como Cícero, o instrumentista na verdade chamava-se Geraldo. Tudo porque, após parto muito complicado, a mãe, Flora, quis agradecer ao Padre Cícero pelo nascimento do filho e batizar o recém-nascido com o primeiro nome do religioso cearense. Mas o pároco local, nada simpático ao Padim Ciço, proibiu a homenagem. Flora, então, teve que se resignar. Mas, logo que se recuperou do parto, avisou a todos em casa:

– O nome do menino é Cícero. Quem chamar ele de Geraldo apanha!

Cícero Gomes morava na rua 13, a mesma de Lindú e Cobrinha, do Trio Nordestino. Passava pouco tempo no Jardim Palmares. Para não perder os compromissos de gravações com Jackson, quase sempre no centro do Rio, ficava durante a semana na casa do irmão em Olaria.

Quando aparecia por lá, Cícero encontrava os amigos em botequins como os de João Lira, onde eles se reuniam para sessões de lembranças e piadas, regadas a lapadas de cachaça. Tudo sempre em clima amistoso, mesmo quando as mesas eram ocupadas por artistas concorrentes. Certa vez Parafuso, de Os 3 do Nordeste, encontrou Coroné, do Trio Nordestino, e os dois ficaram bebendo até este último avisar, já de madrugada, na hora da saideira, antes de uma gargalhada:

– Amanhã eu tô com uma música nova, vou foder vocês...

O bar só perdia a clientela a partir de maio, quando começava a revoada anual: com as festas juninas, os músicos passavam quase dois meses viajando pelo Nordeste. Voltavam somente em julho, lembra Zé Leal:

– Não ficava um artista em Palmares. A gente podia fazer as nossas festinhas sossegado.

Bolsos cheios, eles guardavam o dinheiro amealhado para pagar as contas pendentes e enfrentar a ociosidade do segundo semestre, ocasionalmente interrompida por apresentações em casas de forró no Rio – Xaxadão, Forró Forrado, Forró 66 – ou, aos domingos, na Feira de São Cristóvão. Poucos tinham ocupação diária. Entre as exceções, o dono do ritmo mais incessante de trabalho continuava a ser Abdias, como observou seguidas vezes Zé Leal:

– Ele era todo agitado, avexado, mesmo: não parava quieto.

Quando ia à casa dos Farias para ouvir discos com Marquinhos, Leal reparava no produtor envolvido na tarefa de montar repertório para os discos de seus artistas. Chamava alguns, repassava as músicas escolhidas e dava quinze dias para eles memorizarem as letras. Quando voltavam, Abdias pegava o acordeom, botava no peito, colocava um pequeno gravador em cima da mesa e dizia:

— Vamos cantar uma música.

Acertava o tom e o andamento, preparava as introduções até obter a primeira versão. Ao chegar à CBS, entregava a fita ao maestro Chiquinho, que transcrevia para as partituras e preparava os arranjos. Nos discos de brega e bolero, abriu espaço para a participação de iniciantes como o guitarrista Robson Jorge e o tecladista Lincoln Olivetti (descrito por Abdias ao filho como "um garoto novo que trabalha muito bem com tecnologia") – juntos, nos anos 1980, eles formariam uma das duplas mais bem-sucedidas da música pop brasileira. Abdias também emplacou Marquinhos, já com dezoito anos, como o segundo mais jovem produtor da América Latina – o primeiro foi Guto Graça Mello.

— O que não era forró era comigo. Bolero, brega, samba, sertanejo, tudo ele passou para mim.

Na produção do repertório dos artistas bregas trabalhavam profissionais experientes como o maestro Pachequinho, responsável também pelos arranjos de metais dos discos de Roberto Carlos, e Alexandre Gnatalli. O irmão do maestro Radamés Gnatalli escrevia os arranjos de cordas.

— De tanto conviver com Pachequinho, peguei o feeling de fazer os arranjos na hora e escrever. Depois escrevi os arranjos para o Elino (Julião) na mesma linha, como o de "Cofrinho de amor". O brega tinha harmonias simples e uma instrumentação característica: duas guitarras, baixo, bateria, órgão e dois trompetes em dueto, estilo *mariachi*. Nada de piano, que era um instrumento considerado pop. E pop, pra gente, era uma categoria acima.

Mas nem todos aprovaram aquela guinada de cantores regionais rumo ao romantismo sem fronteiras. O radialista Adelzon Alves avisou, em tom de crítica, a Abdias:

— Isso aí é uma coisa que pode causar um grande rebuliço na música nordestina. Isso é um derivado do bolero mexicano, vem do Lucho Gatica. Isso é apelativo, pode te prejudicar.

Paranaense de Cornélio Procópio, Adelzon estava na Rádio Globo do Rio desde 1964. Entre outras proezas, tinha sido o responsável pela abertura de espaço no rádio para compositores dos morros cariocas – Cartola, Candeia, Silas de Oliveira, Geraldo Babão. Gostava tanto da música brasileira que considerava Luiz Gonzaga o único rei autêntico:

– O que Roberto Carlos faz é derivado da música americana.

Enquanto isso, Jackson do Pandeiro pulava de gravadora: passou pela CBS, Chantecler, PolyGram. Para todas, selecionava repertório da mesma maneira: pegava o gravador e ia inserindo os cassetes um atrás do outro – ouvia mais de trinta fitas por dia, até se dar por satisfeito e definir as músicas que entrariam em um disco.

Zé Gomes acompanhou a incursão do tio na seita Universo em Desencanto, que propagandeava a "cultura racional". Com outros artistas que professavam a mesma fé, a exemplo de Tim Maia, viu Jackson tocar pandeiro em encontros religiosos semanais em Nova Iguaçu. A adoração rendeu músicas como "A luz do saber", mas não durou muito tempo, conta o sobrinho:

– Ninguém entendeu como ele entrou nem por que saiu.

Sem tantos shows no Nordeste como no início da carreira, Jackson tinha que se virar no Rio de Janeiro. E quando arrumava ocupação, dava um jeito de emplacar os conterrâneos. Foi o que fez com Manoel Serafim, convidado a se juntar ao time de músicos em temporada no teatro do Hotel Nacional, na praia de São Conrado, voltada prioritariamente para os turistas estrangeiros. Os dois tinham se conhecido ainda nos anos 1960, de forma não muito agradável para Serafim. Tudo aconteceu quando Zé Calixto acompanhou o recém-chegado até o ponto de encontro dos músicos, em frente à Rádio Mayrink Veiga, e lá o apresentou a Jackson:

– Esse aqui é um amigo meu de Campina Grande, que tá chegando aqui agora, amigo da gente...

O Rei do Ritmo não deixou por menos:

– Oxente, Zé, tu tá trazendo os cornos de Campina Grande todinhos praqui?

Serafim não gostou muito da brincadeira, mas deixou quieto. Tempos depois, foi trabalhar no Forró 66, de Anísio Silva, que, como lembrou no programa *Paraíba é sucesso*, na Rádio Tabajara FM, fez furor na zona sul carioca:

— Esse forró vivia lotado de sexta a domingo. Anísio pagava bem, dava atenção para os forrozeiros: Dominguinhos, Gonzaga, Trio Nordestino, todos passaram por lá. E os "foleiros", como Zé Calixto, ganhavam especial atenção.

Manoel Serafim conseguiu engatar carreira: convidado por Oséas Lopes, assinou com a Tapecar. Lá gravou um disco de carimbó e participou da coletânea *Festa na roça*, com Jair Alves, Trio Mossoró, João Gonçalves. Pouco antes, foi convidado por Jackson a integrar o elenco do musical no Hotel Nacional. O repórter Luiz Pellegrini, da *Última Hora*, lembra que os shows em São Conrado tinham "repertório misto": forró, baião, choro, coco, pastoril, batuque, frevo, xote "e até jazz". Ao conversar com Jackson, Pellegrini demonstra encantamento com a verve do entrevistado: "O que ele gosta mesmo é de contar casos e mais casos pra fazer você morrer de rir. Uma sucessão inesgotável de episódios, observações, filosofias... verdadeira visão jacksoniana do mundo e da vida."

Às suas atividades, como a temporada no Hotel Nacional, Jackson adicionou participação semanal na Rádio Globo. Tudo começou quando Messias Holanda procurou Adelzon Alves, que comandava um programa da meia-noite e meia até as quatro da manhã, para queixar-se do desamparo e ostracismo dos artistas nordestinos:

— Adelzon, a gente tá precisando de um espaço. A gente tá fora do ar...
— Vamos fazer a madrugada comigo na Globo.

Messias declinou, mas disse que tinha alguém com desenvoltura para ser o mestre de cerimônias dos nordestinos.

— Quem pode dar certo nisso aí é Jackson.

Adelzon topou. Considerava o paraibano "a vertente rítmica do Nordeste". Avisou para sua nova atração:

— Jackson, aqui eu sou sua escada. O programa é seu.

Mas o radialista diz que Jackson nunca aceitou a condição de protagonista:

— Ele era um homem humilde, bem simples, sem nenhum estrelismo. Continuava sendo aquele homem de Alagoa Grande, lá do interior da Paraíba.

Adelzon notou a ausência de Gonzaga entre os convidados dos programas. Percebia que as posições de liderança exercidas pelo Rei do Baião e pelo Rei do Ritmo pareciam, de certa forma, distanciá-los:

– O grupo [de artistas nordestinos no Rio de Janeiro] era o mesmo, mas havia momentos em que o padrinho era o Jackson, e outros momentos em que o padrinho era o Gonzaga. Mas os dois não se cruzavam.

O jornalista paraibano Fernando Moura, autor, com Antônio Vicente, da monumental biografia *Jackson do Pandeiro: o Rei do Ritmo*, assim define a relação entre dois dos gigantes da música brasileira:

> Até por ser mais novo e ter "surgido" depois, Jackson mantinha uma postura quase de fã. Com o passar dos anos e a consolidação do talento e importância do pandeirista, grupos "rivais" se formaram nos bastidores do show business, mas sem consequências ríspidas entre ambos. Jackson chegou a vetar (e não gravou) uma canção que soltava algumas farpas em torno de Gonzaga. Alguns estudiosos e fãs do Rei do Baião acreditam que ele cultivava certa "ciumeira" em torno do Rei do Ritmo, exatamente por ter de dividir o reinado musical brasileiro com um concorrente do nível do paraibano. Publicamente, no entanto, essas "animosidades" não eram visíveis. Sempre foi uma relação de respeito.

Um dia, pouco antes de seu programa iniciar, Adelzon Alves recebeu um aviso:

– O Gonzaga está aí fora...

Pela maneira tensa com que a informação chegou, o radialista sentiu que havia alguma coisa no ar. Adelzon comunicou a Jackson a visita inesperada e um frisson correu o auditório – lá estavam Marinês, Abdias, Zé Calixto, Cícero, Tinda e outros artistas nordestinos. O apresentador deu a atenção devida. Chegou para o operador de áudio e avisou:

– Bota todo bloco comercial pra frente e deixa o maior espaço para o Gonzaga.

Jackson então virou-se para Adelzon e perguntou:

– E quem é que vai apresentar Gonzaga?

– Você! Não te falei que o programa é teu e que eu sou só a escada? Eu só levanto a bola, você que faz gol!

Jackson demonstrou preocupação. Mas chamou o Rei do Baião, que, do alto de sua majestade, já entrou no ar munido de sua sanfona e gritando o nome do anfitrião:

– Jaaaaaackson!

Silêncio total no auditório.

– Jackson, eu fui fazer show em Caruaru, e uma família amiga me convidou para um lanche depois do programa. Era num conjunto habitacional: as casas iguais, os alpendres na mesma posição... À medida que fomos entrando, fui vendo que todas as famílias estavam nos alpendres com o rádio ligado no seu programa. Então eu entendi que não poderia estar fora daqui...

Abriu a sanfona de novo, tocou um pouco e gritou:

– Jaaaaaackson!

– Sim...

– Eu estava numa viagem, na altura de Governador Valadares. Houve um acidente na estrada que fechou a pista nos dois sentidos. Foi um acidente grave, demorou para ser resolvido. Deu vontade de comer alguma coisa, ir ao banheiro. A gente saiu e, em toda extensão que a gente andou, dois, três quilômetros pra lá e pra cá, os rádios dos veículos estavam ligados: parecia uma procissão, aquelas lanternas vermelhas acesas. E todos os rádios estavam ligados no seu programa, te ouvindo. Aí eu entendi mais uma vez que não poderia deixar de estar aqui...

E começou a entoar o seu prefixo:

Vai boiadeiro que a noite já vem...

Aquilo foi o suficiente para Jackson respirar aliviado, e os dois levarem o programa juntos até o final. Em uma frase, Adelzon resume o que se passou naquela madrugada nos estúdios da Rádio Globo:

– Foi uma noite memorável.

16. Cabeludos do futuro

– Jaaaaackson!

O grito acabou com o sossego naquela casa de Olaria, zona norte do Rio de Janeiro.

– Ô Jackson, tem uns cabeludos lá fora querendo falar com você!

O aviso de Tinda interrompeu o descanso do ritmista em sua casa. Naquele ano de 1972, Jackson do Pandeiro andava ocupado com a divulgação de seu disco mais recente, *Sina de cigarra*, produzido na CBS sob a direção de Abdias. Por isso, demonstrou certa contrariedade para atender as inesperadas visitas. Escutava rádio – um aparelho enorme, de alça, parecido com um maleiro – enquanto a mulher, Neuza, lhe fazia as unhas, quando ouviu o grito do irmão. Do lado de fora, violões em punho, estavam dois rapazes – um de cabelo até os ombros e barba enorme, o outro de cabeleira cacheada –, recebidos por Tinda com um olhar "de alto a baixo".

– O que vocês vieram fazer aqui?

– Viemos falar com Jackson.

Tinda repetiu o olhar perscrutador e entrou. Daí a um pedaço voltou, ainda com certa desconfiança, abriu a porta, e os dois visitantes entraram, deparando com a cena doméstica. Jackson os recebeu com o mesmo olhar do irmão e disse para se sentarem.

– O que é que vocês querem?

– Jackson, nós viemos aqui lhe convidar para defender com a gente uma música no Festival Internacional da Canção, o FIC...

Desconfiado, Jackson quis saber mais:

– Que música?

– Uma música...

— Mas qual o tipo da música?!
— É embolada...
— Então cante!

O barbudo, que tinha tomado a dianteira da conversa, pegou o violão e começou:

Estou montado no futuro indicativo.
Já não corro mais perigo.
Nada tenho a declarar.

Jackson começou a ficar animado, e o rapaz continuou:

Terno de vidro costurado a parafuso,
Papagaio do futuro,
Num para-raio ao luar.

Fisgado, o pandeirista gritou para a irmã, casada com Loza, irmão de Genival Lacerda, e integrante do grupo de Jackson:
— Ô Briba, venha aqui que tem dois cabeludos que não são cabra safado, não. Eles fazem coco de embolar.

E foi assim que os iniciantes Alceu Valença e Geraldo Azevedo convenceram o veterano a cantar com eles "Papagaio do futuro" no palco no Maracanãzinho, naquele que seria o último grande evento da era dos festivais. Vindos de São Bento do Una e Petrolina, respectivamente, Alceu e Geraldo se conheceram no Recife e voltaram a se encontrar no Rio, para onde tinham se mudado naquele mesmo ano. Quando foram à procura de Jackson, nem tinham chegado ao primeiro disco — o que aconteceria justamente a partir da apresentação no festival, quando a Copacabana os contratou para fazer o LP *Quadrafônico*, com sete composições de Alceu, duas de Geraldo e três parcerias dos dois.

Também em 1972, outro cabeludo nordestino, nascido em Orós, no Ceará, mas que já havia passado por Fortaleza e Brasília antes de chegar ao Rio, entrava nos estúdios de uma gravadora para produzir o primeiro

LP, *Manera fru fru manera*, pela Philips. Raimundo Fagner integrava uma turma de músicos cearenses que tinha chegado ao Sudeste cerca de dois anos antes e logo passou a ser chamada pela imprensa de "Pessoal do Ceará". Com essa assinatura coletiva, foi lançado em 1973 *Meu corpo, minha embalagem, todo gasto na viagem*, disco dividido pelos fortalezenses Ednardo, Rodger Rogério e Teti. No ano seguinte, mais um cearense, este de Sobral, mas igualmente com passagem pela capital do estado, estreava com o LP *Mote e glosa*. Chamava-se Belchior. Os cearenses também marcaram presença nas finais daquela edição do FIC: Ednardo e Belchior com "Bip bip", dos dois, e Fagner com "Quatro graus", dele e Dedé.

Em comum, pernambucanos e cearenses tinham algo que os distinguia dos artistas nordestinos, até então tidos como referências nacionais da música regional: eram jovens de classe média, de formação universitária – Ednardo tinha cursado a faculdade de engenharia química; Fagner, a de arquitetura; Belchior, a de filosofia e humanidades, e depois medicina; Geraldo Azevedo foi aluno de desenho industrial; Alceu, de direito. Eles passaram os últimos anos da efervescente década de 1960 frequentando os meios estudantis e os bares lotados de artistas, boêmios e intelectuais – como a Cantina Star, na avenida Conde da Boa Vista, no Recife, ou o Bar do Anísio, na beira-mar de Mucuripe, em Fortaleza.

A vivência universitária, no entanto, não tornava o acesso deles às gravadoras menos difícil do que fora para as gerações anteriores de conterrâneos que migraram para o "sul", como resume Alceu Valença:

– Meu primeiro LP com Geraldo Azevedo nem era meu nem dele. Foi a maneira que encontramos de furar um bloqueio.

Antes de gravar *Manera fru fru manera*, Fagner ficou cerca de três meses perambulando pela porta da Philips até ser apresentado ao produtor Roberto Menescal e entregar a ele uma fita cassete. A chance de entrar em estúdio só veio depois que a tal fita chegou a Elis Regina, que se encantou por "Mucuripe" e a gravou no álbum *Elis*, de 1972, deixando em evidência os nomes dos autores, o próprio Fagner e Belchior.

Disco pronto, eles enfrentavam o descaso das gravadoras com a divulgação. O próprio Belchior, antes de alcançar o sucesso com *Alucinação*, passou despercebido com *Mote e glosa* – mesmo com o empurrão inicial dado por Elis ao gravar "Mucuripe". Com Fagner não foi diferente: considerando-se "chutado para segundo plano" pela Philips, acabou rompendo com a gravadora. Ele também seria demitido da Continental, onde gravou o segundo disco, *Ave noturna*, em 1975, por declarar em entrevistas que havia gravado "no pior estúdio do mundo, com músicos improvisados na hora, um horror". E foi tanta a indiferença com que a Copacabana tratou *Quadrafônico*, de Alceu e Geraldo, que o fato rendeu até piada, em forma de charge feita pelo cartunista Henfil e publicada no semanário *O Pasquim*.

Mesmo depois de subir ao palco do FIC com Jackson do Pandeiro e ter o primeiro disco solo lançado, *Molhado de suor*, de 1974, Alceu Valença teve de pegar um megafone e sair pelas ruas divulgando o show *Vou danado pra Catende*, que apresentava no teatro Tereza Rachel, em Copacabana, no Rio de Janeiro. Ele conta que no primeiro dia compareceram cinquenta pessoas, "amigos e convidados"; no segundo, 28, "o resto dos amigos"; no terceiro, cinco pessoas, "os inimigos que foram ver o circo pegar fogo". Bateu o desespero, e o artista resolveu se vestir de palhaço, pegar o megafone e sair pelas principais ruas da cidade, acompanhado por uma charanga, convocando o público a comparecer. Deu certo: lotou a casa, então com capacidade para 650 pessoas.

Mas, a partir de 1976, o jogo começou a virar:

Verdade, mentira, tranquila, agitada. *Saramandaia*, realidade fantástica de Dias Gomes. Estreia dia 3 de maio, segunda-feira, dez horas da noite.

A Rede Globo de Televisão anunciava sua próxima novela para o horário logo após a linha de shows, na época reservado a produções de teledramaturgia de temática mais ousada – ou pelo menos tão ousada quanto permitia a censura então em vigor. O autor, Dias Gomes, surpreendeu o público com uma história fantástica, ambientada numa pequena cidade da zona canavieira da Bahia, em que mulheres explodiam de tão gordas ou pegavam fogo de desejo. Já os homens voavam, viravam lobisomem, botavam o coração pela boca ou formiga pelo nariz.

Luiz Gonzaga aparece duas vezes na trilha sonora da novela. Além de cantar "Capim novo", música-título do LP que lançara naquele ano e uma das oito que ele assinou em parceria com Zé Clementino desde "Xote dos cabeludos", seu Lua figurava como autor em "Xamego", dele e Miguel Lima, interpretada pela iniciante Fafá de Belém. Nos créditos também constava o nome de Antonio Barros, autor do xote "Sou o estopim", gravada pela atriz Sonia Braga especialmente para servir de tema à sua personagem na trama – a tal mulher que, literalmente, virava brasa quando sentia vontade de fazer sexo.

No entanto, *Saramandaia* desempenharia papel crucial na difusão de outro artista nordestino, mais exatamente um daqueles rapazes vindos do Ceará e que até ali – embora tivessem conseguido a atenção da crítica e certo prestígio no meio artístico, ou por isso mesmo – se mantinham mais conhecidos pelo público universitário, como eram chamadas as plateias intelectualizadas de então. Tocada diariamente na abertura da novela, "O romance do Pavão Mysteriozo" apresentaria Ednardo ao Brasil. Para surpresa do próprio, que levou um susto danado quando ouviu a música na televisão. "Eu não sabia de nada. Até hoje não sei bem como a música foi parar na novela", afirmava ele ao *Globo,* cinco meses depois da exibição do primeiro capítulo do folhetim.

Mas qualquer sinal de indignação do artista pelo uso não autorizado de sua criação se dissipou diante da repercussão obtida com a exposição na novela. Logo, logo o maracatu "O romance do Pavão Mysteriozo" tornou-se uma das músicas mais executadas nas emissoras de rádio do país inteiro; entrara para o repertório das bandas de baile (apesar do ritmo pouco adequado aos salões), e o compacto vendera 200 mil cópias – o LP que continha a faixa, o primeiro solo de Ednardo, também intitulado *O romance do Pavão Mysteriozo* e lançado dois anos antes, alcançou a marca de 40 mil exemplares depois do impulso recebido da novela. O país todo sabia de cor os versos:

Pavão Mysteriozo,
Pássaro formoso.

Tudo é mistério
Nesse seu voar.

A superexposição de Ednardo ocorria ao mesmo tempo que o conterrâneo Belchior experimentava o gosto do reconhecimento popular. Nesse caso, graças ao aval de artistas de indiscutível popularidade. Ao ter músicas gravadas quase simultaneamente por Elis Regina ("Como nossos pais", "Velha roupa colorida"), Roberto Carlos ("Mucuripe") e Vanusa ("Paralelas"), ele deixava de ser "apenas um rapaz latino-americano sem dinheiro no banco" para se tornar um artista celebrado pela crítica e um dos nomes mais presentes nas paradas de sucesso daquele ano de 1976: quatro faixas de seu LP *Alucinação* ("Apenas um rapaz latino-americano", "A palo seco", "Velha roupa colorida" e "Como nossos pais") figuravam no ranking das mais tocadas.

A expressiva vendagem de discos e a execução maciça em rádios das músicas de Ednardo e Belchior expunham pela primeira vez ao grande público, de norte a sul do país, o "Pessoal do Ceará" e, por consequência, dos arredores. Iniciava-se ali uma nova fase na história dos nordestinos na música popular brasileira. "Queiram ou não queiram, a bola agora está conosco", afirmou Fagner à *Veja* em 1976, animado pelas perspectivas que finalmente se abriam e disposto a dividir essa bola com quem mais chegasse. Convidado, em 1977, a tomar a dianteira do selo Epic, na gravadora CBS, fez dele uma espécie de plataforma de lançamento de artistas vindos do "norte", e começou produzindo *Flor da paisagem*, LP de estreia da também cearense Amelinha. Do Epic/CBS também sairiam, nos dois anos seguintes, os primeiros trabalhos solo dos paraibanos Zé Ramalho (*Zé Ramalho*) e Elba Ramalho (*Ave de prata*), e o segundo solo de Geraldo Azevedo (*Bicho de sete cabeças*) – que, depois de *Quadrafônico*, havia estreado sozinho com um LP pela Som Livre, *Geraldo Azevedo*, de 1977.

Desde que se mudara de Fortaleza para São Paulo, a fim de estudar comunicação, Amelinha participava de shows e discos de Fagner, de quem era amiga; chegou a trabalhar como backing vocal de Vinicius de Moraes e Toquinho. Paraibana de Conceição, terra de Pinto do Acordeon, Elba tinha chegado ao Rio em 1974, convidada para acompanhar o Quinteto Violado no espetáculo *A feira*. Terminada a temporada no teatro Casa Grande, decidiu ficar na cidade para realizar o sonho de se profissionalizar, alimentado enquanto produzia espetáculos e trabalhava como cantora e atriz amadora em Campina Grande. Zé Ramalho tinha começado na música como integrante de bandas de baile em João Pessoa, mas mudou de rumo a partir de 1974, quando passou a unir as influências roqueiras às referências musicais que adquirira na infância, na cidade de Brejo da Cruz, ao mesmo tempo que integrava a banda de Alceu Valença.

Já Elba Ramalho cresceu em família de gosto musical diversificado, mas que tinha Marinês, Jackson do Pandeiro, Trio Nordestino, Luiz Gonzaga como referência cotidiana.

— Era o pão nosso de cada dia.

Elba havia morado em Campina Grande ao mesmo tempo em que Marinês, mas só veio a conhecê-la depois que se mudou para o Rio. Foi no teatro onde se apresentava com o Quinteto Violado que ela viu o cartaz anunciando "Marinês, a Rainha do Xaxado":

— Eu disse: Oba, vou assistir. Eu sou do Nordeste e nunca assisti a essa mulher.

Depois do show, no camarim, as duas se cumprimentaram, conversaram um pouco e trocaram contatos, mas foi só no início dos anos 1980, quando, já consagrada, Elba passou a contar com Marcos Farias, filho de Marinês, em sua banda, que, mesmo sem convivência diária, a amizade entre as duas se solidificou, a ponto de a veterana convidar a colega para ser madrinha de uma menina que ela adotara.

— Eu não sei como Marinês me olhava, porque, na verdade, eu não era um prosseguimento dela. Eu fui além. Cantava Kurt Weil, cantava Chico Buarque, tinha outras vertentes no meu trabalho desde muito cedo... Mas eu também pesquisava muito a obra dela quando comecei a gravar.

Com pouco mais de vinte anos, voz aguda – imediatamente associada pelos críticos ao canto das carpideiras – e uma forte presença de palco, cultivada nos trabalhos como atriz de teatro a partir da montagem de *Ópera do malandro*, Elba tinha chamado a atenção do público de Rio de Janeiro e

São Paulo pela efusividade dos shows, em que era capaz de misturar cancioneiro nordestino, o rock "O quereres" (Caetano Veloso), o samba "Fonfon" (Braguinha e Alberto Ribeiro) e um clássico dos anos 1940, em inglês, "My ship" (Kurt Weil e Ira Gershwin) – como fez em *Coração brasileiro*, em 1984. Sem contar, claro, frevos como "Banho de cheiro" (Carlos Fernando) e forrós como "Bate coração", sucessos radiofônicos em todo o país.

Nos anos seguintes, Elba ajudaria a consolidar o processo iniciado na segunda metade da década de 1970, quando o mercado fonográfico foi tomado por uma onda que reconfigurou o que o resto do país entendia como música do Nordeste. Esta passava a ser associada a nomes como os de Elba, Fagner, Zé Ramalho, Amelinha e Alceu Valença. Em julho de 1978, o fenômeno tinha sido identificado e classificado pela *Folha de S.Paulo* como "A família transnordestina". O crítico Maurício Kubrusly incluiu ainda no balaio os nomes de Jorge Mello, Moraes Moreira, Robertinho do Recife, Ricardo Bezerra, Vital Farias e, numa licença geográfica, Fafá de Belém:

> São os trinetos dos patriarcas Luiz Gonzaga e Dorival Caymmi, e trazem a riqueza generosa do Norte/Nordeste para fertilizar a música do Brasil inteiro. Eles vêm vindo, teimosos, em bandos, tropas, pencas ou até isolados. ... Com o muito que trazem em seus alforjes musicais, inundam São Paulo e Rio, transbordam para o resto do país e equilibram as marés paulistas (a exuberância da época dos festivais) e carioca (chorinho, maxixe, bossa nova).

Zé Ramalho, "mais declamador que cantor", na opinião de Kubrusly, representava exemplo do que tinha alcançado o "pop nordestino": em outubro de 1979, a revista *Veja* noticiava que Zé, um ano após lançar o disco de estreia, e com o segundo pronto (*A peleja do diabo com o dono do céu*), acabara de excursionar por nove cidades mineiras, cantando para plateias de não menos que 3 mil pessoas, por um cachê mínimo de 100 mil cruzeiros, o que lhe permitia manter uma banda de sete músicos e um segundo ônibus para levar a aparelhagem. Marinês participou do disco *Força Verde*, de 1982, cantando "Banquete de signos". Disse ter ficado impressionada com "o jogo de imagens" nas letras do autor de "Admirável gado novo". Para ela, Zé Ramalho mostrou depressa que sabia "transmitir tudo".

– Ele é aquele tipo de violeiro que faz um Nordeste sofisticado, mas que não deixa de ser um retrato fiel de nossa terra.

Fortemente influenciados pela explosão tropicalista – que, embora comandada pelos baianos Caetano Veloso e Gilberto Gil, nunca se configurou como movimento musical "nordestino" –, todos esses artistas criavam a partir de uma grande diversidade de referências musicais. Elas passavam pelos ídolos do rádio (Dalva de Oliveira, Orlando Silva, Nelson Gonçalves, Adelino Moreira, Ciro Monteiro, Cauby Peixoto, Anísio Silva), pela bossa nova, Beatles, Elvis Presley e Bob Dylan, entre outros ícones da música internacional, e pela própria Tropicália. No entanto, a formação musical e a cultural eclética proporcionadas pelo rádio e pela vivência em ambientes acadêmicos, bem como o fato de que a iniciação instrumental de quase todos tivesse se dado pelo violão ou pelo piano – numa época em que o acordeom tinha se tornado "cafona" –, não diminuíram a influência que teria sobre esses artistas a música de Luiz Gonzaga, Jackson do Pandeiro e seguidores. Vindo dos alto-falantes e aparelhos de rádio, esse som os impregnara de tal forma que se tornaria referência natural.

Não tinha sido por outro motivo, por exemplo, que Alceu Valença e Geraldo Azevedo decidiram bater à porta da casa de Jackson. É o que explica Alceu:

– Fui atrás do Jackson porque, primeiro, o Jackson cantava de maneira absurda, uma divisão fantástica, e eu tinha também essas lembranças da minha infância, adolescência, em que ouvia de maneira natural, não tinha radiola. Não ouvia a música "dele", não tinha um disco de Jackson do Pandeiro, mas eu ouvia isso através do rádio, do alto-falante das praças em São Bento. Aí, como essa música era uma embolada, achei que devia chamar Jackson. Quem melhor do que ele pra dividir daquela maneira? Ele aceitou porque era uma música de raiz. Na verdade, nesse tipo de música que eu fiz, a letra era minha: mas, no fundo, a rítmica tal e coisa estavam lá dentro dos cantores de embolada, nas feiras.

Essas reminiscências apareciam de maneira sutil ou explícita nos primeiros discos de quase todos aqueles novatos. A começar pelas regravações, como "Dono dos teus olhos" (Humberto Teixeira), cantada por Teti no disco do Pessoal do Ceará; "Último pau de arara" (Venâncio, Corumba e J. Guimarães), em *Manera fru fru manera*, de Fagner; "Cintura fina" (Zé Dantas e Luiz Gonzaga), incluída em *Flor da paisagem*, de Amelinha; "Bodocongó" (Humberto Teixeira e Cícero Nunes), na voz de Elba Ramalho, em *Ave de prata*; "Riacho do navio" (Zé Dantas e Luiz Gonzaga), reinterpretada por Fagner em *Ave noturna*, seu segundo LP; ou "Imbalança" (Luiz Gonzaga e Zé Dantas), "Légua tirana" (Luiz Gonzaga e Humberto Teixeira) e "Aquarela nordestina" (Rosil Cavalcanti), relembradas em *Capim do vale* (as duas primeiras) e *Elba* (a terceira), discos que Elba gravou depois de *Ave de prata*.

Depois, havia as canções inéditas que reciclavam os ritmos abarcados sob o gênero que passou a ser chamado de forró. Como o xote "Me dá um beijo" e o xaxado "Planetário", compostas e cantadas por Alceu em *Quadrafônico*; o baião "Carneiro" (Ednardo e Augusto Pontes), que abria *O romance do Pavão Mysteriozo*; a toada "Flor da paisagem" (Robertinho do Recife e Fausto Nilo), do disco homônimo de Amelinha; o baião "Voa voa" (Zé Ramalho), presente em *Zé Ramalho*; o xote "Baile de máscaras" (Pedro Osmar), cantado por Elba em *Ave de prata*; ou ainda "Mote das amplidões", um xaxado criado por Zé Ramalho para *A peleja do diabo com o dono do céu*.

A admiração e a proximidade musical acabaram por estabelecer também relações pessoais entre representantes das duas gerações. A identificação musical entre Alceu e Jackson do Pandeiro, por exemplo, foi tão forte que nem a experiência pouco animadora no FIC os impediu de retomar a parceria cinco anos depois, viajando pelo Projeto Pixinguinha, promovido pela Fundação Nacional da Arte (Funarte). Durante a apresentação no Maracanãzinho, Jackson, Alceu e Geraldo Azevedo foram colocados muito longe do Conjunto Borborema, que os acompanhava. Jackson, atrapalhado pela excessiva reverberação, atravessou. Enquanto os três estavam cantando a segunda parte da música, o conjunto ainda tocava a primeira. Foram desclassificados, e Jackson ficou invocado. Queria que Alceu encontrasse alguém da imprensa. Tinha um desabafo a fazer:

— Jornalistas, me ouçam. Eu não queria dizer, mas eu sou o Rei do Ritmo! Até João Gilberto já declarou que eu sou o maior do ritmo no Brasil, eu não posso ficar desmoralizado atravessando...

O desabafo ficou restrito aos colegas de palco. Além deles, não havia mais ninguém interessado em escutar Jackson do Pandeiro.

* * *

Pelo Projeto Pixinguinha, que já havia reunido duplas como Paulinho da Viola e Canhoto da Paraíba, Doris Monteiro e Lucio Alves, Jackson e Alceu se apresentaram em 1978 nas cidades de Brasília, Belo Horizonte e Belém do Pará. Dois anos antes, tinham saído juntos pelo Brasil por outro projeto, o Seis e Meia. Com isso ganharam intimidade. A convivência na estrada fez com que Alceu somasse à admiração profissional um grande carinho por Jackson, "um cara muito engraçado, que tirava uma onda de que tava com raiva, e às vezes nem estava com essa raiva toda". Mas o veterano deixava transparecer ressentimento genuíno, quando se referia à Jovem Guarda. Ao companheiro de turnê, ele repetia o que dizia nos jornais, lembra Alceu:

— Jackson tinha um problema com a Jovem Guarda: achava que ia destruir a música popular brasileira. Dizia que as músicas da Jovem Guarda eram americanizadas e que aquilo estava desempregando todos os artistas que tinham a batida brasileira no coração. Então, ao nos ver de cabeleira grande e tal, ele nos confundiu, porque pensou que a gente era roqueiro.

Por isso, Jackson do Pandeiro resistiu ao máximo a se apresentar com os músicos da eletrizada banda de Alceu. Este, por sua vez, não se fez de rogado. Primeiro, chamou pra tocar com ele o sanfoneiro Severo; depois Cícero, o irmão de Jackson, também pandeirista. Até que, na temporada de cinco dias na piscina coberta do Centro Desportivo Presidente Médici, em Brasília, Jackson cedeu. Quando se viu, estava tocando com o baixista de Alceu, com o baterista... E pronto.

— Existia essa resistência dele, mas, na convivência comigo, ela aos pouquinhos foi acabando, porque aí Jackson começou a entender a raiz da minha música. Quando eu estava conversando com ele, pessoalmente, batendo papo no quarto, e eu cantava, ele via que geneticamente a minha música era a mesma coisa que a de um coquista.

Jackson tanto percebeu a raiz comum que não pensou duas vezes antes de aceitar participar de mais um festival ao lado de Alceu Valença. Era o Festival 79, da TV Tupi; a música, escrita por Alceu durante temporada em Paris, tinha nascido da lembrança da convivência com Jackson.

— Fiz pensando na divisão dele, nas nossas viagens. Passava tudo na minha cabeça: Brasília, piscina coberta, Minas Gerais, Pará, Severo e sua sanfona... Aquela coisa tinha me marcado muito.

E lá se foi a trupe toda do Rio para São Paulo, onde apresentaria no palco do Palácio de Convenções do Anhembi a música "Coração bobo". Durante o voo, acompanhado pelo mesmo Conjunto Borborema – do qual faziam parte os irmãos dele e a mulher, Neuza, no coro –, Jackson estava eufórico:

— Desta vez, Alceu, não tem jeito: não vamos atravessar e vamos ganhar este festival!

De fato não atravessaram. Fizeram uma apresentação eletrizante diante de ginásio lotado. Jackson, com seu chapeuzinho pequeno, camisa florida, cinturão de fivela grande, calça branca, sapato preto, mais formal, contrastava com Alceu, em malha preta, smoking por cima e chapéu de Carlitos. Mas o júri preferiu dar os três primeiros prêmios a "Quem me levará sou eu" (de Dominguinhos e Manduka, interpretada por Fagner), "Canalha" (composta e cantada por Walter Franco) e "Bandolins" (de Oswaldo Montenegro, apresentada por ele e Mongol).

Para Alceu, a volta para o Rio de Janeiro foi uma das coisas mais tristes que ele viveu. Jackson, inconformado, se mostrava incapaz de proferir uma única palavra. Décadas depois, Alceu encontraria uma explicação para o silêncio de Jackson:

— Sabe o que era? Era a impossibilidade que ele tava vendo ali de qualquer movimento em direção à musicalidade dele acontecer novamente.

Sem vencer em festivais nem ter número suficiente de shows para preencher a agenda, ao menos Jackson obtinha algum abrigo na imprensa especializada. Em 1981 lançou o disco *Isso é que é forró*, saudado pelo crítico Carlos Araújo, do *Correio Braziliense*, que destacou duas faixas – "Cabeça feita", "Tem pouca diferença" – e ressaltou: "Embora a gravadora tenha achado o momento oportuno para seu lançamento em razão das festas juninas, é um disco para ser ouvido o ano todo. É o ressurgimento de uma máquina de ritmos chamada Jackson do Pandeiro." Na sua análise, Araújo aproveita para fustigar a tendência comercialmente mais bem-sucedida na segunda metade da década anterior: "Trata-se de um trabalho privilegiado, visto que está isento do surrado recurso do pornoforró, febre que entorpeceu, por muito tempo, forrozeiros como Messias Holanda, Antonio Barros e Genival Lacerda, atraídos por acenos comercialescos de baixo calibre."

De fato, os nomes citados pelo crítico conheceram êxito, mas não necessariamente pelos mesmos motivos. Com produção de Marquinhos Farias e direção artística de Abdias, Messias Holanda lançou em 1981, pelo Veleiro (selo da CBS), o LP *Pra tirar coco* – e a faixa-título ecoou forte nas rádios AM, de programação mais popular:

> Eu quero me trepar no pé de coco.
> Eu quero me trepar pra tirar coco.
> Depois eu quero quebrar o coco
> Pra saber se o coco é oco.

Na capa, o sorridente Messias encarna o personagem da letra. Lépido e faceiro, sem tirar o chapéu, usa apenas pés e mãos para subir em coqueiro em busca dos frutos. A imagem, mais uma vez assinada por Mafra, parecia ter sido produzida em uma praia nordestina. Nada disso, revela o cantor:

– Aquela foto foi feita no Clube da Marinha, na avenida Presidente Vargas, no Rio de Janeiro. A ideia da capa foi minha. Depois dessa música, pronto: o coco não se acabou mais. Gravei mais quatro LPs por causa desse sucesso.

O disco, lançado em 1981, foi um dos últimos trabalhos de Abdias na CBS. Já na virada da década ele foi percebendo que não tinha o mesmo poder na gravadora. O chefe a quem sempre se dirigia, Evandro Ribeiro, se aposentara. Quase todos os produtores efetivos, funcionários exclusivos da gravadora, tinham sido demitidos. A internacionalização no comando resultou na priorização do investimento em divulgação das estrelas mundiais e na diminuição da verba para o cast regional. O alcance das ações de Abdias foi reduzido: se tivesse ideia para uma capa, não poderia repassá-la ao fotógrafo, como rotineiramente fazia com Mafra. Teria que transmitir a orientação para os responsáveis pelo marketing da gravadora. Em resumo: o modus operandi de Abdias, acompanhando e interferindo em todas as etapas do produto, da gravação até o lançamento, estava chegando ao fim.

Do lado de fora, também aumentava a pressão. A Copacabana ampliou a aposta no segmento popular e abriu diversas frentes, com investimento em artistas como Trio Parada Dura, Alípio Martins, Gretchen, Sandro Becker, Chitãozinho & Xororó e Almir Rogério – este último, com o compacto de "Fuscão preto", foi um dos mais vendidos em 1981. Até Marinês já estava lá: gravou discos como *Atendendo ao meu povo* (1979), *Bate coração* (1980), e *Estaca nova*, com produção de Lindú e arranjos do maestro Chiquinho do Acordeon – nesse disco, o destaque foi a regravação de "O fole roncou" e um pot-pourri com quatro antigos sucessos da cantora: "Siriri-Sirirá" e "Meu beija-flor", ambas de Onildo Almeida, "Balanceiro de usina" (João do Vale) e "Quadrilha é bom" (Zé Dantas).

A cada semana Abdias se sentia mais desprestigiado, enfraquecido, desanimado, de asas cortadas. Até que o sertanejo entregou os pontos. Depois de 28 anos na CBS, admitiu para o filho:

– Não aguento mais. Tenho que sair.

* * *

O NOME DE ABDIAS já não constava no primeiro disco de Messias Holanda na gravadora depois do sucesso de "Pra tirar coco". De novo o cearense investia no filão que fazia os críticos torcerem o nariz: as letras de duplo sentido. A inspiração tinha surgido quando Messias escutou o radialista cearense Guajará Cialdini, nascido em Sobral e um dos maiores divulgadores do forró no estado – graças a programas como o vespertino *Guajará no varandão* –, promovendo a novidade de um de seus patrocinadores, a cachaça Colonial. A tradicional aguardente do Ceará passara a ser vendida em litro, e Cialdini anunciava o novo produto:

– Colonial agora é no litro, olha o tamanho da bichona!

Na hora em que ouviu o anúncio, Messias pensou:

– Ih, rapaz, isso vai dar uma música.

Gaiato, sabia que não poderia citar o nome da bebida em uma música. Decidiu trocar pelo de um animal. Escolheu o bicho a dedo. Assim ficou a letra:

A malvada da cobra me mordeu,
Mas eu matei a danada.
Eu matei de varada.
Olha o tamanho da bichona.

Ele jura que não queria ofender os homossexuais com a brincadeira:
– É tudo um pessoal educado, amigo: não tenho discriminação nenhuma, eu gosto da turma.

Na capa do disco, mais uma locação ao ar livre. Dessa vez Messias foi até o Campo de Santana, no centro do Rio, e encontrou o que estava procurando – uma jiboia, nas mãos de um camelô. O produtor do disco, Osvaldo Oliveira, deu "três contos" ao ambulante, e Messias pendurou a cobra no pescoço. Pronto: já tinha a foto da capa. E mais um sucesso na algibeira.

Conterrânea e amiga de Messias, Marivalda, a Forrozeira da Amazônia, também pegou carona na onda do duplo sentido. Só que acabou arrumando uma confusão. Inspirada, segundo ela, pelas queimadas que à época já castigavam a Amazônia, cantou "Toco cru":

Botei fogo na minha roça, mas o fogo não ardeu.
Ficou uma tocaria que o fogo não comeu.
Toco cru não pega fogo,

Zequinha me respondeu:
Toco cru só pega fogo se você dançar mais eu.

Os censores não gostaram e vetaram a música. Marivalda chegou a ir a Brasília tentar a liberação, mas nada conseguiu. Depois disso, resolveu fazer o disco por conta própria, "em um quatro canais, num quintal lá em Porto Velho". E decidiu providenciar sua alforria:

— Mandei fazer um carimbo de "Liberado" do tamanho de uma rapadura. Ficou foi bonito, porque chamou atenção. Aí eu fiz o carimbo, carimbei, gravei, fui pra São Paulo.

Conseguiu acertar o lançamento do disco por uma pequena gravadora, Itaipu. Mas o LP nem chegou às lojas.

— Sabe o que aconteceu com a música? Foram na Continental, que era quem tava prensando o disco, incineraram 10 mil discos. E eu capei o gato. Me liberaram, e fui embora pra Rondônia.

Marivalda tinha se estabelecido no Norte dois anos antes, em 1972, quando fez uma turnê pela região acompanhando Luiz Gonzaga, que promoveria ali as bicicletas Monark. Quando chegaram lá, seu Lua recomendou:

— Tu com filho, sem pai, o lugar de tu ganhar dinheiro é aqui. Aqueles cachezinhos de Rio e São Paulo não dão pra sustentar o que você tem, não. Aqui quem não é nordestino é filho de nordestino, é neto, é bisneto...

Mais uma vez Gonzaga acertou no conselho que dava aos de sua região. Marivalda foi bem-recompensada por ser a primeira forrozeira a se apresentar para os garimpeiros.

— Em Serra Pelada, quem primeiro chegou fui eu. E cantava vestida, não precisava mostrar nada, porque cantava. As outras foram pra lá, apelaram e tal, mas carreira bem curtinha. E eu fiquei cantando forró pé de serra, no garimpo, no seringal, por toda a Amazônia.

De volta ao Norte, depois do susto em São Paulo, Marivalda foi a Manaus levando o teipe do disco, que incluía "Toco cru" (Lima do Norte, Marivalda e Pinto Costa) e mais quatro músicas censuradas. Mandou fazer 80 mil fitas e se embrenhou pelos garimpos. Vendeu o estoque em um mês e meio. Mas ela, que acreditava que a selva era "terra sem lei", voltou a ter um sobressalto quando cantava "toco cru pegando fogo" no show que fazia numa feira agropecuária em Porto Velho. Dizendo-se da Polícia Federal, dois homens falaram que ela teria que acompanhá-los até São Paulo. O assunto era a música proibida que ela insistia em cantar.

– Sabe o que eu fiz antes de embarcar? Mandei uma pessoa na minha casa pegar uma corrente de ouro, parecia um cordão daqueles de amarrar papagaio. Aí botei no pescoço, com uma pepita deste tamanho. A pepita tinha 400 gramas de ouro, em formato de cara de coruja, dois olhos de brilhante e um brilhante na boca. Botei no pescoço. Cheguei no aeroporto direto pra Federal.

A forrozeira foi conduzida até uma senhora identificada como "mulher do diretor, advogada e censora". Um dos homens a apresentou:

– Ó, a mulher do garimpo chegou aí.

A inquisidora cresceu o olho para o que Marivalda carregava no pescoço e disse:

– Se você negociar comigo essa corrente, essa pepita, eu vou te liberar daqui hoje e ainda arrumo uma gravadora pra você. Por quanto você vai me vender?

Marivalda entendeu o recado e disse:

– Não, a corrente é sua...

A mulher então pegou o telefone e fez uma ligação:

– Tô mandando a cantora que você queria aí.

Depois do telefonema, o disco de Marivalda foi relançado, com milhares de cópias vendidas antecipadamente para lojistas de Manaus. Coincidência ou não, todas as músicas tinham sido liberadas pela censura.

* * *

MESMO SEM SE AVENTURAR pela Amazônia como Marivalda, Genival Lacerda continuava a todo o vapor. No disco *Não despreze seu coroa* (1979) enfrentou com a picardia habitual a onda da disco music em "Eu não danço discotheque", de Carlos Alexandre e Graça Góis:

Eu não vou deixar de dançar um forrozinho,
Onde a gente sente o gosto de dançar agarradinho.
A discotheque só está prejudicando,
Nego entra na boate, quando sai, é requebrando.

Ainda mais feliz foi a escolha de uma composição do maranhense Nicéas Drumont, que ia além do previsível duplo sentido ao descrever – com precisão e de forma discretamente melancólica – o cotidiano de um migrante nordestino na Cidade Maravilhosa que, após trabalhar o ano inteiro e deixar até de fumar para economizar dinheiro, teve surpresa desagradável ao rever a amada:

Mas ela deu o rádio, e não me disse nada.
Ela deu o rádio, ela deu sim.
E foi pra fazer pirraça, ela deu de graça
O rádio que eu lhe dei, e lhe presenteei.

A malícia com a qual sublinha a frase final do refrão – "e lhe presenteei..." – se tornaria uma das marcas inconfundíveis do cantor. Genival conta que, a exemplo de "Severina Xique-Xique" e tantas outras que chegaram às suas mãos, fez "uns acertos" na música original. Só que na hora de creditar a parceria adotou recurso comum entre os artistas nordestinos. Pediu aos representantes legais da gravadora que a então esposa, Graça Gois, figurasse como coautora:
– Pode botar o nome dela.
Assim foi feito.
Outro sucesso do disco veio pelas mãos do compositor pernambucano Braulio de Castro, que já tinha avisado:
– Eu tenho uma boa pra você, Genival.
E realmente o versátil e prolífico compositor, nascido em Bom Jardim e autor de dezenas de sambas, frevos e marchas, possuía um trunfo chamado "O rock do jegue" ("De quem é esse jegue, ele quer me morder"). A música foi relançada com idêntico êxito nos anos 1990, em ver-

são remix, para as pistas de dança, graças à aparição em um comercial. Outro sucesso viria da mesma fonte de "Severina Xique-Xique". Antes, porém, foi necessário reatar a parceria com João Gonçalves, estremecida desde que este último contrariou Genival ao aceitar o convite da Tapecar para gravar como cantor.

– Compadre, vamos deixar isso pra lá. Faça uma música boa pra mim...
– Mas isso eu não preciso fazer. Isso eu já tenho.
– E qual é?
– É essa aqui.

E João Gonçalves mostrou sua mais recente criação, nascida de um bordão do humorista Brandão Filho na TV – "Mate o véio, mate!" –, que, quando ouviu pela primeira vez, o levou a pensar:

– Isso dá uma música...

E escreveu:

Pra mulher de hoje tudo é simples e normal.
Quando sai na rua, faz o homem passar mal,
De vestido justo e lascadinho de lado,
De meia soquete, deixa o cabra arrepiado.
Mata o véio.

"Mate o véio, mate" foi mais um golaço da tabelinha Gonçalves e Lacerda: lançada primeiramente em compacto, venderia mais de 250 mil cópias em 1983. E, para espanto do cantor, conquistaria também plateias usualmente refratárias ao seu estilo:

– [O compacto] vendeu até no sul do país, coisa rara na minha carreira. Teve gente de Curitiba que me procurou pra dizer que gostava tanto da música que comprou dois discos iguais.

Assinados ou não por João Gonçalves, muitos sucessos de Genival Lacerda na virada para os anos 1980 e até a primeira metade da década começavam a ser preparados em um apartamento no Jardim Botânico, no Rio de Janeiro, onde o cantor chegava com uma fita para mostrar as músicas selecionadas ao sanfoneiro responsável pelos arranjos. Eles iniciavam o trabalho, almoçavam, tomavam um suco servido pela esposa do arranjador e continuavam até o músico tirar todos os tons. Raramente discutiam. Num único dia, quando o arranjador esbravejou ao reclamar do refrão ("Você quer ketchup") de "Ainda mangou de mim", Genival devolveu no mesmo tom:

– Pois pode dar popa! Não mudo nada, viu! Você é burro, galego!

O "galego" que Genival conseguiu tirar do sério era um sujeito calmo, gentil, que tinha voltado ao Brasil depois de quase duas décadas no exterior e só subia o tom quando externava sua preocupação com a perda de espaço da música nacional. Seu nome era Severino Dias de Oliveira. O apelido? Sivuca.

A FEIRA DE CARUARU
AUTOR ONILDO ALMEIDA

A feira de Caruaru
Faz gosto a gente vê
De tudo que há no mundo
Nela tem pra vender
Na feira de Caruaru

Tem massa de mandioca
Costoma assada tem ovo cru
Banana laranja manga
Batata doce quente e caju
Cenoura jabuticaba
Guiné galinha pato e peru
Tem bode carneiro e porco
Se duvida' inté cuzcuz

Tem cesto balaio corda
Tamanco greia tem cuei-tatú
Tem fumo tem taraqueiro
Feito do chifre do boi zebu
Caneco aguiteiro peneira boa
E mé de uruçu
Tem carça de arvorada
Que é pra matuto
Nau andá nu

Tem rêde tem badeira
Pra mode menino caça nambu
Maxixe cebola verde
Tomate coentro couve e chuchu
Almoço feito nas tordas
Pirão mixido que tem angú
Mubia de tamburete
Feito do tronco do mulungu

Tem loiça tem ferro véio
Sorvete de raspa que faz jaú
Gelada caldo de cana
Fruta de palma e mandacaru
Boneco de Vitalino
Que são conhecidos inté no Sul
De tudo que há no mundo
Tem na feira de Caruaru.

Onildo Almeida e Gonzaga: "Como é que você tem um negócio desse e não me mostra?" foi a reação do Rei do Baião ao saber que "A feira de Caruaru" tinha sido escrita pelo radialista pernambucano.

Severino Dias de Oliveira, Sivuca, paraibano de Itabaiana: experiência internacional, arranjos para Genival Lacerda e irritação com as multinacionais, que "compram o silêncio do artista brasileiro".

Zé Marcolino: das salas de reboco ao aperreio carioca.

João do Vale: pimenta no repertório de Marinês.

Ary Lobo: paraense cantou até a chegada à Lua.

SEVERINA XIQUE-XIQUE
JOÃO GONÇALVES = GENIVAL LACERDA

Quem não conhece
Severina Xique Xique
Que botou uma boutique
Para a vida melhorar
Pedro Caroço
Filho de Zefa Camela
Passa o dia na esquina
Fazendo aceno pra ela.

BIS { Ele tá de olho
É na boutique dela
CORO { Ele tá de olho
É na boutique dela

Antigamente
Severina coitadinha
Era muito pobrezinha
Ninguém quis lhe namorar
Mas hoje em dia
Só porque tem uma boutique
Pensando em lhe dá trambique
Pedro quer lhe paquerar.

BIS { Ele tá de olho
É na boutique dela
CORO { Ele tá de olho
É na boutique dela

A Severina
Não dá confiança a Pedro
Eu acho que ela tem medo
De perder o que arranjou
Pedro Carolo
É insistente e não desiste
Na vantagem ele resiste
Finge que se apaixonou

BIS { Ele tá de olho
É na boutique dela
CORO { Ele tá de olho
É na boutique dela.

João Gonçalves, com a filha Fabyara: autor da letra de "Severina Xique-Xique" engatou carreira como cantor.

Genival Lacerda: interpretação de "Severina" rendeu o topo das paradas nos anos 1970 e a consagração como *showman*.

Elino Julião e Jackson do Pandeiro: ritmista paraibano se impressionou ao conhecer o cantor potiguar, que começou batucando nas latas de água que enchia em açude na região do Seridó e despontou com "O rabo do jumento".

Messias, Elino, Zé Calixto, Adélia Ramos, Pacheco, Neuza, Genival e Jackson: caravanas pelo interior do país para divulgação das coletâneas juninas.

Marinês, após a separação de Abdias: cabelos mais curtos, vida noturna agitada e shows com a banda Os Elétrons.

Jackson e Alceu Valença: o cabeludo superou a desconfiança inicial e se tornou confidente do pandeirista.

O zabumbeiro Chiquinho Queiróz e o sanfoneiro Jonas de Andrade, ambos do Trio Nortista, com Luiz Gonzaga: acolhida de Pedro Sertanejo e shows em São Paulo.

Três momentos da carreira de Antonio Barros, o homem de mais de oitocentas músicas: tocando triângulo em trio com Zé Gonzaga, com Cecéu na dupla Tony & Mary, e crooner de navio nos anos 1960.

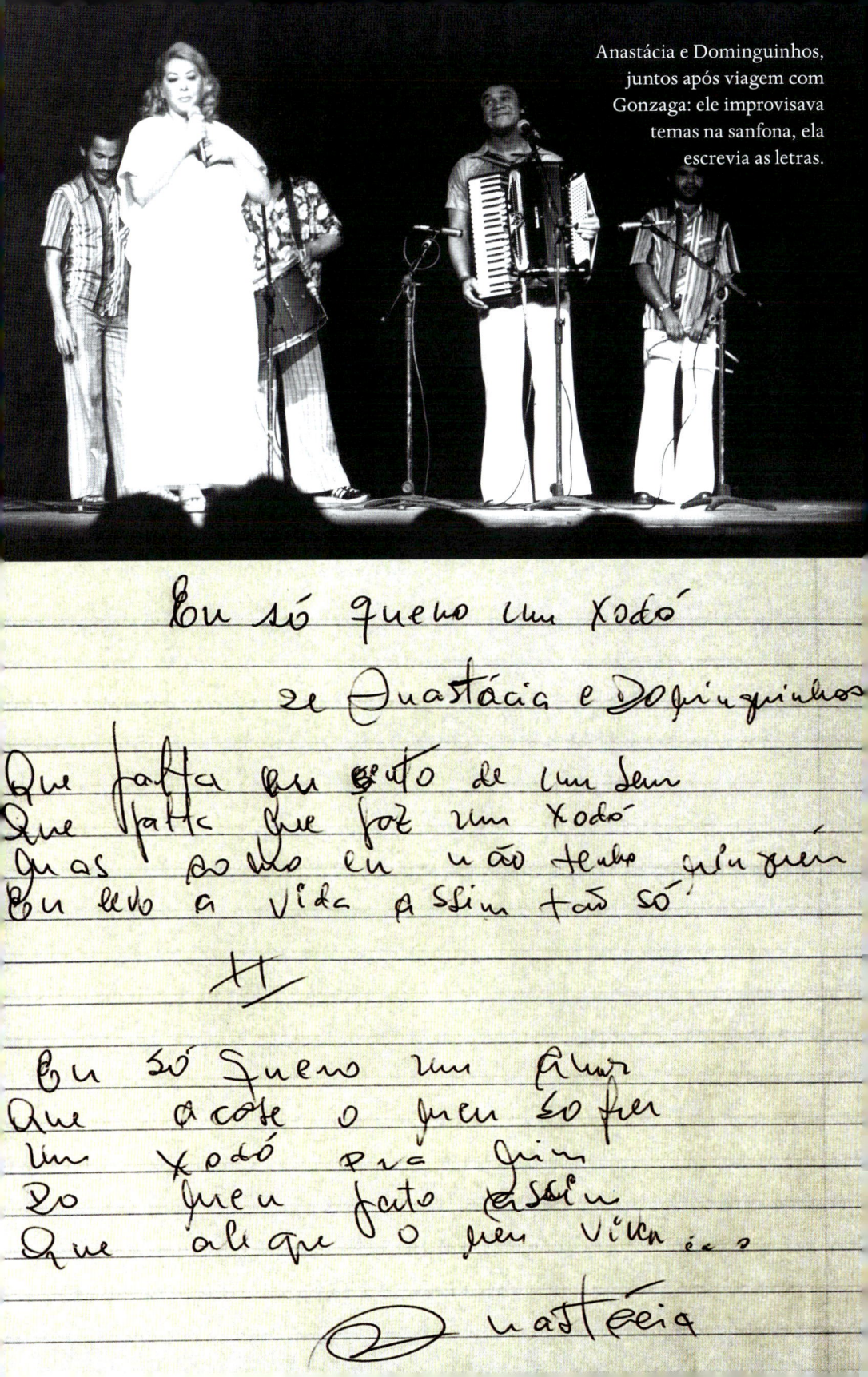

Anastácia e Dominguinhos, juntos após viagem com Gonzaga: ele improvisava temas na sanfona, ela escrevia as letras.

Eu só quero um xodó

se Anastácia e Dominguinhos

Que falta eu sinto de um bem
Que falta que faz um xodó
Mas assim eu não tenho ninguém
Eu levo a vida assim tão só

//

Eu só quero um amor
Que acabe o meu sofrer
Um xodó pra mim
Do meu jeito assim
Que alegre o meu viver

Anastácia

Geraldo Correia: de poucas palavras, o "João Gilberto dos oito baixos" participa de rodas de choro e cuida do fole com carinho, "para a música não escapar".

O alagoano Gennaro: divulgação de Zé Ramalho, andanças com o Trio Nordestino e retorno ao Recife.

Dominguinhos, Sivuca e Oswaldinho: o grande encontro dos sanfoneiros foi registrado também em 2004, no disco *Cada um belisca um pouco*.

NORDESTE EU TE AMO
OSWALDO
SILVA

NA ONDA
DO
FORRÓ
Pedro
Sertanejo
PEDRO SERTANEJO
Tropicana
CANTAGALO

FORRÓ, FREVO E ALEGRIA

Flávio José
cabôclo sonhador

ANASTÁCIA

Arlindo dos 8 Bai
FORRÓ PRA 5

fontana
O FINO DA ROÇA 3

Domingo
Enino
DOMINGUINHOS

FORR
ARROCHA O
MASTRU
COM LEIT

incluindo o sucesso procurando
TU
fontana
NTONIO BARROS AUTOR E INTÉRPRETE

zenilton
MARIA
ARRIPIADO
SEVERINA XIQUE XIQUE
SAUDADE DE VAQUEJADA
stereo

ELBA RAMAL
Alegria

ELINO JULIÃO
Coração Louco
Coração Louro
Meu Cofrinho de Amor
Força Moral
As Meninas do Utinga
Gosto de Mel
Vamos Depressa Casar
A Cartomante
O Baile dos Enxeridos
Homem Ciumento

MESSIAS HOLANDA
PRA TIRAR COCO

FORRÓ DE VANGUARDA
GENÁRIO

NIVAL LACERDA
CABEÇA CHATA

stereo
Tropicana
CANTAGALO
Eu Chego Já
jacinto silva

AS "TRAPALHADAS" DE CAZUZA E "SEU" BARBALHO
GENIVAL LACERDA E LÚCIO MAURO
MÚSICA! ALEGRIA! HUMORISMO!
fontana

REPROCESSADO PARA ESTEREO
ANTO JOVEM DE
IZ GONZAGA

FALAMANSA

GRAVAÇÕES ORIGINAIS
OS 3 DO NORDESTE

DEON
O Rei do Forró Sou Eu

QUEBRA POTE

TRIO MOSSORÓ
30 DIAS DE FORRÓ
tapecar

Parecer Nº 3364
Ilmo Sr
Chefe do SCDP/SR/RJ
Assunto: revisão de letra musical - "Violão Desafinado"
Autor: Mary Maciel Ribeiro (Ceceu)
Classificação: vetada

SERVIÇO PÚBLICO FEDERAL
MJ-DEPARTAMENTO DE POLÍCIA FEDERAL

Mem. N
Data: 1

Do: Chefe da Seção de Coordenação e Control
Para: Sr. Diretor da DCDP
Assunto: Informação   (presta)

Letra musical de temática e colocações grosseiras e inadequadas à divulgação, em função do que opinamos pela ratificação do veto, fundamentadas na alínea a do art 41 e art 77 do D lei 20.493.

Rio, 29 de dezembro de 1978

Leila Chaljoun   Gabriela Wagner Gomes
Téc. Cens. Mat 2.416.892   Téc. Cens. Mat 2.416.891

Senhor Diretor:

Informo a V.Sª., que a letr
sical "Pescaria em Boqueirão", de autori
João Gonçalves de Araújo, está proibida p
vulgação em Rádio, Televisão, Show e qualq

CHEIRO MIÚDO
Des Messias Holanda

venda de
07-06-

VETADO

"MEU CASAMENTO" - José Nilton Veras e Januário
                                 Severino Go

Pela Proibição

O autor falando de seu casamento faz um
de palavras com a palavra "cabacinha". Esta em seu sen-
comum é usada como utensílio doméstico-tigela e no seu
do vulgar representa órgão sexual feminino. O autor u-
a maliciosamente as palavras dando uma conotação vulgar
sseira à palavra.

Opino pela proibição da letra musical -
ordo com o artigo 41 alínea "A" do dec. 20.493.

É PAU É PEDRA
É CHEIRO MIÚDO
A MENINA REBOLA
POR CIMA DE TUDO

OLHE A LUA SAINDO
POR TRÁS DA SERRANIA
TODO MUNDO ESPERANDO
A CHEGADA DA MARIA
TÃO LIMPANDO O TERREIRO
PRA GENTE PODER BRINCAR
A FESTA SÓ COMEÇA

BICHO IMPRESTÁVEL
Autor: João Gonçalves de Araújo

IA CRIA NO QUINTAL UMA TACACA
UELA RUA NINGUÉM PODE MAIS MORAR
IZINHANÇA JÁ FOI A DELEGACIA
QUEIXAR DO CHEIRO DA TACACA QUE ELA C
CACHORRO TAPA OS BURACOS VENTA
MOÇA BONITA OH! QUE TACACA FEDORENTA

O DIA ELA DÁ BANHO NA TACACA
TA CHEIRO NA TACACA
ADA DA BICHA CHEIRAR
UA INHACA ARDE MAIS DO QUE PIMENTA
UANDO ELA SOLTA UM SUSPIRO
GUÉM AGUENTA

IA É MOÇA BONITA E BEM EDUCADA
É BESTA QUE É DANADA
INVENTAR DE CRIAR
IMPRESTÁVEL
CONDUZ UM FORTE GÁS
OR CAUSA DISSO
AZ NENHUM QUER MAIS LHE NAMORAR

VETADO

MEU CASAMENTO
José Nilton Veras (ZENILTON) RG- 2.50
Januario Severino Gonçalves 2.401.7

PROIBIDO

I

eu moço
a inventei de me casar
fui morar numa casinha
em janela
inha mobília
uma cama quebrada
a panela furada
rês pratos e uma tigela

II

PROIBIDO

inha noiva
mbém é bem pobrezinha
ó tem uma cabacinha
ui buscar água nele
ja seu moço
inha um toco no caminho
 topei no danadinho
ebrei a tijela dela

III

ebrei, Quebrei
ebrei a tijela dela

PROIBIDO

MINISTÉRIO DA JUSTIÇA
DEPARTAMENTO DE POLÍCIA FEDERAL
DIVISÃO DE CENSURA DE DIVERSÕES PÚBLICAS

PARECER Nº 004/SCDP/SR/PF/ 1.976
TÍTULO: MÚSICAS DE DUPLA INTERPRETAÇÃO
CLASSIFICAÇÃO ETÁRIA: VETAÇÃO PARA DIVULGAÇÃO

MÚSICAS:

1ª - "MUNGUSÁ DE CÔCO" com Genival Lacerda
A Mulher da Cocada
"COPACABANA"

2ª - "VENDEDORA DE RAPÉ" com Messias Holanda
"CBS"

3ª - "PESCARIA EM BOQUEIRÃO" com João Gonçalves
"TAPECAR GRAVAÇÕES S/A"

4ª - "VÔA, VÔA, PERIQUITA" com Candango do Ypê (Carimbó)
"BEVERLY"

5ª - "CARIMBÓ DO PINDUCA" com Candango do Ypê
"BEVERLY"

Levando em consideração aos vários
pedidos que nos foram formulados, por pessoas que se
sentem constrangidas ao ouvir composições musicais,
tais como as que estão gravadas, na fita cassette em o
nexo, constantemente tocadas nas emissoras desta Capi-

Elba Ramalho e Zé Calixto: o forró do interior paraibano em diferentes versões e gerações.

Marinês e Marcos Farias: mãe e filho juntos no palco, nas adversidades e nos projetos profissionais.

A Rainha do Xaxado e o Rei da Munganga: para Genival, a amiga tinha a "voz mais linda" do Nordeste.

BATE CORAÇÃO (DE CECÉU)

Bate Bate Bate coração
dentro deste velho peito
Você já esta acostumado
a ser maltratado a não ter direitos
Bate Bate Bate coração
não ligue deixe quem quizer falar.

Porque o que se leva dessa vida coração
é o amor que a gente tem pra dar
ai tum tum bate coração
Oi tum coração pode bater
Oi tum tum coração
Que eu morro de amor com
muito prazer.

As águas só deságuam para o mar
meus olhos vivem cheios d'água
chorando molhando meu rosto
de tanto desgosto
me pensando magoa
mas meu coração só tem amor
Amor de vera mesmo pra valer
por isso aguente pena sofre e chora coração
E morre todo dia sem saber.
Oi tum Tum bate coração

Cecéu

Antonio Barros e Cecéu: shows apenas com músicas próprias e a luta pela valorização dos compositores.

DANADO DE BOM DE
JOÃO SILVA E LUIS GONZAGA

TÁ É DANADO DE BOM
TÁ É DANADO DE BOM MEU PUPADÊ ⎫
TÁ DANADO DE BOM   ⎬ BIS
FORROZINHO GOSTOSINHO   ⎪
DANADO DE BOM   ⎭

Oséas Lopes, do Trio Mossoró: faceta romântica e produção dos êxitos de vendas de Gonzaga nos anos 1980.

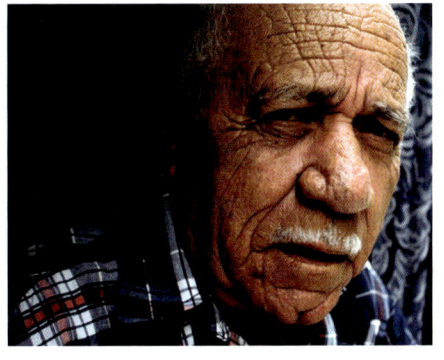

João Silva, o sertanejo que escreveu os últimos sucessos do Rei do Baião: danado de bom na arte de fazer refrões.

João Gonçalves: novos rumos para "Severina".

Biliu de Campina: especialista em forrobodologia.

Dominguinhos: lugar de destaque na MPB, reconhecimento da crítica e referência obrigatória para as novas gerações de forrozeiros.

Falamansa: rindo à toa com a explosão do forró universitário.

Bicho de Pé: nas nuvens após o sucesso em 2001 de "Nosso xote".

17. Pra corda não rebentar

Com a habitual verve, Genival Lacerda faz questão de elogiar o arranjador de alguns de seus discos mais bem-sucedidos:

– Sivuca é sensacional: ele é primeiro sem segundo.

Não era apenas o cantor de "Severina Xique-Xique" e "Radinho de pilha" que tinha o conterrâneo em alta conta. Sabedora da reputação adquirida pelo músico paraibano após décadas no exterior, a imprensa paulista e a carioca concediam espaços generosos para divulgar o que Sivuca tinha a dizer. Na *Folha de S.Paulo*, em abril de 1979, o jornalista Assis Ângelo apresenta a trajetória pessoal e artística de seu personagem. "O sanfoneiro de Itabaiana deixou de ser Severino Dias de Oliveira para se tornar o mundialmente famoso Sivuca, o sanfoneiro mágico", anuncia o autor da reportagem, publicada com o título de "Fogo no forró". Ângelo afirma: "Já o trataram e o alcunharam de diversas formas: Guru Escandinavo, Papai Noel Hippie, Mago da Sanfona, Diabo Louro da Sanfona. Faz justiça à fama que conquistou. Com uma sanfona nas mãos, Sivuca fica elétrico, se transforma, muda de cor, vira o cão em noite de agonia."

Ao longo da reportagem, o músico lembra o início da carreira, em 1939, quando o pai levou uma sanfona para casa. Recorda a ida para o Recife, quando trabalhou com o maestro Nelson Ferreira e conheceu o alagoano Hermeto Pascoal ("Não existe muito preconceito contra os albinos porque ainda somos poucos no mundo"), a temporada na Rádio Clube até seguir para a TV Tupi, no Rio de Janeiro, onde ficou de 1955 a 1958. Também repassa os dezoito anos longe do Brasil, entre Inglaterra, Bélgica, Portugal e França, quando dividiu palco com Edith Piaf ("Ela amava muito o Brasil"), mais os treze anos de Estados Unidos, onde trabalhou com a sul-africana Miriam Makeba ("A música do país dela tem muito a ver com a música nordestina") e Harry Belafonte, até tomar a decisão de retornar: "Dei volta ao mundo várias vezes, e sempre divulgando a música brasileira. Acho que fiz o que pude. Estou voltando para dizer a vocês que cumpri minha missão no exterior."

Na mesma *Folha de S.Paulo*, em abril de 1980, Sivuca é enfático ao fazer um balanço da temporada norte-americana: "Eu não aprendi nada lá fora: não fui absorver cultura, fui levar cultura."

A entrevista ao repórter Dirceu Soares ajuda a repercutir o lançamento de dois LPs do sanfoneiro pela Copacabana: *Forró e frevo* e *Cabelo de milho* – deste último participa Clara Nunes, que tinha feito o Brasil conhecer tudo que cabia numa "Feira de mangaio" ("Fumo de rolo, arreio e cangalha, / Eu tenho pra vender, quem quer comprar?"), parceria de Sivuca com a mulher, a cantora Glorinha Gadelha: "Clara Nunes e eu somos grandes amigos. Embora ela seja conhecida como sambista, sei que se sente muito à vontade cantando outros gêneros da nossa música."

Forró e frevo surgiu de encomenda feita pelo dono da Copacabana, Adiel Macedo, e por um dos produtores da gravadora, Talmo Scaranari. Glorinha conta que ambos, "homens gentis e decididos", queriam um trabalho exclusivamente voltado para os ritmos representativos de festas populares nordestinas. Ela e o marido então se dedicaram a escrever "muitas músicas alegres". Deu certo. O desempenho do LP, que inclui regravação de "Asa branca", foi melhor que a encomenda da gravadora, que bancaria mais três volumes com o mesmo teor, como recorda Glorinha:

– Foi uma boa ideia naquele momento, pois eram manifestações vitais da nossa cultura popular, naquela época tratadas com descaso.

A sensação de desdém generalizado em relação à cultura popular fazia Sivuca se mostrar especialmente irritado com as multinacionais, "que compram o silêncio do artista brasileiro porque só assim conseguem colocar no nosso mercado o material encalhado no exterior". Para ele, nada mais sintomático que a febre da disco music, representada em novelas como *Dancin' Days*, da Rede Globo:

– O menino hoje não sabe mais nada. E nem pode saber. Não pode porque vai a uma discothèque e passa lá a noite inteira ouvindo dois mil watts. Sabe lá o que é isso? A discothèque funciona como uma lavagem de cérebro altamente nociva à saúde da criança. Isso é uma imposição vinda das multinacionais.

Se o avanço das imposições estrangeiras o perturbava, ao menos a volta ao Brasil tinha representado oportunidade de reencontro com Luiz Gonzaga, que conhecia desde os tempos da Rádio Clube, no Recife. Homenageado com o pot-pourri "Sivuca no baião", de Gonzaga e Humberto Teixeira, o paraibano tinha se aventurado no gênero ao gravar e se apresentar com Carmélia Alves também no início dos anos 1950. No exterior, gravou standards da bossa nova e da música norte-americana, mas não esqueceu de registrar sua parceria com Teixeira, "Adeus, minha fulô". Ao retornar ao Brasil, experimentou súbita popularidade com a valsa "João e Maria", parceria com Chico Buarque. E retomou o contato com o Rei do Baião, que incluiu duas músicas – "Nunca mais eu vi esperança" e "Serena no mar" – de Sivuca e Glorinha no LP *Dengo maior* (1978), e ainda convidou o casal para gravar com ele as composições.

O que Sivuca não sabia é que perderia um grande aliado na gritaria contra o avanço da música estrangeira. Muitos artistas nordestinos que tinham migrado para o Rio de Janeiro nos anos 1960 experimentariam sensação de orfandade com o desaparecimento daquele que cuidara deles, arrumando trabalho, teto e comida, e chamava a todos carinhosamente de "nego véio", "corno véio", "macho véio". A edição da *Folha de S.Paulo* de 12 de julho de 1982 registrou, na parte de baixo da primeira página: "Aos 62 anos, morre Jackson do Pandeiro". A capa da Ilustrada traz uma "súmula" da edição, remetendo para a terceira página: "Jackson do Pandeiro morreu sábado em Brasília, aos 62 anos, e foi sepultado ontem no Rio de Janeiro, na presença de poucos amigos e admiradores. Seus maiores sucessos, 'Chiclete com banana' e 'Comadre Sebastiana' (*sic*), já haviam sido regravados por Gilberto Gil e Gal Costa." Não é o principal assunto da página, que tem como destaque maior um texto do crítico de cinema Leon Cakoff: "Conan, o bárbaro que encanta". A reportagem cita o último show do cantor, em festa junina da Associação dos Servidores do Ministério da Educação e Cultura (Asmec), no dia 3 de julho, e o fato de ele ter desmaiado no dia seguinte, no aeroporto, enquanto aguardava o embarque para o Rio. Registrava também o período de internação no Hospital Santa Lúcia, para o qual foi removido e onde ficou por quase uma semana; e dá como causa mortis embolia cerebral e pulmonar. Por fim, menciona a presença da mulher, Neusa Flores, familiares e amigos – Carmélia Alves, Benedito Nunes, Antonio Barros, Cecéu – no enterro, realizado no cemitério do Caju. O jornal paulista não deixa de registrar: "Sem a fama que hoje só a televisão pode dar, Jackson do Pandeiro morreu ativo."

Na revista *Veja* de 21 de julho, a morte de Jackson merece cinco linhas na seção "Datas", que também registra os óbitos do ator francês Patrick Dewaere e de Alma Reville Hitchcock, viúva do diretor Alfred Hitchcock. Somente em 2001, quando foi lançada a biografia *Jackson do Pandeiro: o Rei do Ritmo*, foi possível conhecer a profusão de detalhes sobre o que ocorrera entre o show na sede da Asmec ("A última apresentação pública de Jackson do Pandeiro teria que ser assim: alegre, sonora, plena de ritmos, ávida de Brasil") e o desfalecimento no aeroporto; saber mais sobre a internação do ritmista na UTI do Santa Lúcia (que incluiu leve melhora, quando procurou saber notícias do desempenho de Zico na Copa do Mundo de 1982, e reclamação com as enfermeiras a respeito do cardápio); resgatar a última vez em que falou com a esposa, Neuza ("Tchau, neguinha!"); e o momento em que o irmão de Jackson, João "Tinda" Gomes, no saguão do hotel onde ela iria descansar algumas horas, avisou que a expectativa de transferência da UTI para um quarto tinha se dissipado da pior forma possível:

– Ligaram do hospital e querem que você vá pra lá, urgente.

O sobrinho, José Gomes, conta que a morte de Jackson foi um baque para a família: "Ele era adorado por todos." Lembra da reação extrema do pai, Cícero, que simplesmente silenciou.

– Meu pai ficou muito, muito tempo calado. O mundo dele desabou.

Tinda, o outro irmão que tocava com Jackson e era fisicamente muito parecido com ele, ficou igualmente abalado. Os dois se assemelhavam tanto que, tempos depois, o sambista Dicró, que não tinha se dado conta do falecimento do Rei do Ritmo, ao encontrar com Tinda no Rio, saudou-o da seguinte forma:

– Fala, Jackson! Tudo bem, mestre?

E Tinda, ainda sem forças para explicar o que tinha acontecido, limitou-se a responder:

– Tudo bem...

* * *

PARA OS FORROZEIROS, a década de 1980 foi regida pelo signo da perda. Poucos meses depois da morte de Jackson, em 1982, o Trio Nordestino sofreria idêntico golpe e perderia sua voz. No ano anterior, Lindú já tinha passado mal antes de o Trio gravar participação em um quadro de *Os Trapalhões*. Rins comprometidos, era obrigado a fazer hemodiálise três vezes por semana. Tentou não suspender os shows, apesar de muitas vezes não estar se sentindo bem, como lembra Hermelinda Lopes, do Trio Mossoró:

– A voz metálica continuava igual. Mas ele se queixava de uma suadeira nos pés.

Mas chegou o momento em que Lindú teve de deixar os palcos. Passou seis meses internado no Hospital dos Servidores do Estado, no Rio de Janeiro – ficava indignado quando o presidente João Baptista Figueiredo ia lá fazer exames, pois a segurança da Presidência da República cancelava as visitas para todos os pacientes. Com datas acertadas para as festas juninas, e o disco *Ô bicho bom* pronto, o que fazer? O próprio Lindú teve uma ideia e falou aos colegas:

– Na minha ausência, tem esse rapaz que toca uma sanfona arretada e pode me representar.

Falava do alagoano Genário. Filho do sanfoneiro Antonio Marcelino, que costumava animar festas de casamento, José Egenaldo Marcelino da Silva nasceu em 1956 na cidade de Marimbondo. Aos catorze anos, seguiu com os pais para o Rio. Aos dezesseis, já conhecido pelo apelido de Genário, subiu ao palco pela primeira vez, em um forró na Tijuca. Em outro forró, o Xaxadão, conheceu Marinês, que precisava de um sanfoneiro para viajar pelo Nordeste. Fez a excursão com a cantora em 1975. Dois anos depois, a convite de Abdias, gravou o primeiro disco, *Forró moderno*, do qual se destacou o tema instrumental "Forró pifando".

Em paralelo, Genário passou a ser requisitado para tocar nos discos de artistas da CBS: "Me transformaram em músico de estúdio." Quando participou da caravana organizada por Abdias com os artistas populares da gravadora, ganhou a missão de ajudar na divulgação dos discos do paraibano Zé Ramalho, então recém-chegado à CBS. Integrou a banda de Zé até 1981, quando Luiz Gonzaga o chamou para fazer longa turnê pelo Nordeste. Estava tudo acertado para seguir com seu Lua quando veio o convite para reforçar o Trio Nordestino. "Cobrinha foi muito habilidoso, conseguiu me tirar do Gonzagão. Era danado!" Gonzaga disse que arrumaria outra pessoa. Aí surgiu mais um problema: Genário não conhecia todo o repertório do Trio Nordestino. "Já sabia muitas músicas, mas de algumas eu só conhecia os pedaços." Era preciso arranjar um vocalista de apoio.

Lembraram então de um antigo fã, da cidade de Valente, no nordeste baiano, a 240 quilômetros de Salvador. Joaquim de Almeida, conhecido como Quininho, tinha doze anos quando viu o Trio Nordestino tocar num circo, o Pavilhão José Bezerra, do mágico de mesmo nome, divulgando repertório do primeiro disco, lá no início dos anos 1960. Daquele momento em diante, toda vez que o conjunto passava por perto, Quininho dava um jeito de se aproximar. Era conhecido pela memória prodigiosa: sabia tudo do Trio, dos títulos das músicas até a ordem das faixas de cada disco. Conhecia até os jingles que Lindú gravou para farinha de milho, fumo de rolo e cachaça ("Tome um, tome dois, tome três, agora sim que virei freguês. Kaiana com K!"). Por isso, mesmo no susto, aceitou interromper o trabalho na oficina e acatar a recomendação que Lindú fizera aos outros integrantes:

– Bota um substituto.

Era junho de 1981. A orientação chegou numa quarta-feira. Na quinta à noite, Coroné e Cobrinha, já reforçados por Genário, passaram por Valente para buscar Quininho. Jantaram e pegaram a estrada até Petrolina.

Chegaram às quatro da manhã. Dormiram um pouco e mergulharam no trabalho: tinham de correr contra o tempo a fim de que o sanfoneiro, munido de caneta e caderno para tirar as músicas, aprendesse todo o repertório do trio. Quininho solfejava as introduções, Genário ia escrevendo as partituras. À tarde, já no Crato, no Ceará, onde fariam o primeiro show, se trancaram no quarto de hotel para ensaiar, agora com Cobrinha e Coroné. Passaram vinte, vinte e cinco músicas até a hora do show. Pouco antes de entrar no palco, Quininho olhou para o público. As pernas começaram a tremer: nunca tinha visto tanta gente reunida. Percebeu que Genário também estava assustado e pediu à produção:

– Uma dose de uísque!

E Genário aproveitou:

– Pois eu quero é um copo cheio!

O "trio de quatro", com dois substitutos para ocupar o espaço deixado por Lindú, estava pronto para estrear. Entraram em cena e agradaram. Sob aplausos, encerraram a apresentação. Um casal se aproximou e estendeu uma cédula de 5 mil cruzeiros, a nota de valor mais alto da época, para Quininho convencer o trio a cantar novamente "Na emenda" (Manoel Euzébio e Juarez Santiago), a faixa de abertura do LP *Corte o bolo*, que comemorava os vinte anos de carreira do trio:

Na emenda,
Amarre a corda direito.
Na emenda,
Pra corda não rebentar.
Na emenda,
Mas dê um nó de respeito.
Quero o povo satisfeito,
Brincando de emendar.

Encabulado, o cantor recusou. Coroné viu a cena e perguntou:

– O que é que tá havendo aí?

– Nada, Coroné. É que eles querem ouvir "Na emenda" de novo...

— Pois aceite o dinheiro que a gente toca, rapaz. É de coração!

A nota de 5 mil cruzeiros pagou o jantar de todos, novos e antigos integrantes do Trio, no salão social do clube do Banco do Estado do Ceará. Na sequência, pegaram a Caravan e seguiram para Campina Grande, onde se apresentaram no Clube Campestre. Já em 1982, tocaram também em Caruaru, Arcoverde, Recife. Acabou a excursão pernambucana e, no Rio, Lindú foi liberado para voltar para casa. Falou para os colegas:

— Quero que vocês adivinhem a primeira coisa que vou fazer: vou pedir uma ligação no 102 para falar com o compadre Quininho.

Pelo telefone, Lindú deu os parabéns pela superação do desafio, mas Quininho, lá de Valente, percebeu que ele não estava nada bem. Na segunda semana de outubro, o cantor ligou para saber notícias do amigo. Mariazinha, a esposa, atendeu ao telefone e pediu:

— Compadre, Lindú tá pedindo para você rezar por ele que ele não pode falar.

Os problemas renais tinham se agravado, e as sessões de hemodiálise se mostravam insuficientes. Foi internado diversas vezes. Até que, no dia 24 de outubro de 1982, Lindú foi levado novamente pelo filho, Luiz Mário, até o hospital. Antes de chegar, não resistiu. Tinha 41 anos. No interior da Bahia, o rádio espalhou a informação: um vizinho de Quininho o procurou para dizer que acabara de escutar a notícia da morte do cantor do Trio Nordestino. O amigo chorou muito. Foi ao Rio e acompanhou o sepultamento no cemitério de Campo Grande:

— Era muito choro, muita gente desmaiando.

Genário também ficou bastante abalado: "Nós estávamos no Maranhão. A notícia bateu muito forte, foi muito difícil. A gente arriou mesmo. Coroné e Cobrinha me contaram que eu saí chutando tudo que vi pela frente." Seguiram tocando durante a década de 1980. Emplacaram ao menos um grande sucesso, "Neném mulher" – que em 1989 seria regravada para a trilha da novela *Tieta* pelo autor Pinto do Acordeon, com alteração substancial na letra e novo título, "Paixão de beata". Para Genário, os tempos de convivência com os companheiros de Lindú foram bem prazerosos: "Cobrinha era um pouco mais sério, e Coroné, um gozador. Como eu gostava das mesmas coisas que eles, não tinha discussão." Quininho, por sua vez, era convocado a reforçar o Trio nos muitos shows marcados para junho. Passaria uma década convivendo com os parceiros de Lindú. De Cobrinha, guardou a lembrança de um artista extrovertido, "que tinha o dom da palavra" e jamais se limitava a tocar triângulo:

– No palco, era um ator completo. Dançava, representava, fazia muitas brincadeiras.

O tocador de triângulo também gostava de pregar peças. Quando se hospedava em hotel e encontrava uma funcionária negra, pedia uma garrafa de café. Ao receber o pedido, falava em voz alta:

– Não quero mais, não. Eu não gosto de preto! Eu sou preto, mas não gosto de preto!

Esperava a perplexidade se transformar em constrangimento e, quando a situação já se tornava insustentável, ele quebrava o gelo, distribuindo beijos e abraços:

– Agora, de uma preta... eu gosto! Gosto muito é de uma preta!

Já o zabumbeiro Coroné também aprontava das suas. Quando eles pegavam a estrada, ainda pela manhã, avisava aos companheiros:

– Tô sentindo que os pneus estão descalibrados...

Mas como, se tinham passado no posto de gasolina antes de iniciar viagem? Enquanto verificavam os pneus, Coroné ia até o restaurante e tomava um conhaque para começar o dia.

Genário ficou no Trio Nordestino até 1992, quando decidiu morar no Recife. Na capital pernambucana, alterou o nome artístico ("o pessoal não conseguia falar a letra i de jeito nenhum") e passou a se chamar Gennaro. Com o avanço do "forró de banda, que é mais lambada do que forró", teve dificuldade para seguir tocando "forró mesmo, aquele que tivemos a felicidade de ver Gonzagão criar e deixar pra nós". No mesmo ano, Cobrinha morreu de câncer e Coroné ficou na dúvida se o trio devia prosseguir. Ouviu uma série de apelos para continuar. Mas não sabia o que fazer. Alguém sugeriu que ele convidasse o filho de Lindú para cantar e tocar triângulo. Coroné desconfiou:

– Mas será que ele vai aceitar? Ele gosta de rock...

De fato, Luiz Mário se mostrou relutante. Trabalhava como instrutor de autoescola, não queria ter o destino dos forrozeiros que ficavam com a agenda lotada em junho e passavam o resto do ano na ociosidade. Por isso, foi sintomática a primeira pergunta que fez a Coroné logo após receber o convite:

– Vou ter que usar chapéu de couro, tio?

Sim, teria que usar a indumentária típica. Decidiu arriscar. Ainda inseguro, no primeiro show ficou tão nervoso ao cantar "Chililique" que começou a tremer, e não parava de repetir o refrão de um dos grandes sucessos do Trio Nordestino. Quando acabou, foi o primeiro a acusar:

– Viram a merda que eu fiz?

Aos poucos, porém, se acostumou com a ideia: o chapéu de couro, herança maior de Lindú, foi se ajustando à sua cabeça.

* * *

A DECISÃO DE CONTINUAR, por uma questão de sobrevivência, foi tomada também pelos integrantes de Os 3 do Nordeste quando a morte resolveu visitá-los em Campina Grande. Em maio de 1994, o sanfoneiro do grupo, José Pacheco Marinho Filho, não resistiu às queimaduras sofridas após explosão do tanque de óleo diesel de um furgão que ele tentava consertar. As queimaduras de terceiro grau atingiram as costas e os membros inferiores de Zé Pacheco. O grupo criado em 1973 e que, depois de "É proibido cochilar", tinha conseguido outros sucessos assinados por Antonio Barros e Cecéu – "Forró do Poeirão", "Por debaixo dos panos", "Forró de tamanco" –, acabara de concluir o 21º disco da carreira, *Bandeira do forró*.

A perda se tornou especialmente dramática por ter ocorrido às vésperas das festas juninas. Marrom, cantor que tinha substituído Zé Cacau e mestre Zinho, garantiu:

– Os shows marcados, a gente não vai cancelar. Eu e Parafuso vamos arrumar outro sanfoneiro e vamos continuar na batalha. Se Deus quiser, vai dar pra nós fazer o são-joão.

Mesmo abalado, o zabumbeiro Parafuso também confirmou, ainda no dia do enterro, em entrevista à TV local, que o grupo daria um jeito de continuar:

– Eu só tenho uma coisa a dizer: Os 3 do Nordeste vão cumprir seus compromissos.

Parafuso se lembrou de um ensinamento que Zé Pacheco, a quem tratava como "um amigo mais próximo que um irmão", não cansava de repetir, referindo-se aos músicos que acompanhavam o trio:

– Se morrer um, tem que colocar outro no lugar. Isso é uma firma: se parar, vai desempregar oito famílias.

★ ★ ★

O FANTASMA DO DESEMPREGO também assombrava Abdias nos anos 1980. Ainda na CBS, produzira discos como *Eu e Nordeste*, de Marlene Vidal, uma das integrantes da caravana Pau de Sebo. Também assinou, no início dos anos 1980, dois LPs de Os 3 do Nordeste: *Da boca pra fora* e *O melhor forró do mundo*. Mas não possuía mais a autonomia que o fizera, por exemplo, investir seguidamente em Assisão, pernambucano de Serra Talhada que ganhou a alcunha de "Cangaceiro Romântico" e fez sucesso na região com músicas como "Alegria e sorriso" e "Peixe piaba" ("Eu tenho uma novinha pra você. /Já saiu rock, tango, rock. /E agora é forró que vamos ter"). Com a saída da gravadora, as produções tinham diminuído, mas ao menos Abdias mantinha a rotina de shows, dotados de dinâmica própria, estabelecida com a experiência de quem acumulou repertório em discos empolgantes – *Segura o pé de bode*, *Forró do pé rapado* e *Forroriando*, que não deixavam ninguém parado, com refrões – "Enxugue o rato!"– que mais pareciam gritos de guerra. É o que lembra o cantor Assis Farias, sobrinho do produtor, que se apresentou diversas vezes com o tio pelo interior do Nordeste:

– Na hora do show ele ficava muito atento, nervoso. Os outros músicos começavam a esquentar o público, ele dizia que só ia começar a tocar na hora em que o povo tava bem quente mesmo. Aí ele entrava e fazia uns dez solos antes de me anunciar: "Agora meu sobrinho Assis Farias, o Gogó de Ouro, vai cantar uns forrozinhos autênticos pra vocês!" Depois de um tempo, anunciava de novo: "Agora vou mostrar uma coisa diferente, mas boa: uns sambas dor de cotovelo que eu gravei."

Era a senha para Assis começar a cantar sambas como "Pra não morrer de tristeza", letra de João Silva, gravada por Abdias no disco *Sai do sereno* (1965), que ganharia diversas regravações – entre elas, uma de Ney Matogrosso; e que, apesar de ter gerado uma profunda desavença entre o letrista e o músico (um se queixava da falta de reconhecimento do outro), se tornaria clássico absoluto das mesas de bar:

Mulher, deixaste tua moradia
Pra viver de boemia
E beber nos cabarés.
E eu, pra não morrer de tristeza,
Me sento na mesma mesa,
Mesmo sabendo quem és.

Na Copacabana, Abdias entrou apenas como artista. Lançou discos instrumentais como *No ano da Copa, cabana*, aproveitando a mudança de gravadora e o clima de euforia pela participação da seleção brasileira na Copa de 1982, na Espanha, e *Como antigamente*. Passou a trabalhar como produtor freelance para gravadoras menores, como a Lança Discos, de antigos diretores da PolyGram. Muitas das gravações aconteciam no estúdio que Marquinhos montou nos fundos da casa de Marinês, em Jardim Palmares.

– Eu o botava para produzir todos os estilos, até pop e rock. Fiz ele entender que a técnica de produção dele valia para tudo.

Não podia ignorar a experiência do homem que, dotado de ouvido absoluto, tinha criado parâmetros para a gravação dos instrumentos em discos de música popular ainda nos anos 1960:

– Ele me dizia que antes, na cabeça dele, ficava tudo embolado: o zabumba embolava com o baixo, era preciso gravar os instrumentos de uma forma diferente. Aí ele fez os gabaritos de xote, de arrasta-pé, de forró, inclusive de samba.

Chamar o pai também era forma de arrumar ocupação para um homem que vivia atarefado e passou a padecer com a ausência de shows e de dinheiro, lembra Marquinhos:

— Financeiramente, ele teve um abalo grande porque a música nordestina foi lá para o fundo. Se não havia espaço para os cantores, quanto mais para sanfoneiro de oito baixos! Ele ficou numa situação ruim.

Diante de crescentes dificuldades e da perda de fontes de renda, a boa notícia foi que, depois de décadas de brigas, a separação devolvera civilidade — e até mesmo afeto — ao relacionamento de Abdias com Marinês. Tinham voltado a se apresentar juntos. Em novembro de 1982, ao passar por Brasília, viajando pelo Projeto Pixinguinha, Marinês admitiu ter atravessado longo período de submissão ("Eu tinha um marido que me orientava, que me dizia o que fazer, então não pude ser eu mesma") e esclareceu, para o repórter Carlos Araújo, do *Correio Braziliense*, a diferença em relação a quando vivia com o antigo companheiro: "Agora nós levamos uma vida com cada um na sua. O [Projeto] Pixinguinha nos reuniu apenas no palco. Somos como dois irmãos mais velhos. Comecei a fazer tudo depois que me desquitei, e estou me dando muito bem."

A cordialidade invadia inclusive um dos lugares que Marinês mais prezava em sua casa: a cozinha. Quando a cantora sabia que estava preparando um prato de que o ex-marido gostava, fazia questão de ligar e avisá-lo:

— Abdias, fiz uma fava com carne-seca! Você não quer vir para comer com Marquinhos?

— Oi, Maria! Acabei de almoçar, mas assim mesmo eu vou aí!

A relação tinha melhorado a ponto de Abdias ir até a casa de Marinês para guardar uns embrulhos caprichados, e ela adivinhar:

— Isso é para as suas raparigas, né?

Abdias não respondia, só deixava escapar um sorriso matreiro.

— Tá vendo, cachorro? Era assim que você fazia comigo! Era desse jeito!

Em outra ocasião, foi a vez de o sanfoneiro cutucar:

— Marinês! Você tem que arranjar uma pessoa pra você! Uma pessoa da tua idade!

— Eu não quero mais saber de homem, não! Não quero esse negócio de homem enchendo meu saco! Eu tô pensando é nos meus netos...

Já Abdias não sossegava. Cinquentão, continuava namorador e se engraçava com mulheres bem mais novas. Também não faltava disposição para aventuras em empreendimentos. Montou um forró na praça da Bandeira, no centro do Rio de Janeiro, onde castigava o fole de oito baixos. Preocupava-se com a atividade incessante do filho, imerso nos trabalhos no estúdio na casa de Marinês. Exausto, uma vez Marquinhos foi surpreendido durante o sono:

— Acorda, caboclo!

— Pai, o que você tá fazendo aqui?

— Trazendo café pra você. Fica até de madrugada trabalhando... Tá se alimentando mal, isso não tá certo. Toma o café!

Marquinhos notou uma coisa estranha: o pai parecia muito pálido, com os lábios arroxeados.

— Você não tá bem, não, pai!

— É, tô me sentindo meio tonto, meu filho...

Marquinhos levou-o até um médico amigo, em Campo Grande, que no primeiro exame diagnosticou:

— Parece que seu pai teve um infarto, cara! Se não teve, está para ter! Tem que tomar muito cuidado com ele...

O amigo receitou remédios, alimentação balanceada e nada de álcool. Três dias depois, ao visitar o pai, Marquinhos teve uma surpresa desagradável ao tocar a campainha. Ouviu barulho de algo caindo dentro da casa. Quando Abdias abriu a porta, a camisa estava encharcada:

— O que foi isso, pai?

— Ah, meu filho! Quando você tocou, eu tava pegando a jarra de leite. Fui andar mais rápido e caí...

— Mas meu pai! Tome esses remédios do médico!

— Não! Não vou tomar essas porcarias, não! Não sou homem de ficar assim na dependência de ninguém! Sou cabra macho!

Passaram-se os dias, e Marquinhos insistindo para o pai voltar ao hospital. Mas Abdias resistia, jurava que estava melhor. Não demorou muito e surpreendeu ao aparecer todo alinhado. Pediu um carro emprestado: disse que ia receber a aposentadoria.

– Pai, deixe isso para lá! Tá precisando de alguma coisa? Tá faltando feira em casa? Vai na segunda! Aí depois você vai para o hospital...

– Não, eu quero tirar hoje!

– Tá, mas eu tenho gravação, não posso ir com o senhor.

Marquinhos então pediu ao amigo José Gomes, que trabalhava com ele no estúdio, para acompanhar o pai até o centro do Rio. Recomendou:

– Zé, não deixe ele ficar em pé em fila, não deixe ele fazer exagero, não deixe ele ficar andando muito...

Seguiram para o centro. No fim da tarde, o amigo apareceu e Marquinhos perguntou:

– Como foi, deu tudo certo?

Mas Zé Gomes estava sozinho. Desconcertado, explicou o que tinha ocorrido:

– Fiquei na fila com seu pai no primeiro banco. Ele tinha duas aposentadorias para receber. Quando a gente passou ali pela praça da Bandeira, ele disse que ia descer porque ia encontrar com uma namorada. O trânsito tava ruim pra caramba, aí ele abriu a porta, saiu e me disse: "Pode deixar que eu vou a pé." Não consegui ir atrás dele por causa do trânsito, tava tudo parado.

Depois de se encontrar e passar horas com a namorada, Abdias voltou de ônibus para casa. Avisou ao filho:

– Tô passando mal...

No sábado, Abdias foi até o posto de saúde e recebeu medicação. No dia seguinte, extenuado por sessões ininterruptas de gravação, Marquinhos tomou remédio para dormir. No fim da noite, meio grogue, ouviu alguém falando:

– E agora? Como é que vai ser falar com ele?

Marquinhos levantou-se, e a esposa o avisou que tinha notícias ruins sobre Abdias:

– Fique calmo.

Marquinhos correu para o hospital, onde já estava Zé Gomes, o primeiro a ser avisado que Abdias tinha passado mal de novo e havia procurado atendimento, negado pelo plantonista:

– O senhor já esteve aqui hoje de tarde. Já lhe mediquei! Vá para casa!

– Não, mas eu tô sentindo dor!

Abdias então se exaltou e disse que estava sendo desrespeitado. A indignação o fez piorar. O plantonista ordenou:

– Bota ele no soro!

Acontece que o produtor era diabético. Teve um choque ao receber glicose na veia. Começaram os gritos:

– O quê? Ele é diabético? Tira, tira!

Tarde demais. Abdias já não respirava. Marquinhos procurou um telefone e ligou para Campina Grande:

– Mãe?

– O que houve, meu filho? O que aconteceu com você?

– Não é comigo, mãe. É sobre o papai...

Deu a notícia. Do outro lado da linha, Marinês desabou no choro. Já passava da uma da manhã do dia 3 de março de 1991 quando Marcos Farias foi se desincumbir de outra missão. Com formação em técnica de enfermagem, chegou ao necrotério e avisou ao plantonista:

– Pode deixar que eu cuido dele.

Então o filho entrou, banhou e vestiu o corpo do pai.

18. Nem se despediu de mim

Minha vida é andar por esse país
Pra ver se um dia eu descanso feliz...

EM JUNHO DE 1979, Luiz Gonzaga contou ao *Globo* detalhes do seu mais recente projeto: sair Brasil afora com o filho. Tinham acabado de gravar a música "A vida do viajante" no LP *Gonzaguinha da vida*, e o mote da letra de Hervé Cordovil serviu como motivação para o sanfoneiro:

> Acho que nós vamos dar um passeio por aí que é para o povo ver pai e filho diferentes. Porque não teve aquele negócio de puxação, papai me ajuda. Não teve nada disso, não. Ele tá na dele, e eu na minha. ... Luizinho é um milagre. Uma coisinha que a gente cria assim no meio dos perigos da cidade grande e vê sair um sujeito cheio de talento.

A turnê resultaria no álbum duplo *Gonzagão & Gonzaguinha. A vida do viajante ao vivo*, lançado em 1981. Na conversa com *O Globo*, Gonzaga também enche a bola de Dominguinhos ("Ele me orgulha demais porque é muito fiel ao Nordeste") e lembra uma das características de sua trajetória, até então pouco mencionada em entrevistas a jornais:

> Eu acho que fui o único cantor nordestino que trouxe do Nordeste muitos outros colegas cantando seu próprio gênero, para cantar aqui no sul e gravar discos. Trouxe e não me arrependi, porque eles acabaram me ajudando, reforçando o gênero, e eu, cada vez mais Rei do Baião, primeiro e único. Não foi bom danado? Negócio bom pra os dois!

Diante da iminente chegada de uma nova década, Gonzaga garantiu que não havia motivo para reduzir a rotina de gravações e as viagens para shows: "Ainda tenho trinta dentes na boca pra brigar muito. Dá pra morder macaxeira e espiga de milho, dá pra chupar dois gumes de cana sem tirar a casca. Noutras palavras, tenho muita força pra lutar."

Em uma dessas infindáveis viagens, em 1980, estava na cidade cearense de Juazeiro do Norte quando foi ver o show de um jovem cabeludo de quem tinha ouvido ótimas referências. Deu um jeito de se posicionar ao lado do palco e abriu um sorriso para Alceu Valença, o elogiado cantor. Este achou o homem que o observava parecido com Luiz Gonzaga, mas ficou na dúvida: o desconhecido tinha a testa muito grande para ser seu Lua – mais tarde se deu conta de que aquilo era porque só o via de chapéu de couro. A possibilidade de ser quem ele pensava começou a deixá-lo nervoso. Até que, ao sair do palco, a suspeita se confirmou:

– O senhor é o seu Luiz Gonzaga?

– Sou!

– O senhor tá fazendo show aqui?

– Não...

– O que o senhor tá fazendo aqui?

– Vim somente pra lhe ver!

– Foi mesmo, foi? O que o senhor achou do meu conjunto?

– Parece uma banda de pife, seu conjunto é uma banda de pife elétrica!

Tomada como elogio, a definição ainda veio acompanhada de um convite para um café da manhã no dia seguinte:

– Onde? Aqui?

– Não, em Exu. Até logo!

Alceu nem quis saber. No dia seguinte, fez um desvio de 60 quilômetros em sua rota só para passar por Exu. Levava na caravana, além da banda toda, a pesquisadora francesa Dominique Dreyfus (que escreveria a biografia *A vida do viajante: a saga de Luiz Gonzaga*) e as duas filhas dela. Gonzaga foi recebê-los ainda na estrada, de caminhonete. Exigiu que o convidado deixasse o ônibus e fizesse o resto da viagem junto com ele. Os dois, e a mulher de Luiz, Helena, estavam no terraço da casa quando o ônibus parou e começou a descer gente. Desceu um, dois, três... Um bando de cabeludos. Desceram as filhas de Dominique, desceu Dominique...

Desconfiado, Luiz Gonzaga olhou para Alceu e perguntou:

– Alceu, quantas pessoas estão viajando com você?

– Deve ter umas vinte e tantas.

Imperturbável, o anfitrião não passou recibo:

– Tem problema, não, o café dá pra trinta...

Durante o encontro, seu Lua pediu a Alceu uma música, e ele compôs "Plano piloto", gravada por Gonzaga no disco *70 anos de sanfona e simpatia*, de 1983, com participação do autor, então já contratado pela Ariola, gravadora criada pelo produtor Marco Mazzola. Só depois Alceu Valença se deu conta de que, acostumado a conviver com Jackson, tinha composto imaginando o modo de o antigo companheiro cantar. Depois de fazer o arranjo, Gonzaga também percebeu:

– Alceu, vem cá, eu vou pedir uma coisa a você, se fosse possível. Eu vou manter esse arranjo, você canta no estilo Jackson, corridinho, todo comidinho. Mas quando chegar na minha parte desce pra xote...

A vendagem do disco, contudo, decepcionou a gravadora, como já tinha ocorrido com o anterior, *Eterno cantador*. Em setembro de 1983, o presidente da RCA, o espanhol Manolo Camero, chamou seu antigo funcionário na Tapecar, Oséas Lopes, para uma conversa. Sem rodeios, avisou que precisava colocar ordem na casa. Para isso, teria que dispensar mais de cinquenta artistas. Ao ver a lista dos que teriam contratos rescindidos por sucessivos insucessos de vendagem, Oséas tomou um susto e pediu:

– Os outros, tudo bem. Mas deixe Nelson Gonçalves e Luiz Gonzaga.

E reforçou o pedido:

– Manolo, você não pode despedir Gonzagão: ele é a maior glória da música brasileira.

Para Oséas, o problema estava nas produções dos discos de Gonzagão, sofisticadas demais, em sua avaliação:

– Era o mesmo que você querer que um trem ande em plena areia, e não nos trilhos.

Oséas sabia do que estava falando. Assim como Abdias, conquistara credibilidade no segmento popular e o respeito dos colegas. Orgulhava-se de alguns feitos, entre eles a gravação, ainda nos anos 1960, de duas sanfonas na mesma música, prática nada usual na época, ambas tocadas por Dominguinhos no estúdio Havaí. Conta que Oswaldinho, ao encontrá-lo, assim o saudava:

– Chegou quem inventou a gravação de forró com duas sanfonas!

Ao longo da segunda metade da década de 1970, Oséas acumulou o trabalho de produtor com a carreira romântica de seu heterônimo, Carlos André. Com tantas atividades, o Trio Mossoró ficou em segundo plano, ainda mais porque Hermelinda também tinha obtido êxito com o pseudônimo de Ana Paula. A guinada dos irmãos rumo ao brega aguçou a preocupação do outro integrante do Trio, João Batista:

– Senti que ia sobrar pra mim.

João Batista passou a se dedicar ao trabalho de representante comercial. Nas horas vagas, com o nome de João Mossoró, apresentava-se em bares de hotéis e restaurantes, "cantando para os outros comerem". Transitava pelos mais diversos estilos; começava suave, com bossa nova, sambinhas, e aos poucos acelerava o repertório até "meter bronca" no forró.

Enquanto isso, o irmão mais velho utilizava o pragmatismo para devolver os números elevados de vendagens a Gonzaga. A primeira mudança foi o convite para que outro sanfoneiro dividisse os arranjos com Orlando Silveira, que tinha trabalhado nos discos anteriores de seu Lua e era considerado "muito sofisticado" pelo novo produtor. Oséas escolheu o maestro Chiquinho, parceiro em diversos LPs lançados pela Tapecar, de estilo mais "pé no chão". Ao saber do convite a Chiquinho, Silveira preferiu sair de cena – o que não chegou a aborrecer Oséas, muito pelo contrário.

Mudança estabelecida, faltava encontrar repertório capaz de cair na boca do povo. Gonzaga há tempos não experimentava o gostinho de lançar uma música e vê-la cantada em uníssono nos arraiais e nos salões. Foi quando entrou em cena um personagem que durante décadas se manteve na labuta, no Rio de Janeiro, em busca de espaço como compositor e cantor, mas que jamais tinha brilhado de forma tão intensa como ocorreria nos anos 1980: um sertanejo chamado João Silva.

Pernambucano de Arcoverde, João Leocádio da Silva conheceu Luiz Gonzaga primeiro de voz. Pelo sistema de alto-falantes de sua cidade, Silva aprendeu a cantar "Acauã". Aproveitou uma das primeiras passagens do sanfoneiro por Serra Talhada e tentou ver o ídolo. Não deu certo. No fim do show, Gonzaga saiu de carro; João estava a pé. Impossível alcançá-lo. O tal encontro só ocorreria mais de uma década depois, já no Rio de Janeiro. João Silva trabalhava como cantor na Rádio Mayrink Veiga. Fazia parte do coro de quatro programas, entre eles *O trabalhador se diverte* e *Esse norte é de morte*, com Chico Anysio. Tentava ocupar todos os espaços, muitas vezes dormia na emissora. Como as principais atrações chegavam somente depois das onze, João monopolizava o microfone antes de as estrelas subirem ao palco:

— Eu lavava a égua...

Foi nos corredores da Mayrink Veiga, em 1964, no meio da "pouca vergonha" do golpe militar, que ele teve a chance aguardada desde a infância. Ela chegou por intermédio de Marinês, sabedora de que o Rei do Baião desejava encontrar o compositor conterrâneo:

— Gonzaga, olhe, esse aqui é o cantor que você quer conhecer...

João saiu na frente:

— Gonzaga, como é que tu vai?

— Tu? Senhor! Eu vou bem... E o senhor?

— Vou bem também. Eu tenho um baião que é a tua cara.

Gonzaga estufou o peito e desdenhou:

— Todo mundo só faz baião que é a minha cara.

— Então não tem mais baião porcaria nenhuma. Até logo!

A resposta malcriada de João Silva deixou o sanfoneiro atônito. Antes de ir embora, João voltou e encarou Gonzaga novamente para provocar:

— E tem outra coisa: se eu tivesse chegado antes aqui, no Rio, o Rei do Baião era eu, viu?

Gonzaga se desarmou e aquiesceu:

— E eu também acho...

Deram risadas, e seu Lua comentou com a Rainha do Xaxado:

– Ô Marinês, gostei desse caboclo! Não chegou nem me pedindo nada, me chamando de tu, me tratando de artista pra artista. João, vá lá em casa mostrar umas musiquinhas que eu gravo...

Dito e feito. João Silva passou a levar músicas, e Gonzaga começou a gravar uma ou duas canções do conterrâneo por ano, até a década de 1980, quando Oséas Lopes assumiu a produção executiva dos discos do Rei. Definida a entrada de maestro Chiquinho para cuidar da regência e dos arranjos, era preciso também encontrar uma música forte, "de carregação". E o sertanejo atrevido tinha aquilo de que Gonzaga estava precisando: uma música danada de boa.

Para compor, João Silva se lembrou de uma piada dos tempos de Lampião, em que o participante de uma festa, depois de presenciar uma série de absurdos ordenados pelo cangaceiro, deixa escapar uma reclamação:

– Tá danado!

E Lampião, na mesma hora, retruca:

– Tá danado de quê, hômi?

Temente à vida, o homem muda de opinião rapidinho e diz:

– Tá é danado de bom!

Tá é danado de bom.
Tá danado de bom, meu compadre.
Tá é danado de bom,
Forrozinho bonitinho,
Gostosinho, safadinho,
Danado de bom.

Com trabalho forte de mídia, a faixa-título do disco *Danado de bom* virou sucesso instantâneo – mais de 100 mil unidades vendidas em menos de três meses, feito inédito na carreira de Gonzaga. Eufórico com os números de venda, o parceiro fez questão de dar a boa-nova pessoalmente a seu Lua. E lá se foi João Silva para Exu. Chegou tarde da noite na fazenda Asa Branca e saudou o dono da propriedade:

— Louvado seja nosso senhor Jesus Cristo.

— Entra, nojento! O que é que houve? Alguma coisa errada com sua família?

— Nada disso. Vim para tomar uma, agora de madrugada, porque tenho uma novidade pra tu. Sei que tu não bebe, mas sei que tem aí um baú cheio de bebidas antigas, cachaça do início do século. Se tu tirar uma do fundo do baú e me der uma lapada, eu te digo a novidade.

— Se a novidade for boa, mas boa mesmo, eu tomo uma também.

— É boa, sim!

— Olha lá...

— Nós já vendemos 600 mil discos!

— Mentiroso!

— É verdade!

— Então vou tomar uma também!

Outro fator que ajudou a impulsionar as vendas de *Danado de bom* foi a participação da paraibana Elba Ramalho (na introdução de "Danado de bom" e em "Sanfoninha choradeira") e do cearense Fagner (num potpourri de "Respeita Januário", "Riacho do navio" e "Forró no escuro"). No caso do último, o dueto representava a realização de um sonho de infância.

Fagner, que muito cedo se mudara com a família de Orós para Fortaleza, um dia foi do bairro de Fátima, onde morava, até a praça do Ferreira para ver, embasbacado, seu Luiz cantar em cima de um caminhão. Era o primeiro show a que assistia em sua vida. E logo daquele homem cuja voz ele escutava diariamente no rádio e de quem tanto ouvia falar em casa, onde a música circulava livremente nas vozes das irmãs, todas com aptidão para o canto, do irmão seresteiro ou na do vizinho, Evaldo Gouveia (o futuro autor de clássicos da música brasileira, em parceria com Jair Amorim), afilhado de seus pais. Todos fãs de Gonzaga, que estava no auge:

— Era, assim, uma religião.

Quando cresceu e virou músico por profissão, o reflexo dessa influência se mostrou logo nos primeiros discos, com as gravações de "O último pau de arara", em *Manera fru fru manera*, e de "Riacho do navio", em *Ave noturna*. Desde então a possibilidade de cantar ao lado de Gonzaga o animava:

– Sempre tive tendência a gravar com outros artistas, e o nome de Luiz Gonzaga vinha à tona como uma referência muito forte, tanto que para mim não satisfaria gravar uma música com ele, tinha que ser algo maior.

Fagner foi apresentado ao ídolo no fim dos anos 1970, em um boteco quase na esquina das avenidas Ipiranga e São João, no centro de São Paulo, onde Gonzaga costumava almoçar quando estava na capital paulista. Depois de uma conversa cordial, teriam encontros esparsos nos anos seguintes, como nos shows beneficentes promovidos por Gonzaga em 1981, com o objetivo de arrecadar fundos para a criação da Fundação Vovô Januário, em Exu, dos quais participariam, além de Fagner, artistas como Chico Buarque, Gilberto Gil, Elba Ramalho e o filho Gonzaguinha. O cearense percebia que era tratado com distinção, mas, ao mesmo tempo, notou o susto que Gonzaga tomou quando lhe fez uma proposta durante mais um encontro em São Paulo:

– Pô, velho, eu queria fazer um disco com você.

Apesar da recepção fria, Fagner, determinado, tentava voltar ao assunto por telefone, mas seu Lua ouvia e parecia ficar sem entender. Até que veio o convite para gravar o pot-pourri em *Danado de bom*, que acabou sendo uma das mais tocadas nas festas juninas daquele ano. O sucesso teve boa repercussão nos bastidores da gravadora, lembra Fagner:

– Gonzaga tinha sempre essa coisa de ouvir os amigos, respeitava muito as opiniões. Aí veio a informação para ele de que a nossa dobradinha era bacana. Um dia, me procurou, para minha surpresa. Ligou e falou: "Poxa, o pessoal no Nordeste tá falando muito de você, que você é o cara, que a gente devia fazer mais coisas... Estou à sua disposição." Aí eu digo: "Então, tudo bem."

O primeiro disco dos dois, *Luiz Gonzaga & Fagner*, que seria lançado em 1984, começou a ser desenhado na cabeça do cearense naquele momento. Mas foi em duas viagens a Exu que ele – acumulando a função de produtor com Oséas Lopes – traçou de fato o repertório, com carta branca de Gonzagão. Na primeira viagem, Fagner passou cerca de quatro dias como hóspede em Exu. Ajudado por Piloto, sobrinho de seu Lua, limpou os escritórios empoeirados, lavou os discos e ouviu-os todos em companhia do dono da casa. Com caneta e caderninho na mão, anotava os sentimentos que Gonzaga manifestava a respeito de cada música.

E foi assim que escolheu "Sangue de nordestino" (Luiz Guimarães), já gravada por Gonzaga no disco homônimo, de 1979, para abrir o LP. Na sequência, três pot-pourris com sucessos do Rei do Baião, entre eles "No Ceará não tem disso não", "Cintura fina" e "O xote das meninas". A fórmula bem-sucedida em *Danado de bom* voltava a funcionar: puxado pelo apelo festivo das faixas que misturavam clássicos juninos, o disco fez tanto sucesso que logo se cogitou um segundo projeto.

Depois da experiência com Fagner, Gonzaga retornou aos estúdios no ano seguinte. Novamente com produção de Oséas Lopes, *Sanfoneiro macho* teve como carro-chefe mais uma parceria de João Silva com Luiz Gonzaga: "Deixa a tanga voar". A letra tinha nascido de acontecimento prosaico, quando a dupla, aproveitando, no Rio de Janeiro, o intervalo forçado de uma gravação pela quebra de um equipamento, foi dar uma volta na praia, e lá avistou três moças de biquínis reduzidíssimos nas areias de Copacabana. Gonzaga chamou a atenção do amigo:

– Danou-se! Tu tá vendo o que eu tô vendo, João?

– Tô...

– Mas tu tá vendo mesmo? Tá pensando no que eu tô pensando?

– Tô vendo, sim! Mas tô pensando é por trás...

– Pois eu tô vendo é de frente!

– Gonzaga, deixe de ser besta! Tô pensando por trás do assunto. Tô vendo atrás de fazer música!

– Ah, aí é outra coisa. João, já pensou? E se a gente pegar um menino em Salgueiro, botar uma venda no matuto, soltar ele aqui e tirar? Quando ele vê essas três meninas, ele vai ficar ruim da bola, não?

– Vai...

Surgia um dos primeiros versos da letra:

Zé Matuto foi à praia só pra ver como é que é.

Uma semana depois, em seu apartamento na Ilha do Governador, Gonzaga retomou a conversa:

– Ô, João, o que não saiu da minha cabeça foi aquele negócio lá na praia...

– Pois é, fiz uma música, tá quase pronta...

– Opa, canta aí!

João Silva cantou o que tinha escrito.

– Tá bom. Mas olha, João, sabe Clodovil, o costureiro? Ele é muito meu amigo: me adora! Queria botar uma coisinha pra ele numa música. E nessa cabe bem, ele é palha avoada...

– Tá certo...

Zé Matuto matutou, escreveu pra Clodovil:

Deixa a tanga voar...

Gravaram a faixa. Gonzaga então levou uma cópia autografada de *Sanfoneiro macho* para Clodovil.

– Eu e o mestre João Silva fizemos uma homenagem a você. Bota aí pra ouvir.

O estilista escutou a gravação e caiu na gargalhada:

– Só o senhor mesmo, seu Luiz Gonzaga. Já era fã, agora, então! Obrigado, muito obrigado!

"Deixa a tanga voar" foi a faixa de abertura do LP lançado em 1985. Oito das treze faixas tinham o nome de João Silva nos créditos. Mas um dos maiores destaques, interpretado em dueto com Gal Costa, não era dele – e não tinha nascido em uma praia, mas dentro do banheiro.

Passava do meio-dia em João Pessoa quando Antonio Barros, embaixo do chuveiro, gritou:

– Cecéu, vem cá!

A mulher pensou:

– Ai, meu Deus, será que não tem toalha?

Com toalha na mão, Cecéu entrou no banheiro. Mas o que Antonio queria era uma primeira opinião:

– O que é que tu acha?
E começou a cantar:

Sanfona velha, do fole furado,
Só faz tum, só faz tum.
Mesmo assim o cavalheiro
Faz o resfungado,
E o coração da morena faz tum tum.

– Tá ótimo!
Cecéu entregou a toalha ao marido, que a enrolou na cintura e saiu. Os dois correram para pegar o gravador e o colocaram em cima da mesa. Duas horas depois, estava pronta "Forró nº 1", que cabia direitinho no que Oséas Lopes falava ao encontrá-los:
– Antonio e Cecéu, o que vocês trouxeram no balaio?
Além da relação amorosa e da parceria profissional, Cecéu se mostrou especialmente importante para aprumar a carreira de Antonio Barros. Ela percebeu que, por conta do difícil começo de vida, quando chegou a passar fome no Rio de Janeiro, o marido não sabia lidar direito com as possibilidades de retorno financeiro criadas pela sua obra:
– Muitas vezes a música não deixa de ser um bem comercial. Se você não estiver atento, antenado para que as coisas aconteçam, você também dança. Eu sempre fui uma pessoa que teve esse cuidado. E me senti realizadíssima por ter trazido muita autoestima para Antonio. Eu não podia deixá-lo perder a motivação: artista vive disso.
No início da década de 1980, no entanto, os tempos eram outros, bem diferentes de quando ele saía cedo da zona norte do Rio e faltava dinheiro para o almoço. Agora o telefone não parava de tocar, com pedidos de produtores e cantores: "Olhe, eu quero uma música assim, no estilo de 'Bate coração'." Não paravam também de surgir pedidos para regravação de "Procurando tu", outra "música de vitrine", como define Cecéu – foram mais de 130 versões até os anos 1990. O único problema, mas que nem sequer passava perto das dificuldades anteriores, era associar as criações aos

seus autores. Alguns achavam que Cecéu era apelido de algum compositor já consagrado. Teve gente que a confundiu com Alceu Valença. Inúmeras vezes o convite para participar de programas de TV ou de rádio só vinha depois que se respondia à seguinte pergunta:

– Mas quem são Antonio Barros e Cecéu?

– São os que fizeram "Homem com H", "Bate coração", "Procurando tu", "Amor com café"...

– Ah, sim! Vamos marcar uma entrevista com eles...

★ ★ ★

CECÉU ASSINA "Zé Bodega", uma das faixas de *De fiá pavi*. Mas, perto do fim das gravações, Oséas percebeu que, apesar da beleza de versos como os de João Silva em "Nem se despediu de mim" ("Te assossega coração, esse amor renascerá. /Vai-se um dia, mas vem outro aí. /Então, quando ele voltar, /Quebre o pote e a quartinha, /Bote fogo na camarinha, /Que ele vai declarar"), ainda faltava ao disco de Luiz Gonzaga um carro-chefe. Entrou na sala do diretor da RCA, Miguel Plopschi, e avisou:

– Miguel, nós ainda não temos a música de gancho.

– Então pare a gravação.

Assim foi feito. Para não preocupar Gonzaga, Oséas disse que a direção requisitara o estúdio para outro artista, daí a interrupção. Enquanto isso, foi à procura de um sucesso. Lembrou de "De fiá pavi", parceria com João Silva que guardara para eventualmente retomar o Trio Mossoró:

– O Trio Mossoró não vai voltar coisa nenhuma, vou usar essa música é agora.

Foi mostrar a música para Gonzaga, que lia com dificuldade depois do acidente de carro que lhe inutilizou um olho. Em letras garrafais, Oséas escreveu o título, a letra e o nome dos compositores.

– Tenho um sucesso na mão. Vou tocar a fita pra você ouvir.

Gonzaga ouviu a música. Depois encarou o produtor e leu o nome dos autores. De imediato, notou uma ausência e comentou:

– João Silva e Oseinha? É, já me tiraram daqui...

Gonzaga aceitou incluir "De fiá pavi" no repertório. Acertou o tom da música e, como de praxe, deixou João Silva gravar a voz-guia. Voltou ao estúdio apenas na hora de gravar a voz definitiva. Disciplinado, chegava antes da hora marcada; se iria começar às nove, às oito e meia já estava no estúdio. Entre uma música e outra, apenas café e água gelada. Com o disco pronto, Luiz Gonzaga revelou que queria batizar o disco de *Homenagem a Humberto Teixeira, o Doutor do Baião*, para reverenciar a memória do parceiro falecido em 1979, aos 63 anos, vítima de um infarto. Oséas tentou demovê-lo:

– Compadre, depois quero falar contigo...
– Eu já tô sabendo. Você quer mudar o título do disco, né isso?
– É isso, sim.
– Qual é o título que você quer colocar no meu disco?
– É o nome da música que vai ser o sucesso. Pode?
– Pode.

Pronto, *De fiá pavi* tornou-se o título do álbum lançado em 1987. Preservou-se na contracapa o desejo da homenagem ao antigo parceiro: embaixo de uma foto do coautor de "Asa branca", uma frase ganha destaque: "Este disco é dedicado a Humberto Teixeira, grande amigo e parceiro de Luiz Gonzaga." E a reverência na faixa "Doutor do Baião":

Ai que saudade, poeta do Iguatu
Ai, quanta tristeza, fazer baião sem tu.

* * *

HUMBERTO TEIXEIRA NÃO FOI a única baixa entre os parceiros de Luiz Gonzaga. Depois de uma visita ao poeta e repentista Lourival Batista em São José do Egito, em Pernambuco, Zé Marcolino entrou num fusca e pegou a estrada. A 4 quilômetros de Afogados da Ingazeira, uma vaca atravessou o seu caminho, e o carro se desgovernou. Marcolino foi arremessado para fora e fraturou o crânio. Tinha 57 anos. Deixou viúva, sete filhos e um desejo malogrado. À filha mais velha, Fátima, revelou pouco antes do acidente:

— Quase tudo eu já realizei. Só queria fazer uma pontinha num filme. Deve ser muito bonito ver sua imagem falando e se movimentando.

Quando soube do acidente com o parceiro de "Numa sala de reboco", Luiz Gonzaga ficou muito abalado. Já doente, sem condições de permanecer em pé o tempo inteiro, decidiu fazer um show em Serra Talhada, com renda revertida para a família do compositor. Sentado em cadeira de vime, camisa branca e calça cinza, Gonzaga acabou falando de sua própria saúde quando se referiu ao companheiro:

— Faltam palavras de elogio ao poeta Zé Marcolino. Ele era boêmio, mas teve sorte também por sua família, filhos, todos simpáticos, sadios, dona Maria no comando... Artista também é gente. Eu estou aqui curtindo o meu lado, vamos dizer assim, de azar: também já gozei muito a vida. A alegria que o povo nordestino me deu, o fato de ter conhecido Zé Marcolino e ter saído com ele pelo Centro-Sul foi motivo de muita alegria.

Cantou duas vezes "Cantiga de vem-vem". E os versos melancólicos, encharcados de saudade, o fizeram chorar:

Vivo sempre escutando
A cantiga de vem-vem.
Quando ouço ele cantando,
Penso ser você que vem.
Fico de ôio no caminho,
Por fim não chega ninguém.

Quando acabou o show, Gonzaga pegou o dinheiro que ganhou e entregou à viúva, Maria do Carmo:

— Tome, compre um terreno. Faça uma casinha pra você e sua família.

* * *

EXCLUÍDO DA LISTA de convidados de *Sanfoneiro macho*, Fagner voltou a se encontrar com Luiz Gonzaga no estúdio três anos depois. Para o cantor, o resultado do disco dos dois, "muito alegre, com muita liga e muita química", revelou uma intimidade que foi sendo construída naquelas conversas lá pelo sertão de Pernambuco.

– O filho musical de Gonzaga, maior e único, foi Dominguinhos. Só que Dominguinhos trabalhou com ele muitos anos, depois procurou o próprio caminho. Eu entrei nesse vácuo. Não fazia forró, nunca fui forrozeiro, mas acho que emocionalmente ocupei esse espaço.

Mais que uma parceria musical, estabeleceu-se um laço afetivo:

– Fiquei muito no meio das confusões dele com Gonzaguinha. Ele me confidenciava muita coisa, principalmente nas minhas estadas em Exu, em que a gente tinha muito tempo. Fiquei um pouco nisso, intermediário entre ele e Gonzaguinha quando a relação não era boa.

Como novo integrante da família, Fagner dividiu com o "irmão" a produção do segundo volume do projeto iniciado em 1984, agora com o nome de *Gonzagão & Fagner*. Gonzaguinha tinha se recusado a tomar parte do primeiro, mas dessa vez não só ajudava Fagner na produção, como fazia uma participação em "Noites brasileiras" (Luiz Gonzaga e Zé Dantas). No estúdio, Gonzagão lutava contra os efeitos da doença que o levaria à morte. Tossia muito na hora de botar a voz, reclamava. Mas havia também um clima de felicidade por causa da presença de Gonzaguinha, e todos motivavam o velho Lua, que às vezes brincava com o parceiro: "Pô, o que é que você tá fazendo, segurando um velho deste?", ou "Porque a gente já está praticamente uma dupla, né?" Quando gravavam a última música, "Amanhã eu vou" (Beduíno), Fagner queria uma frase mais longa de Gonzaga cantando "amanhã eu vou", um verso mais puxado, como ele fazia quando era mais jovem. Mas Lua teve dificuldade até vencer a tensão e conseguir o que pediam.

– Nunca esqueço, porque foi a última tomada desse disco, uma canção mais difícil, mais romântica, mais lenta, que ocupava mais o fôlego dele.

Oséas também testemunhou as dificuldades de Gonzaga para dar conta de seu canto durante as sessões de *De fiá pavi*:

– A voz dele estava embaraçando, tinha dificuldade de cantar com a dicção perfeita. Com as músicas antigas, tudo bem. Mas as novas, que ele tinha de ler as letras, eram problemáticas.

Em outubro de 1988, nove meses antes de morrer, Luiz Gonzaga dava uma entrevista para o repórter Marcos Cirano, do jornal *O Globo*, em seu apartamento em Boa Viagem, no Recife, quando comentou o disco gravado com Fagner e pediu à mulher, Edelzuíta, que colocasse a música de que ela mais tinha gostado. Ela escolheu "Amanhã eu vou". Repórter, fotógrafo e todos na sala ouviam a música em silêncio enquanto Gonzagão cantarolava em surdina e de cabeça baixa. No fim, exclamou: "Ô véio enxuto da molesta! Tô com 76 anos nas costas, com 74 eu gravei isso aí. Nunca fumei, apesar de gostar muito daquele cheiro, de fazer propaganda de fumo... Mas pra que fumar? Só pra imitar os outros?!"

Oséas atribui a uma "bobeira de cabeça" o fato de Gonzaga decidir mudar de produtor. Chamou João Silva para assinar a produção executiva de *Aí tem*, ainda na RCA. Oito das treze faixas têm a assinatura do coautor de *Danado de bom,* que depois levaria Gonzaga para a Copacabana e se tornaria o compositor com maior número de faixas gravadas por ele:

– Não ia dar música fraca a Gonzaga...

Para definir o repertório dos discos que produziu, João Silva saía de Arcoverde e ia até Exu. Quando chegava lá, Gonzaga queria saber:

– Que é que você tem?

– Tenho umas seis, só!

– Olha, João: Onildo Almeida mandou umas coisinhas pra mim, escute aí... Dá pra gravar?

– Tem uma que dá, as outras são meio fracas. É tema já dito.

Músicas escolhidas, Gonzaga anunciava o início de outra etapa:

– Vamos ouvir. Quero saber os tons.

Ele pegava a sanfona, João começava a cantar. Era o que o músico, desde os tempos de Humberto Teixeira, chamava de "sanfonar" ou "sanfonizar". Em duas semanas, João gravava a voz-guia, arranjos e base. Depois Gonzaga colocava a voz. Ele dizia, no ensaio:

– João, tá ligeiro, vamos reduzir. Pronto, grave! Essa tá devagar, João... Mais ligeirinho! Tá bom, né, João?

– Tá.

— Até gravar o disco, nós éramos dois irmãos. Nunca vi coisa tão linda como nós dois: o amor era lindo. Acabou de gravar, intrigava. Ele dava uma de Gonzagão, dizia que eu era porcaria, me chamava de cachaceiro...

De fato, João bebia muito. E Gonzaga, em conversa com amigos, se queixava do parceiro – dizia que não gostava de vê-lo em estúdio, pois não sabia o estado em que iria encontrá-lo. O que não o impedia de, passado o aborrecimento, procurar o compositor para trabalhar. Como certa vez que, às três da manhã, João Silva escutou um barulho de carro do lado de fora de sua casa, em Duque de Caxias, seguido por uma voz grave e inconfundível:

— Louvado seja Nosso Senhor Jesus Cristo...

A mulher de João Silva levantou-se da cama. Logo identificou o visitante da madrugada:

— Ih, João. É seu Gonzaga!

— Mas às três horas?

Do lado de fora, a voz inconfundível:

— Louvado seja Nosso Senhor Jesus Cristo! João! Tá ouvindo, não, nojento?

A mulher abriu a porta e ouviu o visitante reclamar:

— Cadê esse nojento, tá bêbado, é?

João levantou-se e perguntou:

— Isso é hora de aparecer aqui? O que aconteceu em Exu?

— Tô chegando pra dizer que vamos trabalhar. Tem trabalho pra gente fazer, dar comida aos seus bruguelos, que estão morrendo de fome.

— Tu se lembra que faz cinco meses que a gente não se fala?! Tu pode voltar, que vai ficar sem gravar...

— E é mal-educado! Tá ganhando dinheiro nas minhas costas e ainda fica maluvido!

João devolveu:

— Senta aí, nojento. Mulher, vê um café pra ele...

Em tom apaziguador, já à vontade, Gonzaga amaciou:

— E aí, João? Como é que tu tá?

— Tô bem...

— Pois eu tô com as costas meio doendo...

– Isso é safadeza...

Engrenaram a conversa e acertaram a retomada do trabalho em conjunto. Sem meias palavras, com provocações mútuas, mas também afagos. De sertanejo para sertanejo, como quando dividiram os vocais na faixa "Um pra mim, outra pra tu", no LP *Vou te matar de cheiro*, lançado pela Copacabana em 1989:

Gonzaga começava:

Compadre, tu tá vendo o que eu tô vendo?
Olha quanto murundu.

João Silva retrucava:

Tem mulher no salão de todo jeito,
Mas vamos repartir direito.
Uma pra mim, outra pra tu.

★ ★ ★

O COMPADRE ZÉ CALIXTO apresentou o irmão mais novo, Luizinho, ao Rei do Baião. Este ficou surpreso ao saber o nome completo do garoto, então com quinze anos: Luiz Gonzaga Tavares Calixto. A escolha representava homenagem também ao santo do dia do nascimento, 21 de junho. Feliz com a descoberta, Gonzaga convidou Luizinho para tocar uma música durante apresentação em Campina Grande. Quando terminou de se apresentar, Gonzaga enfiou um montante no bolso do convidado e recomendou:

– Isso é pra você comprar sapatos.

Só que a quantia excedia em muito o valor de um par de sapatos. O que fez Luizinho comentar:

– Oxente, nunca vi um par de sapatos tão caro...

Depois houve outros encontros. Até o dia em que Luizinho Calixto tocava acordeom no escritório de um amigo, quando Gonzaga entrou. Em sinal de respeito, Luizinho parou de tocar:

– Pare não, continue tocando.

No fim, Gonzaga perguntou por que ele, sanfoneiro de oito baixos, não se dedicava ao acordeom.

– É que eu não tenho acordeom...

– Por isso, não. Tenho uma sanfona lá em casa que eu estava procurando um besta para dar. Agora eu encontrei.

Algum tempo depois, recebeu uma sanfona de 120 baixos das mãos de Gonzaga – já debilitado, em cadeira de rodas. Exultante, Luizinho Calixto perguntou o que poderia fazer para retribuir o presente.

– Reze um pai-nosso e uma ave-maria pra mim, que eu tô precisando.

Os problemas de saúde de Luiz Gonzaga haviam começado em 1979, quando ele teve de se submeter a uma cirurgia no olho. Durante os procedimentos cirúrgicos, foi diagnosticado um câncer de próstata, que dona Helena preferiu omitir do marido: para todos os efeitos, o problema era uma infecção pulmonar. Como afirmou o urologista Amauri Medeiros a Gildson Oliveira, autor do livro *Luiz Gonzaga: o matuto que conquistou o mundo*: "Ele tinha câncer de próstata, e quem diagnosticou fui eu."

Professor de urologia da Faculdade de Ciências Médicas da Universidade Federal de Pernambuco, Amauri acompanhou Gonzaga desde que o sanfoneiro chegou para a primeira consulta; no consultório, o médico escutou "aquele vozeirão metálico bonito, que só falando já ressoava pelas paredes". No livro de Gildson, Amauri conta ainda que, mesmo com o agravamento do estado de saúde, seu Lua dava um jeito de preservar o espírito de alegria. Quando sentia muita dor, ligava para o médico e dizia: "Tô doente de novo, doutor. Tô aperreado." Deixou transparecer a aflição também em outubro de 1988, quando escreveu a seguinte dedicatória no LP *50 anos de chão*: "Dr. Amauri, me acuda, meu irmãozinho da minha alma. Tenho muita fé em vosmecê. Deus nos proteja. Luiz Gonzaga, o filho de Januário."

Após a retirada da próstata, Gonzaga foi para a UTI, experiência tão dolorosa para ele, que, desde então, toda vez que ficava doente pedia que não o internassem lá.

Dez anos depois, consequências dessa cirurgia começaram a se manifestar, ao mesmo tempo que o sanfoneiro enfrentava sérios problemas de osteoporose. Em 1988, ele teve de ser internado duas vezes. A primeira por causa de uma insuficiência cardíaca e um derrame pleural; a segunda quando, pelo agravamento da osteoporose, ele quebrou uma perna e precisou retirar o osso fraturado.

Durante a entrevista que deu ao repórter de *O Globo*, em outubro, Gonzaga falou também sobre o disco *Vou te matar de cheiro*, que estava prestes a gravar. Queixou-se: "[O disco] tá todo arrumado aí, as músicas feitas, mas a doença e a preguiça não me deixam fechar. Mas como eu tô sentindo um cheiro de melhora... Eu tenho horas em que sofro muito, porque eu tô sofrendo de uma doença chamada..."

Sem saber pronunciar a palavra osteoporose, recorreu mais uma vez a Edelzuíta:

> Como é o nome da danada da doença? Venha cá, você não pode ficar longe de mim, não, porque você é a minha memória... [Retoma a conversa.] Ela vem me atacar os ossos, justamente os que foram fraturados ao longo da minha carreira. Essa doença me ataca, tirando o meu rebolado e o meu charme.

Gonzaga afirmava ter perdido as contas de quantos acidentes sofrera. Contabilizava fraturas nas costelas, na clavícula e no crânio. O mais grave, a seu ver, tinha sido justamente aquele de 1961, na estrada de Miguel Pereira, em que quase morrera. Mas o artista, que até então se mostrava duro na queda, agora sucumbia aos efeitos da doença que lhe atingia os ossos e o obrigava a se locomover com dificuldade, usando duas muletas, as quais batizara de "gonzaguetes".

Nos meses seguintes à entrevista, o estado de saúde de Luiz Gonzaga só iria se agravar. João Silva foi visitar o amigo doente em Exu. Queixando-se de dores fortes e constantes, Gonzaga definiu o que sentia:

— É um cupim que come meus ossos por dentro, João. É de dia e de noite, e não para...

As dores o faziam gemer sem cessar. Os urros eram ouvidos por toda a família e pelos amigos. Às vezes, para não incomodar os mais próximos, o sanfoneiro dormia na casa de hóspedes, embaixo do casarão principal da fazenda. João Silva, hospedado para fazer a pré-produção dos derradeiros discos do Rei do Baião, lembra:

– Eu dormia embaixo, ele descia pra dormir comigo.

Em um dos encontros, o produtor falou para o amigo:

– Gonzaga, quando eu levei você pra Copacabana, você prometeu dois discos, e você não gosta de não cumprir a palavra. Só queria lembrar isso, mas fique em paz.

– Eu sei, mas eu não posso fazer isso sozinho, João.

Luiz Gonzaga já estava sem fôlego. Tinha pedido ao produtor que selecionasse músicas simples, que não exigissem tanto. Depois o maestro Chiquinho gravava as sanfonas. Tudo para que Gonzaga conseguisse concluir os discos combinados, lembra João Silva:

– Ele fazia questão de cumprir o contrato. Palavra de Gonzaga era palavra de sertanejo.

Um dia, em Exu, ainda deitado em rede armada no casarão, Gonzaga conseguiu descansar e tirar um cochilo. Mas logo acordou perguntando:

– Cadê João Silva? Onde anda esse doido?

– Tô aqui atrás, sentado no sofá... Que é que é?

– Pega aí o violão. Vamos fazer uma música.

E deu o mote ao parceiro:

– Chico, Chicó, Chicotão, eram três cabras valentes conhecidos no sertão. Chico, Chicó, Chicotão...

Parou de cantar e avisou a João:

– Pronto. O mote é esse. Depois a gente faz.

Os dois não tiveram oportunidade de concluir mais uma parceria, e João Silva decidiu não terminar a música. Mas Gonzaga continuou agendando apresentações. As "gonzaguetes" tinham sido trocadas pela cadeira de rodas, e o processo de deterioração de sua saúde pôde ser testemunhado por todos que compareceram ao teatro Guararapes, do Centro de Convenções de Recife, em 6 de junho de 1989.

Naquela data, foi realizado um grande show em homenagem a Gonzaga que acabaria marcando a despedida dele dos palcos. "O estado de saúde do Rei era tão grave que parte da plateia chorou ao vê-lo exaltar o forró e fazer um apelo aos seus discípulos para não deixarem esse gênero de música morrer", dizia reportagem do *Jornal do Commercio*. O clima de comoção entre o público de 2.500 pessoas se repetia nos bastidores. "Ele [Gonzaga] chorava pra caramba e dizia que não deixasse morrer o forró dele. 'Não deixe morrer meu forrozinho', dizia pra mim e pra outras pessoas que estavam lá...", lembra Alceu Valença.

Alceu, Gonzaguinha, Nando Cordel, Marinês, Dominguinhos, Pinto do Acordeon, os sanfoneiros Joquinha (sobrinho do homenageado) e Waldonys, o compositor César Michiles e a cantora Marivalda subiram ao palco no papel de convidados da noite. Gonzaga cantou apenas cinco músicas, mesmo assim com a ajuda do amigo João Silva. Mas ainda teve forças para fazer um breve discurso a favor do gênero que tinha inventado.

– Ninguém vai acabar com o forró, minha gente, porque o forró é uma música do povo, nasceu ali no Exu e hoje está consagrado em todos os recantos do país.

Dominguinhos, que tantas vezes Gonzaga apresentara como seu legítimo sucessor, tranquilizou-o:

– Fique tranquilo, mestre, porque enquanto estivermos vivos e com saúde, o forró vai perdurar. Sua obra não será esquecida depois que morrer.

Luiz Gonzaga ainda tinha contrato para mais cinco shows juninos. Os amigos Dominguinhos e João Silva achavam que era melhor cancelá-los, mas Edelzuíta insistia em respeitar a vontade do companheiro. A saúde, no entanto, não permitiu que essa vontade fosse cumprida. No dia 21 de junho, Gonzaga deveria se apresentar em Palmares, na zona da mata de Pernambuco, mas teve de ser internado às pressas no Hospital Santa Joana, no Recife.

A notícia dada inicialmente pelos familiares do músico era de que ele iria se submeter ao tratamento de uma infecção urinária. Pouco depois, o problema era uma infecção pulmonar. Começava ali uma lenta e dolorosa agonia, que se iria se estender pelos próximos 42 dias. "A equipe sabia que seu estado era terminal, mas isso não foi divulgado, a pedido da família", declarou ao *Jornal do Commercio* o pneumologista Paulo Almeida, que acompanhou o paciente em seus últimos dias. Quando foi internado no Hospital Santa Joana, os profissionais que por lá passavam e os outros pacientes se lembram de que ele, para aliviar a dor, não gemia: aboiava.

Luiz Gonzaga estava proibido de receber visitas, e, no início de julho, uma tomografia computadorizada havia detectado uma hidrocefalia, que teve como consequência um início de esclerose. Por isso, muitas vezes o paciente não reconhecia ninguém. Mas a sala de espera vivia cheia de amigos. Fagner foi um dos que furaram o bloqueio. O cantor cearense conseguiu autorização dos médicos para entrar na UTI. Encontrou Lelete – Louise Margarete Martins, mulher de Gonzaguinha – ao lado do sogro, que não reagia, não olhava para ninguém. "Quando as pessoas falaram meu nome, ele acordou, apertou minha mão", conta Fagner.

O estado de saúde de Gonzaga agravou-se quinze dias antes de ele morrer, por causa de uma pneumonia contraída em consequência do longo tempo de repouso a que foi submetido e da fraqueza física. Nos últimos quatro dias de vida, ele havia perdido a lucidez. Tudo que pedia era para comer e ir para casa. Mas o único alimento permitido ao paciente era soro, e analgésicos e antibióticos não aplacavam a dor do câncer generalizado pelos ossos. Quando deixou o hospital, em 2 de agosto, com onze quilos a menos do que pesava quando entrara, Luiz Gonzaga estava morto. A causa da morte fora uma parada cardiorrespiratória provocada pela pneumonia.

Gonzaga morreu às cinco e quinze, e, logo nas primeiras horas da manhã, o povo começou a se aglomerar em frente ao hospital. As pessoas cantavam músicas do Rei do Baião, batiam palmas, diziam versos, até aboios eram ouvidos. Às dez horas, o corpo foi transferido para o Instituto Oswaldo Cruz, onde seria embalsamado. Lá repetiram-se as manifestações em homenagem ao artista, até o momento em que o esquife saiu, em cima de um carro do Corpo de Bombeiros, para ser levado ao Salão Nobre da Assembleia Legislativa do Estado de Pernambuco.

Em todas as ruas por onde passava o carro com o caixão, pessoas acenavam das calçadas, de portas e janelas, dando adeus a Gonzagão. Aos fãs que seguiam o carro a pé, desde o instituto, se juntavam outros, engrossando o cortejo. Na avenida Rui Barbosa, foi preciso diminuir a marcha porque a multidão pouco a pouco fechava o caminho. A intervenção de policiais, na tentativa de garantir o distanciamento mínimo para o carro prosseguir viagem, gerou protestos em forma de gritos de "Gonzaga é do povo!".

Na Assembleia Legislativa, a fila rodeava todo o prédio. Pelo menos 5 mil pessoas, incluindo jovens e crianças, passaram pelo local durante a tarde da quarta-feira para ver Luiz Gonzaga no caixão, sobre o qual estavam o gibão e o chapéu de couro que haviam marcado a imagem do artista. Na parede do prédio em frente à Assembleia, um rapaz escreveu com tinta spray: "Tive o desejo de pichar essa morte braba. Ela não calará para sempre a voz de Luiz Gonzaga."

No dia seguinte, às nove horas, o corpo de Luiz Gonzaga foi levado ao aeroporto dos Guararapes para embarcar às dez para Juazeiro do Norte. Novamente a multidão seguiu o caminhão do Corpo de Bombeiros que o transportava. Muitas pessoas carregavam flores e fotografias de Gonzaga, outras acenavam com galhos de árvores. Uma breve cerimônia seria realizada no aeroporto da cidade de Padre Cícero – foi um pedido ao filho Gonzaguinha; devoto do Padim, Gonzaga queria ser abençoado por ele –, antes de o esquife ser levado de helicóptero para Exu, a fim de ser exposto na igreja matriz de Bom Jesus dos Aflitos antes do enterro.

Na edição daquele dia, o *Jornal Nacional*, da TV Globo, mostrou imagens da chegada do caixão. "A cidade de Exu, no sertão do Araripe, nunca esteve tão triste. Cada morador lamentou à sua maneira a morte", dizia a voz de Sérgio Chapelin, enquanto na tela desfilava a expressão de tristeza no rosto de gente comum. No dia anterior, a notícia da morte já tinha recebido amplo espaço na imprensa, inclusive no próprio *Jornal Nacional*, que dedicou quase dez minutos para recapitular a história de Gonzagão.

"Um rei morreu. Ou, quem sabe, talvez bateu asas e foi embora", estampava em manchete o *Jornal do Commercio* do Recife, chamando para a cobertura que ocupava páginas nas editorias de cidade e de cultura. "Morte silencia Rei do Baião", anunciava o *Diario de Pernambuco* com igual destaque. O lamento do povo e a importância de Luiz Gonzaga ocuparam as capas de jornais de todo o país em 3 de agosto.

Sob o título "Morre aos 76 anos Luiz Gonzaga, o sanfoneiro inventor do arrasta-pé", a *Folha de S.Paulo* trazia depoimentos de personalidades sobre Gonzaga. "É uma perda enorme para a música brasileira. Era um revolucionário, conhecido internacionalmente. Grande músico, e pessoalmente muito simpático e engraçado", declarava Tom Jobim. "Estou muito chateado com a morte do rapaz. Eu o conheci há cinquenta anos na zona do Mangue, onde ele tocava harmônica de oito baixos e recolhia o dinheiro num pires", lembrava Moreira da Silva. Jards Macalé aproveitava para recordar uma história engraçada:

– Uma vez, passei a noite em claro por causa de Luiz Gonzaga. Ele ia gravar no meu disco *Contrastes* (1977) e pediu para eu guardar a sanfona em casa, que mais tarde ele mandava apanhar. Botei a sanfona debaixo da cama e fiquei de vigília. Que responsabilidade.

Emissoras de TV tiraram de seus arquivos imagens do artista para lhe render homenagem. Uma delas era a entrevista concedida por Luiz Gonzaga à jornalista Leda Nagle no *Jornal Hoje*, em maio de 1987, portanto, dois anos antes de sua morte:

Sou um artista feliz, muito feliz, com o dom de unir as pessoas. Só cuido de unir o povo. Sou o pacifista de Exu. Isso vai aparecer mais adiante, porque eu ainda tô bulindo, ainda tô cantando. Mas depois que eu morrer, você vai ver, porque o povo me adora, modéstia à parte. Eu tenho fama de ser modesto, mas agora eu tô entusiasmado, reconhecendo que realmente meu povo gosta muito de mim.

19. O dono do baralho

A FORTALEZA QUE O "Pessoal do Ceará" deixou para trás em 1970 era uma cidade ainda bucólica, apesar dos 842.702 habitantes contados naquele ano pelo IBGE. Os prédios altos se limitavam ao centro. Na praia de Iracema, erguia-se solitário, desde 1950, o Iracema Plaza, primeira edificação da orla, hotel chique onde se hospedavam personalidades ilustres em visita à cidade. Em grande parte da beira-mar, ainda havia trechos sem asfalto ou calçamento, e a paisagem era dominada por coqueiros, dunas, casas de veraneio e pelas grandes velas dos barcos de pescadores.

Dois anos depois, porém, os números do IBGE já pareciam defasados – "Cearenses dizem que [a população] já passou de 1 milhão", anunciava a revista *Manchete* – e a cidade, horizontalizada, dava sinais de querer se levantar. Dotada de considerável parque industrial (em que se destacava o setor têxtil) e de intenso comércio, a capital cearense despertava para sua vocação turística. No decorrer da década, começariam a despontar construções de hotéis na avenida Beira-Mar, entre Meireles e Iracema: Othon Palace (atual Oásis Atlântico); um pouco à frente, Beira-Mar, o primeiro hotel turístico; e mais adiante Esplanada Praia, o primeiro de cinco estrelas...

Passada uma década, a valorização – e consequente elitização – da área havia feito sumir as casas de pescadores, e os arranha-céus tinham encoberto boa parte do verde e das dunas. Os pouco mais de 800 mil habitantes agora eram quase 1,3 milhão, e Fortaleza se desenvolvia com espantosa rapidez (não somente na orla). Cenário propício para um jovem com apurado tino empresarial como Emanoel Gurgel, filho de família de classe média baixa, aluno de educação física da Universidade de Fortaleza, a Unifor, com mensalidade bancada pela "primeira sacada forte" que teve na vida para ganhar dinheiro.

– A Unifor foi a primeira faculdade particular do Ceará. Então, só estudava lá quem era rico: o cara se sentia vaidoso em dizer que era aluno da Unifor. Eu percebi a vaidade dos caras, e aí pegava camisetas e botava "Geologia Unifor", por exemplo. Montei uma barraca lá dentro e, com o que ganhava, pagava meus estudos, andava de motocicleta e ainda tinha economias para montar meu primeiro negócio. A primeira coisa que fiz quando saí da Unifor foi abrir uma confecção.

Emanoel já tinha sido escriturário na Fundação Educacional Edson Queiróz, árbitro de futebol e professor de educação física (mesmo não tendo concluído a faculdade). Mas o lucro obtido na Cactus – confecção que se desdobrou depois em loja de roupas e tinturaria – permitiu-lhe pôr em prática a sacada que o tornaria conhecido para além dos limites do Ceará. Mais que isso, o transformaria em personagem destacado na história do forró – mesmo sem saber cantar, compor nem tocar qualquer instrumento. "O que é sacada? É o que todo mundo está vendo, mas ninguém consegue enxergar", define ele. Porém, nesse caso, o aguçado poder de observação teve de ser associado ao senso prático e à ousadia de empreendedor.

Acostumado a frequentar os bailes animados pelo conjunto Os Faraós durante a década de 1970, Emanoel não perdeu o hábito de sair para dançar depois de se tornar empresário bem-sucedido no ramo das confecções. Formado pelos irmãos Luisinho, Sebastião, Vicente e Antônio, Os Faraós tinham um repertório de sucessos internacionais do pop e do rock dos anos 1960 e 1970, e não havia um fim de semana em que não se apresentasse. Mantinham a tradição dos conjuntos de baile que tocavam semanalmente em clubes de elite da cidade, como Náutico, Líbano e Maguary.

Essa tradição se firmara em Fortaleza por meio de grupos como Iranildo e Seu Conjunto (nos anos 1950) e Big Brasa (anos 1960), atravessou a década de 1970 com Os Faraós e chegou aos anos 1980 exigindo das bandas um repertório cada vez mais eclético. É o que observa o pesquisador

Francisco José Gomes Damasceno no artigo "As cidades da juventude em Fortaleza", publicado na *Revista Brasileira de História*:

> Os bailes nos quais as diversas sonoridades eram experimentadas em partes específicas para cada estilo musical eram uma prática comum na Fortaleza do final dos anos 70 e dos anos 80. Assim, os amantes de cada tipo de música tinham uma parte específica das festas para se deleitar, e a elas recorriam, nos mais diversos cantos da cidade.

Com a chegada da década de 1980, a trilha sonora tocada ao vivo tanto podia incluir sucessos românticos de Roberto Carlos e Fagner quanto o balanço paraense de nomes como Alípio Martins e Pinduca, a já onipresente axé music (representada pelas baianas Banda Reflexu's, Banda Mel e Chiclete com Banana) ou os habituais sucessos internacionais. Mas havia bandas como as de Paulo Nery e João Bandeira, duas das mais solicitadas da cidade, que começavam a investir, em qualquer época do ano, no forró, tradicionalmente relegado à época junina. Além disso, esses grupos introduziam nos bailes outra inovação: aboliam os intervalos, tocavam sem pausa para descanso.

As novidades agradavam ao público, inclusive a Emanoel Gurgel. Apesar de, na adolescência, ter sido fã de Creedence Clearwater Revival e dos Beatles, e ter formado seu gosto musical ao som do repertório internacional popular de Os Faraós, o empresário reconhecia que, na hora de dar voltas pelo salão, nada produzia o mesmo efeito que um bom forró. De preferência, sem parada obrigatória.

— Até então, as bandas começavam a tocar; tocavam duas horas, faziam um intervalo de trinta a quarenta minutos. Eles só tocavam forró antes do intervalo, que era geralmente por volta da uma e meia, duas da manhã, e no fim da festa. Então, eu só conseguia dançar oito músicas por noite.

A ideia que começava a ser implantada era boa, mas podia se tornar ainda mais rentável na mão de um empreendedor ousado, capaz de ver "o que todo mundo via, mas não conseguia enxergar". Decidido a investir em uma banda que tocasse forró a noite toda, Emanoel logo tratou de buscar parceiros para a empreitada. De tanto frequentar os bailes, havia se tornado amigo dos integrantes da Black Banda, grupo da cidade de Quixadá que, naquela segunda metade da década de 1980, também fazia o circuito noturno de música ao vivo em Fortaleza e no interior, tendo à frente um carismático vocalista, Renato Black.

— Era um moreno bem moreno, que cantava nu da cintura pra cima, de pés descalços, com um crucifixo num cordão fluorescente no pescoço. Quando as luzes batiam, ele bem preto, ficava só o cordão desenhado.

O maranhense Renato tinha começado a carreira cantando com o sanfoneiro Chico Teófilo, em Timbira, onde nascera. Depois de passar por bandas de baile em várias cidades do Maranhão e do Rio Grande do Norte, não tinha interesse em voltar ao ritmo regional. Tanto que, naqueles oito números que a banda obrigatoriamente fazia, quem assumia os vocais era Nonato, o baterista, ou Zé Antônio, o guitarrista. Mesmo assim, não custava tentar. Emanoel arriscou:

— Rapaz, por que vocês não tocam forró?
— Forró é muito brega.
— E por que não gravam um disco?
— Porque só tem estúdio em Belém.

Ali mesmo Gurgel se prontificou a bancar o disco, e os músicos o pegaram pela palavra. Poucos dias depois, o grupo voava para a capital paraense a fim de gravar no estúdio de Carlos Santos (cantor de lambadas e empresário que depois se tornou político e chegou a ser governador do estado do Pará). No entanto, mesmo sendo o dono do dinheiro, o empresário não conseguiu impor sua vontade. O disco da Black Banda tinha forró, mas também axé, música lenta, suingueira... Uma salada. Para completar, o grupo retomou os bailes, ainda se recusando a ampliar, no repertório, o espaço para os ritmos regionais.

O obstinado empresário não desistiu. Um dia reuniu os sete integrantes em cima do palco, pouco antes de uma apresentação, e expôs mais uma de suas sacadas: e se em vez de receber apenas o cachê, a banda entrasse como produtora do evento?

— Eles cobravam mais ou menos mil reais por festa. O cara fazia o evento, apurava 10 mil reais, ganhava 9 mil, e eles iam embora só com o cachê. Eu não concordava com essa filosofia, achava que o artista tinha que ser sócio do evento.

A reação do grupo, no entanto, foi negativa:

— Não, ninguém concorda com isso, não. Esse negócio não dá certo.

Emanoel então propôs: ele mesmo "compraria as datas" da banda. Aí o dono de confecção começou a dar os primeiros passos no mercado do entretenimento. Organizava a festa, levava a banda e dividia os lucros meio a meio com o dono do clube. E os lucros eram motivadores. Também o inspirava o furor causado pelo cantor de lambadas paraense Beto Barbosa, que ele conhecera, lá mesmo em Fortaleza, ainda em início de carreira.

— Eu vi Beto Barbosa tomando cuba-libre no bar em frente ao local onde ia fazer show. Na época, a "quentura" era usar o blusão Lee, mas, como ele era um cara pobre, usava sabe o quê? Um blusão chamado Faroeste.

Em 1988, porém, isso já havia se tornado passado para o lambadeiro, que arrebentava nas paradas com a música "Adocica". Disposto a seguir os mesmos passos, Emanoel comunicou aos integrantes da Black Banda:

— Já que vocês não querem, eu vou montar uma banda para desenvolver minha ideia, do jeito que eu pensei, para tocar só forró. Olhe, não sou músico, não entendo de música, não sei nada de música, mas vou passar por cima de vocês, que são sete excelentes músicos.

No entanto, isso ainda não aconteceria com a Aquarius, a banda da qual ele se tornou dono logo em seguida, e que não passava de mais um grupo de repertório eclético na cidade. O erro foi reunir músicos "de formação e cabeça de baile", e que também resistiam à ideia de tocar forró. O projeto ficou pela metade.

A Aquarius resistiu, mas o empresário, inconformado, planejou o próximo passo: "Vou formar agora uma banda de pessoas humildes, que não têm vergonha de tocar forró, que tenham intuição de forrozeiro e não de roqueiro ou de banda de baile." E foi em Iguatu, cidade natal de Humberto Teixeira, localizada no sul do Ceará, a 388 quilômetros de Fortaleza, que

Emanoel Gurgel encontrou o que procurava: o sanfoneiro Neto, apelidado Neto Rapariga e conhecido por tocar nos distritos do município; Canário Reis, tradicional cantor de forró das redondezas; e Marabá, baterista nas horas vagas e, por profissão, catador de ossos (que vendia às indústrias para serem transformados no fertilizante orgânico conhecido como farinha de osso). A eles se juntaram dois Raimundos: um guitarrista, que além de músico trabalhava numa empresa de construção, e um baixista, funcionário de uma padaria.

Sob a promessa (cumprida) de se tornarem músicos de carteira assinada, os cinco rapazes se encontraram pela primeira vez em reunião marcada no restaurante da Cactus, a confecção de Emanoel. Não acreditaram quando o novo patrão disse qual era sua meta:

— Olhem, eu estou fazendo uma banda de forró pra gente chegar ao Faustão.

Tanta pretensão em uma só frase mereceu uma gargalhada. Nenhum deles acreditava que pudessem se apresentar num dos principais programas dominicais da TV brasileira, pelo qual só passavam as grandes estrelas da música e da emissora, a TV Globo. No entanto, o impossível aconteceria. E Emanoel ainda hoje cobra:

— Eles ficaram me devendo essa risada.

A base estava formada e batizada: Mastruz com Leite. O nome – alusão direta à mistura que no Nordeste é usada para curar gripe, bronquite e fraqueza física – foi herdado de um time de handebol que Emanoel Gurgel formara na Unifor, patrocinado por sua confecção. Agora o empresário queria achar rostos jovens e atraentes para fazer o arremate: chamar a atenção do público, romper com o preconceito de que forró era coisa de periferia. Tinha pela frente um problema.

— Meninas bonitas e homens bonitos não queriam cantar forró nem ser sanfoneiros. Queriam ser tecladistas, guitarristas, baixistas, bateristas... Mas ninguém queria conversa com o forró.

O jeito foi pedir ajuda ao amigo Will Nogueira, que apresentava o *Terral*, atração da TV Educativa de Fortaleza. A proposta era que Will lançasse um concurso no programa para descobrir uma cantora. Gurgel daria um prêmio em dinheiro e um ano de contrato na Mastruz com Leite. Já estavam em 1990 quando foi realizada a final da disputa pelo título de melhor cantor de forró do *Terral*. Cerca de seiscentos concorrentes foram eliminados, um a um, até chegar ao nome do vencedor. Aliás, vencedora.

Com quinze anos, Kátia Cilene Uchoa Gomes era a mais jovem na disputa, no entanto, tinha alguma experiência. O dom artístico havia se manifestado ainda na infância, quando ela – criada em uma família de cinco irmãos – costumava organizar desfiles, cantar e criar coreografias. Pré-adolescente, participava com frequência de um concurso de calouros chamado *Show do praciano*, realizado na praça José de Alencar, no centro de Fortaleza. Aos treze anos conseguiu o primeiro emprego como cantora, na Night Banda, que animava bailes na periferia da capital cearense.

José Nilson, o pai, a incentivava, mas a mãe, dona Maria de Fátima, se deixava influenciar pela indignação do padre da igreja que frequentava: "A senhora vai deixar sua filha de treze anos ser cantora de forró?" Porém, nem o padre deu jeito. Prevaleceu a vontade do pai, que passou a acompanhar a filha nas apresentações da Night Banda; e continuou a fazer o mesmo quando a Mastruz com Leite entrou em atividade, em outubro de 1990, apresentando-se nos intervalos da Aquarius. Uma fase de experiência que não custou a terminar. Em 22 de dezembro, a Mastruz fez o primeiro show como principal atração no Mangueira Clube, relegando a Aquarius, a partir daí, ao posto de banda de apoio.

★ ★ ★

Na avaliação de Emanoel Gurgel, os grupos que tocavam forró se apresentavam sem iluminação, com som de péssima qualidade e investimento zero. Sua ideia era associar o apelo dançante dos ritmos nordestinos a todo o aparato que ele conhecia desde os tempos das festas animadas pelos Faraós. Pensava: "Vamos botar uma luz boa, vamos botar um som bom, vamos botar um ônibus bom, igual a um artista bom." Então foi a São Paulo e comprou a infraestrutura de uma banda inteira, a Brazilian Show.

— Comprei o ônibus, o som, o caminhão, trouxe os técnicos de estúdio, os técnicos de mixagem, iluminador, tudo. Só não trouxe os músicos.

Munida de todo esse aparato, a Mastruz com Leite começou a ir além de Fortaleza, fazendo shows em cidades como Quixadá, Iguatu e Campos Sales, até ultrapassar os limites do estado, com uma apresentação em Araripina, município pernambucano encravado na divisa com Ceará e Piauí. Aonde ia levava a promessa de "cinco horas de forró, sem intervalo". Sob o rótulo de forró, apresentava um repertório que ia de antigos sucessos do gênero a baladas bregas e hits do sertanejo romântico até "vanerões" do gaúcho Teixeirinha, tudo embalado em ritmo dançante e levado com sanfona, zabumba, pandeiro, mas também com guitarra, baixo, bateria e sax.

Gurgel confiava tanto no produto que criara que passou a não mais dividir os lucros meio a meio com o clube ou casa noturna, como fazia com a Black Banda. Ficava com 90%. Dizia:

— Se der prejuízo, tudo que acontecer na sua casa eu pago. Segurança, bilheteiro, porteiro, tudo que for.

Mas era capaz de deixar o orgulho de lado na hora de negociar uma apresentação estratégica para o grupo:

— Se o Chiclete com Banana, por exemplo, ia tocar no BNB (clube social do Banco do Nordeste do Brasil), eu pedia: "Rapaz, deixe a Mastruz com Leite tocar aí uma hora antes do Chiclete." Aí, ora, o salão ficava pegando fogo.

Mas o grande impulso para o sucesso da banda foi o Forrozão 93, resultado de uma parceria do empresário com a rádio FM 93, do sistema Verdes Mares. A estação armava no local da festa um link de televisão e transmitia somente o som, em alta qualidade, enquanto durasse o forró. O Forrozão 93 fez subir a audiência da FM 93, e o público, não contente em ouvir o programa, gravava-o em cassetes. Era comum ouvir o forró qualquer dia da semana e a qualquer hora do dia ou da noite, nos toca-fitas dos carros: para serem identificadas no rádio, as bandas começaram a dizer o próprio nome em uma vinheta inserida no meio da música, já que o som de todas era exatamente igual.

Emanoel Gurgel já circulava pela cidade em uma caminhonete F1000 Souza Ramos toda modificada, feita sob encomenda em São Paulo. Da capital paulista era também Carlão, de quem o empresário cearense havia comprado todo o equipamento de uma banda, no início da história da Mastruz com Leite, e que se tornara seu fornecedor de tudo relacionado à tecnologia de última geração. Carlão – que mais tarde morreria em um acidente de carro – era paulista, mas morava em Brasília e viajava constantemente aos Estados Unidos. De lá trazia, sob encomenda, equipamentos sofisticados, fosse um teclado Kawai II ou uma bateria eletrônica Yamaha. Um dia chegou anunciando mais uma novidade.

– Emanoel, tu vai ter que ter um negócio pra gravar fita. Nos Estados Unidos existe uma máquina com uma matriz e três escravas.

– Carlão, quanto é que é isso?

– Deve custar uns 18 a 20 mil dólares.

– Vou vender meu carro e vou comprar, pode trazer.

De posse da máquina de gravação da marca norte-americana Tascam, Emanoel "empurrou o sarrafo" a fazer fita, para depois sair distribuindo aos caminhoneiros por tudo quanto é canto. E a prova de que essas ações davam resultado é que um dia chegou ao dono das bandas uma proposta da empresa Café Santa Clara, torrefador de grãos que se estabelecia naquela época no mercado cearense. Queriam que a Mastruz com Leite gravasse um jingle do café: "Santa Clara é o café que todo mundo, todo mundo quer. /Santa Clara é o café que todo mundo, todo mundo quer."

– Eu faço. Agora, no final, você vai me deixar dizer assim: "É o forró Mastruz com Leite." Você faz a sua mídia, eu faço a minha, e está todo mundo feliz.

– Olhe, eu vou empestear isso por todas as rádios do Ceará.

– Está fechado o negócio.

O jingle fez tanto sucesso que a banda o tocava nas festas e o público cantava em coro. Isso deu a Emanoel Gurgel gabarito para propor ao Café Santa Clara parceria em uma promoção a ser lançada pela FM 93: a pessoa comprava um pacote de café, trocava a embalagem por um ingresso para o Forrozão 93, e a Santa Clara reembolsava Gurgel com metade do preço da entrada. A procura foi tanta que, depois de um mês, a troca já era de cinco embalagens para um ingresso. Não demorou a passar para dez e depois para cinquenta, já que os catadores de lixo inflacionaram o mercado, juntando embalagens e vendendo na porta do clube àqueles que queriam adquirir o ingresso.

Gurgel tinha conseguido os músicos destemidos que ele tanto queria e, para dividir os vocais com Canário, a cantora que imaginava, jovem, bonita, dotada de desenvoltura e voz potente. Tinha conseguido também tornar a Mastruz com Leite conhecida em toda a região, e até havia levado as cinco horas de forró para além dos limites do Ceará – depois de Araripina, a banda havia tocado em uma vaquejada em Mossoró, no Rio Grande do Norte. Mas na hora de gravar o primeiro disco faltava repertório. A Mastruz não tinha composições próprias. A primeira gravação demo que fizera – e que se tornou o primeiro grande sucesso da banda – tinha sido com a música "O rei do baralho", um sucesso de Teixeirinha que em nada lembrava o forró tal como era conhecido no Nordeste até então.

> Eu fui o rei do baralho, homem de má intenção.
> Jogar carta, beber canha, era a minha inclinação.
> Quando eu sentava no jogo, sentava de prevenção.
> ...
> Puxava o chapéu pros olhos e misturava o carvão.
> Roubava uma carta ou duas, jogava outra no chão,
> Botava outra no bolso, tava feita a tapeação.

★ ★ ★

Quando a Mastruz com Leite se preparava para gravar o primeiro disco, o cantor cearense Alcymar Monteiro estava a caminho de se tornar um veterano, com oito discos no currículo; o mais recente deles era *O Rei do Forró* – título que até hoje o cantor usa como marca. Por conta desse sucesso de público, de passagem por Fortaleza, ele foi convidado a dar uma entrevista ao vivo e gravar umas vinhetas para a Rádio Dragão do Mar. Estava no estúdio quando alguém ligou para a emissora querendo falar com ele. A pessoa do outro lado dizia que ligava em nome de uma banda, Mastruz com Leite.

– Estamos fazendo um disco de forró, queria saber se você cederia umas músicas suas.

Alcymar conheceu a banda no dia seguinte e gostou do que viu.

– Aí liguei para a Continental e falei com o diretor artístico, Mauro Almeida. Disse a ele: "Mauro, eu ouvi uma banda nova aqui de Fortaleza, estou gostando, achei um pouco diferenciada, com um homem e uma mulher nos vocais." Ele falou que, infelizmente, estava sem brecha para forró na gravadora. Eu insisti: "Mas dê uma olhada." Ele viu, gostou e acabou contratando.

A Mastruz não estava sozinha. Antes mesmo de sair o primeiro disco, a agenda tinha se tornado tão intensa que Emanoel Gurgel não só duplicou o número de músicos da banda, como formou mais um grupo. A Mel com Terra seguia a mesma fórmula de forró estilizado da matriz, e não demorou para que seu nome estranho passasse de boca em boca. O empresário ampliava seus negócios.

– Aí eu digo: "Rapaz, agora, em vez de fazer uma festa, nós vamos fazer duas." Eu botava uma num lado da cidade e do outro lado, a outra.

Cada banda tocava duas horas e meia, uma em cada festa. Depois disso, a Mel com Terra era "rendida" pela primeira turma da Mastruz e se mandava para a outra festa, entrava no lugar da segunda turma da Mastruz, que, por sua vez, ia se juntar aos companheiros no segundo expediente.

– Eu consegui fazer com que a festa não parasse, um músico entrava no lugar do outro sem parar de tocar. Até o baterista: o que chegava ficava em pé e sustentava no bumbo; o outro tirava o pé, segurava o chimbau, e o substituto passava para a bateria, sentava e continuava. E ninguém sabia nem que eles estavam trocando. Quando aparecia a banda completa, todo mundo dizia: "É o forró Mel com Terra!"

Mas houve quem, mesmo vendo, não acreditasse. E começou a correr o boato de que a Mastruz com Leite na verdade eram duas bandas. Emanoel Gurgel se defendia:

— Mas como é que eu vou fazer duas Kátias, dois Netos Raparigas? É ilusão, folclore.

Mesmo assim resolveu diminuir o rojão de seus músicos-empregados. Em 1992, criou duas outras bandas, a Rabo de Saia e a Cavalo de Pau. Toda sexta, sábado e domingo, os quatro grupos (mais a Aquarius, que se mantinha a postos para eventuais emergências) se revezavam entre duas festas. Era até comum que, havendo necessidade, músicos de uma formação tocassem em shows da outra.

O primeiro disco da Mastruz com Leite, *Arrocha o nó*, saiu um ano e meio depois da estreia no Mangueira Clube. Foi gravado em Fortaleza mesmo – no estúdio Pró Áudio, aberto dois anos antes pelo músico Marcílio Mendonça. Para a direção-geral da gravação, Emanoel importou de Mossoró o técnico de som Antonio Trigueiro Neto, famoso no meio musical pela competência em seu métier, e que ele conhecera durante uma apresentação da Black Banda, na cidade do Rio Grande do Norte. Para a direção de estúdio, foi convocado um ex-integrante da Black Banda, Ferreira Filho, que até então tinha pouca familiaridade com esse tipo de trabalho.

Os arranjos foram criados pela própria banda, que na ocasião tinha Kátia Cilene e Canário Reis nos vocais principais, apoiados por Neto, Marabá, Eliano, Tony Silveira, Mário, Franca e Kátia Di Troia; Marabá e Artur nas baterias; um Raimundo no baixo e outro na guitarra; Otílio Moura no acordeom; Denizio no triângulo e no agogô; e Jorge Nobre no sax. Gurgel assinou como diretor artístico, fez o disco como quis e entregou-o pronto à Continental. Marcílio Mendonça conta:

— Antes de iniciar a mixagem, eu sugeri ao Emanoel que fossem feitas duas versões, uma com a vinheta "É o forró Mastruz com Leite" no meio das músicas, para veiculação local, e outra sem ela para a gravadora. Ele não quis nem saber. Disse: "Que nada, rapaz, vai assim mesmo, com as vinhetas."

Com o mesmo pulso, escolheu uma a uma as músicas do repertório. Afinal, dizia ele, podia não saber nada de música, mas tinha "tino e observação" para farejar sucessos. Sua teoria era de que uma música "ou dá no pé ou dá no coração". Para ele, temas como primeiro beijo, namoro de criança e decepção amorosa são familiares a qualquer um, clichês que, uma vez adotados, resultam em canções para todos:

– Servem para veado, sapatão, menino, velho, para todo bicho.

Em *Arrocha o nó*, Emanoel procurou condensar o repertório que vinha dando certo naqueles dois anos nas apresentações da banda. Ao longo do disco, o que se percebe é um grande número de sucessos de artistas românticos e sertanejos adaptados ao gênero forró. Como Amado Batista ("Eu sou seu fã" e "Menininha, meu amor"), Roberta Miranda ("Meu dengo"), Zezé Di Camargo & Luciano ("É o amor"), Leandro & Leonardo ("Pense em mim", de Douglas Malo, J. Ribeiro e Márcio Soares), Odair José ("Cadê você") e até dos caipiras clássicos Cascatinha & Inhana ("Meu primeiro amor" e "Cabecinha no ombro").

Entre os forrós originais, o disco trazia um pot-pourri de "Cavaleiro alado", "Forró do Bilinguim" e "Forró lotado", três composições de Alcymar Monteiro em parceria com João Paulo Jr.; outro com "No terreiro da fazenda" (K. Boclinho e João Silva) e "Casaca de couro" (Rui de Moraes e Silva) – gravadas anteriormente por Trio Nordestino e Jackson do Pandeiro, respectivamente; e as inéditas "Que nem vem-vem", de um jovem compositor pernambucano, Maciel Melo, e "Sonho real", da também desconhecida Rita de Cássia. Esta última tinha levada forrozeira e letra assumidamente romântica:

Ter você é mais que uma emoção,
Um sonho real, doce paixão.
Sou feliz, tenho amor, alegria e prazer
Desde aquele momento que eu encontrei você.

Penúltima dos doze filhos de uma professora de alfabetização de adultos, Maria Oliveira, e de um agricultor, pescador e sanfoneiro, Francisco Flor, Rita começara a compor timidamente. Moradora de Alto Santo, cidadezinha cearense de pouco mais de 20 mil habitantes, localizada na região conhecida como Baixo Jaguaribe, a 240 quilômetros da capital, ela escrevia as músicas em um caderno e nunca imaginou que seriam gravadas. Passou a mostrá-las depois que o irmão, Redondo, a chamou para integrar a banda dele, Som do Norte.

– Eu mostrava, mas não dizia que eram minhas. Ele perguntava "De quem é essa música?", e eu dizia, "É de Márcia Ferreira, de Eliane", que eram cantoras que faziam sucesso na época.

Uma dessas músicas era a "Brilho da Lua", que, a partir dos shows do grupo de Redondo, começou a ficar conhecida em Fortaleza e caiu no ouvido do pessoal de Emanoel Gurgel. Este a escolheu para uma gravação demo da Mastruz com Leite sem nem saber quem era o autor.

– Foi o maior sucesso. Emanoel pegou e botou na rádio. Fiquei preocupada, pensando: "Meu Deus, quem é Mastruz com Leite?"

Redondo procurou o empresário.

– É dinheiro que ela quer?

– Não, Emanoel. É que é tão difícil a gente fazer música, gravar. Ela queria que pelo menos dissesse no rádio que a música é dela.

O empresário não só acertou as contas, como pediu outra música para o primeiro disco da Mastruz com Leite. Ela mostrou "Sonho real", e Gurgel aprovou na hora:

– Como Alto Santo era longe e Rita morava mais ou menos no mato, ela ligou e passou a melodia pelo telefone, nós gravamos em uma fita cassete e foram feitos os arranjos em cima da voz dela cantando pelo telefone.

Gravada em seguida também por Eliane, cantora de forró cearense radicada em Belém, "Sonho real" foi uma das faixas mais tocadas de *Arrocha o nó* e acabou transformando Rita de Cássia numa espécie de compositora oficial da Mastruz com Leite.

– Emanoel queria me levar para a Mastruz, mas eu não queria deixar o meu irmão. De qualquer forma, começamos essa parceria. Até hoje a banda gravou mais de oitenta músicas minhas. Teve até quem pensasse que Kátia Cilene era eu.

Ao ouvir o disco de estreia da banda que tanto o empolgara ao vivo, Alcymar ficou "ressabiado".

— Eles copiaram os arranjos do jeito que eu já tinha feito, não criaram em cima, não inventaram nada.

Mas o grande público não se importava com isso, nem se os ouvintes mais críticos consideravam aquela mistura desprovida de critério. Na época em que foi lançado, *Arrocha o nó* vendeu 400 mil cópias, ficando atrás somente do grupo de pagode Raça Negra (1 milhão do disco homônimo) e de Maria Bethânia (800 mil cópias de *As canções que você fez pra mim*), e bem à frente de Chico Buarque (*Paratodos*, 268 mil) e da Legião Urbana (*O descobrimento do Brasil*, 240 mil) – de acordo com números fornecidos pelas gravadoras Som Zoom, EMI e BMG à revista *Veja* naquela ocasião.

Diante de tanto sucesso, Gurgel não se conformou quando, passados seis meses do lançamento de *Arrocha o nó*, a gravadora não fez menção alguma de começar a produção do segundo. Procurou Mauro Almeida e pôs as cartas na mesa:

— Eu quero sair da gravadora.

— Você é louco? Ninguém pede para sair da Continental. Você sabe que ela é a maior potência no Brasil em termos de gravadora, todos os artistas querem pertencer à Continental.

— Todos, menos eu. Tô fora, não gravo o segundo, não.

— O que é que você vai fazer?

— Eu vou montar um estúdio e uma gravadora para mim.

Irritado, Mauro ligou para Alcymar Monteiro, reclamando que os conterrâneos dele estavam "inventando muita confusão". O forrozeiro se sentiu incomodado com a notícia.

— Aquilo me deixou mal.

Ao decidir abandonar a Continental, Gurgel colocava em prática um plano que surgiu em sua cabeça no dia em que esteve no estúdio de Carlos Santos, em Belém, olhou em volta e disse:

— Rapaz, eu vou pôr uma porra desta no Ceará.

Especulou a respeito de quanto custaria montar uma estrutura daquelas e ficou sabendo que seria algo em torno de 100 mil dólares. Na época, aquilo era um sonho para ele, que tinha o dinheiro obtido na confecção comprometido com a produção do disco da Black Banda. Mas agora o sonho estava muito mais próximo da realidade. Afinal, havia os lucros proporcionados pela Mastruz com Leite e o fácil acesso à tecnologia de ponta, via Carlão.

– Carlão, onde é que existe um estúdio bom que a gente possa fazer um igual?

– Eu sei de um em São Paulo.

– O cara deixa a gente entrar lá?

– Deixa.

– De quem é o projeto?

– É de um alemão. Ele já morreu, mas eu tenho o projeto.

Para São Paulo, Emanoel levou com ele Antonio Trigueiro Neto – o empresário tinha conseguido convencê-lo a se mudar para Fortaleza de vez, para o ajudar nos planos de montar o estúdio. Na capital paulista, descobriram que o custo agora era de 150 mil dólares, e não mais 100 mil. No entanto, isso não impediu Gurgel de manter a ideia de ter um estúdio de 24 canais – o dobro do que era oferecido pelo de Marcílio Mendonça. Para muitos, era uma ousadia, o que levou o investidor a ouvir repetidas vezes:

– Rapaz, tu nunca na vida vai tirar esse dinheiro.

Mas ele não estava disposto a esperar muito para recuperar o que investiu. O estúdio Som Zoom e a gravadora de mesmo nome, instalados na rua Heróis do Acre, número 500, no bairro do Passaré, na periferia de Fortaleza, foram inaugurados em 1993 com dois discos da Mastruz, *Coisa nossa* e *Só pra xamegar*. Em seguida, outros dois foram produzidos, *Coisa fofa, linda e gostosa*, do Rabo de Saia, e *Cão chupando manga*, da Cavalo de Pau.

O segundo e o terceiro discos da Mastruz – novamente com repertórios selecionados pelo próprio empresário – traziam, cada um, quatro músicas assinadas por Rita de Cássia. Em *Coisa nossa*, "Minha verdade", "Raízes do Nordeste", "Cara metade" e "Meu caminhoneiro" apareciam ao lado de composições de novos autores, como o cearense Sirano, o paraibano Chico Pessoa e o paraense Cassiano Costa, entre outros. O repertório deixava de lado os pot-pourris e regravações, e investia mais em forrós que falavam do ambiente da vaquejada, de um Nordeste ainda rural, porém mais conectado com o meio urbano, e de romance.

Para Rita de Cássia, esse era um mundo familiar. Tinha crescido ouvindo o pai tocar sanfona sempre que encontrava um tempinho em meio à labuta e escutando as histórias dos tios vaqueiros.

– E eu era apaixonada por essas histórias. Alto Santo é muito sertão, e eu venho de uma família humilde, para quem importante não era ser rico, mas valorizar o esforço, a luta, ter o coração bom. Essas coisas de sertanejo. Então comecei a escrever porque sei como é, vi o que acontecia quando havia seca… Só que minha vontade era escrever sobre coisas alegres, sobre o amor.

Em *Só pra xamegar*, a Mastruz com Leite gravou desde a música gaúcha "Milonga para as missões" (Gilberto Monteiro) até clássicos da velha guarda do chamado forró autêntico, como "Eu vou pra Lua", "Vendedor de caranguejo" e "Último pau de arara". Gravou também "Você perdeu um amor" e "Moreninha", do repertório de Amado Batista. Mas nenhuma outra faixa tocou tanto quanto "Meu vaqueiro, meu peão", música de Rita de Cássia que trazia na letra uma mistura de romance com o clima de vaquejada – e que, ela conta, foi inspirada na figura do pai, "uma pessoa muito humana, muito correta, e que lutou para criar os filhos, sete homens e cinco mulheres".

Já vem montado em seu alazão,
Chapéu de couro, laço na mão.
Seu belo charme me faz cantar.
No rosto, um grande lutador,
Que trabalha com calor,
Com toda dedicação…

Oh! meu vaqueiro, meu peão,
Conquistou meu coração
Na pista da paixão.

Pouco antes das gravações que inaugurariam o Som Zoom e de Rita se mudar para Fortaleza, ela ligou para Gurgel:

— E o próximo disco da Mastruz, quando sai? Posso te mostrar umas músicas?

— Sim, venha a Fortaleza.

— Não posso, estou doente. Tive pneumonia, estou tomando remédio...

Gurgel então incumbiu Ferreira Filho de ir até Alto Santo buscar as músicas. A bordo de uma veraneio, munido de teclado e gravador, Ferreira foi lá e gravou a própria autora cantando "Meu vaqueiro, meu peão", "Raízes do Nordeste" e "Onde canta o sabiá". Emanoel aprovou assim que ouviu.

— A primeira bala que eu acertei no estúdio foi "Meu vaqueiro, meu peão". Essa música pagou a conta do estúdio, e até hoje paga. Tem vinte anos e ainda toca.

O sucesso de "Meu vaqueiro, meu peão" não deixava dúvida: o forró eletrônico, que também vinha sendo chamado pela imprensa do Sudeste de oxente music, new forró e até de forrock, tinha dominado o mercado e dado à Mastruz com Leite o direito de se autodenominar "a maior banda de forró do mundo". O slogan foi adotado durante uma passagem do grupo pelo interior do Ceará, como conta Emanoel Gurgel.

— Uma vez nós fomos tocar em uma cidade dessas do interior, e a Mastruz tinha umas vinte pessoas, quando as bandas eram todas pequenas, com quatro, cinco pessoas, eram trios. Ficou todo mundo hospedado no segundo andar. A refeição era embaixo, e era só gente descendo pra comer, pra comer, e o contratante preocupado com a conta que ia pagar, porque ia sair da parte que eu pagava pra ele. Aí disse: "Rapaz, foi a maior banda de forró do mundo que eu vi em minha vida." Eu aproveitei "a maior banda de forró do mundo", pegando o outro sentido da coisa. Mas era porque tinha muita gente pra comer, e o cabra preocupado com a conta.

20. Tropa de resistência

> Sou totalmente contra o forró eletrônico, pois o considero um forró lambadeado, mal tocado, mal cantado, que não vale um tostão furado.

EM CARTA ABERTA, Alcymar Monteiro abriu fogo contra os conterrâneos cearenses. Desde *Arrocha o nó*, a Mastruz com Leite já não trazia mais em seus discos músicas de Alcymar. E nem poderia. Depois do episódio com a Continental, e de ver suas músicas tocadas "indiscriminadamente" pelas novas bandas, o Rei do Forró decidiu tomar uma atitude:

– De repente o Ceará inteiro foi invadido pelo nosso repertório. Músicas cantadas com letras erradas, instrumentos desafinados... Percebi que se tratava de gente sem nenhum conhecimento. Escrevi uma carta aberta para proibir essas bandas de cantar minhas músicas.

Outros veteranos reagiram de diferentes maneiras à poderosa onda. Alagoano – que se mudou para o Rio de Janeiro aos treze anos, em busca de trabalho –, Edson Duarte foi para Fortaleza em 1987 fazer a campanha eleitoral de Tasso Jereissati ao governo do Ceará. Resolveu se estabelecer na cidade. Mas não demorou a sentir os efeitos da ascensão da Mastruz.

– Quando o forró eletrônico apareceu, começou a tomar conta dos espaços que eram de pé de serra. Para mim sobraram as beiras das piscinas das casas dos amigos, um pessoal do Detran que gostava de fazer festas.

De nada adiantava o currículo de José Euzébio da Silva, nome verdadeiro de Duarte. Ex-militar que largou a farda para seguir a carreira musical, ele foi influenciado pela amizade que estabeleceu com artistas como Luiz Gonzaga, Ary Lobo, Abdias, os integrantes do Trio Nordestino e Jackson do Pandeiro.

– Jackson era louco por mim, porque eu também tocava pandeiro. Quer dizer, dava pra enganar... Mas ele ficou muito apegado por causa do meu jeito, eu seguia nas pegadas dele.

Sob o primeiro pseudônimo, Pirril, José Euzébio integrou, ao lado de Severo e Parafuso, o grupo Os 3 Cangaceiros – que, com mudanças na formação, se tornaria Os 3 do Nordeste. Mas, depois de seis anos sem o trio conseguir gravar um LP, ele desencantou-se da carreira artística e resolveu trabalhar como bombeiro-eletricista. Ainda assim, continuou soltando a voz aos sábados, no Forró do Moraes, no Rio.

A chance de entrar em estúdio surgiu em 1975, quando o amigo Adolfinho dos Oito Baixos conversou com Pedro Sertanejo e conseguiu que Pirril gravasse um disco na Tropicana. Nessa época, Abdias estava procurando um cantor versátil para fazer um show em Macaíba, no Rio Grande do Norte. Viagem acertada, viagem feita. Na volta, o produtor convidou Pirril para integrar o elenco da CBS, mas propondo que adotasse outro nome. E aí veio Edson Duarte, assinatura estampada na capa de sete LPs na gravadora, o primeiro deles, *Cheguei pra ficar*, dividido meio a meio com Raimundo Nonato.

Duarte tinha deixado a CBS quando resolveu ir para Fortaleza, mas já havia engatilhado a produção de mais um disco, agora pelo selo Chantecler, da Continental. *Homem sempre menino*, lançado em 1988, tinha produção de Oséas Lopes, arranjos de Chiquinho do Acordeon e participações de Hermelinda, Bastinho Calixto e Camarão, entre outros. Mesmo com a concorrência pesada das bandas de forró eletrônico, conseguiu lançar os dois discos seguintes pela Gogó da Ema Discos, de Maceió. Edson Duarte foi ficando na capital cearense até 2004.

– Aí descobriram meu telefone lá em Fortaleza. Quem me achou foi Zinho (ex-integrante de uma das formações de Os 3 do Nordeste): parece que deu uma cócega nele, que resolveu me procurar e me chamar para ir para São Paulo. Forró pé de serra lá no Nordeste começou a ser tido como coisa de velho, você procurava o público de vinte anos abaixo, e cadê?

Para Dominguinhos, a Mastruz com Leite representava a mistura da tradição do acordeom com a febre então recente provocada pelo grupo

Kaoma ("Chorando se foi"), criando assim o "forró-lambada", como definiria em entrevista ao historiador Expedito Leandro Silva, publicada em *Forró no asfalto: mercado e identidade sociocultural*: "A lambada acabou, e o cearense continuou tocando lambada através do baião, isto é, do baião dos anos 1960, que é aquele 'baião quadrado', parecendo um samba. ... Eles passaram a dizer que estavam tocando forró, e, logicamente, as pessoas de bom senso vão perceber quem é que toca forró. Aí tem campo para todos."

Artistas sem a mesma projeção de Dominguinhos tinham visão mais crítica. Acusavam a perda de espaço. Conhecido em seu estado por músicas como o "Forró do funga-funga", o paraibano Manoel Serafim desabafou à Rádio Tabajara, de João Pessoa, em 1996:

As bandas de Fortaleza estão tomando conta da Paraíba. Tô sentindo dificuldade de fazer contrato. As bandas de Fortaleza é tudo de um cabra rico que tem lá. A pancada desses cearenses é diferente do meu forró, de Os 3 do Nordeste, de Dominguinhos. Eles têm dinheiro pra comprar rádio pra tocar, tomaram conta. E como é o dinheiro que manda no Brasil, a gente não pode fazer nada. Eu, pra tocar, tenho que pedir pelo amor de Deus. Eu tenho uma bandinha. Pra fazer uma grande festa, tamos aí. Mas é pra fazer forró de verdade, não esses forrozinho tipo Mastruz com Leite, não.

Outro paraibano, Fuba de Taperoá, acredita que o som que vinha do Ceará nem poderia ser considerado forró:

– O povo é muito esquecido de umas coisas. Você vê que no tempo de Beto Barbosa era lambada. Aquilo caiu, não é? Eles não tiveram a astúcia de ter um nome pra botar na levada que tinham, botaram forró.

O radialista Adelzon Alves engrossou o coro das críticas. Ele lembra a primeira e única vez em que recebeu a Mastruz com Leite no programa que faz na Rádio MEC, *Fole viola*. Puxou conversa sobre a obra de Luiz Gonzaga e, diante do laconismo, passou repreenda em público:

– A vida não começou quando vocês nasceram.

Adelzon faz questão de delimitar diferenças e relacionar os focos de resistência em um dos lados:

– Existe um grupo predador na música nordestina que tem muita força e bota no ar uma coisa altamente destrutiva, que corrói o tecido criado pelos grandes artistas. Mas existe outro grupo que continua a obra do Jackson e do Gonzaga, numa visão atual. É o grupo do Petrúcio Amorim, Maciel Melo, Anchieta Dali, Flávio Leandro, Irah Caldeira, Flávio José, Aldemário Coelho, Eliezer Setton, João Gomes, Eudes Fraga... Eles têm uma obra grande, densa, mas que, com essa invasão, ficou à margem. São eles que formam a resistência.

A "visão atual" de que fala o radialista tem a ver com o fato de alguns desses artistas citados por ele serem fiéis à referência de Gonzaga e Jackson, mas se permitirem juntar outras influências aos elementos rítmicos, sonoros e temáticos da música dos dois. Além de incorporarem livremente novos instrumentos acústicos e elétricos ao trio sanfona, zabumba e triângulo – resultando numa sonoridade mais encorpada –, eles transitam por outros gêneros, o que acaba influenciando a forma de compor e cantar seus forrós, como conta Petrúcio Amorim.

– A partir do momento em que passei a compor, eu não estava voltado só para o forró. De vez em quando eu também pegava o violão e fazia músicas românticas.

Maciel Melo também não tem trajetória dedicada exclusivamente ao forró.

– Antes, eu fazia cantoria, era ligado ao teatro, declamava, era mais eclético e um pouco rebuscado, convivia com essa rapaziada: Xangai, Vital Farias, Décio Marques. Aí percebi que estavam tirando do forró o duplo sentido malicioso, como Genival Lacerda fazia, e colocando umas putarias com a finalidade de chocar. Eu me vi na obrigação de contribuir para a manutenção de nossa identidade, de nossa raiz.

Também poderiam estar na lista de Adelzon Alves os pernambucanos Nando Cordel e Jorge de Altinho, que se tornaram autores de forrós de sucesso depois de passar pela experiência das bandas de baile. Nascido em Ipojuca, cidade litorânea onde fica o balneário de Porto de Galinhas, Cordel (sobrenome artístico de Fernando Manoel Correia) começou a carreira solo mostrando nos bares uma música romântica e telúrica, a exemplo de "Flor de cheiro", seu primeiro hit, e "De volta pro aconchego", a primeira que compôs em parceria com Dominguinhos, sucesso na voz de Elba Ramalho. A amizade com o sanfoneiro, no entanto, faria com que se destacasse com o arrasta-pé "Isso aqui tá bom demais" (que se tornou clássico do forró a partir da gravação de Dominguinhos em dueto com Chico Buarque, em 1985, incluída na trilha da novela *Roque Santeiro*) e o baião "Gostoso demais" (gravado em andamento mais lento por Maria Bethânia no álbum *Dezembros*, de 1986). Outro arrasta-pé, "É de dar água na boca", e o xote "Você endoideceu meu coração" entraram na parada nas gravações de Amelinha e Fagner, respectivamente. Mas a versatilidade de Nando Cordel permite-lhe transitar livremente, até hoje, entre vários gêneros, da salsa ao reggae, até a música new age.

Com passagens por um grupo de rock (The Big Boys), uma orquestra de frevos e um conjunto de chorinho (Cavaco & Viola), o olindense Jorge de Altinho se identificou musicalmente com o forró quando foi trabalhar no interior do estado, em 1974, nas regiões do sertão central, Moxotó, Araripe e São Francisco, como funcionário concursado da Secretaria de Transportes e Comunicações do Estado de Pernambuco.

A vida no interior possibilitou-lhe conhecer por acaso os integrantes do Trio Nordestino e mostrar a eles suas composições. A partir dali, não tinha um disco do grupo que não incluísse um sucesso assinado pelo músico e funcionário público, entre eles "Forró quentão", "Chamego proibido", "Petrolina-Juazeiro" e "Capital do forró". O trio serviu de intermediário entre o compositor e Luiz Gonzaga, que em 1976 gravou uma parceria com Altinho, "Mané Gambá", no LP *Capim novo*. Foi o bastante para que o músico garantisse um posto no reino do forró: *O Príncipe do Baião*, título do primeiro disco dele como cantor, lançado em 1980 pela RGE. No fim dos anos 1970, Altinho conheceu também o caruaruense Petrúcio Amorim, que detalha como conheceu o parceiro e amigo:

– Azulão, lá de Caruaru, foi quem primeiro gravou uma música minha, "Confissões de um nordestino". Na época eu ainda era soldado da Aeronáutica, mas depois disso passei a frequentar mais os bastidores de rádio, lugares aonde iam os músicos. Numa dessas, encontrei o Jorge. Falei que tinha umas composições, e, se fosse do interesse dele, eu poderia mostrar. Aí ele gravou "Disfarce" e "Confidências".

Petrúcio começou a aparecer depois de ganhar um festival de música no IIº Encontro Latino-Americano do Folclore, na sua cidade natal, no qual recebeu o troféu das mãos de Luiz Gonzaga. Em 1984, lançou pela PolyGram o primeiro LP como cantor, *Doce pecado*, de pouca repercussão. Ele ficaria mais reconhecido como o autor de grandes sucessos em vozes alheias, caso de "Tareco e mariola" e "Meu cenário", gravadas por Flávio José, e "Nem olhou pra mim", que ganhou as paradas na voz de Alcymar Monteiro.

– Eu até me ofendia. Estava na estrada tinha tanto tempo, e as pessoas não entendiam, não me reconheciam como intérprete. Mas foi obra do destino, porque aí veio o Flávio José, gravou "Tareco e mariola", e foi um divisor de águas.

> Eu me criei
> Matando a fome com tareco e mariola,
> Fazendo versos dedilhados na viola,
> Por entre os becos do meu velho Vassoural.

Os versos de Petrúcio Amorim chegaram a Flávio José por intermédio de um amigo, filho do falecido Zé Marcolino. Um dia, o compositor recebeu telefonema do cantor e sanfoneiro paraibano falando do interesse em gravá-la. "Tareco e mariola" deu título ao segundo disco do artista e rendeu ao "Poeta do Forró", como Amorim passou a ser chamado, uma visibilidade que ele ainda não havia conhecido em mais de dez anos de carreira.

Essencialmente intérprete, Flávio José tem confessada influência do Trio Nordestino. Mas foi um encontro com Luiz Gonzaga, então no auge do sucesso, que definiu desde cedo seu itinerário na música. Tinha cinco anos de idade quando viajou com a família, da cidade de Monteiro, na Paraíba, para uma visita de fim de semana a parentes em Arcoverde, no interior de Pernambuco. Ali, segundo os pais lhe contaram, ele viu Gonzaga pela primeira vez.

– Luiz Gonzaga fazendo um show à noite, em cima de um caminhão. Eu estava no braço do meu pai, e tudo que Gonzaga tocava eu queria dançar, queria descer. Naquela multidão, meu pai tinha medo de não me achar. Mas insisti tanto que ele se cansou: me botou no chão e logo me perdeu. Aí juntou os familiares para me procurar, e foram me encontrar no pé do caminhão, na grade, olhando Luiz Gonzaga tocar e cantar.

Dali em diante, de tanto pedir, ganhou do pai uma sanfoninha de doze baixos. Aos sete anos já tocava. Aos dez formou um trio de forró com os irmãos; e aos dezessete, "influenciados pela Jovem Guarda", transformaram o trio em conjunto de baile. Mas o forró se tornaria meio de vida bem depois, quando ele, funcionário do Banco do Brasil, se aproveitou de um programa de demissão voluntária e resolveu investir na carreira.

– A gente era uma família muito pobre e não tinha aquele luxo de dizer "Vou guardar pra um museu futuramente", ou ter uma lembrança do início da minha carreira. Precisei vender todas as sanfonas que eu tive pra completar e comprar a próxima. Eu preso no banco, trabalhando, e a turma me ajudando. Um pedia pra tocar numa rádio, outro botava no carro de som, fazia qualquer movimento, arranjava um show… Tive a ajuda de muitos amigos.

O primeiro sucesso foi "Que nem vem-vem", a música de Maciel Melo que já tinha sido gravada pelo Mastruz com Leite em *Arrocha o nó*. Entrou como faixa de *Nordestino lutador*, disco lançado por Flávio em 1994. No ano seguinte, com *Tareco e mariola*, ele conseguiu emplacar nada menos que cinco faixas – a canção-título e "Terra prometida" (ambas também de Maciel), "Quando bate o coração" (Accioly Neto), "Um passarinho" (Nanando Alves e Ilmar Cavalcante) e "Represa do querer" (Noel Tavares e Félix Porfírio).

No auge da febre do forró eletrônico, Flávio José não só conseguia se sobressair fazendo outro tipo de forró, mais fiel às raízes do gênero, como dava visibilidade aos compositores que gravava. Para Petrúcio Amorim, trata-se de mais que um cantor pé-quente:

– Flávio é um grande intérprete, tem aquele feeling, aquela voz matuta, chorosa, que remete à nossa identidade nordestina. Qualquer coisa que ele grave, a tendência é estourar.

Foi o caso de "Espumas ao vento", música do também pernambucano Accioly Neto, que Flávio José gravou em 1997 no disco *Sem ferrolho e sem tramela* – e que depois ficaria conhecida em gravações de Fagner e Elza Soares. Nascido em Goiana, perto da divisa com a Paraíba, Accioly foi vocalista de bandas de baile no Rio de Janeiro, nos anos 1970. Ao voltar para Pernambuco, ficou conhecido pela participação em festivais regionais com seu grupo, Acalanto. Em 1991, parou de cantar em público por causa das sequelas de um grave acidente de carro, mas continuou compondo. A despeito das dificuldades, resolveu gravar um CD independente em 2000 intitulado *Meu forró*. Mas não chegou a terminá-lo. Estava na fase de finalização quando morreu, aos cinquenta anos, em consequência de um aneurisma cerebral – mesmo assim, o disco foi lançado naquele mesmo ano pela viúva, Teresa Accioly. Deixou cerca de oitocentas músicas e dez discos gravados. Além de Flávio José, suas composições foram gravadas por nomes como Elba Ramalho, Dominguinhos, Santanna, Nando Cordel, Jorge de Altinho, Fagner, Mastruz com Leite, Magníficos e Falamansa.

Mas nenhum compositor emplacou até hoje tantos sucessos na voz de Flávio José quanto Maciel Melo. O compositor – que conhece o cantor "desde menino" – traz o forró no sangue. Filho de Mestre Louro, tocador de sanfona de 120 baixos, ele deixou Iguaraci, a 363 quilômetros do Recife, querendo viver de música. Foi parar em São Paulo. A saudade o fez voltar para Pernambuco, mas a viagem pelo menos o inspirou a compor a música que se tornaria um de seus grandes sucessos. "Caboclo sonhador", registrada pelo autor em 1998, no disco *Jeito maroto*, mas que também tinha se tornado conhecida do público, dois anos antes, na voz do cantor e sanfoneiro da cidade de Monteiro, que a gravou no terceiro disco.

> Sou um caboclo sonhador,
> Meu senhor, viu?
> Não queira mudar meu verso.
> Se é assim, não tem conversa,
> Meu regresso para o brejo
> Diminui a minha reza.
> Coração tão sertanejo...

– Toda a letra de "Caboclo sonhador" remete a São Paulo. Eu fui para lá, por volta de 1982, para viver de música. Tocava nos bares do Bexiga e morava em pensionato. Ganhava pouco e estava quase conseguindo um emprego na editora Vozes, quando pensei: "Poxa, eu vim aqui para ser artista." A música foi um desabafo em relação ao meu destino.

"Caboclo sonhador" ganharia outras interpretações. Entre elas a do cearense Waldonys. Filho de tocador de sanfona, como Maciel, Waldonys seguiu os passos do pai – músico amador – e o ultrapassou. Encantou Dominguinhos e foi apresentado por ele a Luiz Gonzaga, que em 1988 o chamou para participar da faixa "Fruta madura", do disco *Aí tem*. O elogio dirigido pelo Rei do Baião ao menino-prodígio cearense e registrado na gravação ("Esse Waldonys é muito atrevido. Quinze anos de idade, já tocando desse jeito. É muito atrevimento!") foi um aval e tanto para a carreira, retribuído no título do primeiro disco do sanfoneiro e cantor de Fortaleza, *Viva Gonzagão*, de 1992.

O próprio Alcymar Monteiro também poderia se juntar a esses na lista de resistentes. Cearense do município de Aurora, em 1980 ele tinha gravado por conta própria o disco *Ave de arribação* e passara três anos andando com ele "debaixo do braço". Chegou a se mudar para São Paulo, onde "cantava na noite, e de dia peregrinava pelas portas de gravadoras", até que conseguiu fechar com a RGE em 1984.

Ave de arribação alcançou boa repercussão no Recife, o que levou o cearense a se estabelecer na capital pernambucana. Foi lá que teve oportunidade de abrir um show de Luiz Gonzaga na casa Cavalo Dourado. Nos bastidores, entregou um disco a seu Lua. Queria uma opinião e uma ajuda no prosseguimento da carreira.

– Tô levando seu disco. Se for bom, eu digo. Se não for, eu digo também. Daqui a quinze dias você me procure lá no hotel.

Duas semanas depois, lá estava Alcymar no hall do hotel, onde foi atendido por Gonzaga. Ele gostou do que ouviu, mas fez uma ressalva.

– Não é muito forró, não, né?

– É porque essa é uma fase de transição, eu quis usar uns elementos urbanos.

– Que nada! Forró é rural, não tem que ser urbano...

Gonzaga se prontificou a falar com o maestro Chiquinho para produzir o próximo disco de Alcymar, do qual também queria participar, "pra ficar mais autêntico, dentro das coisas do Nordeste". E lhe entregou duas músicas em uma fita cassete, "Cantiga de vem-vem" e "Roendo unha", sem a sanfona, só ele cantando, batendo em uma mesa. Recomendou:

– Cante do jeito que está, não mude nada.

Pouco tempo depois, combinaram a gravação no Rio de Janeiro, para a época em que Gonzaga estaria lá também fazendo seu disco. O registro do dueto foi no estúdio Transamérica, "numa terça-feira, às dezenove horas". Promessa cumprida, seu Lua foi embora e esqueceu o gravador. Ligou depois dizendo que voltaria na semana seguinte para buscá-lo.

E voltou:

– Vim buscar meu gravador e trouxe uma lembrancinha.

Com ele estava Marinês, disposta a dar sua colaboração ao jovem forrozeiro. Pisando em nuvens, Alcymar tratou logo de achar uma música que desse certo na voz dos dois. Escolheu "Diz paixão", um forró que já tinha oferecido ao Trio Nordestino e outros, sem que ninguém se interessasse por ele. Deu certinho. E foi assim que o cantor teve o privilégio de contar, num mesmo disco – batizado de *Forroteria* –, com a participação do Rei do Baião e da Rainha do Xaxado.

Alcymar tornou-se amigo de Gonzaga e tomou-o como padrinho de um dos filhos, Júnior. Nessa camaradagem, em 1987, seu Lua incluiria uma composição do compadre, "Festa de Santo Antonio", no LP *De fiá pavi*, e participaria ainda de outro disco de Monteiro, *Rosa dos ventos*, cantando com ele "Cor de canela" (Alcymar e João Paulo Jr.).

– Ele me ensinou muita coisa. O que dizer, o que não dizer, como se comportar, como se relacionar com a imprensa. E principalmente: "Cuidado com as modas. Moda é como sapato velho, quando não serve mais a gente joga fora."

* * *

A moda Mastruz com Leite atravessava os anos 1990 com a força de um furacão. Os três primeiros discos acumulavam, no início de 1994, mais de 1 milhão de unidades vendidas, e outros dois já estavam engatilhados, *Rock do sertão* e *Flor do mamulengo*. Para julho daquele ano, a banda tinha agendadas duas semanas de apresentações no Canecão, no Rio de Janeiro.

O avanço para além das fronteiras do Ceará havia se dado de forma gradual. Depois dos shows em Araripina e Mossoró, Gurgel se sentiu animado a ir em frente. Foi descendo o litoral do Nordeste, capital por capital. A primeira parada foi em Natal, no Clube da Companhia de Eletrificação do Rio Grande do Norte, numa festa promovida em parceria com o produtor local Valmir Mendonça. O primeiro lote de mil ingressos foi vendido por antecipação. Na noite da festa, pouco antes da uma da manhã, outras 6 mil pessoas tinham comprado entrada, mas a portaria não dava vazão. O público, injuriado, derrubou a cerca que protegia o clube e passou por cima com os ingressos na mão. Alguém perguntou:

– O que é que a gente faz, Emanoel?

– Pode tocar as cinco horas de festa, não tem nem o que conversar. Deixa a cerca aí, depois resolve.

Para entrar no Recife, o empresário foi mais ousado. Arrendou a casa Cavalo Dourado – onde Alcymar Monteiro abrira show de Gonzagão dez anos antes e que estava fechada havia algum tempo – para promover forrós todos os domingos. Além disso, arrendou a programação de uma emissora, a 102 FM 7, de Jordão Alves, com o intuito de fazer um projeto igual ao Forrozão 93. Mas, como a Cavalo Dourado ficava em área nobre da cidade, acabou atraindo público das classes A e B, o que lhe permitia cobrar quatro vezes mais que em Fortaleza.

O acerto com o então proprietário da emissora era pagar a compra em parcelas mensais, ao longo de um ano.

– Aí eu fazia o forró e na segunda-feira eu pagava a parcela. E paguei a rádio todinha sem botar um centavo do meu bolso. Nem o dinheiro eu levava. Todo domingo de manhãzinha eu pegava o avião e ia pro Recife; de noite, vinha de volta.

Mas a do Recife não foi a única emissora dominada por Emanoel Gurgel. Revoltado com o esquema de jabás imposto pelas rádios – que recebiam o pagamento e "não honravam" o acerto –, resolveu arrendar estações e montar um sistema no qual ele mandava a programação musical a partir da sede da Som Zoom, lá no Passaré. Quem cantou a bola foi o amigo e locutor João Inácio Jr., dono da Banda Malícia e apresentador da Verdes Mares AM 810, agenciada pelo empresário.

– Rapaz, você tem que botar uma rede de rádio.

– Como é esse negócio, João?

– Você contrata a Embratel e tudo, joga no satélite, e as rádios pegam o som. Existe um aparelho...

– Vou atrás de montar, quando tiver pronta eu lhe chamo pra gente fazer um negócio.

Para entender melhor o funcionamento, contou mais uma vez com o auxílio de Trigueiro Neto – que, além de entender de estúdio de gravação, tinha trabalhado por muitos anos como técnico na Telebrás – e de Carlão, encarregado de descobrir o melhor sistema de transmissão. O método chamava-se One Way, da empresa Consat, e o aparelhinho que Gurgel precisava adquirir tinha o nome de Constrim. A rádio Som Zoom Sat não demorou a entrar no ar, e, um ano e meio depois, formou rede de 113 emissoras em quinze estados, todas transmitindo o conteúdo musical gerado a partir da sede da Som Zoom.

Esse conteúdo era, basicamente, as músicas dos artistas e bandas que estavam sob a tutela do empresário cearense: Mastruz com Leite, Mel com Terra, Rabo de Saia, Cavalo de Pau e três novas, Catuaba com Amendoim, Calango Aceso e Balaio de Gato (na qual ele dizia ter reunido todos os músicos que criavam problemas nas outras bandas, daí o nome). Gravavam pela Som Zoom e eram agenciadas por ele as bandas Som do Norte (de Rita de Cássia e do irmão, Redondo), Malícia, Styllus e as bandas de João Bandeira e Paulo Nei – justamente as que tinham inspirado essa história toda. Nos anos seguintes, a Som Zoom chegaria a ter 45 produtos.

A empresa também se tornaria responsável por 8,4% do mercado nacional de CDs, fazendo até com que uma fábrica de discos se instalasse em

Fortaleza, a Sempre Mais. Emanoel Gurgel era puro entusiasmo, como conta Marcílio Mendonça:

– Se ele comentava com alguém sobre uma nova música de algumas de suas bandas, em vez de pedir que lhe trouxessem a fita ou o disco para mostrar, ligava para a rádio e dava ordem para que a tocassem naquele momento.

O domínio da Som Zoom Sat se estendeu por toda a década de 1990. Enquanto isso, a Mastruz com Leite percorria o Brasil, se apresentando em lugares que os cinco rapazes reunidos por Gurgel no restaurante da Cactus, em 1990, não conseguiriam nem imaginar. Além do Canecão, no Rio, a banda passou pela casa noturna Olympia, em São Paulo, palco de shows internacionais de rock e blues; tocou em cima do trio elétrico no carnaval de Salvador, em 1995; fez o então bem-sucedido circuito dos carnavais fora de época, as micaretas; era vista com frequência nos principais programas de televisão do país, como *Domingão do Faustão* e *Xuxa Park*, na Globo, e *Hebe* e *Veja o Gordo*, no SBT, e entrou como atração principal das festas juninas de Campina Grande e Caruaru – além disso, todos os anos, cumpria agenda intensa em cidades da Bahia durante o mês de junho e parte de julho.

* * *

EM SETEMBRO DE 1997, a revista *Veja* publicou a reportagem "A farra do forró: bailes nordestinos viram moda no sul do país e fazem a festa dos jovens da classe média". A matéria não se refere às bandas cearenses, e sim aos grupos formados por jovens de classe média do Sudeste, principalmente de São Paulo, que reivindicavam uma volta ao forró autêntico e encontravam adeptos entre o público universitário da região. A febre, conta a repórter Ana Pessoa, começava nos balneários badalados, como Jericoacoara, no Ceará, e Trancoso, na Bahia. "Muita gente aprendeu a dançar durante as férias nesses lugarejos e agora aproveita para se exercitar nos bares da moda da capital", revela à repórter o empresário Guilardo Veloso, dono de uma casa noturna em Belo Horizonte.

O movimento que enaltecia a volta ao forró à base de sanfona, zabumba e pandeiro começou a ser esboçado nos primeiros anos da década de 1990, em São Paulo. Ao mesmo tempo, em Itaúnas, no litoral capixaba, o Bar Forró, aberto em 1989, tinha caído nas graças dos jovens turistas que frequentavam o balneário – isso acontecia desde que os donos do bar resolveram contratar o sanfoneiro Luiz Geraldino, da vizinha São Mateus, para animar as noites do estabelecimento. Pouco a pouco a febre alcançaria estados vizinhos, como Rio de Janeiro, Minas Gerais, Espírito Santo, inicialmente, até chegar também ao Paraná e a Santa Catarina.

Em São Paulo, alunos da Universidade de São Paulo (USP), da Fundação Armando Álvares Penteado e da Pontifícia Universidade Católica tinham transformado em ponto de encontro as festas promovidas pela dupla Paulo Rosa e Magno de Souza, estudantes universitários como eles. Paulo, típico paulistano, sem nenhuma ligação familiar com o Nordeste, apaixonou-se pela música da região depois de assistir ao show *Cantoria*, com o pernambucano Geraldo Azevedo, o paraibano Vital Farias e os baianos Xangai e Elomar.

Comprar discos de música nordestina passou a ser um hobby para ele. Depois da primeira aquisição, um exemplar de *Gostoso demais*, de Dominguinhos, o estudante virou frequentador assíduo de sebos de São Paulo, em busca de discos com um tipo de música difícil de ser encontrado nas lojas convencionais. Conseguiu cumplicidade do colega Magno, que, como ele, estava em busca de lugares onde pudesse dançar o forró. A única alternativa eram aqueles frequentados por migrantes nordestinos. Não tinham nada contra, mas Paulo Rosa percebia que o público habitual desses lugares se sentia incomodado com a presença dos rapazes de classe média.

– Ninguém da minha geração gostava de forró, principalmente onde a gente circulava. Então, pensamos: "Se não tem, vamos fazer um forró!"

Decidiram promover festas. Para atrair um público que não conhecia forró, simplesmente não anunciavam o tipo de música que seria tocado, "senão ninguém ia". A noitada começava com o som mecânico, de tudo um pouco. No meio da noite, entrava o Trio Sabiá, formado por três autênticos nordestinos – João Oliveira de Almeida, o baiano Tio Joca; o pernambucano José Menezes de Bezerra Filho, o Zito; e o sergipano José Aluízio de Jesus Cruz – que tinham se encontrado em 1984, no extinto Forró de

Pedro Sertanejo, de quem Tio Joca era irmão. Passada a surpresa, todo mundo caía no forró. Ou tentava, segundo Paulo:

– Dos homens, só eu e Magno era quem sabia dançar. Então, era uma fila de mulher pra dançar, uma felicidade...

As festas ocorriam sem frequência determinada até 1995, quando passaram a ser semanais, no Espaço Cultural Projeto Equilíbrio, na rua Eugênio de Medeiros, em Pinheiros, às quintas e aos sábados, sempre com atrações ao vivo. Às sextas-feiras, a moçada tomava outro destino: o campus da USP, onde também semanalmente já vinham ocorrendo festas animadas pelo Trio Virgulino, liderado pelo sanfoneiro Enoque Virgulino. A essa altura, a coisa chegou ao ponto em que alguns frequentadores não se satisfaziam somente em dançar, queriam estar em cima do palco. E aí começaram a surgir os grupos de forró formados pelos próprios universitários, como o estudante de publicidade Ricardo Ramos Cruz, mais conhecido como Tato.

– Antes do movimento, eu era mais envolvido com MPB. O forró, para mim, se baseava nas regravações, através de Gil, Elba, Fagner, Zé Ramalho... Mas eu não tinha essa aproximação familiar que faz as pessoas conhecerem mais cedo.

Em 1994, Tato começou a ir aos forrós em São Paulo para dançar e rever pessoas que tinha conhecido nas férias em Itaúnas. Foi ali que tudo começou, recorda ele:

– Conhecer Itaúnas foi o primeiro passo que me levou ao forró. Em 1992, foi o momento em que Itaúnas começou a ser descoberta pela galera universitária. E essa galera que ia lá vinha plantar isso aqui, no meio deles. O cara era de um DCE e fazia festa pra relembrar.

A partir daí, Tato passou a se envolver, atuando como produtor dos eventos e distribuindo panfletos. Gostava de cantar e tocar violão, mas nunca tinha feito isso profissionalmente; também compunha sem ser músico, apenas porque gostava de escrever. Mas foi o bastante para, dois anos depois, ele criar o próprio grupo, Falamansa, um dos principais representantes do chamado forró universitário.

Quando lançou o primeiro CD, *Deixa entrar*, pela Deckdisc, em 2000, o Falamansa já estava afiado nos palcos do circuito forrozeiro de São Paulo e adjacências. Um ano após o lançamento, o estouro: 1 milhão de cópias vendidas, puxado pelos sucessos "Rindo à toa" e "Xote dos milagres" (ambos de Tato). Era o princípio de uma carreira que, em 2012, contabilizava nove discos lançados – um deles para a série *MTV ao vivo* e uma homenagem aos cem anos de Luiz Gonzaga, *As sanfonas de Gonzagão*.

O mesmo caminho foi tomado pelos amigos Daniel Teixeira, Janaína Pereira e Potiguara Menezes. Todos nascidos em São Paulo, filhos de baianos, eles conseguiram, sob o nome de Bicho de Pé, vender 125 mil cópias do CD *Pé nas nuvens*, lançado em 2001. Além de "Nosso xote", composição de Janaína que se tornou o grande sucesso do grupo, o repertório incluía desde "ABC do sertão" (Luiz Gonzaga e Zé Dantas) até um pot-pourri de "Ando meio desligado" (Rita Lee, Arnaldo Baptista e Sérgio Dias) e "Ovelha negra" (Rita Lee) em versão forró.

– Eu já tocava em outras bandas de forró amadoras e ia muito dançar. Potiguara também. Então, nós nos encontramos nos bailes, no salão. Aí resolvemos montar uma banda profissional de forró e convidamos a Janaína para ser vocalista.

A cantora estava sempre nos bailes, mas no palco. Trabalhava como backing vocal dos músicos Chica Brother (que mais tarde passou a integrar o Bicho de Pé) e Miltinho Edilberto. O primeiro era um músico experimentado, que tinha descoberto no forró universitário um promissor campo de trabalho e até inventara um instrumento para incrementar o gênero, a zabumbateria, feito com zabumba e peças de bateria; o segundo, violeiro de Mirandópolis (na divisa de São Paulo com Mato Grosso do Sul), tinha se apaixonado pelo forró antes de ele cair no gosto dos universitários paulistas.

Ao mesmo tempo (e com o mesmo perfil) que Falamansa e Bicho de Pé, surgiam grupos como Rastapé, Swing de Palha, Baião D4... (fenômeno que se dava simultaneamente no Rio de Janeiro, onde começavam a fazer sucesso bandas como Forróçacana e Forró Paratodos). E o forró, antes restrito à colônia nordestina na capital paulista, botava a classe média para dançar; invadia bares dos bairros de Vila Madalena e Pinheiros e os espaços para shows de grande porte na cidade, como Credicard Hall, Via Funchal, Palace; provocava a abertura de casas especialmente voltadas para o gênero, como Remelexo e Canto da Ema (dos pioneiros Paulo Rosa e Magno de Souza), ambas em Pinheiros – as duas se mantêm abertas como redutos do forró de raiz, mas a região chegou a ter cinco casas do tipo na época do estouro do Falamansa.

Em todos esses lugares, o que se via era um público completamente diferente do que frequentava o Forró de Pedro Sertanejo e os que o sucederam. No auge do forró universitário, nordestinos e seus descendentes, moradores de periferia da capital paulista, buscavam diversão nas festas promovidas pelo Centro de Tradições Nordestinas – criado em 1991, no bairro do Limão, zona norte da cidade – ou em casas noturnas como o Centro de Lazer Patativa, em Santo Amaro; a Expresso Brasil, no Jardim Aricanduva, onde o forró eletrônico dividia espaço com funk, axé e pagode; ou no Brilho da Lua Show, casa aberta em 1996, na rua Celso Garcia, em Belenzinho, próximo ao endereço onde o Forró de Pedro Sertanejo viveu seu auge, também dominada pelo tipo de forró difundido a partir do Ceará.

Musicalmente, as bandas de forró universitário não impressionaram os forrozeiros da velha guarda, como Dominguinhos:

– Só botaram o nome forró universitário pra chamar a atenção, mas é sanfona, triângulo e zabumba tocando xote, baião etc. Em termos de mercado, há uma mudança, porque o pessoal vai atrás dessas novidades. Mas na verdade é a mesma coisa do pé de serra, não tem pra onde ir. Pode ter um zabumbeiro tocando com uma batida diferente, mas no final é o xote e o baião.

O próprio Dominguinhos se tornou um dos principais incentivadores da moçada, aceitando todos os convites das bandas para tocar e participar de discos. Assim como Elba Ramalho, que, em show no Canecão, abriu espaço para a iniciante Forróçacana.

– O Forróçacana estava começando e ainda não tinha tido a explosão e a oportunidade de cantar numa casa como o Canecão. Eu chamei o grupo pra abrir meu show, e ali foi o boom na carreira deles. A partir dali eles gravaram e estouraram.

Ao mesmo tempo, o forró universitário tinha o mérito de abrir mercado para os trios que já existiam, como o Trio Sabiá, Trio Virgulino, Trio Forrozão e Trio Nortista. Em 2002, no auge do fenômeno, Tio Joca, voz e triângulo do Sabiá, declara exultante à revista *IstoÉ*: "Até o final de 1995 era um sufoco para sobreviver. Hoje temos quinze shows por mês, cobrando 4 mil reais cada." Na mesma reportagem, Bastos Brilhante, cantor do Forrozão, completa: "Antes disso, trabalhávamos em outras atividades para conseguir pagar as contas." E não só isso: depois de dez anos tocando todo fim de semana na Feira de São Cristóvão, no Rio de Janeiro, o Forrozão teve a chance de gravar o primeiro CD em 1998, favorecido pela onda levantada pela moçada paulista. Gennaro também comemorou o surgimento da nova onda de forrozeiros: "O forró tava ficando muito velho, ainda bem que surgiu essa turma no Sudeste. O bom é que eles trazem os jovens, e nós temos a história: aí fica tudo certo."

Até o zabumbeiro Chiquinho Queiróz – conterrâneo de Pedro Sertanejo que se mudou para São Paulo em 1954 e teve oportunidade de tocar com Luiz Gonzaga por seis anos – se animou. Com nova formação, retomou o Trio Nortista, que ele criara com o sanfoneiro Jonas Andrade no fim dos anos 1960. Nos camarins do Canto da Ema, numa movimentada noite de 2011 em que Dominguinhos era a atração principal, o veterano observava Tato conceder entrevista quando o interrompeu e, com humildade, falou:

– Olhe, eu sou seu fã, viu?

Sem jeito, Tato respondeu:

– Que é isso?! Eu é que sou seu fã...

★ ★ ★

NÃO ERA SOMENTE a juventude paulistana que estava interessada na música de raiz nordestina. Na mesma época, na Paraíba, as irmãs Lucyane, Laryssa e Lizete Pereira Alves chamavam atenção quando davam os primeiros passos sob o nome de Clã Brasil. Filhas de músicos e estudantes de música desde a infância, ainda meninas, as irmãs formaram o grupo espontaneamente, sob a influência do pai, José Hilton Alves, o Badu, criado na cidade de Itaporanga, no sertão paraibano, ao som do fole de oito baixos do avô e da sanfona do tio Biu.

No princípio, tocavam chorinho e outros gêneros musicais, mas aos poucos foram orientando o repertório especificamente para os ritmos regionais, como conta Lucyane, sanfoneira e vocalista:

– Desde crianças convivemos com o forró, ouvindo, dançando, cantando.. Então, o que fazemos hoje é algo natural para nós.

Badu não só incentivou, mas também passou a acompanhar as filhas, tocando violão de sete cordas. A mãe, Maria, também se integrou à trupe, tocando triângulo e fazendo vocais. Pouco depois, Fabiane Fernandes entrou no grupo por intermédio do pai, maestro Chiquito, que tocou zabumba nos primeiros anos do Clã. Bastaram alguns shows em João Pessoa para a formação familiar ganhar a admiração e o apoio dos seguidores do chamado forró de raiz. A zabumbeira e percussionista Laryssa lembra:

– Pinto do Acordeon foi o primeiro artista a nos apoiar e declarar, na sua participação em nosso primeiro disco, que "essas meninas vão longe".

Referia-se ao sanfoneiro paraibano que, após se destacar na onda do duplo sentido da década de 1970, com "Arte culinária" ("Eu gosto, gosto do cozido dela"), tinha emplacado um sucesso nacional nos anos 1980, "Paixão de beata", graças à exposição produzida pela inclusão na trilha de *Tieta*. "Tem que ser pra ser", de Pinto, está no disco de estreia do grupo, *A sedução do clã*, lançado em 2002. Os outros três CDs lançados nos anos subsequentes – com composições próprias ou clássicos do forró pé de serra – ajudaram o som das meninas a ir ainda mais longe. Tanto que, quando foram apresentadas a Dominguinhos, durante um encontro de sanfoneiros em Recife, tiveram o prazer de ouvi-lo dizer que já as conhecia, porque Sivuca havia comentado e elogiado o trabalho delas. O sanfoneiro paraibano proporcionou um momento emocionante ao grupo, relembrado por Lucyane:

– Ele gravou uma participação em nosso primeiro DVD, de 2006, mesmo tendo se submetido poucos dias antes a uma cirurgia na garganta para aliviar a doença que interrompeu sua vida terrena. Então, quando fomos agradecer sua presença, ele simplesmente falou: "Vocês merecem."

Mas pouco antes que o Clã lançasse o primeiro disco, o sucesso de "Esperando na janela", em 1999, já tinha demonstrado que, a despeito da invasão eletrônica, o forró tal e qual Luiz Gonzaga o criara mantinha um forte apelo popular. Incluída na trilha sonora do filme *Eu, tu, eles*, de Andrucha Waddington, a música revelou ao Brasil o sanfoneiro e cantor pernambucano Targino Gondim. Ele recorda o momento em que recebeu a visita da inspiração:

– Eu estava cantando "Daquele jeito", de Gonzaga, no chuveiro ("Eu não sabia que a Maria me amava. /Eu nunca notei, eu nunca notei. /Também dizia /Que não me apaixonava, /E me apaixonei, e me apaixonei."). Quando terminei, veio o refrão inteiro de "Esperando na janela". Terminei com mais dois parceiros e gravei no meu quarto CD.

No ano em que o disco saiu, uma equipe rodava em Juazeiro o filme *Eu, tu, eles*, e o diretor precisava de um sanfoneiro para participar de uma cena. Alguém da cidade que estava na equipe de produção não teve dúvida: "Vamos atrás de Targino que ele toca tudo que a gente pedir." O diretor, no entanto, ao ver o rapaz, não o achou adequado para o pequeno papel:

– Esse menino não tem cara de sanfoneiro.

Targino foi descartado. Mas Zeca Targino, pai orgulhoso do sanfoneiro que tinha em casa, não cansava de divulgar o trabalho do filho. Chamado para ser motorista na produção do filme, andava sempre com alguns CDs na mão para distribuir. Por isso, quando atores e técnicos se reuniram em um forró para comemorar o aniversário da figurinista e viram o rapaz tocando, reconheceram-no de imediato. A atriz Regina Casé chegou até ele:

– Você é filho de seu Targino?

– Como você sabe?

– Ele me deu o CD.

– Você já ouviu?

– Não...

– Então você vai ouvir agora.

Targino Gondim mandou "Esperando na janela". No dia seguinte foi chamado para filmar. Regina ficou tão encantada com a música que pediu que ele a tocasse numa cena em que ela aparece dançando. Quando chegou ao Rio e encontrou Gilberto Gil, que estava finalizando a trilha sonora da fita, ela falou do jovem sanfoneiro que conhecera:

— Gil, você tem que ouvir a música do Targino. É a música do filme.

A música emplacou, mas o sanfoneiro e Gil só foram se conhecer na época do lançamento de *Eu, tu, eles*, no Rio de Janeiro. O baiano ensaiava o show baseado no disco feito para o filme e disse a Targino que o queria cantando com ele em algumas apresentações. Não demorou para que o Brasil inteiro passasse a cantar (e dançar) "Esperando na janela". Trinta e oito anos depois de chamar a atenção do público para Dominguinhos, Gilberto Gil fazia o mesmo com o tocador de sanfona de Juazeiro. Depois disso, o próprio Dominguinhos tratou de se aproximar de Targino Gondim.

— Quando as coisas foram acontecendo em minha vida, e eu estava seguindo um caminho que é o que o próprio Dominguinhos acredita, ele veio e encostou em mim. E eu, que já era doido pra ficar na aba dele, fiquei no pé. Tinha aquela coisa de ele ser o substituto do Gonzaga... A gente foi vendo os shows um do outro, se encontrando. Aumentou minha adoração por ele, e hoje ele é meu fã.

O talento de Targino, filho, teve origem na paixão do pai. O caminhoneiro Zeca Targino apareceu em casa com uma sanfona que comprara em suas andanças estrada afora. Não sabia tocar, mas, admirador de Luiz Gonzaga, tinha esperança de um dia conseguir dedilhar as canções do ídolo. O instrumento ficou guardado até a hora em que Zeca recebeu a visita de Eugênio, irmão adotivo de Gonzaga, que soubera que ele tinha a tal sanfona e vinha se oferecer para lhe dar aulas. Uma honra para o motorista, já que Eugênio tinha aprendido a tocar o instrumento com o próprio Rei do Baião, numa temporada que passara na casa dele, no Rio de Janeiro.

O empenho do caminhoneiro acabou influenciando o filho. Aos doze anos, Targino se apossou do acordeom e aprendeu com tanta rapidez que logo estava tocando pelas festas do bairro de Santo Antônio, na cidade de Juazeiro, para onde a família, natural de Salgueiro, tinha se mudado dez anos antes, fugindo da seca. A fama do jovem sanfoneiro se espalhou, e logo ele era chamado para tocar em festas de Juazeiro e Petrolina, como aquela a que compareceu a equipe de *Eu, tu, eles*.

* * *

O FORRÓ UNIVERSITÁRIO se firmou à medida que a Mastruz com Leite caminhava para a saturação. A superexposição da banda criada por Emanoel Gurgel acabou abrindo caminho para concorrentes que até então não tinham tanta visibilidade, como Forró Maior, criada em Fortaleza pelo empresário Assis Possidônio, com o nome de Forró Maior de Campina Grande, quase ao mesmo tempo em que nascia a Mastruz com Leite – mas que nunca repercutiu além do Nordeste. E também para o surgimento, nos anos seguintes, de grande número de bandas que seguiam o mesmo padrão da Mastruz na música, na forma de apresentação, na estrutura de base empresarial e, às vezes, nos nomes inusitados: Magníficos, Brucelose, Calcinha Preta, Garota Safada, Café Coado, Caviar com Rapadura, Cavaleiros do Forró, Gatinha Manhosa, Limão com Mel, Noda de Caju, Solteirões do Forró, Saia Rodada, Mulheres Perdidas, Lagosta Bronzeada, Baby Som, Brasas do Forró, entre outras, invadiram o mercado. A Som Zoom enfrentou com galhardia os seguidores da Mastruz com Leite, mas acabou vencida pela pirataria. Todo o sistema montado por Emanoel Gurgel desmoronou a partir de 1999, quando surgiram as emissoras de rádio ilegais e se intensificou a fabricação de CDs falsificados.

Nos primeiros anos, lançar um disco por semestre era uma forma de driblar a ação dos piratas. Quando descobriu que "o chinês lá em São Paulo" levava de quatro a cinco meses para colocar no mercado a cópia de um disco seu, Gurgel encontrou uma saída: assim que o falsificador começasse a vender o disco da Mastruz, um lançamento já chegaria às lojas, o que desvalorizava automaticamente o produto falsificado. Mas à medida que foram se tornando mais fáceis os meios de cópia, o empresário perdeu o controle. Principalmente porque agora os piratas criavam coletâneas em que incluíam os maiores sucessos de todas as bandas.

– Eu tinha vinte produtos estourados, aí ele tirava a melhor música de cada um e fazia um CD com as vinte, matando vinte CDs meus de uma só vez. A Som Zoom começou a arriar, arriar, arriar, e eu a pagar conta. Perdi aproximadamente 30% do patrimônio, só pagando conta pra desmanchar todo o circo feito. Eu tinha que encerrar contratos que eram de um ano e tinham ainda seis meses pela frente. Para fechar, eu devia pagar esses outros seis meses.

A Som Zoom encolheu. O sistema de rádios foi reduzido a oito emissoras. O número de CDs vendidos a cada mês, que era entre 250 e 300 mil, minguou para mil. Os 528 funcionários que tinham carteira assinada na empresa passaram a ser apenas 120. Das treze bandas, ficaram somente a Mastruz com Leite, Cavalo de Pau e Doce Aventura. As casas de shows, arrendadas ou próprias, a partir daí, podiam ser contadas nos dedos de uma das mãos: Casa de Forró, em Fortaleza; Parque de Vaquejada Mastruz com Leite e Estação Forró, na cidade de Pentecostes; Parque do Vaqueiro, em Caucaias, e o Forrozão em Caruaru.

Emanoel Gurgel decidiu então entregar aos filhos os negócios relacionados à música e se recolher à fazenda Mastruz com Leite, próxima a Fortaleza – assim batizada não por acaso, já que foram os lucros obtidos com a banda que lhe permitiram comprá-la. Ali, passou a se dedicar a um novo negócio: a fabricação de briquete, um tipo de lenha reciclada a partir da mistura de madeiras descartadas.

– O produto que mais tem mídia no mundo, hoje, se chama "equilíbrio do sistema". Existe uma porção de gente batalhando para termos o equilíbrio do planeta, é uma mídia nos quatro cantos do mundo. De novo, estou aproveitando o que os outros estão fazendo e tirando vantagem pela mídia que tem.

Em 2012, Emanoel lançou mais um empreendimento, o título de capitalização Mastruz da Sorte, e anunciou, em fevereiro, que por "questões de planejamento estratégico e mercadológico", voltaria "lentamente" a comandar a Som Zoom. Confiante no plano de reerguer a carreira da Mastruz com Leite e da Cavalo de Pau, afirmou em entrevista ao programa *Sábado alegre*, da TV Diário, exibido em julho: "Quem inventou o termo 'forró de plástico' pensou de forma pejorativa. Eu prefiro usá-lo no sentido positivo de reciclável, de algo que vai e volta."

Mas o forró eletrônico não foi uma fonte que se esgotou naquele momento em que Emanoel Gurgel resolveu sair de campo. Outros empresários continuaram a lucrar com o negócio. Muitos deles ex-funcionários da Som Zoom, a exemplo de Isaías Duarte. Por três anos ele serviu café e trabalhou como zelador na empresa de Gurgel. Em 2003, em sociedade com

Zequinha Aristides, criou a própria banda, Aviões do Forró. Repetindo os passos do ex-patrão, impulsionado pelo sucesso do grupo, três anos depois fundou a empresa A3 Entretenimento, tendo como sócios André Camurça, Roberto Saraiva e Celso Luiz, que em 2001 deixaram a sociedade.

Com a A3, Isaías CD, como é conhecido, hoje controla as bandas Aviões do Forró – nome principal do elenco da empresa –, Forró do Muído, Forró dos Plays e Solteirões do Forró; as casas de show Kangalha e Galpão G4, ambas em Fortaleza; e as rádios A3 FM e Rádio 100 – a primeira toca axé, pop, sertanejo e forró; a segunda, forró e música popular. Para chegar lá, Isaías inovou: passou a distribuir gratuitamente os CDs. Em entrevista ao jornal *O Povo*, o empresário resumiu a fórmula do próprio sucesso:

> Quando notei a pirataria crescendo, vi que não se vendia mais disco. Pensei: "Vou é dar!" É uma moeda que vai e volta. Dou o CD e volta na bilheteria. Todos os donos de loja me procuraram perguntando se eu tava maluco. Diziam que ia acabar com as lojas. Mas quem ia acabar, e acabou, era a pirataria. Quando criei dar porcentagem pro cantor pra ele passar a ser dono de banda também, todo mundo me odiou de novo. Nas minhas bandas, todo mundo é sócio. Se isso viesse acontecendo desde o início, a Mastruz estava com a frente dela até hoje.

A gravação ao vivo se tornou uma forma de baratear esses discos que chegavam ao público de graça. Aviões do Forró estreou em 2003 com o CD *Lamparinas ao vivo*, apostando na fórmula do vocal dividido entre um cantor e uma cantora, muitos teclados e metais, e letras ora maliciosas, ora decalcadas da chamada música romântica brega. "Não é nada disso" é exemplo do primeiro caso:

> Abre as pernas e senta em cima dela.
> Abre bem as pernas e senta em cima dela.
> Não é nada disso que você está pensando.
> Não é nada disso que você está pensando.
> É da bicicleta que eu estou falando.

Formadas espontaneamente, duas bandas se consolidaram como as principais rivais da Aviões do Forró. Criada em Aracaju em 1995 pelos irmãos Gilton e Wilamis Andrade, a Calcinha Preta vendeu 100 mil cópias do disco de estreia, *A banda de forró mais gostosa do Brasil*. Mas chegou ao auge em 2009, quando a música "Você não vale nada", composta pelo sanfoneiro potiguar Dorgival Dantas, foi incluída na trilha sonora da novela das nove da Globo, *Caminho das Índias*, e o refrão "Tudo que eu queria era saber por que /você não vale nada, mas eu gosto de você" caiu na boca do povo no país inteiro.

A Garota Safada, de Fortaleza – que tem o slogan "A safadinha do forró" –, nasceu em 2003, dos encontros de amigos que se reuniam para tocar violão e cantar na casa de algum deles. A brincadeira despretensiosa virou um negócio de sucesso, tendo à frente o vocalista Wesley Safadão. Mesmo com o megassucesso, a Calcinha Preta até hoje administra a carreira de forma independente. Já a Garota Safada é agenciada pela Luan Promoções, empresa com sedes em Recife e São Paulo, responsável também pelas carreiras de nomes como Magníficos, Banda Calypso, Elba Ramalho, Fagner e Zé Ramalho.

A acirrada concorrência que se estabeleceu no mercado dessas bandas a partir de meados dos anos 1990 fez com que elas procurassem cada vez mais se diferenciar, com shows cheios de luz e pirotecnias; o som ainda mais "eletrificado"; cantoras e dançarinas com pouca roupa no palco; e, nas letras das músicas, referências diretas ao sexo. "O colecionador de calcinhas", uma das faixas do disco de estreia da Calcinha Preta, dava um sinal claro dos caminhos que o forró eletrônico tomou:

> Aquele rapaz com quem eu estava
> Me levou na madrugada
> Para um quarto de motel.
> E eu juro que eu estava embriagada,
> Que não lembro quase nada
> Do que me aconteceu.

O Garota Safada contra-atacou com "Eu sou tarado e a mulherada gosta":

Eu pego todas, sou tarado,
E a mulherada gosta, a mulherada gosta, a mulherada gosta...

As letras diretas e despudoradas são vistas com reserva até por quem contribuiu para o desenvolvimento da fase inicial do forró eletrônico, como Maciel Melo. Ele compôs músicas como "No batente da janela", "Feira dos sonhos", "Isso vale um abraço" e "Mapa do tempo" para os primeiros discos da Mastruz com Leite. Chegou a resistir à ideia, como lembra:

— Mandaram me chamar, e eu relutei porque achava que era apelativo. Mas eu vivo de música e também achei que poderia ser um jeito de contribuir para melhorar o nível. Fiquei em um hotel em Fortaleza por trinta dias, fiz as músicas do meu jeito, editamos, e gravaram do jeito que fiz. Meus versos estão lá, intactos. Não tive problemas e paguei minhas contas. Na época da Mastruz, a gente achava que eles estavam desvirtuando o forró, mas ouvindo isso que fazem, hoje, a gente sente é saudade.

Rita de Cássia ainda compõe músicas românticas para as principais bandas do forró "de plástico", como definiu o cantor paraibano Chico César, mas tem um olhar crítico sobre o assunto:

— O problema é que as pessoas só pensam no momento, querem ganhar dinheiro. Nem sempre minhas músicas são o que eles querem. Às vezes falam comigo pedindo música, e fico receosa, mas também acho que tenho essa responsabilidade de trabalhar para ver se a coisa melhora. Não que eu seja melhor. Tem muita gente boa no meio, mas eles preferem fazer isso que está aí. Eu me preocupo.

A Mastruz com Leite se mantém em atividade — sem a mesma repercussão de antes —, mas Emanoel Gurgel estabeleceu limites para a banda, afirma ele. Por exemplo, não gravar versões de sucessos internacionais em ritmo de forró, fato corriqueiro entre as concorrentes, nem colocar dançarinos em cima do palco.

— Eu tive muitos problemas no começo, e eu digo: "Rapaz, não vai botar, não. A Mastruz anda com 26 pessoas, não vou botar dançarina." Os cabras querem comer as dançarinas; e bota veado, os veados fazem muita confusão... É muita putaria. Em banda que tem dançarina, a putaria é grande.

O empresário também contabiliza a seu favor a ideia de gravar discos em que a Mastruz interpretava o repertório de mestres do forró. Foram quatro: *No forró do Gonzagão* (1996), *No forró de Jackson do Pandeiro* (1996), *Mastruz canta Trio Nordestino* (1998) e *Mastruz canta Dominguinhos* (1999). Além disso, em 1995, a Som Zoom abriu as portas para Marinês, que não gravava fazia sete anos, desde que lançara *Feito com amor*, pela Continental. Produzida pelo filho Marcos Farias, a Rainha do Xaxado fez o disco *Cidadã do mundo*, no qual reencontrava compositores com quem tinha familiaridade, como Antonio Barros e Cecéu ("Firin-finfon", "Caminhos da vida" e "Lambeu, colou"), João Silva ("Forró dos compadres"), Juvenal Lopes ("Toca bandinha") e o irmão Sussuanil ("Lavou, enxugou").

Mas teve que fazer concessões, dando destaque à participação da Mastruz com Leite no disco e gravando criações de compositores que estavam se firmando como autores de músicas da banda. De Rita de Cássia, Marinês interpretou "Meu vaqueiro, meu peão", e de Luis Fidélis e Ferreira Filho, o xote romântico "Se lembra coração":

Aonde você for, me leve com você,
Não deixe de querer, nem de gostar de mim.
Aonde você for, eu quero ir com você,
Não quero te perder, viver tão triste assim.
Me leve na cabeça, ou, antes que eu esqueça,
Você pode me levar na fotografia.
Você escutar no rádio uma canção
Se lembra coração.

Ao ouvi-la, até Emanoel Gurgel, homem de "tino e observação" para farejar sucessos, deixou de lado o pragmatismo e assumiu sua parcela sentimental.

– É a música que eu mais gosto na minha vida. Marinês gravou e ficou perfeito.

21. O que se leva dessa vida

"It's faw-HAW."

Na primeira semana de maio de 2006, o *New York Times* tentou mostrar para seus leitores como é que se dança – e como se pronuncia – o forró. A tradução fonética da palavra para a língua inglesa e a descrição de uma pista de dança lotada de casais agarradinhos, com direito a citação do "bate-coxa" no original, aparecem na reportagem "Forró no Brasil: sob a lua cheia, dançando na batida do zabumba", assinada por Seth Kugel e publicada na seção "Travel". O jornalista estabelece comparações para facilitar a compreensão do leitor estrangeiro: "Samba e bossa nova são as faces internacionais da música brasileira, e o funk das favelas pode traduzir com fúria o Rio de Janeiro, mas nem as boates mais moderninhas resistem a tocar um ou dois forrós ao longo da noite." Kugel chama o forró de "música country brasileira nascida no sertão nordestino", e descreve suas incursões em duas casas especializadas no forró tradicional: Sala de Reboco, no Recife, e Forró da Lua, perto de Natal.

Na capital pernambucana, enquanto assistia à apresentação de Geraldinho Lins (que comparou ao cantor country Garth Brooks), o repórter foi aconselhado a tirar o celular do bolso dianteiro da calça "para poder acoxar com desenvoltura". Narrou também seus encontros com Sérgio e Chiquinha Gonzaga, respectivamente sobrinho e irmã de Luiz Gonzaga, na casa inaugurada em 1999 pelo engenheiro e advogado Rinaldo Ferraz. Sérgio e Chiquinha aconselharam Kugel a pegar a BR 101 e seguir até a cidade potiguar de São José de Mipibu, onde se realizaria mais uma edição do Forró da Lua, assim batizado por sempre ocorrer no sábado mais próximo à lua cheia, na fazenda Bonfim, reunindo mais de 2 mil pessoas por edição desde 2002.

O repórter do diário nova-iorquino aceitou o conselho e foi à fazenda, de propriedade do produtor Marcos Lopes. Entrevistou o anfitrião, se impressionou com a rusticidade das instalações, o uso de lamparinas para iluminar. Ficou lá para assistir às atrações da noite, entre elas o cearense Waldonys. Animado, o jornalista se arriscou no salão, tendo como par uma brasileira, Cláudia, "despreocupada o suficiente para dançar com um visitante americano". Ele encerra o texto reproduzindo a avaliação que recebeu da partner: "Eu consegui fazer os passos, ela me disse, mas os meus quadris simplesmente não sentiram o zabumba. Já fui chamado de coisa pior."

A reportagem de Seth Kugel foi publicada no dia 7 de maio de 2006. Menos de uma semana depois, o Forró da Lua teve como atrações Elino Julião e Dominguinhos. No dia 13 de maio, não havia mais repórteres do *New York Times* para presenciar a alegria do público com uma noite que reuniu o maior nome do forró potiguar e o mais cultuado sanfoneiro das últimas décadas, aquele cujo talento único seria resumido pelo colega Luizinho Calixto em uma frase:

– Dominguinhos faz o que quer, os outros fazem o que podem.

O sanfoneiro que fazia o que queria havia sido uma das primeiras atrações do espaço construído por Marcos Lopes como parte do Projeto Museu do Vaqueiro, concebido para preservar tudo que estivesse relacionado ao trabalhador da pecuária nordestina – em especial, à música. Inaugurado em 1999 com homenagem de Waldonys a Luiz Gonzaga, o Espaço Cultural O Relabucho recebeu Dominguinhos de forma inusitada. Do Recife, o sanfoneiro ligou para Lopes e perguntou quando seria o próximo forró:

– Tô fazendo hoje à noite, seu Domingos.

– Posso ir tocar aí?

– Mas aqui não tem estrutura ainda...

– Não, rapaz, forró pé de serra é assim mesmo. Eu quero tocar. Tô indo pra Fortaleza, é caminho. Dou uma tocada, durmo e depois sigo viagem.

Assim fez, e passou a se apresentar ali pelo menos uma vez por ano, para satisfação de Lopes:

— Como pessoa e como músico, não tem igual a Dominguinhos: humildade ao extremo, nunca reclama de nada. Pra ele, tá tudo bom.

O dono do local encontrou mais dificuldade para ter Elino Julião no espaço batizado com o nome de um de seus maiores sucessos. Entre rodadas de Pitu, acertaram uma data, mas o cantor desmarcou. Genival Lacerda, Fuba de Taperoá, Arlindo dos 8 Baixos, Chiquinha do Acordeon (com o primeiro trio feminino do país, As Irmãs Ferreira), Messias Holanda, Edson Duarte, Flávio José, todos tinham sido agendados sem maiores dificuldades para se apresentar no Forró da Lua... E nada de Elino. Até que, depois de marcar outros dois shows para o cantor, em Mossoró e em São José do Mipibu, em dezembro de 2004, Marcos Lopes realizou o desejo de ouvir "Rela bucho", cantada por seu intérprete, no salão que leva o nome da música:

Aproveita o rela bucho, Maricota venha cá.
Você rela, eu também relo, tu rela, eu torno a relar.

Menos de dois anos depois, Elino pediu a Lopes para ceder o espaço como locação para um especial sobre sua carreira que seria gravado pela TV Cabugi, afiliada local da Rede Globo. Havia show marcado de Dominguinhos para o mesmo dia, mas não tinha problema. Elino entrou primeiro. Acompanhando-o, gente de confiança, como o pandeirista Zé de Gorete, afinado a ponto de saber o tempo exato de um dos recursos mais utilizados pelo cantor: os breques.

— Quando ele dava as paradas no meio da música, eu já sabia. Com Elino não tinha aperreio. O homem era bom demais!

Houve uma dificuldade na gravação, e a produção da TV pediu que o cantor voltasse e se juntasse ao sanfoneiro. Interpretaram "Festa do Senhor São João" e "Puxando fogo". Alguns dias depois, Elino viu na televisão um anúncio para o especial que gravou. Ficou desapontado e falou para a esposa:

— Ô Verinha, tô tão murcho... Não gostei, não.

"Verinha" era a forma pela qual chamava a companheira, Veneranda Araújo, uma das "elinetes" de Timbaúba dos Batistas que tinha caído de amores por ele ainda nos anos 1970. Além de cuidar da rotina doméstica de Elino, ela passou a gerenciar a carreira do cantor. Foi Veneranda quem o fez regravar as composições dele que tinham ficado conhecidas na voz de Jackson do Pandeiro, Jacinto Silva, Messias Holanda. Mesmo com a resistência do autor:

– Veneranda, são as músicas que os meninos pediram pra eu fazer pra eles, e fizeram sucesso com eles. Agora vou gravar de novo pra quê?

– Elino, Jackson já morreu, Trio Nordestino já morreu. Você vai regravar, sim! O pessoal de hoje nem sabe que a música é sua. Você precisa gravar suas músicas!

Convenceu-o a gravar. Novamente Elino cedeu. Às vezes, quando percebia que ia explodir dentro de casa em razão de alguma contrariedade, ele sumia. E assim justificava a ausência:

– Fui ali embaixo de um pé de pau dar uns gritos. Tava precisando. Tava sufocado. É bom porque a gente se renova.

Na longa e reveladora entrevista dada à revista cultural *Brouhaha*, da Fundação Cultural Capitania das Artes, Elino primeiro se define como "um homem do Seridó". Com lucidez, estabelece a diferença entre a época em que começou e o cenário atual: "Eu sou um produto dos anos 50. E o Francisquinho, ou Pedrinho, ou Raimundinho, é produto dos anos 2000, ou 80, ou 90. São os costumes atuais que são levados através da música." Ao mesmo tempo, reconhece o impulso recebido pela música a partir do surgimento do forró universitário: "A juventude tá querendo o forró como antes não queria. Antes era música de adulto, era uma coisa fraca. Agora, não. Agora, é uma coisa viva." Também explica o motivo de ter voltado ao Rio Grande do Norte:

> Enjoei do sul e houve uma coisa muito boa no âmbito artístico. Antes você precisava morar no Rio para poder trabalhar. Hoje, não. Você mora em qualquer lugar e trabalha. A internet tá aí, os computadores, o telefone, você resolve tudo. O mundo tá furado. Você faz tudo de casa. E com a grande vantagem de estar morando do jeito que você foi criado, com seus costumes, né? Nada lhe impede de você ser você, na terra onde nasceu.

O presidente da fundação responsável pela publicação da revista *Brouhaha*, o poeta e produtor cultural Dácio Galvão, havia desempenhado papel essencial para a viabilização do que seria o canto do cisne de Elino. Junto com a produtora e fotógrafa Candinha Bezerra, Dácio incluiu o cantor no Projeto Nação Potiguar, para mapeamento e documentação sonora das mais representativas expressões culturais do estado. Tentariam fazer o nome de Elino circular novamente:

– Eu e Candinha decidimos fazer um CD que respeitasse o tradicionalismo do forró, mas trazendo vozes que estavam na mídia e sanfoneiros de diversas gerações para estabelecer diálogos de Elino com esses músicos.

Assim nasceu *O canto do Seridó* (2000), álbum de duetos com participação de nomes como Ná Ozzetti, Xangai, Fagner, Dominguinhos, Elba Ramalho. Um dos convidados, o pernambucano Lenine, assim reagiu ao ser convidado:

– É pra cantar "O rabo do jumento"? Tô dentro.

Em meio às gravações, a dupla de produtores conviveu mais com Elino e passou a conhecê-lo melhor. Para Dácio, era um homem de "amores ciganos", que, apesar de "muito doce", demonstrava ter pavio curto quando levado por pessoas próximas a situações que o desagradavam. Candinha, a quem o cantor chamava de "madrinha", destaca o carisma e a "pureza da alma" do cantor:

– Ele era uma criança. E vibrava com a gente.

O show de lançamento do CD, descrito pelos produtores como "apoteótico", permitiu ao forrozeiro pisar pela primeira vez no palco mais tradicional da capital potiguar: o Teatro Alberto Maranhão. Dácio e Candinha também levaram o cantor a Portugal, em pocket show, como parte de projeto comemorativo dos quinhentos anos do descobrimento do Brasil. Lá, pouco antes de se apresentar no shopping Colombo, em Lisboa, Elino protagonizou cena prosaica, mas que não saiu da memória do produtor:

– Me impressionou vê-lo tamborilando em uma mesa, cantando "Na bodega do Expedito". Era um cara sonoro demais.

Entre viagens e gravações, Elino abria à dupla o baú de memórias: citava a importância de Jackson do Pandeiro para sua carreira, relembrava o que lhe era mais caro. Dizia que nada o tinha deixado mais feliz que a repercussão de "Rela bucho" depois da gravação do pernambucano Sebastião do Rojão, "o homem-show do Nordeste", no LP *O balanço da mulata* (Chantecler, 1964). A boa acolhida para *O canto do Seridó* gerou em 2002 um segundo volume; dessa vez, participaram Zeca Baleiro e sanfoneiros de diferentes gerações e origens: Waldonys, Oswaldinho, Pio Galvão, Luizinho Calixto. Em maio de 2006, Dácio Galvão voltou a procurar Elino Julião. Foi até a casa dele no conjunto habitacional Cidade Satélite, no bairro natalense de Pitimbu, para comunicar que a Fundação Cultural de Natal tinha decidido homenageá-lo no são-joão.

Enquanto isso, Elino tentava ser escalado para a festa junina de Campina Grande. Foi com Veneranda até a cidade paraibana e conseguiram, com políticos locais, uma data na programação oficial. A viagem serviu também para Elino rever um dos autores de "Meu cofrinho de amor", o radialista João Martins. Foi de surpresa até o bairro Santo Antônio e apareceu na casa do amigo. Ganhou um abraço apertado, saíram para almoçar uma peixada. Lembraram dos tempos em que Martins apresentara a Elino a composição assinada com o radialista Elias Soares (responsável pelo refrão) e que se tornaria o maior sucesso da fase brega do cantor, música nascida do "desgosto de um homem apaixonado" ao ver a mulher mais bonita do bordel ir embora com "um cabra qualquer", e ficar de uma hora pra outra sem "o cofrinho de amor". Para João Martins, aquele dia representou mais que um reencontro:

– Foi uma despedida.

Elino voltou para Natal. Tinha horário marcado em estúdio para fazer trabalhos por encomenda e para os amigos. Registrou participação em disco do amigo e parceiro Lusio Alves, de Caicó, mas só pela insistência de um dos técnicos de gravação:

– Seu Elino, vamos botar voz no disco de Lusio pra terminar?

– Não, rapaz. Acho que minha voz tá meio ruim.

– Sua voz não tá ruim, não, seu Elino. Tá é boa. Vamos botar: se não ficar bom, a gente faz de novo na semana que entra.

Elino consentiu, acendeu mais um cigarro Plaza e cantou a segunda parte de "Quem não sabe beber", já gravada em 2003. Toda vez que ia ao estúdio, Veneranda o buscava e iam para casa, na rua das Gaivotas. Jantavam, assistiam à TV e se recolhiam. Na noite de sexta-feira, como sempre fazia ao dormir e ao acordar, Elino rezou silenciosamente ao lado da cama antes de pegar no sono.

No dia de sua morte, o cantor passou a manhã sentado à mesa da sala, preparando pacotes. Dentro deles, cópias de seu mais recente CD, *Elino Julião dentro do movimento*, a serem enviadas para as rádios e outros meios de divulgação; caprichava nas embalagens, cuidadosamente amarradas com barbante. Ocupou-se quase o dia inteiro com o trabalho. Recebeu visitas à tarde, parecia bem-disposto. A noite chegou. Veneranda serviu o jantar: feijão-verde, arroz branco, frango assado. Nada de álcool; o médico tinha dito que ele não podia mais beber por causa do fígado. Acabou a refeição, Elino entrou para trocar de roupa. Quando voltou, já de pijama, chamou atenção da mulher e apontou para a mão:

– Verinha, olha aqui minha aliança, não tá segurando no dedo...

Ela não estranhou. Achou que o companheiro, por conta própria, tinha iniciado dieta para estar em forma a tempo das festas juninas. Ele deixou a aliança em cima da cômoda. Conversou com uma das filhas, Mônica, pelo telefone, depois sossegou. Ao contrário do que sempre acontecia, quando o casal se recolhia para assistir aos telejornais, foi se deitar antes da mulher. Algum tempo depois, antes das dez da noite, Veneranda entrou no quarto e viu que o marido tinha ligado a TV, mas não olhava a tela:

– Elino, você não vai ver o noticiário, não?

– Não, Verinha: daqui eu tô ouvindo...

Súbito, um barulho forte. Elino tinha caído da cama. Veneranda acendeu a luz. O corpo do cantor estava estranhamente contorcido. Ela gritou para o filho:

– Araken, seu pai não tá bem, não!

Veneranda conseguiu fazê-lo se sentar e assustou-se ao ver que as mãos do companheiro estavam crispadas. Desesperada, pediu:

– Não morra, meu amor! Não morra!

— Tô melhorando, vou melhorar...

O cantor reclamou de dor de cabeça e de muita falta de ar. Até que a dor se tornou insuportável, e ele gritou três vezes:

— Chame Araken. Chame Araken. Chame Araken!

Ela e o filho tentaram massagem cardíaca e respiração boca a boca enquanto a ambulância não chegava. Mas Veneranda tinha certeza de que nada adiantaria: depois do terceiro grito, Elino Julião já estava morto.

— Elino era tão presente que eu sabia que ele não estava mais ali. Era meramente um corpo. Dava pra sentir. Parecia que a energia dele tinha saído pela janela.

Passado o choque inicial, a necessidade de tomar providências. Decidida, Veneranda comunicou:

— Araken, vamos comprar o caixão do seu pai. E vamos comprar um caixão bom: seu pai é um homem importante. Não vou botar ele num caixão ruim, não.

Escolheu também o figurino com o qual os fãs veriam Elino pela última vez: paletó italiano por cima de camisa rosa adquirida para a ocasião. O velório foi realizado no palácio Potengi, conhecido também como palácio da Cultura. Durou todo o domingo, lembra Veneranda, e com som ambiente reproduzindo ininterruptamente os maiores sucessos do homenageado:

— Elino cantou durante todo o velório. Ele estava simplesmente sorridente. Expressão tranquila, de uma nobreza... Do tamanho que ele era. Do tamanho que ele era! Meu amor estava lindo!

Quando soube da morte do amigo, João Martins passou mal. Não teve forças para ir ao enterro.

— Foi um choque. Elino estava bem demais, era um caboclo forte. Não queria ver a imagem dele morto. Para mim, ele estava sempre rindo e cantando. Era um irmão que eu tinha.

A cantora Lucimar, ex-mulher do forrozeiro, saiu de Campina Grande com três dos catorze filhos do cantor: Elino Julião Júnior, André e Priscila. Os jornais locais registraram a emoção da família paraibana de Elino ao se despedir: "A gente estava tocando no sábado quando recebeu a notícia", afirmou André, que formava com o irmão o grupo Os Manos. Ao lado do corpo do pai, o também cantor Elino Júnior chorava e dizia:

– Não vá, meu pai. Você sempre foi o meu orgulho.

Amparado por Priscila, André Julião pedia:

– Não deixe a gente!

No *Diário de Natal*, o registro da morte da "expressão maior da música norte-rio-grandense" veio acompanhada da manchete "Elino cala, o sertão chora". Uma das poucas vozes de fora do Rio Grande do Norte a comentar o fato, o crítico paraibano Ricardo Anísio lamentou no jornal *A União*:

> Elino Julião, com seu canto sagrado, já não embelezará a vida dos que se orgulham de terem nascido sob o sol causticante dos sertões. A MPB fica com menos poesia, com menos gorjeios, com menos graça. Todos nós que nos encantamos com essa estirpe nobre, computamos outra baixa; o exército dos cavaleiros inspirados por Miguel de Cervantes chora mais uma despedida.

Em seu texto, Anísio recomenda ao leitor procurar os discos produzidos por Candinha Bezerra e Dácio Galvão: "Todo esforço será recompensado com uma música de fino humor e de musicalidade tão plena quanto viçosa."

As reações à morte de Elino foram as mais diversas. Um sobrinho, Francisco de Assis Nascimento, discursou ainda durante o velório:

– Elino de Natal, Elino do Rio Grande do Norte, Elino de Timbaúba, Elino do Nordeste, Elino do Brasil, Elino do Rabo do Jumento, Elino do Rela Bucho, Elino da Coreia, Elino não morreu, se transformou, se encantou!

* * *

Dentro do carro, no interior da Bahia, Marinês ligou o rádio. Música do grupo Magníficos. Mudou de estação. De novo a banda paraibana, um dos expoentes do forró eletrônico, graças a sucessos como "Me usa" e "Meu tesão é você".

– Essa bandinha vai dar muito trabalho pra gente...

Fez o comentário para o zabumbeiro Orlando Farias, sobrinho do ex-marido que a acompanhava em uma das últimas excursões que realizou pelo Nordeste. Orlando também participava do número mais aguardado pela plateia, mas que ela realizava ocasionalmente e só avisava na hora:

– A gente vai fazer o xaxado. Eu venho de cá, você vem de lá.

Mesmo no período em que utilizou banda de apoio para tentar fazer frente ao som encorpado de Magníficos, Mastruz com Leite e Calcinha Preta, Marinês mantinha o que aprendeu com Abdias: zabumbeiro e sanfoneiro ao seu lado, os outros músicos mais atrás. Em Caruaru, um produtor quis mudar tudo e colocá-la sozinha na frente do palco. Não deu certo. Ela se irritou tanto que, além de descumprir o determinado, dispensou o responsável pela alteração.

Preocupava-se com o bem-estar dos que trabalhavam com ela. Exigia alimentação de qualidade, alojamentos decentes e, em contrapartida, profissionalismo – e não abria mão de cuidar do figurino. Quando passou pelo interior baiano, fez Orlando e outros músicos se apresentarem todos de branco. Na frente da camisa, a identificação: "Marinês e Sua Gente." Na parte de trás, uma frase que criou: "A arte é do povo."

Em 1999, participou dos shows de lançamento do disco *Flor da Paraíba*, de Elba Ramalho, no Canecão. Cantavam juntas até três músicas. "Ela é a professora, eu sou a aluna dela. Vou deixar com vocês", dizia depois a anfitriã, e a convidada cantava três, às vezes quatro números. Além do convite para os shows, Elba presenteou a comadre produzindo *Marinês e Sua Gente – 50 anos de forró*, disco-tributo em que a Rainha do Xaxado canta com Zé Ramalho, Chico César, Genival Lacerda, Geraldo Azevedo, Lenine, Margareth Menezes, Ney Matogrosso, Alceu Valença, Dominguinhos, entre outros convidados. O repertório passa por compositores importantes na trajetória de Marinês, como Antonio Barros e Cecéu, Onildo Almeida, João do Vale e Rosil Cavalcanti, e também autores de outras gerações, a exemplo de Siba, Lenine e Tadeu Matias. Mas foi o dueto dela com Elba, "O forró das comadres", que acabou sendo o destaque do disco. Na música de João Silva, Marinês festeja:

– Aí comadre Elba, eu sabia que você um dia ia forrozar na minha casa...

Mesmo com o incentivo de Elba, contudo, os shows foram escasseando com o passar do tempo. A um fã de Campina Grande que se tornara um de seus grandes amigos, o animador de eventos infantis Johann Almeida, reclamou também da falta de reconhecimento.

– O pessoal daqui não me dá atenção, não...

Johann a acompanhava sempre que era chamado. Aficionado pela cantora como os fãs de Marlene e Emilinha Borba na época de ouro do rádio, eles almoçavam juntos toda semana. Quando ela preparava um prato incrementado, ligava para o amigo e o intimava, do seu jeito:

– Johann, seu filho de rapariga! Cadê tu? Fiz um bacalhau cheio de micagens e não quero comer sozinha...

Em abril de 2007, Marinês chamou o amigo para acompanhá-la em viagem para João Pessoa. Tinha sido convidada pelo radialista e ator paraibano Osvaldo Travassos – produtor e apresentador do programa *Paraíba é sucesso* – para conceder entrevista de duas horas à Tabajara FM no início da série "Forrozeiros", com depoimentos e músicas dos grandes nomes do estado. Quando criou o especial, Travassos incluiu no topo da lista o nome de Marinês. "Siriri-Sirirá", "Aproveita pessoá", "Desse jeito não dá pé"... Desde criança convivia com a voz da cantora, que topou na hora o convite. A gravação ocorreu no dia 16 de abril. Antes de chegar à rádio, porém, Marinês honrou outro compromisso. Foi ao cemitério Parque das Acácias visitar o túmulo de Sivuca, falecido em dezembro de 2006, vítima de câncer. Johann presenciou o momento em que a cantora, após depositar um buquê de flores-do-campo, aproximou-se da lápide e falou:

– Olhe, Sivuca, todas essas flores são pra você. Diga a Gonzaga que me aguarde que já, já tô chegando aí. Tô pertinho de ir.

Deixou a lápide do sanfoneiro coberta de monsenhores amarelos e vermelhos. Do Parque das Acácias, foi almoçar e seguiu para os estúdios da Tabajara. Não conhecia seu entrevistador, mas nem por isso se intimidou. Gaiata, já começou desconcertando Travassos, quando este comentou que a cantora estava "dando a honra da visita":

– Ôxe! Dando o quê, menino? Que coisa doida...

Interrompeu o locutor quando ele fazia contextualização do panorama da música nordestina:

— Nos anos 50 e 60, o forró estava no auge...

— Forró, não! Baião, xote, xaxado, quadrilha...

— Você não gosta da palavra forró?

— Não, eu gosto. É que isso começou quando Jackson do Pandeiro começou a cantar "Eu fui pra Limoeiro e gostei do forró de lá". Mas o forró é o espaço onde se dança, não a música que se canta. Alguém se aproveitou de Jackson, de Gonzaga, de Marinês... E tudo virou forró.

Fez também um resumo da música nordestina ao longo das décadas:

— Nos anos 60 existia verdade: porque era o baião, era a rancheira, era a quadrilha, era o ouro de Luiz Gonzaga. Nos anos 70, com aquelas músicas de jovem, discoteca, essas coisas, não teve uma decadência, mas deu uma recuada. Não dava pra competir. Mas forró é raiz: se chover um bocadinho, ele brota na hora.

Sobre um dos momentos mais difíceis, nos anos 1980, minimizou o estrago feito pela ascensão da música estrangeira e de outros gêneros, como o rock nacional:

— Foi um aperreio que nós passamos, mas passou. Criei oito irmãos, ainda ajudo quem me procura, se tiver condições, eu faço. A gente come menos, mas não deixa de comer. Ninguém passou fome.

Entre uma música e outra, reclamava de dores nas costas ("coisa de velho"), mas estava bem-disposta. Revelou aos ouvintes que havia sido "cirurgiada" quatro anos antes, em João Pessoa, para implantação de pontes de safena. Não tinha falado nada, justificou, porque tinha medo de o problema cardíaco ser justificativa para perder trabalho:

— Não operei, eu aumentei. Ponte de safena não corta nada, aumenta. Foi um desentupimento das válvulas, que também pudera, né? É muito tempo, é muita emoção. É muita coisa dentro desse coração bom danado...

Reclamou da indústria fonográfica ("Gravadora existe, mas não existe") e da pirataria: "Tá danada, a gente tem que virar pirata também, tive que botar meu disco a cinco reais para enfrentá-los." Caprichou nos elogios para "Não cheguei pro seu nariz", que acabara de regravar no CD

Ontem, hoje e sempre ("É de Tonho e Cecéu, que é tudo a mesma coisa: só coisa boa"), e também para Anastácia ("Mulher inteligentíssima") e Elba Ramalho ("Nós duas temos muita coisa em comum, sou admiradora da raça dela, ô mulher raçuda, entrou pra ficar!"). Com orgulho, falou que tinha se mudado por diversas vezes para ficar mais perto dos filhos, Marquinhos ("Ele viaja comigo, toca sanfona comigo. A gente olha para o outro e já sabe o que quer") e Celso Othon, adotado no início dos anos 1980:

– Esse tá fazendo faculdade de fisioterapia, é musical, mas não quer assunto com música. Disse que pra ficar doido já tem eu dentro de casa.

Orgulho semelhante demonstrou por ter dividido o palco ao longo da carreira com nomes do porte de Sivuca, Dominguinhos, Luiz Gonzaga. O apresentador a interrompeu para saudá-la:

– Você está nesse quadrilátero dos grandes mitos da música nordestina. É história, ninguém lhe tira isso.

Sem falsa modéstia, ela concordou:

– É verdade... Eu não vim à toa pra cá, não foi só pra comer pamonha e canjica, não.

Fora do ar, a convidada contou a Travassos por que visitara o túmulo de Sivuca:

– Fui lá rezar. Sinto muito a falta dele.

No fim do programa, veiculado na manhã de sábado, 28 de abril, Osvaldo Travassos pediu a Marinês que mandasse um recado para os fãs. A Rainha do Xaxado então falou à sua gente:

– Me amem que eu amo todos vocês também.

*   *   *

MORADORA DE CAMPINA GRANDE, a professora Teresinha Duarte da Costa tremeu quando encontrou Marinês pela primeira vez. Fã de primeira hora, não a conhecia pessoalmente. Conseguiu o telefone dela e ligou para marcar a entrega de convite para uma homenagem na festa junina dos alunos da escola onde lecionava, o Colégio Lourdinas. A cantora não só aceitou como, acompanhada pelo irmão Sussuanil, apareceu e ensinou as crianças a dançar o xaxado. Depois, na Escola Promoção Humana, Teresinha coordenou o projeto "Marinês é cultura". As crianças fizeram dramatizações de letras e de passagens da vida da homenageada. Marinês riu, chorou, cantou. Pediu:

— Teresinha, se não for demais, será que você poderia repetir essa apresentação? É que Marquinhos tá vindo de Fortaleza...

— E por que não?

Aos poucos, Teresinha ganhou a confiança da cantora, inicialmente resistente à aproximação:

— Acho que, porque ela apanhou muito na vida, era muito desconfiada.

Saíam juntas para programas prosaicos. Certa vez, Marinês quis saber onde a amiga comprava carne:

— Compro lá em Lagoa Seca, cedinho, seis da manhã.

— Pois eu quero ir com você, desde que você não diga quem eu sou.

Foram juntas à cidade, na região metropolitana campinense. Enquanto a cantora escolhia o que iria levar, as pessoas começaram a encará-la. Até que uma das passantes teve coragem e se aproximou:

— A senhora é a cantora Marinês?

A resposta veio com um largo sorriso:

— Sou, sim, querida!

Pronto! Danou a juntar gente. E Marinês danou a sorrir. Quando já estavam indo embora, Teresinha só comentou:

— Olhaí, Marinês, adianta você querer ser discreta? Queira ou não queira, você é uma pessoa pública, todo mundo lhe conhece! É reconhecida em qualquer lugar que você anda...

A cantora fazia poucos shows. Tinha tempo de sobra para visitas como a de um velho conhecido, o médico urologista José Moisés, que a procurou com propósito definido: queria documentar a trajetória da intérprete "extraordinária", que conhecera desde o início dos anos 1950, na Rádio Borborema – ele, radioator; ela, já cantora.

— Sempre me preocupei com a memória artística de Marinês. Luiz Gonzaga foi biografado por mais de dez autores, e tudo o que existia escrito sobre ela, até 1996, eram entrevistas e artigos em jornais, nada mais.

José Moisés então propôs uma série de artigos semanais em coluna dominical de crônicas no *Diário da Borborema*. Marinês topou. Entregou mala repleta de recortes, cópias de contratos, fotografias. O médico escreveu "Os 45 anos de carreira de Marinês e Sua Gente", 36 crônicas publicadas entre outubro de 1996 e julho de 1997 sobre a cantora que considerava "a diva do forró" – mas não era reconhecida como merecia na maior festa anual de sua terra: "No estado da Bahia, Marinês era a Rainha do Forró. Lá, no período junino, ela fazia oito shows em média. Em Campina Grande, no 'maior são-joão do mundo', fazia apenas um. Isso a deixava, de certa forma, magoada. É o que dizem: santo de casa não faz milagre."

Com Teresinha, também compartilhou a mágoa. Reclamava de ingratidão. Revelou ainda alguns temores, entre eles o de perder a visão e outro bem precioso:

– Às vezes tenho tanto medo de perder minha voz, justo o meu instrumento de trabalho...

– Você não vai perder, não, mulher! Não pense nisso, não!

O medo surgiu com força quando foi fazer participação especial em DVD do Clã Brasil. A caminho da gravação, uma inesperada rouquidão a deixou aflita:

– Não vou conseguir cantar, não.

Ao chegar a João Pessoa, prestes a entrar no palco, avisou que não iria gravar; além da dificuldade para cantar, dizia estar emocionada demais. Então o produtor do grupo, Badu Alves, fez um pedido:

– Marinês, grave da forma que você puder, e eu me comprometo a submeter o vídeo para você aprovar ou não sua participação.

Mais relaxada após ouvir a proposta, Marinês aceitou. E foi chamada ao palco pela vocalista e sanfoneira Lucyane Alves para interpretar "Bate coração".

– Pra cantar essa música com a gente, vou chamar a Rainha do Xaxado, Marinês!

Ao entrar, em gesto simbólico, Marinês colocou em Lucyane um chapéu de couro idêntico ao que usava. Quando o conjunto começou a tocar, parecia um pouco intimidada com a exuberância brejeira das três irmãs do

Clã. Mas ela foi se soltando. Na sua vez de cantar, fez como dizia que tinha de ser: abriu o gogó. Esticou as sílabas, fez sutis mudanças no andamento, divertiu-se com o frescor de Lucyane: "Até parece quando eu era mais jovem." E poucas vezes as palavras surgidas da união de Antonio Barros e Cecéu seriam interpretadas com tamanha convicção:

Porque o que se leva dessa vida, coração,
É o amor que a gente tem pra dar.

No show do Clã Brasil, Marinês deu um show.
Quando o vídeo ficou pronto, Badu foi até Campina Grande levar uma cópia. O produtor do Clã Brasil lembra a reação da convidada ao ver a gravação, realizada no Teatro Paulo Pontes, do Espaço Cultural José Lins do Rego:
– Ela chorou de emoção quando viu e ouviu. E aprovou.
Marinês voltaria a se emocionar com o lançamento de *Marinês canta a Paraíba*, CD-livro organizado pelo sociólogo Noaldo Ribeiro com depoimentos de grandes nomes da MPB e que traz a gravação de uma apresentação dela, acompanhada por músicos da Orquestra Sinfônica da Paraíba, com arranjos de Marcos Farias. Maestro formado pela Escola Nacional de Música do Rio de Janeiro, Marquinhos tinha alçado voo para além dos limites regionais – e enfrentado críticas, algumas particularmente dolorosas. Do padrinho, Luiz Gonzaga, ouviu reprimenda após se apresentar com o grupo Feira Livre, no Rio de Janeiro, mostrando harmonias arrojadas para canções tradicionais: "Você está denegrindo a minha música." Magoado com a incompreensão de Gonzaga e outras ausências de reconhecimento de suas tentativas de mudar o patamar da música nordestina, o filho de Marinês e Abdias decidiu sair da linha de frente para se concentrar nos trabalhos de estúdio como arranjador e produtor: encorajou a mãe a também experimentar outros caminhos musicais. Planejava lançar três discos temáticos com o filho: um só de chorinhos e sambas-canções, para o qual registrou "Carinhoso", outro de arrasta-pés juninos, e o terceiro, com peças de maracatu, reisado, caboclinho. Nenhum deles chegou a ser finalizado.

Depois de reclamar com Marcos Lopes que nunca mais tinha cantado no Forró da Lua, Marinês recebeu convite para se apresentar no dia 28 de abril de 2007. Avisou Marquinhos, que, como sempre, acompanharia a mãe tocando sanfona. Então morando em Fortaleza, o filho falou que iria de avião, mas Marinês aconselhou:

– Guarde essa passagem, você vai precisar. Venha no seu carro e traga os meninos. Comprei umas coisas para a gente fazer uma farra.

Marquinhos seguiu a recomendação. Dentro da fazenda há uma pousada, O Coice da Burra, com sete apartamentos e cinco chalés. Marinês ficou no apartamento nº 1, de frente para a lagoa do Bonfim, decorado com fotos de Luiz Gonzaga, presente da irmã do Rei do Baião, Chiquinha. Lá estavam as frutas e verduras que pediu à produção – tentava seguir alimentação balanceada, mas não resistiu ao pirão de galinha servido no almoço. O filho e a nora, a cantora Sheilami Farias, mais os netos, Davi e Emmanoel, também ficaram hospedados de frente para a lagoa. Marinês pediu que levassem ao apartamento as frutas preferidas de cada um da família. Ao ver a fruteira cheia de pinhas e maçãs, Sheilami agradeceu:

– Vixe, minha sogra, mas que coisa linda!

– São pra você!

Antes do show, às margens da lagoa, as três gerações da família Farias aproveitaram o sábado como há muito não faziam. Mãe, filho, nora e netos passaram horas conversando, dando risadas, curtindo a forma mais prazerosa de fazer o tempo passar, vivendo momentos de paz. À nora, Marinês fez uma recomendação profissional, baseada na própria trajetória, direcionada por Abdias: "Sheilami, não faça as coisas para agradar ninguém, cante tudo o que você quiser cantar. E monte um repertório que as pessoas possam assistir sentadas. Quando o pessoal vê o show em pé, tomando cachaça, esquece da gente." Combinaram que Sheilami faria participação no show, mas, ao ver o caçula dormindo e sem ter com quem deixá-lo, a nora desistiu de subir ao palco. Pouco antes de entrar, Marinês queixou-se de forte tontura. Decidiu então ficar sentada. A produção providenciou uma espécie de cangalha revestida de cipó. Alguém do público gritou:

– É o trono da Rainha do Xaxado!

Ela riu.

– Já fui...

O forte calor do lugar a fez passar mal durante a apresentação. Um dos netos, Davi, a acudiu com água. Sem fôlego, pediu ao filho para cantar algumas músicas, mas manteve o encerramento com seu trecho predileto de "Força estranha", música de Caetano Veloso, imortalizada na interpretação do rei Roberto Carlos, seu colega de estúdio na CBS:

Por isso é que eu canto, não posso parar.
Por isso essa voz, essa voz tamanha!

– Obrigada, gente! Até a próxima!

Todos ficaram juntos na manhã de domingo. Depois do desjejum, se separaram. Marinês seguiu de van para Campina Grande, Marquinhos voltou com a família para Fortaleza. Ela iria descansar alguns dias em seu apartamento, no bairro do Alto Branco, antes de ir para Caruaru, onde tentaria marcar datas para o período junino. Quando chegou à cidade, pegou o telefone e avisou a Teresinha, do jeito que sempre fazia:

– Olhe, já estou na terrinha!

Encontraram-se no dia seguinte. A cantora contou sobre o show no Forró da Lua, disse que um fato a deixara especialmente feliz:

– Finalmente eu ouvi meu filho cantar! E como ele cantou bem!

Teresinha afirmou que estava preparando uma surpresa, mas só poderia revelar em junho. Depois as amigas passaram o tempo conversando amenidades. Folheavam livro sobre Frei Damião quando Marinês, diante de uma fotografia do velório do religioso, recomendou à amiga:

– Quando eu partir desta, Teresinha, não quero esse tanto de flores no meu caixão.

– Marinês, vamos mudar de assunto...

A cantora insistiu e citou o marido da amiga:

– Me ouviu, né? Olha, Teresinha: você e Paulo vão ser testemunhas de que, depois que eu partir, vão fazer muitas homenagens pra mim.

Continuaram a prosear, enquanto a dona da casa assava asas de galinha para o almoço. Comeram, e depois Marinês se regalou com a sobremesa preferida: salada de frutas. Pediu à amiga uma receita de panqueca, queria preparar para Celso. No fim, já à porta da cozinha, as duas se abraçaram, e Teresinha falou:

– Marinês, muito obrigada por tudo que você me fez...

– Que conversa é essa? Você foi quem fez pra mim!

A cantora pegou a estrada e rumou para Pernambuco. Chegou a Caruaru para visitar outra grande amiga, Fátima Marcolino. A filha do compositor Zé Marcolino notou certo desânimo em Marinês:

– Ela não estava feliz. Se sentia muito só.

Para a tristeza contribuía a necessidade de percorrer as prefeituras para tentar trabalho.

– Já pensou? Eu ter que ficar pedindo pra tocar? Olha, Fátima, é o último ano que vou fazer isso: me desgasto muito.

Mas não foi um dia só de angústia. Recebeu a visita do amigo Santanna. Cearense de Juazeiro do Norte, O Cantador ganhou projeção no meio musical nordestino no início daquela década ao vender 100 mil cópias de seu disco de estreia, *Xote pé de serra*. Jogaram conversa fora, cantaram, fizeram fotos. Quando a noite chegou, a cantora avisou:

– Fátima, vou me recolher, tô um pouco cansada. Me chame na hora da novela.

No início da noite, começou a passar mal. Tentava se levantar da cama, não conseguia. Um dos filhos de Fátima, Tairone, percebeu e gritou:

– Abram o carro que ela tá tendo um AVC!

No caminho para o hospital, mesmo com a voz arrastada, Marinês pediu a Fátima:

– Não saia de perto de mim...

Ficou de quinta a sábado no Hospital Santa Efigênia. A cada dia parecia piorar. Em Campina Grande, os amigos acompanhavam apreensivos as notícias – quando sabia de algo, Johann ligava para as emissoras e avisava do estado de saúde da cantora. Marquinhos, contudo, ainda não havia sido comunicado do que ocorrera. Às seis da manhã de domingo, o telefone tocou na capital cearense. Como a mãe costumava ligar cedo, o filho atendeu com uma saudação carinhosa:

— Oi, mãezinha...

— Não é a mãezinha, não. É Celso.

— Celso? Que é que aconteceu com a mãe?

— Passou mal, teve um AVC. Vá direto para o Recife que ela tá sendo transferida pra lá.

Marquinhos então utilizou a passagem aérea que havia economizado ao ir de carro para o show no Forró da Lua. Ao chegar, soube que o AVC tinha paralisado o lado esquerdo do corpo de Marinês. Depois de muita dificuldade para conseguir uma ambulância, ela foi transferida para o Hospital Real Português, no Recife. Fátima a acompanhou ao dar entrada no centro de saúde e presenciou o espanto de um dos médicos, ao observar a paciente deitada na maca:

— Essa é Marinês?

— É, sim.

— Marinês, a cantora?

Avisou aos colegas de plantão:

— Olha, é Marinês!

Parecia não acreditar que a Rainha do Xaxado estivesse naquela situação.

Fátima, Marcos e Celso se revezavam no hospital em Boa Viagem. Para descansar, os rapazes utilizavam, no mesmo bairro, o apartamento de Genival Lacerda, que avisou a Marquinhos:

— Vocês não vão pagar hotel. Fiquem na minha casa até ela ficar boa.

O cantor só não foi ver a comadre por uma questão de convicção:

— Tem três lugares que eu não gosto de ir: polícia, hospital e cemitério!

No sábado, véspera do Dia das Mães, Fátima percebeu que a amiga parecia mais animada. Conversaram um pouco; Marinês reconheceu a filha de Fátima, Taíza, por quem tinha especial afeição. Fátima avisou:

— Olhe, Marinês, amanhã é Dia das Mães, você já tá melhorzinha, eu vou para minha casa, tá bom?

— Tá, mas segunda você volta, né?

— Volto, sim.

— Pois volte mesmo que é pra você me levar pra Campina Grande.

No domingo, foi a vez da visita do velho amigo. Quando ficou sabendo que Marinês tinha melhorado e saído da UTI, Genival decidiu ignorar um de seus três princípios. Foi até o quarto e achou que a paciente parecia bem-disposta. Sentou-se ao lado dela e começaram a conversar:

– E aí, comadre? Tudo melhor?

– Tudo. E os meninos, dando trabalho?

– Nada. Um come pouco...

– E o outro come muito, eu sei!

– Deixe eles, comadre! Eu vim aqui pra dizer outra coisa.

– E o que é?

– Eu não vou mais cobrar aqueles 50 mil-réis, porque isso pode dar confusão...

– O quê?

– É, eu não vou mais cobrar, não...

– Nada disso! Pois Genival, até se eu morrer você continue cobrando! Cobre sempre que é para o povo saber que Marinês ficou devendo e lembrar de mim: você me dá mídia!

– Ah, velhaca...

Genival foi embora satisfeito de ver que a amiga se permitia até fazer brincadeiras. Marquinhos almoçou com o amigo Rinaldo Ferraz, em um bar do Pina, e depois voltou para ficar ao lado da mãe. Na hora do jantar, notou que ela olhava fixamente para uma poltrona vazia.

– Que foi, mãe? A senhora quer sentar?

– Não, tô olhando sua avó. Vou levantar para dar um pãozinho pra ela...

Fez menção de se erguer, mas o filho a deteve. Ela reclamou:

– Eu quero sair! Tenho que ver a roupa do meu show!

Para distraí-la, Marquinhos deu trela:

– E hoje vai ter show, mãezinha?

– Vai ter uma festa grande. Mas não quero ir de roupa de couro, não!

– E a senhora vai fazer show com quem?

– Ôxe! Com Gonzaga, é claro! E tenho que arrumar comida pra esse povo que tá aí parado, encostado na parede! Vou preparar um peixe com pirão pra os músicos...

* * *

Programa de Pedro Sertanejo, São Paulo, 1967.

Luiz Gonzaga: Quantos minutos falta, compadre Pedro? Ainda tem cinco? Vou fazer um xaxado com Marinês, tá? Apois, tá! Abdias, pega a sanfona aí... Pedro Sertanejo, muito obrigado! Tem mais alguma coisa, compadre?
Pedro Sertanejo: Não, pode tocar o barco, compadre!
Gonzaga: Então vamos lá, um xaxadinho com Marinês e Sua Gente. Odete Pacheco, você vai xaxar. [Risos.]

Vem cá, vem cá, morena
Vamos xaxear.
A dança do xaxado
Eu quero te ensinar...

Gonzaga: Bate, bate, bate com o pé!
Gonzaga: Aí, bregueço! Deixa Marinês xaxar...
Gonzaga e Marinês [juntos]: Xaxado!

* * *

Marinês tentou se levantar novamente da cama. Marquinhos a obrigou a ficar em repouso. Deitada, a mãe pegou a mão do filho e olhou para ele. Depois, ficou quieta. Muito quieta. Fechou os olhos.

– Mãe, acorda!

Marinês não se moveu. Equipamentos registraram alteração brusca nos sinais vitais da paciente. Não havia como esperar a chegada de maca. Com uma enfermeira, Marquinhos empurrou a cama pelos corredores do hospital até chegar à UTI. Foi realizada tomografia, que constatou novo AVC: 90% do cérebro haviam sido afetados. Ao constatar o dano irremediável, a médica avisou:

– Agora, só um milagre. É melhor você começar a tomar as providências.

O único filho de Abdias e Marinês sentou-se na calçada do estacionamento do hospital e lá ficou até as quatro da manhã. Quando o dia amanheceu, pegou o telefone e começou a avisar aos amigos. Telefonou para Dominguinhos.

– Como é que tá sua mãe, Marquinhos?
– Domingos, mãezinha não tá mais não...
Do outro lado da linha, primeiro, veio o silêncio. Depois, o choro.

O coração de Marinês parou de bater às nove da manhã do dia 14 de maio de 2007. Em nota oficial, o ministro da Cultura, Gilberto Gil, lamentou a morte da cantora que tinha gravado algumas composições da fase inicial de sua carreira, entre elas "Procissão" e "Vento de maio".

> Oi, você, que vem de longe,
> Caminhando há tanto tempo,
> Que vem de vida cansada,
> Carregada pelo vento.
> Oi, você, que vem chegando,
> Vá entrando, tome assento.

Em trecho da nota, Gil chama uma de suas intérpretes de "Rainha do Forró" e a considera responsável pela inauguração de um "ciclo de ouro" da voz feminina na música do Nordeste:

> Ela fez do forró sua alforria para a criação plena, enfrentando todos os preconceitos com sorriso largo, intenso, firme e verdadeiro. Com as bênçãos do mestre Gonzaga, que a ajudou a colocar a voz feminina de uma forma decisiva nas canções brasileiras, Marinês parte e deixa conosco o testemunho da força da mulher brasileira: nossa Maria Bonita da música nordestina.

Ao saber da morte da amiga, Fátima Marcolino ficou prostrada: teve uma crise de hipertensão, não encontrou forças para fazer o que havia combinado, seguirem juntas para Campina Grande – a filha, Taíza, representou a família. Johann também não conseguia acreditar no que tinha escutado no rádio: quando soubera do primeiro AVC, tinha se apegado a uma certeza – "Marinês é forte" – que não mais existia. No traslado do corpo, Marquinhos ligou o rádio do carro. Ouviu a mãe cantando. Mudou de estação, de novo aquelas músicas. De novo aquela voz. O telefone tocou: jornalistas queriam falar com ele. Parou no acostamento. Guardou o choro. Seguiu para Campina Grande.

O velório foi realizado no Teatro Municipal Severino Cabral. O corpo de Marinês ficou no meio do palco. Johann e Teresinha desabaram ao ouvir a música "O Nordeste precisa de paz", gravada no CD *Ontem, hoje e sempre*, e que ela havia enfatizado para os mais próximos:

– Prestem bem atenção, esse vai ser o meu hino.

Senhor, aqui reúno o meu povo
Pra rezar em seu louvor.
Pois sofrer não é viver.
Senhor, faz segundo tua vontade.
Tu que és puro de verdade,
Faz o meu povo vencer.
Lhe peço em nome do Nordeste:
Acabe a fome e mate a peste
Que acaba com meu povo.
O Nordeste precisa de paz.

As horas passavam e a fila de populares aumentava. Cantores e sanfoneiros se revezavam ao lado do caixão. Mesmo à base de calmantes, Marquinhos empunhou a sanfona e, acompanhado por diversas vozes, puxou "Meu Cariri", de Rosil Cavalcanti:

No meu Cariri,
Pode-se ver de perto
Quanta boniteza,
Pois a natureza
É um paraíso aberto.

Ao lado, Celso Othon carregava o chapéu de couro da mãe, buscado por Johann no apartamento de Alto Branco. O filho mais novo vestia camiseta branca; no peito, uma frase: "Marinês e Sua Gente cantando com o coração." Em cima do caixão da "paraibana de Pernambuco", como gostava de se definir, a bandeira de Campina Grande. No cortejo até o cemitério Campo Santo Parque da Paz, dois sanfoneiros, Amazan e Sirano, acompanhados por um cantor local, Poeta Francinaldo, seguiram em cima do caminhão, desfiando o melhor do repertório da homenageada:

Saudade assim faz doer, amarga que nem jiló.
Mas ninguém pode dizer que vivo triste a chorar,
Saudade, o meu remédio é cantar.

A nora, Sheilami, observaria:
– Mesmo na hora da dor, a música tinha que estar presente.
Ainda durante o velório, Alcymar Monteiro afirmou para diversos jornalistas:
– Marinês ajudou a romper esse preconceito de que forró não é música popular brasileira. O forró brasileiro está triste aqui, mas muito alegre lá no céu, porque Marinês vai se juntar a Luiz Gonzaga, Trio Nordestino e grandes nomes, que fizeram do forró a identidade da juventude brasileira.
Abatido, Genival Lacerda foi mais sucinto ao ser abordado pela imprensa:
– Marinês foi tudo para a música nordestina. A voz mais linda foi a dela.
Localizada pela TV Itararé na fila do adeus, uma senhora de 103 anos se destacou na multidão de anônimos que não parava de chegar ao teatro. Com o rosto molhado de lágrimas a ponto de embaçar os óculos, dona Conceição contou à repórter Mônica Victor que tinha testemunhado o início de carreira da cantora, feliz da vida, a caminho de um teste na rua Rio de Janeiro:
– Conheci ela pequenininha. Ela gostava muito de mim.
Sim, dona Conceição era testemunha do começo de tudo. Viveu na época em que não existia Marinês. Era do tempo em que uma menina

chamada Inês ficava radiante de cantar para ganhar um sabonete Eucalol; tempo em que a mesma menina teve que deixar de ir ao colégio porque não tinha sapato, e dizia ao pai que ia ver filme de passarinho mas seguia para participar dos programas de calouros; tempo em que ela jamais acharia que daria um jeito de enrolar o esperto Genival para não dividir o prêmio de 100 mil réis; tempo em que nem poderia supor que ficaria arretada com o astucioso João, que deixou escorrer tinta preta no seu sapato novinho justo quando ia participar do *Clube do Papai Noel*; tempo em que ainda não esbarrara com o inquieto Abdias na escadaria da rádio, e por isso não tinha ideia de que entraria para uma patrulha de choque que mudaria sua vida; tempo em que mal conhecia o Recife, então sequer passou pela cabeça que alguns de seus maiores sucessos seriam escritos pelo magro Antonio que abriria as portas de seu barraco no Alto José do Pinho como se fossem as de um palacete; tempo em que ela conhecia o Rei do Baião só de voz, e achava lindo o que Luiz Gonzaga cantava, mas não podia nunca imaginar que trabalharia com ele, muito menos que seria coroada a Rainha do Xaxado; tempo em que, graciosa e altiva, cabelos revoltos como os da mãe e temperamento forte como o do pai, Inês corria pelas ruas da Liberdade de uma Campina Grande de outrora, de uma Campina Grande que não existe mais. E, à noite, ao voltar do teste, a primeira coisa que aquela menina perguntou a dona Conceição, não se contendo de tanto sonho na cabeça e tanta ansiedade no coração, foi:

– A senhora foi assistir eu cantar?

– Vi, Marinês. E tu vai ser uma cantora maravilhosa!

* * *

Programa de Pedro Sertanejo, São Paulo, 1967.

Marinês: Meus amigos e minhas amigas que estão me escutando através das ondas do rádio, meu boa tarde pra vocês. Estou feliz em estar com essa turma boa daqui de Santo André, os frequentadores assíduos do programa de Pedro Sertanejo. Pedro Sertanejo é uma brasa, né, Pedro?

É uma lenha, né, Pedro? Muito boa tarde a vocês, meus amigos: agora, o "Xote melubico"! Capricha aí, Abdias! Queima o chão, Abdias! Segura a sanfona e vamo simbora!

Assim que Mané contava, vovô sempre me dizia:
Tempo de caju todo passa o mela o bico.
Eu não sei por que todo bêbo é rico...

MARINÊS [de improviso]: Mas esse "Xote melubico" é uma coisa muito séria... Todo Brasil por aí afora onde eu ando, Norte e Nordeste, o povo não me larga com melubico... Vocês querem saber de uma coisa? Eu acabo de confirmar pra vocês que conheço muita coisa de novidades, principalmente de dança. Por exemplo: raligali, tuíste, bossa nova, iê-iê-iê... Agora, eu acho muita graça no iê-iê-iê! No duro mesmo, isso é xote metido a besta!
[Risos.]
MARINÊS: Aí dizem assim: "Juventude"... Vocês querem saber de uma coisa, minha gente? Xote é do tempo da minha bisavó! Eles apenas botaram uma botinha com caninho mais longo, deixaram crescer o cabelo, uns blusões aí meio... Tipo... E começaram nisso aí! Aí chegam com a maior cara de pau: "Jovem Guarda". Do tempo da minha bisavó, o xote... Mas não faz mal, não. Deixa, deixa que o xote vai renovar, qualquer hora. Por isso que eu digo a vocês, já imaginaram esta dança, este ritmo, de xote? O cabra com disposição, um sanfoneiro bom numa 120 e um salão caprichado como esse de Pedro Sertanejo, e uma dama dessa do pé de ouro, dessa que dança maciozinho? O sujeito encosta bico com bico que a terra foge dos pés... Eita, que chega a ser aquilo bom!
[Risos e gritos.]
MARINÊS [para o público]: Mas me diga uma coisa... Quem já melou o bico? O senhor aí de paletó? É casado? Coitadinho, ainda não? Mas, rapaz, num frio desse! Ontem fui fazer um circo que quase não encontro homem casado, era tudo solteiro, nunca vi lugar de homem mais desocupado na minha vida!... E o senhor de camisa branca é casado? É o quê? Solteiro?
ABDIAS: Tá perdendo tempo!

MARINÊS: Mas não é possível, é muito atraso, hein? Será que hoje não vou encontrar no auditório um homem casado? Vou ver se vejo pela cara um homem casado... O senhor aí de camisa creme, o senhor é casado? O senhor!!! Até que enfim! Puxa, já tava preocupada, hein? Pode me dizer onde está sua esposa? Onde é que anda a mulher? Não sabe, não é?
[Risos no auditório.]
MARINÊS: Que negócio é esse?! Eu pergunto pela sua mulher, você vai perguntar ao vizinho?
[Gargalhadas.]
MARINÊS: Onde é que ela anda? Tá em casa, é? Por que o senhor não trouxe ela pra me assistir, pode me dizer? Economia? Não tava fazendo muita fé no show? Ou é porque o senhor ainda anda de má intenção com ela?
[Risos e gritos.]
MARINÊS: Esse negócio de assistir mulher cantando dá um problema... Quer ver uma coisa? Escuta só. Por que foi que ela não veio? Porque não pôde? O que é que ela tinha nas pernas? Não tinha dinheiro, mas o senhor arranjou para o senhor vir... É, minha gente, essa conversa, isso é conversa antiga. "Não pôde, não quis, não veio por causa das crianças." E nisso eles estão, ó, sozinhos por aí afora! Mas não faz mal, não... Eu aposto que nessa idade que ele está, veio assistir Marinês, e, quando chegar em casa, ele vai dizer assim: "Minha véia, eu assisti a Marinês. Ela cantou uma porção de coisas, mas eu gostei mesmo foi do 'Xote melubico'. E tava doido que acabasse logo aquele negócio lá pra eu vir pra casa melar o bico com você o resto da tarde."
[Risos e gritos.]
MARINÊS: Sabichão, hein? Vambora! Aí ele vai caprichar...

E só dançar o xote melubico,
E só pedir e tome xote melubico...

MARINÊS: Mas não é gostoso o "Xote melubico"? Bom danado! O senhor não gostou? Não vai melar o bico em casa? Ele disse que vai... Vai caprichar no xote o resto da tarde com a véia, não vai? Quando tenho uma folguinha, eu fico ensaiando o xote em casa, que é pra não me esquecer...

Epílogo
O sangue bombeia o destino (bis)

As DIFICULDADES ENFRENTADAS por Marinês e Elino Julião para trabalhar com regularidade em seus últimos anos de vida foram as mesmas experimentadas, ao longo da década de 1990 e no início do século XXI, por boa parte dos artistas nordestinos que tinham se destacado nos anos 1960 e 1970. Os shows escassearam. Gravação de discos, quase sempre só de forma independente, mesmo assim com distribuição precária. Cachê bom, apenas por intermédio de políticos, quando asseguravam participação em campanhas eleitorais, ou ao serem escalados para a programação oficial de festejos municipais.

Iniciativas isoladas, oriundas de gerações diferentes, trouxeram à tona alguns dos veteranos que enfrentavam o ocaso de suas carreiras – e de suas vidas. Se, no Rio Grande do Norte, Dácio Galvão e Candinha Bezerra conseguiram homenagear Elino Julião à altura com os dois volumes de *O canto do Seridó*, o pernambucano Silvério Pessoa desempenharia o mesmo papel com outro veterano de quem pouco se falava: o coquista e forrozeiro Jacinto Silva.

Silvério Pessoa nasceu em 1962 em Carpina, zona da mata pernambucana, a 60 quilômetros do Recife. No sítio da avó, o radinho de pilha vivia sintonizado na Rádio Planalto, que tocava Dominguinhos, Azulão, Gonzaga, Marinês, cantadores e emboladores locais. Por meio da emissora, teve o primeiro contato com as músicas de Jacinto, alagoano de Palmeira dos Índios.

O segundo contato veio já quando trabalhava como bancário na rua Nova, no centro da capital pernambucana. Funcionário do extinto Banorte, aproveitava o tempo livre para percorrer os mercados em busca de discos. Um dia, garimpando preciosidades, esbarrou com um LP de Jacinto Silva.

Comprou, ouviu, guardou e adicionou-o à coleção já incrementada por Beatles, Miles Davis, Led Zeppelin, Luiz Gonzaga, Jackson do Pandeiro. Para o engajado Silvério, ouvir os sons de sua terra era uma forma de atitude política, o que não o impedia de se maravilhar com um show de Alceu Valença e com uma apresentação de Rick Wakeman. Tempos depois, quando já tinha se formado em pedagogia e passara a se dedicar à música, à frente da banda Cascabulho, conversava com um dos ideólogos do grupo, o sociólogo José Manuel Pereira, quando mencionou o nome de Jacinto Silva ao amigo.

– Tenho um vinil dele. Será que ainda está vivo?

– Tá, sim. Quer conhecer mais?

José Manuel presenteou Silvério com fita cassete contendo noventa minutos do melhor de Jacinto Silva. O cantor do Cascabulho gostou tanto que resolveu convidar o alagoano para participar de "Xodó de sanfoneiro", regravação de Jackson do Pandeiro incluída no primeiro disco do grupo, *Fome dá dor de cabeça*. Perguntou a um dos produtores, Zé da Flauta, se ele conseguiria localizar Jacinto:

– Ele tá lá em Caruaru. Quer falar com ele agora?

Telefonou para Jacinto, que aceitou o convite na hora. O alagoano chegou no horário marcado ao estúdio de Zé da Flauta, no bairro de Casa Forte. Silvério ficou impressionado com a afinação e a versatilidade do veterano ao cantar versos como:

Eu quero ver qual é o rock
Que faz essa batucada
Numa pisa marvada, como faz o meu baião.
Olhe que o chiado lá no chão puxa pra lá, puxa pra cá,
A gente dança até doer o calcanhar.

A partir daquele encontro, os dois conviveriam intensamente por mais alguns anos. Silvério participou em 2000 do CD *Só não dança quem não quer*, incluindo regravações de sucessos como "Chora bananeira", e ainda escreveu texto para a contracapa, onde afirma: "O carinho pelo trabalho, a verdade que vem da sua voz, inunda os canaviais e o roçado." O disco recebeu a aprovação de críticos como Tárik de Souza, que o saúda no site ClickMusic:

> Criador de um estilo chamado de "coco sincopado", que guarda parentesco com o quebra-língua dos emboladores e o verso metrificado dos cantadores a quem costuma consultar, Jacinto é fera na divisão rítmica. Para comprovar isso, vá direto à faixa "Coco trocado", onde ele conduz o fraseado na direção contrária à melodia.

Silvério Pessoa ampliaria o leque da homenagem com o disco solo *Bate o mancá (O povo dos canaviais)*, no qual Jacinto não só canta como cria vinhetas. O afeto e o respeito fizeram Silvério se aproximar ainda mais de Jacinto. Por isso, o cumprimento nos encontros:

— A bênção.

— Deus te abençoe, meu filho.

A convivência próxima continuou mesmo depois que Jacinto foi diagnosticado com câncer no fígado. Acamado, o alagoano prosseguiu registrando suas composições num gravador cassete que deixava ao lado do leito. Com orgulho, mostrava o vinil que lançou na França, *Forrozeiro internacional*, além das fotos que fez em Nice, Toulouse e outras cidades francesas.

Silvério afirma que Jacinto valorizava o chamado "jeito ligeiro" de cantar: a inversão do acento tônico, da sílaba forte, provocando a síncope, habilidade de se movimentar dentro do compasso sem se perder no compasso seguinte. O veterano avistava no ex-vocalista do Cascabulho uma possibilidade de sucessão:

— Depois de Jackson e de mim, acho que é você quem pode dar continuidade a essa escola que tá acabando. Genival (Lacerda) também cantava assim, mas foi mais para a melodia.

Sobre as diferenças entre o Rei do Ritmo e o Rei do Baião, o alagoano, de forma sucinta, deixava clara a importância de ambos:

— Gonzaga é o pai de todos. Mas eu sou aprendiz de Jackson do Pandeiro.

Em entrevista a José Teles, publicada no *Jornal do Commercio* em 1998, Jacinto é apresentado como um dos últimos cantores a seguir a linha de Jackson.

O repórter pergunta:

– Além de você, Jacinto, quantos cantores hoje ainda cultivam estas variedades do forró?

– Poucos. Azulão, Messias Holanda, Genival Lacerda, Silvério, Biliu de Campina... Olha, se reunir no Brasil inteiro, dá uns dez.

★ ★ ★

EM FEVEREIRO DE 2001, o câncer venceu Jacinto Silva. Tinha 68 anos e morreu sem escutar a versão definitiva de *Bate no mancá*. Além da viúva, Lieta, e quatro filhos, Jacinto deixou um punhado de canções inéditas. Aos poucos sua obra foi redescoberta. Em 2010, a agência de publicidade Link produziu e lançou um tributo pelo selo Candeeiro, *Jacinto Silva, no coração da gente*, com participações de Elba Ramalho, Targino Gondim, Margareth Menezes, Spok, Tom Zé, entre outros. Silvério Pessoa, claro, não poderia ficar de fora, e aparece em dueto com o homenageado em "Teste para cantador". Nas entrevistas de divulgação, Silvério definiu o que Jacinto representou na sua vida:

– Foi como um pai para mim.

Para Biliu de Campina, um dos nomes citados na entrevista a José Teles, Jacinto Silva era referência maior:

> Foi uma figura exponencial, um gênio, o meu mestre. Ele cantava o que era difícil: coco sincopado, coco trocado, trava-língua, rojão, embolada. O cabra tem que ser versado em forrobodologia. E ele era: um autêntico computador humano. Tinha uma esfera na ponta da língua.

Nome artístico de Sebastião Xavier de Souza, Biliu nasceu em 1949, em Campina Grande. Conheceu Jacinto nos anos 1980, quando dava os primeiros passos como compositor – foi lançado por Abdias já na fase da Copacabana, com a música "A grande herança", gravada por Messias Holanda no disco *Coma ovo*, de 1985. O desembaraço para o improviso e a facilidade de memorização logo o credenciaram para dar continuidade à tradição do coco e o tornaram um dos mais ativos divulgadores da música nordestina. "Você não consegue, lendo, cantar um coco; tem que memorizar para a língua ficar desembestada", costuma dizer. Com opiniões tão incisivas quanto bem-humoradas, Biliu segue a linha de raciocínio do crítico Tárik de Souza (que aponta a transformação da palavra "forró" em espécie de "genérico da música nordestina") e tem sua interpretação na ponta da língua para a origem da palavra "forró":

> Esse negócio que a palavra forró veio de *for all* é frescura. Vem de forrobodó, forrobodança, música do pé-rapado, música da ralé. Significa festa, fuzarca, pagode, zamba, zambê, samba, pagode, função, brinquedo. Forró é um local onde se canta tudo. Forró é tudo. Não é ritmo, nunca foi. Ritmo é binário, é universal. Tanto faz se você estiver no Japão, na Alemanha, ou na casa dos diabos: tocou binário, você canta um coco com ele. Pode ser a Orquestra Sinfônica de Berlim ou um cabra tocando numa rabeca: puxou aquele ritmo binário, você canta o coco, o xaxado, o rojão.

Biliu é igualmente direto ao opinar sobre as mudanças que a música vem sofrendo nas últimas décadas, com a adição de instrumentos e alteração nos andamentos:

– Em nome de uma "modernidade", está havendo descaracterização. Se o forró é clássico, não precisa bulir. Ninguém quer bulir nas músicas de Paganini, de Beethoven, de Cussy de Almeida. Nem na poesia de Augusto dos Anjos.

Sempre afiado, certa vez respondeu de bate-pronto quando foi perguntado por uma radialista em São Paulo se fazia forró universitário: "Minha filha, já fiz mestrado, licenciatura, PhD em forrobodologia. Tô por dentro desse forró universitário. Isso é modismo. Isso passa, a gente fica."

Em janeiro de 2005, Marinês também opinou contra o rótulo associado ao Falamansa e outros grupos. Declarou ao jornalista Irlam Rocha Lima, do *Correio Braziliense*, que a convidou – e ela topou – a xaxar na rodoviária da capital da República, em companhia de Marquinhos, fato registrado na reportagem "Forrozeira arretada":

> Não tem nada a ver essa história de forró universitário. O que a gente vê, e isso é muito bom, são universitários no forró. Bom porque trouxe os jovens para os autênticos ritmos nordestinos. O que quero é ver as pessoas felizes, dançando forró. Lá de cima, com certeza Luiz Gonzaga vai estar aplaudindo.

* * *

NA PRIMEIRA METADE dos anos 1990, milhares de jovens brasileiros fizeram contato com o forró – só que de uma forma tão barulhenta quanto maliciosa. Tudo começou com o sanfoneiro Zenilton, que foi para São Paulo com dezessete anos e, na capital paulista, apresentou-se em diversas rádios até ser contratado pela Chantecler. Zenilton consagrou-se como um dos especialistas em duplo sentido: basta uma olhadela no título de algumas das faixas do repertório – "Picada de muriçoca", "Se cutuca dói", "Quiabo cru", "Linguarada" – para saber que ele abusa do veneno, apesar de minimizar o efeito da dose que aplica:

– Aquelas músicas que eu fazia não tinham nada de mais. As crianças nem entendiam, adultos burros também não: só os esclarecidos.

O flerte com o rock começou em 1979, quando gravou "Severino MacCartney" (Demetrius), no LP com seu nome no título lançado pela Chantecler. Na música, em tom debochado, ele anunciava mudanças no visual ("O meu cabelo vai ter franjinha"), prometia chamar o jegue de Mustang e garantia:

> Agora ninguém mais me iludes,
> Sou da juventudes,
> Eu quero é cantar o roquenrol!

Dois anos depois, com produção de Lindú, foi lançado *O cachimbo da mulher*. Além de ser um dos mais representativos do estilo de Zenilton, o disco caiu nas mãos de um jovem de Brasília, Rodolfo Abrantes. Filho de paraibanos, crescido na capital federal, Rodolfo montou a banda Raimundos com os amigos Digão, Fred e Canisso. Um dia, de brincadeira, ao verter para o rock algumas das músicas de Zenilton que Rodolfo aprendera em casa, eles sacramentaram a união da malícia nordestina com a urgência de bandas norte-americanas como Ramones e Dead Kennedys: surgia o forrócore. O resultado, astucioso e taquicárdico, assombrou o Brasil em 1994, quando o CD *Raimundos* vendeu mais de 100 mil cópias – Zenilton canta e toca sanfona no trabalho produzido por Carlos Eduardo Miranda. O sanfoneiro também participou de alguns dos shows de lançamento, gritando as frases que introduziam um dos sucessos do disco, "Puteiro em João Pessoa":

– Na-na-ná é o diabo! Eu quero é rock!

Não era a primeira vez que os dois ritmos andavam de mãos dadas. Jair Alves, conhecido como "O Barão do Baião", tinha gravado em 1957 a pioneira "Baião rock" (América nos mandou um ritmo singular, / Dança louca e atraente que chegou para abafar), que, depois de classificar o rock de "dança esquisita, que provoca confusão", tomava partido: "Ainda acredito em nosso baião."

Décadas depois, em 1987, o pernambucano Onildo Almeida deu sua contribuição à mistura. A inspiração veio durante temporada em que ficou hospedado no Rio, na casa de Gonzaga, em janeiro de 1985. Ao ver o agito na cidade com o festival de rock, Onildo avisou ao anfitrião:

– Eu vou ver o Rock in Rio.

– Você é maluco, rapaz? Você, nordestino, vai ver um negócio daquele?

– Ah, eu quero ver como é que é...

– Mas eu não vou!

Onildo não só foi à Cidade do Rock, em Jacarepaguá, como saiu de lá com uma música na cabeça:

Eu conheço esse toque,
Não é baião, não é forró e nem é xote.

Vou chamar compadre Roque,
Pra ver se ele identifica esse toque.
É uma mistura de forró com rock.

Pegou o violão e terminou a música no terraço do apartamento de Gonzaga. O Rei do Baião ouviu e perguntou:
– Que música é essa?
– É a do Rock in Rio.
– Eu vou gravar esse troço!
– Mas você não queria nem que eu fosse, e agora quer gravar a música?
– Eu vou gravar!
Não chegou a cumprir o que anunciou, mas Onildo entrou em estúdio e lançou pela Polydisc o álbum *Forrock*, tendo na abertura a faixa "Forrock in Rio", com guitarras na introdução e letra que se referia ao festival ocorrido dois anos antes. Dizia ter visto no festival "o grande desafio do rock e do forró" nos shows de George Benson, James Taylor, Nina Hagen "e de um tal de Al Jarreau":

Mas vi também, do meu Nordeste,
Três cabras da peste cantando pra valer:
Moraes Moreira, Elba e Alceu,
O forró comeu, o rock se misturou.
Forró com rock, e o rock forrofiou.

Forrock, forrócore, baião rock, guitarra forrofiada... Aparentemente incompatível, a fusão rendeu músicas e alguns protestos. Mas o fato não chegou a incomodar cantores tradicionais como Biliu de Campina:
– Sou mais um roqueiro autêntico do que um forrozeiro travestido.

★ ★ ★

LUIZ MÁRIO BARBOSA, o filho de Lindú que ouvia discos do Kiss escondido do pai, já não lembra mais dos tempos de roqueiro.

– Agora ouço forró 24 horas por dia; até minha mulher pergunta se eu não fico enjoado, e eu digo que não.

Ele demonstra tranquilidade quanto à opção que fez de assumir o posto do pai. Na primeira década do século XXI, percebeu o surgimento de uma geração de fãs que, graças a sites de compartilhamento de arquivos musicais como o Forró em Vinil, teve acesso aos primeiros discos do Trio Nordestino, ainda dos anos 1960, e pede para ouvir músicas desses LPs nos shows. O que não impede que, de vez em quando, tenha de se posicionar diante do confronto com o passado.

– Quando dizem que meu pai cantava mais do que eu, respondo: "Que bom! É meu pai!"

Luiz Mário admite que seu trabalho, consolidado em duas décadas, é de continuidade. Acha que a tradição deve ser prosseguida por gente da família, não por desconhecidos. Por isso, o Trio conta com o sanfoneiro Beto Souza (filho do compositor Antonio Ceará) e o zabumbeiro Coronéto, nome artístico de Carlos Alberto Santana, filho de Vânia, portanto, neto de Coroné. Querem ficar juntos enquanto houver gente pedindo para o Trio Nordestino continuar:

– Depois da gente, que venham as próximas gerações. Quem sabe um dia não vai ter uma menina no Trio Nordestino? Já pensou?

* * *

ENQUANTO BRINCAVA NO QUINTAL DE CASA, a menina Mayra ouvia de longe o surgimento de algumas das criações mais conhecidas dos pais, Antonio Barros e Cecéu. Acompanhou também a angústia do pai, mais de oitocentas músicas no currículo, toda vez que um de seus intérpretes aparecia na TV e omitia o nome do compositor.

– Isso dói muito.

O jogo começou a virar quando um produtor paulista aconselhou o casal, ainda nos anos 1980:

– Quando se apresentarem em público, falem de vocês e de suas músicas.

Foi o que fizeram. A estratégia deu certo. Ao longo dos anos, angariaram reconhecimento e dividendos. De vez em quando, porém, ainda passam pelo dissabor do "esquecimento". Mayra Barros, que trabalha em uma das associações brasileiras responsáveis pelo repasse dos pagamentos de direitos autorais aos artistas, fez do incômodo familiar uma das motivações para seu trabalho:

– É uma luta intensa tentar conscientizar as pessoas de que todas as obras têm um pai. Faltam informação e consciência. O artista tem o direito de explorar comercialmente a sua obra e sobreviver da criação intelectual, mas ainda há muito desrespeito.

Apesar da contrariedade inicial dos pais, a filha única seguiu carreira de cantora. Além dos shows solo, se apresenta com a dupla, cantando "Sou o estopim" e outras criações que viu nascer.

– As pessoas estão carentes de ver a imagem de uma família no palco. Isso desperta certo encantamento.

O encanto ainda é vivenciado por Cecéu, que não se cansa de subir ao palco – mesmo debaixo de chuva, fato recorrente no junho nordestino:

– A energia do povo vai alimentando a gente.

Ao falar das apresentações que faz com a companheira de palco e de vida, Antonio Barros demonstra orgulho, destacando um fator determinante a diferenciá-los de outros artistas nordestinos:

– A gente canta só as nossas músicas. Tem umas trinta, quarenta, que todo mundo conhece. Não dá nem tempo de cantar músicas dos outros...

A área do Parque do Povo, onde se apresentaram diversas vezes nas festas juninas de Campina Grande, é velha conhecida de Antonio Barros. Ele morou perto dali, na rua Frei Caneca, logo que chegou de Queimadas. Lembra que o parque foi erguido em terreno onde havia um sítio e uma pequena lagoa – no capinzal da margem, Antonio deixava o jumento fazer a refeição do dia e depois o carregava com batata, milho, feijão. Muitas vezes voltava de noitão para casa; certa vez caiu numa cacimba, chegou todo molhado. Como Elino Julião, gostava de batucar na lata de querosene, cantando Nelson Gonçalves e Orlando Silva:

– Naquela época eu nem conhecia Luiz Gonzaga.

Epílogo

Foi em uma dessas jornadas, a partir do título de um filme em cartaz na cidade, que criou a primeira música. À noite, saía para ver o povo cantando nos salões de festas dos cabarés. E foi em uma dessas noites que se deu conta de que as músicas pertenciam aos compositores. Uma criação, uma descoberta; uma vida transformada.

★ ★ ★

O MAIS CENSURADO DOS AUTORES DE FORRÓ, o homem a quem Luiz Gonzaga pediu umas músicas "limpinhas", não tem mais contrato com gravadoras. Para lançar CDs, João Gonçalves conta com a ajuda de novos parceiros. Os mais abonados bancam o estúdio, João entra com as letras. Já fez isso no passado, não vê por que não fazer novamente. Sobra ceticismo quanto à perspectiva de vendas:

– O máximo que eu consigo é deixar pra vender em uma ou duas lojas e mandar para alguns amigos das rádios AM. Pra FM nem mando, porque tem que pagar pra tocar.

Os tempos mudaram, ele sabe. O farrista que aparece nas capas de mais de uma dezena de LPs, espalhadas pelas paredes de um dos quartos de sua casa no bairro campinense de Jardim Quarenta, deu lugar a um homem pacato. Além disso, percebeu que não dá mais para sair à noite, largar o carro aberto perto de algum bar e "tomar umas lapadas".

– Campina Grande ficou muito violenta. É dinamite estourando tudo, o crack se espalhando… Toda casa agora é gradeada, parece uma prisão.

A constatação da insegurança ao menos rendeu inspiração: "Eu escrevo sobre o que tá acontecendo em nosso cotidiano." Veio à cabeça, então, registrar o protesto em "O povo pede socorro", faixa-título do CD lançado em junho de 2012, em que tece críticas a partir de desabafos em frases como "Cidadão em sua casa vendo o sol nascer quadrado" e "Segurança só existe pra quem já está no caixão". Na faixa "Mutreta não é forró", o alvo são as "bandas enfeitadinhas, que cantam coisas que não sabem e chegam no palco parecendo borboleta", aquelas que o colega Antonio Barros qualifica de "invasoras". Mas a picardia que acompanha

João Gonçalves não ficou para trás. Bem que tentou fugir da malícia ("Não gosto mais de falar as coisas desse jeito, porque chega de uma vez só à mente humana"), mas foi convencido por um dos novos parceiros, Edson Azevedo, a salpicar de veneno a fábula sobre um homem abandonado por mulher ingrata, brindada pela avó com curioso apelido:

Xoxó tinha os meus carinhos,
Xoxó tinha o meu amor.
A Xoxó tinha de tudo,
Mesmo assim me abandonou...

Além de envenenar "Saudade de Xoxó", a mente fértil de Gonçalves também recebeu a visita de uma velha conhecida: Severina Xique-Xique. Veio avisar ao seu criador que a butique, outrora tão admirada, não deu certo, "perdeu o valor". Especialista em abrir negócio próprio, a moça não se abateu e encontrou outra atividade:
– Agora ela tá ganhando a vida vendendo minhoca. Por isso, fiz o *Minhocário da Severina*.

Minhoca grande,
Média, curta, grossa e fina.
Quem tá querendo minhoca
Vá falar com Severina...

★ ★ ★

Quando olha para trás e avista o topo da carreira, Genival Lacerda enxerga a butique de "Severina Xique-Xique". Ironia do destino: saiu de Campina Grande, passou quase duas décadas entre o Recife e o Rio... Rodou, rodou e rodou até encontrar, em 1974, justo na sua cidade de origem, a composição que lhe faria alcançar "o êxito de tudo":
– Eu estava batalhando há uns trezentos anos. Com "Severina", acabou a miséria.

Dono de memória fotográfica ("Me lembro de tudinho"), Genival recorda de cenas emblemáticas, como a de Jackson do Pandeiro ensaiando "Sebastiana" e "Quadro-negro" na casa da família Lacerda, na rua Manoel Faria Leite. Homenageou o concunhado em 1998 com o disco *Genival Lacerda canta Jackson do Pandeiro*, no qual indiretamente também celebrou a obra de Rosil Cavalcanti ao regravar "Forró na gafieira", "Na base da chinela", entre outras. Três anos antes, passaria por uma experiência – no mínimo – inusitada, que começou quando recebeu proposta de um produtor paulista:

– Vamos gravar com você um CD de dance music!

– De o quê, rapaz?

– De dance!

– Mas o que é isso?

– Isso é música jovem, Genival. Você ainda não cantou para a juventude!

– Rapaz, eu já gravei para todo mundo!

– Mas falta gravar isso...

Reticente, o cantor só topou gravar o CD *Forró dance* depois de receber, a título de adiantamento, substancial quantia em dinheiro e uma caminhonete D20. No repertório, somente versões improváveis: "Severina Xique-Xique (Dance Hall Version)", "Radinho de pilha (Summer version)", "Rock do jegue (Reggae Mix)", por aí vai. O cantor detestou a invencionice:

– Rapaz, que diabo de acompanhamento miserável é esse? Como é que eu vou cantar em cima disso aí?

– Vai, sim!

Mudaram também o visual do cantor, que usou bermudas, tênis e até gorro, no estilo gangsta rap, para posar na capa do CD – a seu lado, acentuando a estranheza, um jegue com headphones. Para divulgar o lançamento da gravadora paulista Paradoxx, foi marcada uma série de apresentações em boates das grandes capitais. Nada de músicos no palco; somente Genival e sequenciadores. Em Porto Alegre, ao perceber que cantaria no breu, gritou para o produtor local:

– Não tô vendo nada. Manda acender a luz!

– Aqui não acende, não! É só aquela luz em cima que vai cair no seu rosto!

– Cair?! Que merda é essa?

– Não, é assim mesmo! Não se incomode, não!

– E como é que eu vou ver o povo?

– Não vai ver, não precisa ver. Mas vai estar lotado aí, fique tranquilo.

Cantou no escuro. Percebeu que algumas fãs subiram para dançar ao seu lado, mas nem sequer conseguia enxergar o rosto das moças.

– Eu não vi nada, que coisa!

Genival conta que, nos últimos tempos, o assédio feminino ocorre de duas formas. Boa parte delas chega e pede:

– Vamos bater uma foto!

– Bora!

– Eu quero levar a foto porque meu pai é fã seu!

– Como é que é a história?

– O meu pai, ele é doido pelo senhor!

– Ahhh...

Outras dizem assim:

– Quando eu vejo o senhor, eu fico com lágrimas nos olhos.

– Por quê?

– Porque meu pai era doido pelo senhor, e ele morreu.

– Senhor? Ah, minha filha...

O homem vaidoso, dono de oitenta camisas estampadas, sempre tira a que está usando na hora de entrar em estúdio. É a única mania nas gravações:

– Tem artista que bota lenço no pescoço, pano, sei lá o que mais. Os caras fazem isso tudo por frescura ou doença. Meu negócio é água gelada direto. Nunca me fez mal.

Genival demonstra especial orgulho de um dos filhos, João Lacerda, que decidiu seguir seus passos e desenvolve bem-sucedida carreira solo:

– O bicho é afoito. Ligeirinho que é danado!

João produz e canta duas faixas no CD *60 anos de forró com muita alegria!* (2010), que conta ainda com participações de Ivete Sangalo, Flávio

José, Adelmário Coelho e Chico César. Nos duetos ou sozinho, Genival mostra que não perdeu a verve. Continua mandando recados entre as estrofes ("Sou criativo nisso. Pior que faço isso no disco e não faço nos shows, eu esqueço!") e escolhendo uma das 120 alpercatas para pisar firme e caprichar nas mesuras e palhaçadas, que lhe renderam o título de "O Rei da Munganga" – nome do documentário dirigido por Carolina Paiva e lançado em 2008, com ao menos uma cena preciosa: um passeio do protagonista pelo centro de Campina Grande.

Sem papas na língua, Genival critica os "amorcegadores de forró", que cantam "porqueiras" de qualquer jeito e acham que está tudo bem, "tomando a vez de muitos artistas bons". Não pensa em se aposentar:

– Tem que dar continuidade à vida mostrando o trabalho até quando Deus quiser e mostrando que você é o primeiro sem segundo. Eu sou. E não dou brecha para ninguém. Muita gente acha que eu só faço sátira, duplo sentido... Mas eu gravo cada letra que é um espetáculo. Tem gente que ainda vai dizer: "Puxa vida! Aquele véio do buchão era a moléstia dos cachorros!"

Dominguinhos, a quem Genival chama de "Sua Excelência", gravou seguidas vezes com o cantor – que foi padrinho, com Luiz Gonzaga, do casamento do sanfoneiro com a cantora Guadalupe. O campinense costumava contar com dois músicos para os arranjos – ele e Sivuca. Mas teve uma vez em que Sivuca não pôde participar, e Dominguinhos sugeriu que Genival chamasse Oswaldinho do Acordeon para substituí-lo. Ele resistia à ideia, achando que Oswaldinho tinha um modo de tocar "meio paulista". Dominguinhos insistiu:

– Não, não... Chame Oswaldo, rapaz! Ele toca como você quiser!

Genival Lacerda cedeu e não se arrependeu. Adorou o resultado e foi todo feliz contar a Dominguinhos:

– Mas, rapaz, Oswaldinho foi bom demais!

– Num tá vendo?

Não é só Genival Lacerda que trata Dominguinhos com reverência. Em novembro de 2011, no bairro paulistano de Pinheiros, o Canto da Ema apresenta o sanfoneiro como principal atração. Antes dele, porém, a noite começa quente. Na pista, enquanto o grande nome não chega, os pares capricham no remelexo. Um homem de ascendência oriental, de óculos, já tirou três damas pra dançar. Rodopia pelo salão, ora agarradinho, ora pegando uma delas pela mão, afastando-a e fazendo-a girar. Uma das moças, muito magra e muito alta, cabelo curtíssimo, visual moderninho, também troca de par algumas vezes. Dança igualmente com prazer e disposição. Fora da pista, uma mulata de flor no cabelo, parecendo saída de um quadro de Di Cavalcanti, bate papo com amigos e exibe largo sorriso. Não demora a ser convidada para o bate-coxa. Sai se balançando ao som de Jackson do Pandeiro.

A casa de espetáculos na avenida Faria Lima, aberta no auge do movimento do forró universitário pelos amigos Paulo Rosa e Magno de Souza, sobreviveu a modismos. Fixou-se na capital paulista como espaço para forrozeiros de todas as idades mostrarem seu trabalho e fazer dançar um público em que nem todos têm carteira de estudante. Fuba de Taperoá, figura assídua no palco, descreve:

– Vem nego que tá se formando doutor, mas tem também uns cabeça-chata no meio, as meninas que trabalham de empregada doméstica... Essas coisas. Não tem distinção.

A atração principal chega cedo. Dominguinhos usa sobretudo, cachecol, boné. No semblante, a habitual serenidade. Aos poucos a casa começa a encher; o camarim também. Além de Fuba aparecem o zabumbeiro Chiquinho Queiróz; os cantores Janaína Pereira (Bicho de Pé) e Tato (Falamansa)... Em comum, a reverência ao ídolo. O sanfoneiro pernambucano sai do camarim e entra no palco. Com a saúde debilitada pelo tratamento de um câncer, permanece sentado. Toca três, quatro músicas. Mestrinho, o segundo sanfoneiro, segura a pisada a maior parte do tempo. Fuba pega o pandeiro e manda ver; cantando, toma conta da apresentação. Faz o público rodopiar na pista por mais de uma hora e depois se volta para o palco nas músicas mais lentas.

Quando Dominguinhos e seus músicos saem de cena, a mistura de aplausos, gritos e assobios logo é coberta pelo som mecânico. O camarim parece mais cheio que antes. Agora não são apenas os colegas: jornalistas, estrangeiros levados por amigos brasileiros, até crianças, todos estão lá para saudá-lo. Nas conversas, o assunto é a música: quem tocou o quê, quem se apresenta quando, quem acompanha quem. Dominguinhos escuta, fala pouco e não se demora. Sai do Canto da Ema com ar de satisfação. Dever cumprido.

★ ★ ★

O TELEFONE TOCA na casa de Anastácia. Do outro lado da linha, alguém a avisa para ligar a televisão. Dominguinhos está no programa *Sem censura*, da TV Brasil. A cantora sai da cozinha para a sala, liga a TV. Embevecida, assiste à entrevista. Faz comentários sobre a aparência do sanfoneiro, não esconde o carinho. Em 2006, os dois voltaram a se encontrar depois de quase trinta anos sem se falar. Foi em um show no Sesc Pinheiros, em São Paulo, em homenagem a Luiz Gonzaga – logo ele, o responsável por juntá-los naquela viagem pelo Nordeste.

A parceira de Dominguinhos em "Eu só quero um xodó" e tantas outras canções conserva a longa cabeleira loura e uma energia incomum para quem passou dos setenta anos. Em sua casa, no bairro de Jabaquara, em São Paulo, passa uma tarde revendo a própria trajetória – contada com riqueza de detalhes na autobiografia *Eu sou Anastácia: histórias de uma rainha*, lançada em 2011. Reproduz no livro a conversa que teve com o sanfoneiro:

– Tem medo de morrer, Dominguinhos?
– Não.
– Se eu morrer primeiro que você, eu venho lhe buscar, viu? Porque a gente tem muita coisa a concluir que ainda não fizemos! Agora, se tu morrer primeiro, pode vir me buscar que eu não tenho medo, não, que eu quero ir!

Ela registrou também o próprio espanto diante do que falou ao homem que, reconhece, foi o grande amor de sua vida:

– Mas que doidice eu disse! Não tinha bebido, nem fumado droga, nem nada! Eu falei porque sou caricata. Sou doida mesmo! Nunca que eu vou querer ir! Deus que o abençoe, que ele tenha uma vida equilibrada, e se ele desencarnar primeiro, não venha, não, que eu quero fazer muita coisa ainda.

★ ★ ★

Numa manhã de maio de 2012, Onildo Almeida recebe em casa, no bairro de Maurício de Nassau, em Caruaru, a visita de Renilda Cardoso. A cantora de forró foi apresentar um projeto que pretendia encaminhar à Secretaria de Cultura da cidade, no qual interpreta as parcerias de Onildo e Luiz Gonzaga em show com participação do compositor. A chegada de Renilda interrompe a narrativa do autor de "A feira de Caruaru" sobre a música que compôs especialmente para o centenário de nascimento de Gonzaga e sobre os dois CDs que finalizou: a coletânea *Caruaru, capital do forró – volume 10* inclui a inédita "Rei centenário", em meio a faixas nas quais vários artistas cantam sucessos de Luiz Gonzaga. O outro, *Luiz Gonzaga canta Onildo Almeida*, com 23 músicas compostas por Onildo e gravadas pelo Rei do Baião, teve tiragem limitada e não houve comercialização.

Por causa da forte ligação com Luiz Gonzaga, o compositor caruaruense viu seu cotidiano afetado pelos preparativos para as comemorações dos cem anos de nascimento do artista de Exu. E não se recusou a colaborar com quem o procurava. A partir do início do ano, realizou em escolas do interior de Pernambuco uma série de palestras didáticas, nas quais contava a história de cada música sua que Gonzaga gravou.

Para a abertura dos festejos em Caruaru, tentou cantar "Rei centenário" com Dominguinhos e Elba Ramalho, mas não teve êxito. Deu-se por satisfeito em prestar depoimentos sobre o homenageado nas inúmeras vezes em que foi requisitado e ouvir as músicas eternizadas na voz do amigo tocadas à exaustão.

– No são-joão de Caruaru toca de tudo. Mas em 2012 prevaleceu a música de Gonzaga. Todos os artistas, tanto os daqui quanto os de fora, cantaram músicas dele. As rádios programaram... Isso foi muito bom.

Caruaru também homenageou outro artista pernambucano, Azulão, pelos setenta anos de idade e cinquenta de carreira. Só que por um triz o cantor não ficou fora da festa. O motivo era a falta de consenso entre parentes dele e a Fundação de Cultura de Caruaru sobre o valor do cachê. O suspense durou até as vésperas da data marcada para a apresentação, 23 de junho. Mas o impasse foi resolvido a tempo, e Azulão subiu ao palco em plena noite de são-joão, integrando uma lista de atrações que revela o ecletismo da festa caruaruense: além dele, Jorge de Altinho, Santanna e as bandas Brasas do Forró e Forró da Pegação. Os 100 mil metros quadrados do Pátio de Eventos Luiz Lua Gonzaga ficaram apinhados de gente.

Se Caruaru fica abarrotada em junho, na capital pernambucana há um lugar que mantém ao longo do ano a rotina de casa cheia. Avenida Hildebrando de Vasconcelos, 2.800, bairro de Dois Unidos, um dos endereços do forrobodó no Recife. Lá vive Arlindo Ramos Pereira, o pernambucano que fez da sua casa um templo do remelexo. O Espaço Cultural Arlindo dos 8 Baixos começou de forma despretensiosa, nas tardes de domingo, só com os músicos mais chegados. Pegavam umas cervejas na venda, tocavam até o início da noite. Aí, alguns dos conhecidos começaram a ir acompanhados. Sem se importar com o barro do chão, os casais dançavam coladinhos até o sol cair. Foi quando Arlindo viu que era preciso dar uma caprichada:

– Fui cimentando de pedacinho em pedacinho: cimentei o forró todinho, depois fiz um palco.

Era Arlindo cimentando e o público aumentando. Começou a cobrar entrada, o povo continuou a chegar. Fez-se o hábito, ergueu-se a tradição. Agora é assim: das cinco da tarde até a meia-noite, o domingo se dissolve no suor de quem toca e de quem dança. Há dias em que são vendidos setecentos ingressos, mas o dono reconhece que o ambiente fica um pouco tumultuado:

– Gosto mais quando tem menos gente: se enche demais, eu aviso para o pessoal na entrada: "Só entra um agora se sair alguém. Se sair dois, bote dois pra dentro."

Com dezenove discos gravados e mais de cem composições, Arlindo começou na música pelo acordeom. Um conselho de Luiz Gonzaga, com quem tocou pelo interior nordestino, fez com que ele largasse a "sanfona grande" e se dedicasse aos oito baixos:

– Você vai trocar de instrumento, as gravadoras já estão cheias de sanfoneiro.

Deficiente visual, o músico teve de superar outras dificuldades surgidas ao longo da vida – hipertensão, diabetes e, no início de 2012, a amputação de parte da perna esquerda após a inflamação de uma unha encravada. Com composições contagiantes como "Buliçoso" e discos igualmente representativos, a exemplo de *O Mestre do Beberibe*, Arlindo ajudou os oito baixos a atravessar as décadas.

– Tem que saber procurar tudo que a sanfona dá.

Para o pesquisador e músico Leonardo Rugero, autor da pioneira dissertação de mestrado *Com respeito aos oito baixos: um estudo etnomusicológico sobre o estilo nordestino da sanfona de oito baixos*, Arlindo se destaca não só pela inspiração como melodista, mas também pela aproximação com o repertório de frevos e pelo fato de ser um exímio artesão: "Eu mesmo utilizo uma sanfona que foi afinada e customizada por ele." Nascido em 1971 em Santo André e radicado no Rio de Janeiro desde os quatro anos, Leonardo Rugero Peres se apaixonou pela música nordestina por meio do "caleidoscópio sonoro" de Hermeto Pascoal. Rugero se interessou em estudar o estilo nordestino de tocar a sanfona de oito baixos depois de encontrar na internet alguns dos primeiros discos de Zé Calixto e Abdias.

– Fiquei atônito diante de meu desconhecimento de uma tradição musical que daquele instante em diante se descortinava diante de meus olhos e ouvidos.

O pesquisador conta que o impacto inicial decorreu de "uma série de fatores intrigantes", entre os quais destaca a destreza técnica dos intérpretes, a utilização de uma afinação específica, o repertório eminentemente instrumental e o fato de aqueles discos que conheceu terem sido gravados no Rio de Janeiro – "muitas léguas distante do contexto de origem daqueles sanfoneiros". Em 2008, Rugero publicou o artigo "A sanfona de oito baixos e a música instrumental" no site Músicos do Brasil: uma Enciclopédia. Traçou paralelos históricos entre os pioneiros do instrumento, nascidos na década de 1930, "período em que a sanfona de oito baixos era o instrumento predominante entre as populações menos privilegiadas economicamente". Analisou também as características de alguns dos principais instrumentistas. Entre as virtudes de Abdias, "mais visceral e corpóreo" na performance, destaca "a extrema rapidez, divisão precisa do ritmo e a cadência de suas melodias":

– Seu toque era preciso, disparando notas como tiros de espingarda.

Rugero aproximou-se de alguns dos tocadores. Com Zé Calixto, estreitou relações a ponto de se considerar discípulo do sanfoneiro paraibano. Pôde observar de perto o preciosismo do artista e também seu zelo extremo com o instrumento – chega a usar talco para que os dedos deslizem com maior suavidade pelos botões, consolidando o que o acordeonista Guilherme Maravilhas (ex-Forróçacana) chamou de técnica "escorregadia", tornando-o um músico diferente, na avaliação de Rugero:

– Zé Calixto é uma figura ímpar. Ao mesmo tempo que é um herdeiro dos repertórios tradicionais compartilhados coletivamente pelos sanfoneiros do agreste paraibano, incorporou novas técnicas e repertórios, como choros e sambas cariocas, revelando uma interseção de influências que se alinha a seu próprio deslocamento para a periferia urbana. É um artista da migração.

Praticamente aposentado, Zé Calixto lamenta que o Rio de Janeiro, cidade que adotou, tenha fechado as portas para forrozeiros das antigas. "A gente agora trabalha muito pouco: acabaram os forrós do Catete, Copacabana, Ipanema." De vez em quando, quase sempre aos domingos, ele se permite tocar para uma plateia especial, na sua casa em Santíssimo, subúrbio do Rio, entre Bangu e Campo Grande. Após o almoço, vai até o lugar onde guarda com todo o zelo seu oito baixos ("É o maior segredo do mundo", conta a esposa, Rita) e, diante de três gerações da família, volta para interpretar "Escadaria" e outras músicas que marcaram sua carreira. Rita resume:

– É aquela festa. Até os vizinhos vêm ver.

Uma das filhas, Neide, conta que, em dias de calor, Zé Calixto pega uma cadeira e põe do lado de fora de casa, bem na frente do portão. Vai tomar uma brisa em boa companhia:

– Ele leva a sanfoninha no colo. Cuida dela como se fosse um bebê.

Neide cresceu observando o pai montar e desmontar sanfonas, em busca da sonoridade perfeita. O fole Todeschini esverdeado, com a inscrição Zé Calixto, foi todo remexido para ficar do jeito que o dono queria:

– Eu sempre fiz tudo na sanfona para transformar o som dela em qualquer música, ter qualquer tom que eu quero fazer. Minha sanfonazinha está há cinquenta anos nos meus braços, não é brincadeira, não!

No início da segunda década do século XXI, decidiu não mais afinar instrumentos pertencentes a outras pessoas, atividade em que sempre foi considerado um dos melhores do país. Achou que não valia mais a pena:

– Demora uns quinze dias para preparar uma sanfona. A gente fica saturado, sem paciência, porque é tudo na base do ouvido. E o que se ganha é muito pouco. Quem ainda se dedica à sanfoninha geralmente é gente de pouca posse.

Uma vez por ano, Zé Calixto volta a Campina Grande para tocar no são-joão. Quando chega lá, o início de tudo vem à cabeça: as festas de casamento próximas à cidade em que, desde os sete anos, observava o pai, João de Deus, esmerilhando na "sanfonazinha quadrada, fole antigo, marca Veado", e logo passou a tocar com ele, abrindo a porteira para os outros irmãos tocadores: João, Bastinho e o mais novo do clã, Luizinho.

Nascido em 1956, Luizinho Calixto construiu carreira a partir da segunda metade de 1970. Na Tapecar, sob a tutela de Oséas Lopes e de Bastinho, gravou discos como *Vamos dançar forró* (1975) e *O bom tocador* (1977), em que interpreta composições próprias, dos irmãos e do pai. Mas também enfrentou as consequências do deslocamento geográfico. Na virada para os anos 1980, a falta de oportunidades, acrescida da necessidade de ficar mais perto dos pais, o levou a repetir o que fizeram milhares de nordestinos naquela década. Deixar o Sudeste e pegar o caminho de volta para a região de origem:

– Viajei muito por Natal, João Pessoa e Recife, foi duro me readaptar. Aí ouvi falar que o Messias Holanda estava com uma casa de shows em Fortaleza. Como sempre fomos bons amigos, cheguei sem conhecer nada. Fui ficando, me casei, já são 28 anos de Fortaleza. Cresci muito, musicalmente falando.

Um dos raros casos de tocador de fole dos oito baixos que também canta, Luizinho explica o motivo da dificuldade no manejo do instrumento:

– É complicado acompanhar alguém cantando. Cantar e se acompanhar, pior ainda: você tem que se preocupar em não errar a letra, em não desafinar tanto, manter o ritmo e fazer o máximo de acordes que puder, mesmo sabendo que o instrumento oferece o mínimo.

O caçula da família Calixto dá a receita para os que pretendem se dedicar ao instrumento:

– Para ser um bom tocador de oito baixos é preciso ter ouvido musical, ritmo, jogo de fole e muita paciência para praticar bastante. É preciso ser perseverante.

Quando era pequeno, Luizinho sentiu-se atraído pelo que ouvia no "Forró de Zé Lagoa". Tentava reproduzir as músicas do programa de Rosil Cavalcanti. Dizia que ficava "resfulengando" com um pedaço de madeira, imitando o toque de um fole. Ao observar a cena, a mãe percebeu que só haveria uma forma de sossegar aquele menino. Pediu ao mais velho, Zé, que trouxesse do Rio de Janeiro um fole de oito baixos para o caçula. Assim foi feito, e Luizinho nunca mais parou de tocar. Outra carreira iniciada no seio familiar:

– A sanfona de oito baixos é uma tradição de família, herança deixada pelo nosso pai, seu Dideus. Minha infância foi música.

O que viveu o mais novo dos Calixtos guarda poucas diferenças do que ocorreu com Abdias, Marquinhos Farias, Pedro Sertanejo, Oswaldinho, Jackson, Zé Gomes, Lindú, Luiz Mário... Praticamente todos começaram acompanhando o que observaram dentro de casa na infância e na adolescência. Com os tocadores e cantadores, a herança vence as circunstâncias. O sangue bombeia o destino.

★ ★ ★

Trecho de depoimento de Luiz Gonzaga a Ricardo Cravo Albin, diretor-executivo do Museu da Imagem e do Som, em setembro de 1968:

– Luiz Gonzaga, o que você ouvia desde criança no sertão?
– A sanfona do meu pai.

* * *

EM CAMPINA GRANDE, no bairro da Bela Vista, um homem sofre de saudade. Geraldo Correia está longe da sanfoninha. Dores na coluna o impedem de fazer o que mais gosta: tirar um cochilo depois do almoço e esperar a quentura da tarde sumir para ir até a varanda de sua casa, na avenida Pedro II, e abrir o fole.

– O que eu sei, eu toco.

Para o pesquisador Leonardo Rugero, Geraldo Correia é "um sanfoneiro mítico" que gravou poucos discos, quando comparado aos que começaram junto com ele. Rugero destaca uma peculiaridade: pelo caráter arredio e por ser um homem de poucas palavras, considera Correia o "João Gilberto dos oito baixos".

– É um músico intenso, que consegue derramar na música tudo aquilo que não deixa transparecer em seu sentimento introvertido.

Geraldo Correia sai pouco, quase nunca. Quando se sente bem, caminha aos domingos até a residência de José Ribeiro da Silva, o mestre Duduta, na avenida Rio Branco. Lá, o anfitrião, exímio bandolinista e cavaquinista, abre as portas desde 1961 para receber músicos de diferentes gerações em área da casa que chama carinhosamente de "covilzinho". A roda de música começa pela manhã e vai até a hora do almoço (só não avança pela tarde porque o vascaíno Duduta não perde um jogo de futebol na TV):

– A gente toca de tudo: baião, frevo, xote. Mas o forte é choro.

Nas rodas de choro, o sanfoneiro chega calado e sai sorrindo. "Ele sempre foi fechadão, mas com a gente ele conversa um pouquinho", entrega Duduta, que assim define o talento de seu conterrâneo nos oito baixos – conhecido pelo apelido de "Mucufa":

– Em conhecimento de tocar bonito no Brasil, o nome é Geraldo Correia.

Muito de vez em quando, Geraldo recebe visitas. Recorda, com orgulho, que Dominguinhos esteve em sua residência para a filmagem de um documentário, *O milagre de santa Luzia*, de Sergio Roisenblit, com registros de sanfoneiros de diferentes origens e regiões brasileiras – sua participação acabou incluída nos extras do DVD:

– Nós fizemos um filme...

Cabelos ralos, bigode escuro como o de Zé Calixto, Geraldo passa os dias cheio de músicas na cabeça, "tudo instrumentada". O zelo o faz dedicar atenção constante ao objeto de sua afeição:

– Eu cuido da sanfoninha todo dia. Tem que ter carinho para o som não fugir...

A lida diária com a música ficou parcialmente comprometida quando caiu na entrada de sua casa, em novembro de 2010. Fortes dores nas costas passaram a incomodá-lo. Não sabe se houve fratura ou luxação em alguma costela. Foi ao hospital, voltou sem conseguir atendimento.

Algumas semanas após a queda, em meio a uma conversa entrecortada, Geraldo parece não ter mais forças nem vontade de falar. Levanta-se com dificuldade, sai arrastando os chinelos. Deixa as visitas na varanda. Minutos depois, retorna com a sanfoninha preta, bandeira paraibana incrustada na superfície lisa e reluzente. Senta-se novamente e examina a Leticce; sobra nas mãos a agilidade que falta ao resto do corpo. Sua expressão, antes tensionada pela dor, agora se desanuvia quando toca "Açude velho". Então o amigo de Jackson maneja o instrumento que conheceu pelas mãos do irmão Severino, a sanfoninha que fez Luiz Gonzaga cantar o respeito pelo pai e que começou todas estas histórias de baião, xote, quadrilha, arrasta-pé, rojão. Histórias contadas em prosas e versos impregnados de saudade e de suor, encharcados de picardia e paixão, molhados de riso e de pranto, temperados pelo testemunho e pelo desvario. Estas histórias de forró – e de sua gente.

– Gosto da música e gosto de quem gosta da música. Tem muita gente que quer tocar, tá tocando porque acha bonito: mas é boniteza que só ele acha. Não tem música dentro dele, a música não gosta dele. E música é primeiramente ritmo, harmonia e sentimento. Sabe como é comer uma comida boa, bem quentinha? Mesmo assim é música quando tem sentimento.

    Geraldo Correia padece com mais uma manhã calorenta e abafada em Campina Grande; nenhum sinal de chuva nem de vento. Com o mormaço, as pessoas se recolhem, e o vaivém incessante dos carros se torna ainda mais incômodo. Mas a cabeça do tocador está em outro lugar, em outro tempo. Na varanda de sua casa, o velho Mucufa dá um sorriso de menino ao manejar a sanfoninha e perceber que o som dos oito baixos não tinha lhe escapado. Ainda é capaz de fazer o fole roncar.

Minhas últimas palavras? Estou quase convencido que estou realmente importante. Mas eu não vou morrer já, não! Sou sertanejo, véio macho, durão, impigente, brigador, ignorante... Cabra ignorante vive! Quem vive pouco é esse povo fininho. Tenho pescoço grosso, comi muita carne de boi. Isso ajuda, né? [Tem gente que] Às vezes morre como um passarinho. É natural que os senhores prefiram um homem realizado. Eu tenho um filho como Luizinho, estou com 56 anos de idade. São os filhos apontando para a vida, a gente vai se sentindo mais gente, mais homem, mais útil. Confesso que estou me sentindo mais amigo. [Antes] Resolvia na violência, hoje não... Agora vou sair tinindo pra ver minha novelinha. Até novela eu tô assistindo! Acho que estou virando gente, viu?... Muito obrigado por me assistir esse tempo todo! Isso é que é um orgulho!

Depoimento de Luiz Gonzaga para o Museu
da Imagem e do Som, Rio de Janeiro, 06/09/1968

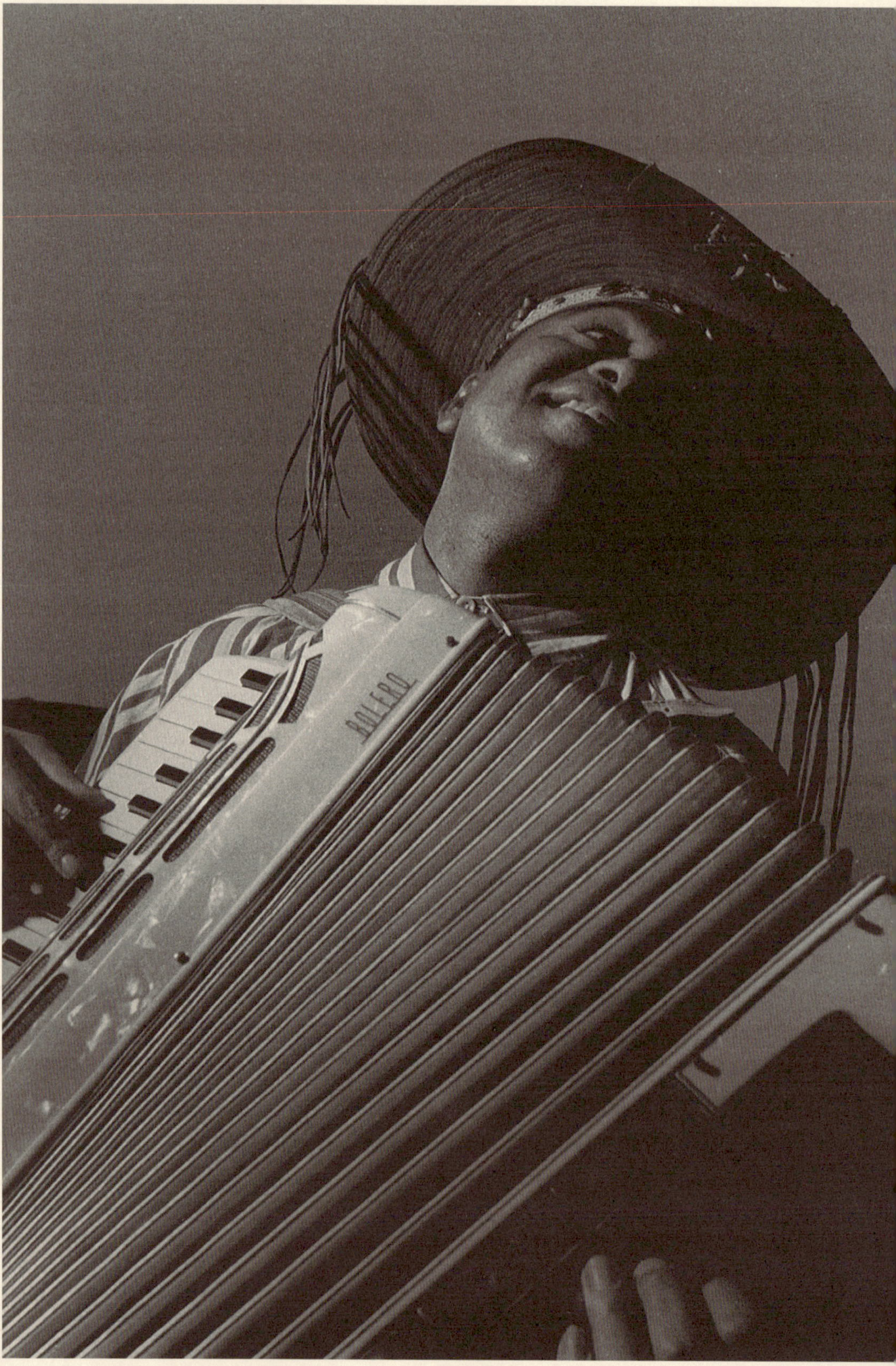
BOLERO

Entrevistas

Todas as entrevistas foram realizadas pelos autores, exceto as assinaladas por asterisco (*), feitas por Mariana Moreira.

Adelzon Alves, Alceu Valença*, Anastácia, Antonio Barros, Arlindo dos 8 Baixos, Assis Farias, Biliu de Campina, Candinha Bezerra, Cecéu, Chico César, Chiquinho Queiróz, Dácio Galvão, Daniel Teixeira (Bicho de Pé), Dominguinhos, Edson Duarte, Elba Ramalho*, Emanoel Gurgel, Fagner, Fátima Marcolino, Fernando Mafra, Flávio José, Fuba de Taperoá, Genival Lacerda, Gennaro, Geraldo Correia, Glorinha Gadelha, Hermelinda Lopes, Janduhy Finizola, João Gonçalves, João Martins, João Silva, João Mossoró, Johann Almeida, José Gomes, José Hilton "Badu" Alves, José Moisés, José Nascimento, José Severino do Carmo, Laryssa Pereira Alves (Clã Brasil), Leonardo Rugero Peres, Lucyane Pereira Alves (Clã Brasil), Lucio Mauro, Luizinho Calixto, Luiz Mário Barbosa (Trio Nordestino), Lusio Alves, Maciel Melo, Marcelo Melo (Quinteto Violado), Marcos Lopes, Marquinhos Farias, Marivalda, Marcílio Mendonça, Maurílio Batista de Araújo, Max Pierre, Mayra Barros, Mestre Duduta, Messias Holanda, Onildo Almeida, Orlando Farias, Oséas Lopes, Osvaldo Travassos, Oswaldinho, Parafuso (Os 3 do Nordeste), Paulo Rosa, Petrúcio Amorim, Quininho de Valente, Rildo Hora, Rinaldo Ferraz, Rita Calixto, Rita de Cássia, Sheilami Farias, Silvério Pessoa, Targino Gondim, Tárik de Souza, Teresinha Batista Duarte da Costa, Tato (Falamansa), Tio Joca (Trio Sabiá), Veneranda Julião, Walter Jorge Freitas, Zé Calixto, Zé de Gorete, Zenilton.

* * *

Os documentos da Divisão de Censura de Diversões Públicas, citados no livro e parcialmente reproduzidos no Capítulo 12, foram localizados e consultados em janeiro de 2011 na Coordenação Regional do Arquivo Nacional (Coreg), no Distrito Federal.

As reportagens e imagens da revista *O Cruzeiro* foram reproduzidas e consultadas no acervo da Gerência de Documentação e Informação do *Estado de Minas*.

Referências bibliográficas

Livros

ALBIN, Ricardo Cravo. *O livro de ouro da MPB*. Rio de Janeiro, Ediouro, 2003.

ALBUQUERQUE JÚNIOR, Durval Muniz de. *A invenção do Nordeste e outras artes*. 2ª ed. Recife/São Paulo, Massangana/Cortez, 2001.

ALMEIDA, Elpídio. *História de Campina Grande*. Campina Grande, Edições da Livraria Pedrosa, 1962.

ALMEIDA, José Américo de. *A Paraíba e seus problemas*. Brasília/João Pessoa, Senado Federal/Fundação Casa de José Américo, 1994.

ANDRADE, Manoel Correia de. *A terra e o homem no Nordeste*. 2ª ed. São Paulo, Brasiliense, 1968.

ÂNGELO, Assis. *Dicionário gonzagueano, de A a Z*. São Paulo, Parma, 2006.

BAHIANA, Ana Maria. *Nada será como antes: MPB nos anos 70 – 30 anos depois*. Senac, Rio de Janeiro, 2006

BARROS, Souza. *Êxodo e fixação*. Serviço de Informação Agrícola do Ministério da Agricultura, Rio de Janeiro, 1953

CALDAS, Klecius. *Pelas esquinas do Rio: tempos idos... e jamais esquecidos*. Rio de Janeiro, Civilização Brasileira, 1994.

CÂMARA, Epaminondas. *Os alicerces de Campina Grande: esboço histórico-social do povoado e da vila (1697 a 1864)*. Campina Grande, Prefeitura Municipal/Núcleo Cultural Português/Caravela, 1999.

CARNEIRO, Josélio (org.). *Tabajara 65 anos: a rádio da Paraíba*. João Pessoa, A União, 2002.

CARMO, José Severino do. *Pelos meus olhos*. Edição do autor, Recife, 2007.

CASCUDO, Luís da Câmara. *Viajando o sertão*. 4ª ed. São Paulo, Global, 2009.

CASTRO, Ruy. *Chega de saudade: a história e as histórias da bossa nova*. São Paulo, Companhia das Letras, 2008.

COHN, Sergio (org.). *Gilberto Gil. Coleção Encontros*. Rio de Janeiro, Beco do Azougue, 2007.

CORTES, Geraldo de Menezes. *Migração e colonização no Brasil*. Rio de Janeiro, José Olympio, 1958.

DAMASCENO, Francisco José Gomes. "As cidades da juventude em Fortaleza". *Revista Brasileira de História*, vol.27, n.53, São Paulo, jan-jul, 2007.

DREYFUS, Dominique. *Vida do viajante: a saga de Luiz Gonzaga*. São Paulo, Editora 34, 1997.

FERREIRA, Lucinete e DIAS, Lêda. *Eu sou Anastácia, histórias de uma rainha*. Edição dos autores, Recife, 2011.

FILHO, Mário. *Jackson: eu fui pra Limoeiro e gostei do forró de lá*. Recife, Companhia Editora de Pernambuco, 1996.

FERNANDES, Raul. *A marcha de Lampião: assalto a Mossoró*. 2ª ed. Natal, Editora Universitária, 1981.

FONTES, Paulo. *Um Nordeste em São Paulo: trabalhadores migrantes em São Miguel Paulista (1945-66)*. São Paulo, FGV Editora, 2008.

FRANÇA, Humberto. *A cidade e a feira: ensaios e artigos – Caruaru 150 anos*. Caruaru, Edição do autor, 2007.

FREYRE, Gilberto. *Nordeste: aspectos da influência da cana sobre a vida e a paisagem do Nordeste do Brasil*. 4ª ed. Rio de Janeiro, José Olympio, 1967.

FURTADO, Celso. *A Operação Nordeste: textos brasileiros de economia*. Rio de Janeiro, Iseb, 1959.

_____. *A fantasia desfeita*. Rio de Janeiro, Paz e Terra, 1989.

MACIEL, Anamelia. *Alceu Valença, em frente e verso*. Recife, Edição do autor, 1989.

MOURA, Fernando e Antônio Vicente. *Jackson do Pandeiro: o Rei do Ritmo*. São Paulo, Editora 34, 2001.

NORTE, Zé do. *Brasil sertanejo*. Rio de Janeiro, Asa Artes Gráficas, 1948.

Ó, ALCIDES DE ALBUQUERQUE. *Campina Grande: história & política – 1945/1955*. Campina Grande, Edições Caravela/NCP, 1999.

OLIVEIRA, Gildson. *Luiz Gonzaga: o matuto que conquistou o mundo*. 3ª ed. Recife, Comunicarte, 1991.

OLIVEIRA, Júlio César Mélo de. *Campina Grande: a cidade se consolida no século 20*. Monografia de graduação em Geografia. João Pessoa, UFPB, 2007.

PAES, Jurema Mascarenhas. *O forró de Pedro Sertanejo: experiências culturais dos migrantes nordestinos na cidade de São Paulo*. Anais do XXVI Simpósio Nacional de História – Anpuh, São Paulo, 2011.

PAES, Jurema Mascarenhas e Maria Izilda Santos Matos. "São Paulo – múltiplas cidades: narrativas e sonoridades". *Revista Chrônidas*. Revista Eletrônica da Graduação e Pós-Graduação em História da Universidade de Goiás, n.5, dez, 2009.

Paschoal, Marcio. *Pisa na fulô mas não maltrata o carcará: vida e obra do compositor João do Vale, o poeta do povo*. Rio de Janeiro, Lumiar, 2000.

PEREIRA, George e Geyse Anne Teixeira. *Fábrica de Caroá: história e memória*. Caruaru, Edição dos autores, 2011.

PERES, Leonardo Rugero. "A sanfona de 8 baixos e a música instrumental", *Músicos do Brasil: uma enciclopédia musical*; disponível em: http://musicosdobrasil.com.br; acesso em 6 set 2012.

PIMENTEL, Cristino. *Abrindo o livro do passado*. 2ª ed. Campina Grande, EDUFCG, 2011.

_____. *Mais um mergulho na história campinense*. Campina Grande, Caravela, 2001.

PONTUAL, Virgínia. "Tempos do Recife: representações culturais e configurações urbanas". *Revista Brasileira de História*, vol.21, n.42, São Paulo, 2001.

RIBEIRO, Noaldo. *Marinês canta a Paraíba*. João Pessoa, Gráfica JB, 2005.

SEVERIANO, Jairo e Zuza Homem de Mello. *A canção no tempo: 85 anos de músicas brasileiras*, v.1: *1901-1957* e 2: *1958-1985*. São Paulo, Editora 34, 1997.

SILVA, Expedito Leandro. *Forró no asfalto: mercado e identidade sociocultural*. São Paulo, Annablume/Fapesp, 2003.

SILVA FILHO, Lino Gomes. *Síntese histórica de Campina Grande: 1670-1963*. João Pessoa, Grafset, 2005.

SOUZA, Antonio Clarindo Barbosa, Flavianny Guimarães e Goretti Maria Sampaio Freitas. *História da mídia regional: o rádio em Campina Grande*. Campina Grande, EDUFCG/Eduep, 2006.

SUDENE. *Aspectos do quadro social do Nordeste*. 2ª ed. Recife, Superintendência do Desenvolvimento do Nordeste, 1985.

SYLVESTRE, Josué. *Lutas de vida e de morte: fatos e personagens da história de Campina Grande (1945/1953)*. Brasília, Senado Federal, 1982.

TAMER, Alberto. *O mesmo Nordeste*. São Paulo, Herder, 1968.

TELES, José. *Do frevo ao manguebeat*. São Paulo, Editora 34, 2000.

TINHORÃO, José Ramos. *Música popular: um tema em debate*. 3ª ed. revista e ampliada. São Paulo, Editora 34, 1997.

TORRES, Roberto. *Gordurinha: baiano burro nasce morto*. 2ª ed. Salvador, Assembleia Legislativa do Estado da Bahia, 2009.

VALLE, Edênio e José J. Queiroz (orgs.). *A cultura do povo*. São Paulo, Cortez & Moraes/Educ, 1979.

VELOSO, Caetano. *Verdade tropical*. São Paulo, Companhia das Letras, 1997.

Periódicos

Acervo dos jornais *A União, Correio Braziliense, Diário da Borborema, Diário de Natal, Diário de Notícias, Diario de Pernambuco, Diário do Nordeste, O Estado de S.Paulo, Folha de S.Paulo, O Globo, Jornal do Brasil, Jornal do Commercio, O Mossoroense, O Norte, O Pasquim, Tribuna do Norte, Última Hora* e *Vanguarda*; e das revistas *O Cruzeiro, IstoÉ* e *Veja*.

Arquivos em áudio

Museu da Imagem e do Som. *Luiz Gonzaga. Coleção depoimentos. Música Popular Brasileira*. Entrevista a Ricardo Cravo Albin e Humberto Teixeira. Rio de Janeiro, Museu da Imagem e do Som, 6 set 1968.

Sites

www.acervoorigens.com
www.cgretalhos.blogspot.com
www.dicionariompb.com.br
www.forroemvinil.com
www.luizluagonzaga.com.br
www.musicadepernambuco.pe.gov.br
www.obeabadosertao.com.br
www.onordeste.com
www.ritmoemelodia.mus.br
www.arquivoestado.sp.gov.br

Créditos das imagens

p.462: Luiz Gonzaga, 1956. Arquivo O Cruzeiro/Estado de Minas/D.A Press. Brasil.

Caderno de fotos 1:
p.1: Arquivo O Cruzeiro/Estado de Minas/D.A Press. Brasil.
p.2: Arquivo pessoal Marcos Farias.
p.3-5: Arquivo O Cruzeiro/Estado de Minas/D.A Press. Brasil.
p.6: Arquivo pessoal Marcos Farias.
p.7-9: Arquivo O Cruzeiro/Estado de Minas/D.A Press. Brasil.
p.10: Foto de divulgação Trio Mossoró (*acima*); Arquivo Nacional/Correio da Manhã (*abaixo*).
p.11: Arquivo Nacional/Correio da Manhã.
p.12: Arquivo pessoal família Calixto.
p.13: Arquivo pessoal Quininho de Valente.
p.16: Arquivo O Cruzeiro/Estado de Minas/D.A Press. Brasil.

Caderno de fotos 2:
p.1: Letra de "A feira de Caruaru", manuscrita por Onildo Almeida especialmente para este livro e reproduzida por Abelardo Mendes Jr.; arquivo pessoal Onildo Almeida (*à dir.*).
p.2: Foto de Manoel Soares/Agência O Globo (*acima*); arquivo pessoal família Marcolino (*abaixo, à esq.*); Arquivo Nacional/Correio da Manhã (*abaixo, centro e à dir.*).
p.3: Letra de "Severina Xique-Xique", manuscrita por João Gonçalves especialmente para este livro e reproduzida por Abelardo Mendes Jr.; arquivo pessoal João Gonçalves (*acima*); arquivo Cedoc/JB (*abaixo*).
p.4: Acervo Casa de Cultura Elino Julião.
p.5: Arquivo pessoal Marcos Farias (*acima*); arquivo Funarte (*centro*); arquivo pessoal Chiquinho Queiróz (*abaixo*).
p.6: Letra de "Homem com H", manuscrita por Antonio Barros especialmente para este livro e reproduzida por Abelardo Mendes Jr.; arquivo pessoal Antonio Barros e Cecéu.
p.7: Letra de "Eu só quero um xodó", manuscrita por Anastácia especialmente para este livro e reproduzida por Abelardo Mendes Jr.; foto de Domício Pinheiro/Agência Estado.
p.8: Foto de Carlos Marcelo.

Créditos das imagens

p.9: Foto de Sidônio Cavalcanti (*acima*). Foto de Edu Garcia/Agência Estado (*abaixo*).
p.12: Documentos reproduzidos por Abelardo Mendes Jr.
p.13: Arquivo família Calixto (*acima*); arquivo pessoal Marcos Farias (*centro e abaixo*).
p.14: Letra de "Bate coração", manuscrita por Cecéu especialmente para este livro e reproduzida por Abelardo Mendes Jr.; arquivo pessoal Antonio Barros e Cecéu.
p.15: Letra de "Danado de bom", manuscrita por João Silva especialmente para este livro e reproduzida por Abelardo Mendes Jr.; foto de Ricardo Labastier/Jornal do Commercio (*acima, à esq.*); foto de Ricardo Labastier (*acima, à dir.*); fotos de Carlos Marcelo (*abaixo*).
p.16: Foto de Marcos de Paula/Agência Estado (*acima*); foto de Éder Nascimento (*abaixo, à esq.*); arquivo pessoal Bicho de Pé (*abaixo, à dir.*).

Agradecimentos

A Abelardo Mendes Jr., Afonso Gomes, Alexandre Valença, Carlos Pereira de Carvalho e Silva, Casa de Cultura Elino Julião, Cristiano Menezes, Daniel Brito, Fundação Joaquim Nabuco, Iolanda Dantas, José Teles, José Miguel "Dedé" da Silva, Josemar Gimenez, Karla Luz, Lisete Veras, Luiz Antonio de Almeida (MIS), Memorial Luiz Gonzaga (Prefeitura do Recife), Museu do Vaqueiro, Osni Damásio, Paulo Cesar de Araújo, Paulo Ramalho (Arquivo Nacional), Paulo Vanderley, Renata Neves, Ricardo Labastier, Ricardo Anísio, Romualdo Soluri, Ronaldo Mendes, e Samuel Gurgel.

A Roberto Fontes, pela fraterna companhia nas andanças pelo Seridó.

A Claudio Ferreira, Graça Ramos, Ligia Cademartori, Sérgio de Sá e Tiago Faria, pelas leituras e comentários valiosos.

A Fernando Moura e Leonardo Alves, pelas observações precisas.

A Arthur Dapieve, Ronaldo Correia de Brito e Rodrigo Lacerda, pelas injeções de entusiasmo.

A Patricia Pamplona, pela pesquisa minuciosa. E a Mariana Zahar, Cristina Zahar, Juliana Freire, Ana Paula Rocha, Angela Ramalho Vianna e a todos na editora Zahar, pelas irrestritas demonstrações de apoio nas diversas etapas do trabalho.

Agradecimento especial dos autores

Aos cantores, compositores e músicos, e a seus familiares, pela confiança e generosidade ao partilhar suas lembranças e histórias. Em especial, agradecemos aos que cederam imagens e gravações de seus acervos pessoais, parcial ou integralmente reproduzidas.

Este livro é também dedicado à memória dos paraibanos João Bosco Adelino de Almeida (1964-2011) e Carlos Tavares (1954-2012), que amavam com igual intensidade a sua terra e o ofício de converter palavras em arte.

1ª EDIÇÃO [2012] 1 reimpressão

ESTA OBRA FOI COMPOSTA POR LETRA E IMAGEM
EM DANTE PRO E IMPRESSA EM OFSETE PELA GEOGRÁFICA
SOBRE PAPEL PÓLEN NATURAL DA SUZANO S.A. PARA A
EDITORA SCHWARCZ EM ABRIL DE 2023

A marca FSC® é a garantia de que a madeira utilizada na fabricação do papel deste livro provém de florestas que foram gerenciadas de maneira ambientalmente correta, socialmente justa e economicamente viável, além de outras fontes de origem controlada.